西安电子科技大学本科精品教材建设项目

投 资 银 行 学

张建军　编著

西安电子科技大学出版社

内 容 简 介

本书从理论和实务相结合的角度介绍了投资银行的概念、理论、基本业务、功能以及发展趋势等。根据教育部关于课程思政建设的要求，每章内容都配备了相关典型案例，具有很强的时代教育意义。另外，本书根据近年来国际国内资本市场的发展和实践，特别是投资银行业与时俱进的发展现状，精选了相应的扩展案例，以充分反映资本市场的最新变化。

本书内容丰富，体例编排合理，投行业务的针对性和实用性强，可作为金融学、经济学以及工商管理学等经济管理类专业的本科生教材，也可作为金融业从业人员培训和学习的参考用书。

图书在版编目(CIP)数据

投资银行学 / 张建军编著. —西安：西安电子科技大学出版社，2023.1(2025.8 重印)
ISBN 978-7-5606-6695-2

Ⅰ. ①投…　Ⅱ. ①张…　Ⅲ. ①投资银行—银行理论　Ⅳ. ①F830.33

中国版本图书馆 CIP 数据核字(2022)第 203774 号

责任编辑　戚文艳　刘玉芳
出版发行　西安电子科技大学出版社(西安市太白南路 2 号)
电　　话　(029)88202421　88201467　　　　邮　　编　710071
网　　址　www.xduph.com　　　　　　　　　电子邮箱　xdupfxb001@163.com
经　　销　新华书店
印刷单位　西安日报社印务中心
版　　次　2023 年 1 月第 1 版　　2025 年 8 月第 2 次印刷
开　　本　787 毫米×1092 毫米　1/16　印张　23
字　　数　548 千字
定　　价　60.00 元
ISBN 978-7-5606-6695-2
XDUP 6997001-2
如有印装问题可调换

前　言

当前世界政治经济格局正在经历着深刻变革，未来十年乃至二十年世界经济的走向愈发充满了不确定性。世界主要发达经济体在货币财政政策方面积极推行大规模财政刺激和宽松货币政策，虽然在一定程度上稳定了市场信心，延缓了经济下滑的颓势，但以美元为代表的世界主要货币量化宽松政策也给全球资本市场带来了流动性泛滥、资产价格大幅波动、国际金融市场脆弱性上升等系统性风险。

目前，我国经济发展已由高速增长阶段转向高质量发展阶段，经济发展对金融支持的水平和能力提出了全方位、高质量的需求，全面提升金融服务实体经济与社会发展的能力以及国际竞争能力，促进经济高质量发展，是我国全面推进金融改革开放，加强金融宏观调控和金融监管的应有之义。投资银行是金融市场上最重要、最活跃的金融机构，特别是在证券化已经成为当今世界金融领域发展的基本趋势的背景下，投资银行对于推动国内金融市场繁荣稳定，助力实体经济高质量发展等都有不可替代的重要作用。随着我国资本市场的不断发展和完善，投资银行作为金融市场上重要的投资主体，一定要深刻认识时代转型及变迁趋势，与时俱进，这对维护我国金融市场持续繁荣稳定，支持实体经济持续稳中向好发展，实现第二个百年奋斗目标，实现中华民族伟大复兴中国梦等具有十分重要的意义。

投资银行学属于应用经济学科中实践性非常强的一门课程，也是目前本科金融学、经济学、产业经济学、国民经济学等专业的学位必修课程。从投资银行学的学科特点来看，投资银行的业务发展和实践过程中有很多典型案例，将这些案例融入教学有利于改革传统纯理论和概念性教学，引导学生通过对具体案例的分析推导，更好地理解相关理论，也能激发学生创新性解决实际问题的能力，促使学生强化自主学习，学会沟通以及团队合作等。

在本书的编写过程中，我们力求突出投资银行学的重点理论和选择具有典型意义的案例，在结构安排上力求结构明晰，内容上不求面面俱到，但希望突出重点，体现投资银行在新时期的发展及变化。

本书共十三章。第一章是投资银行概述，重点介绍了投资银行发展概述及主要业务、投资银行的经营理念和行业特征、投资银行对经济的促进作用等。第二章是投资银行的组织结构与发展模式，重点对投资银行的组织形态选择、投资银行的组织架构以及投资银行的发展模式等问题进行了较为详细的分析和介绍。第三章是投资银行的发展演进与趋势，重点分析了投资银行的发展历程及现状，对投资银行的发展趋势进行了展望和分析。第四章是项目融资，着重介绍了项目融资的相关概念及理论、项目投资结构及其设计、项目融资模式设计、项目担保以及项目可行性分析与风险评价等。第五章是股份有限公司与首次公开发行，主要介绍了公开上市的动机、首次公开发行与股票上市、股票发行定价以及借壳上市等。第六章是上市公司再融资，主要介绍了我国上市公司再融资的条件与方式选择、上市公司发行新股、上市公司发行优先股、上市公司发行可转换公司债券以及上市公司发行可交换公司债券等。第七章是企业并购与重组，主要介绍了并购与重组的概念和类型、公司并购的一般流程、公司并购策略、公司反并购策略、我国并购业务的实践及发展等。第八章是资产证券化，主要介绍了资产证券化的基本概念、资产证券化理论、资产证券化的主要类型以及资产证券化的国内外实践等。第九章是债券的发行与承销，主要介绍了债券的定义、特点及主要类型，债券发行的一般程序，国债、金融债券、公司债券、企业债券的发行与承销，以及世界主要国家及我国的债券交易市场等。第十章是投资银行资产管理业务，重点介绍了投资银行资产管理业务的基本概念及相关理论，投资银行资产管理业务的分类、特点、操作步骤及投资策略等。第十一章是投资银行的风险管理，主要介绍了投资银行风险的含义及类型、投资银行风险管理的理论基础和方法、投资银行的风险管理模型等。第十二章是投资银行的创新管理，主要介绍了创新对投资银行的意义、投资银行的制度创新与业务创新等。第十三章是投资银行的监管，重点分析和介绍了投资银行监管的目标和原则、投资银行的监管体制与模式、市场准入监管及经营业务监管、日常经营活动监管及市场退出监管，以及投资银行监管的发展趋势等。

特别需要强调的是，根据 2020 年教育部关于《高等学校课程思政建设指导纲要》的通知要求，本书在编写过程中根据各章的内容特点，结合当前资本市场以及经济建设领域的先进事例编写了"课程思政"典型案例，以期实现专业课程与思政课程同向同行，为构建全员全程全方位育人大格局做出应有的贡献。

本书是西安电子科技大学本科生院 2021 年度本科教材建设资助立项出版教材，得到了西安电子科技大学本科生院、西安电子科技大学经济与管理学院以及西安电子科技大学出版社等有关部门领导和同事们的大力支持，在此向各位领导和我的同事们表示衷心的感谢。本书编写分工如下：第一章由张建军、蒙欣编写；第二、三章由张建军、牛津晶编写；第四、五章由张建军、曹苗编写；第六、七章由张建军、李小雪编写；第八、九章由张建军、李兆玉、李艳编写；第十、十一章由张建军、狄成鑫、康宁编写；第十二、十三章由张建军、李妍、焦一栋编写。全书由张建军策划、统稿。

在本书编写的过程中，我们参阅并借鉴了大量国内外相关文献资料和同类教材，主要的文献资料和参考教材均已列在书后，在此谨向相关作者表示感谢。西安电子科技大学出版社的戚文艳编辑在本书的编撰、修改过程中倾注了大量的心血，负责本书文字编辑、校对、设计的出版社各位同志也付出了辛勤的劳动，另外，我的几位研究生在书稿内容编写、案例收集、整理、筛选以及文字校对的过程中也做了大量细致的工作，在此一并向他们致以诚挚的谢意！

由于本人水平有限，加之部分数据资料的收集难度较大，书中不妥之处在所难免，恳请学界各位专家、学者以及广大读者朋友提出宝贵的修改意见和建议。

张建军

2022 年 9 月

目　　录

第一章 投资银行概述

【学习目标】

了解投资银行的概念、主要业务及行业特征和经营理念；了解投资银行对经济的促进作用；重点掌握投资银行的概念及投资银行的主要业务。

案例导入

券商投行进入"强者为王"和"品牌为王"时代

"山重水复疑无路，柳暗花明又一村"，这正是我国券商投行业务的真实写照。二十多年的风雨历程，券商投行经历三次大起大落，逐渐踏出专业、规范、创新的新格局。"弱肉强食"的规律也正在倒逼头部券商正视弊端，将科技赋能投行，打造"强者为王"的新时代；中小券商也不甘示弱，拟以差异化发展方式来建立"精品投行"的新态势。纵观券商投行发展，改革与转型的道路从来都不是一蹴而就的，面对国际全能型大投行的强势竞争，券商投行正在不可避免地经历一场"攻坚战"。

1992 年，券商作为承销保荐的新力量，逐渐在银行、信托公司中拼出一条崭新的道路。在国内首批券商陆续成立和企业申请发行股票制度不断完善的背景下，我国券商投行业务逐渐有了自己的"话语权"。在此后的二十几年中，券商投行在摸索中前行，为中国资本市场的发展输送了一大批优秀的企业。

通过中国证券业协会的数据可以一窥券商投行业务过去二十多年的发展历程。据已公布的 2011 年至 2018 年数据显示，券商证券承销与保荐净收入跌宕起伏：2011 年证券公司合计实现承销与保荐净收入 241.38 亿元，此后的两年里净收入大幅度下滑，2013 年已跌至 128.62 亿元，此次投行的收入下滑主要是 IPO 短期暂停所致，券商投行首次陷入暂时的"冰点"。随着上市进程的逐渐恢复，券商投行的收入走出了新的"三年周期增长"。到 2016 年，券商证券承销与保荐净收入高达 520 亿元，创下截至目前的历史最高纪录。

随着 IPO 常态化、严监管、服务实体经济等工作的有序推进，券商投行迎来更加规范化、专业化的良性发展。当前，证券行业正在加快向数字化和智能化转型，科创板的推出更让还未显现的券商投行新态势应运而生，一场"强者为王、弱者出局"的券商投行新格局正在重塑当中。

（资料来源：https://finance.eastmoney.com/a2/201909161237240389.html）

第一节　投资银行发展概述

一、经济全球化背景下的证券市场

(一) 经济全球化

20 世纪 80 年代以来，经济全球化的趋势愈演愈烈，并逐步演化成为一股不可逆转的世界性潮流。各种有形资产和无形资产、有形货币和无形货币、有形商品和无形商品等要素禀赋，在全球范围内加速流通，并不断融合，使得经济全球化成为水到渠成之势。其主要表现在以下几个方面：

(1) 快速增长的国际贸易规模。世界货物贸易量从 1950 年的 1200 多亿美元增长到 2009 年的 3.5 万亿美元，增长了 20 多倍，速度非常迅猛。

(2) 国际直接投资的增速加快，其中跨国公司的影响越来越大。

(3) 国际资本流动迅猛增长，金融市场在全球范围内呈现出一体化的趋势。

(4) 国际经济组织和条约日趋完善，对各国政府的政策和行为有效地构成了约束。

简而言之，经济全球化可以概括为贸易全球化、生产全球化、金融全球化、服务和信息全球化等多个方面。从全球经济的发展情况来看，经济全球化正使得各国的生产、贸易、市场等各方面都充分融入了国际分工，因为此时的资源配置已经从一个工厂、一个地区、一个国家扩展到全球范围之内；同时，利用现代网络技术、信息技术和先进的物流技术，投资和融资也能够有效实现国际化，因为流通的虚拟化、系统化、网络化、智能化和信息化能够最大限度地降低流通环节的成本，提升流通的效率和效益。

金融全球化在经济全球化中的地位和作用就如同金融在现代经济中所起的核心作用一样。从经济全球化的历史发展过程中我们可以发现，金融全球化在本质上已经成为经济全球化在当前时代的具体体现形式，并正在促进经济全球化向深层次进一步迈进，只是这种表现和推进有其自身规律和更为丰富的内容。可以说，在静态上，金融全球化是经济全球化的一个重要组成部分，在动态上，金融全球化是经济全球化发展的更高阶段。

在经济、金融全球化背景下，在资本项目越来越对外开放的环境下，各国放宽了对资本市场的管制，使得证券市场趋于国际化。在国际资本的流动过程中，证券类型的资本实现证券发行、投资与流通的跨国自由流动，即为证券市场国际化。21 世纪以来，国际经济一体化与全球化发展步伐不断加快。在全球经济一体化程度日渐加强的同时，国际各大证券交易所拥有的外国上市公司不断增多，且各国创业板市场也在竞相建立，证券市场国际化趋势日益明显。

(二) 我国证券市场国际化表现

作为一个正在不断发展与完善的证券市场，中国证券市场也逐渐向国际化迈进，其与国际证券市场的关联程度和相互影响日渐明显。

1. 中资企业赴海外上市

中资企业赴海外上市是我国证券市场国际化的主要表现之一。海外上市可分为直接上市与间接上市两种。其中前者是指中资企业直接在境外发行股票挂牌上市，主要包括 H 股、N 股和 ADR 三种形式，可以筹集资金，提升上市企业知名度，并改善证券市场的流通性，进一步拓展企业的海外市场。而后者则是指企业先在中国香港或海外注册成立具有中资背景的公司，之后在境外资本市场上市，具体可分为买壳上市与造壳上市两种方式。1990 年以来，我国许多中资企业均通过入股、买壳、分拆业务等方式，实现了在中国香港或美国纽约上市。

2. 向境外投资者发行 B 股

在人民币资本项目无法实现自由兑换，且我国需获取外汇的条件下，B 股产生了。B 股的面值通过人民币表示，但在认购和进行交易时却需使用美元和港币。另外，发行 B 股既可以促使企业筹集到更多外汇资金，还为境外投资者开辟了一条有利渠道，即在人民币无法自由兑换时，可通过股票市场筹集外资。另外，B 股作为整个中国资本市场的国际化窗口，既可以将我国企业推向国际市场，也可以将境外投资者引入中国证券市场，对我国证券市场国际化具有先导性的推动作用。

3. 实施 QFII 与 QDII 制度

当资本项目尚未完全开放，或本币还不能完全自由兑换时，对引进外资、开放资本市场进行一定限制的过渡性制度——QFII 便产生了。2002 年 12 月，我国开始实施 QFII 制度。即国外机构投资者在注册资本数额、财务状况与违规违纪记录等方面符合相应条件后，才被允许进入我国证券市场。QFII 制度的建立，打通了一条新的资本可兑换通道，可以有效地避免短期资金与资本市场过度投机行为。除此之外，2007 年 5 月 11 日设立的国内投资者赴海外投资资格的认定制度(QDII)，进一步拓宽了境内合格机构投资者的投资渠道，也加快了我国证券市场国际化的发展步伐。

4. 积极开展国际合作与交流

随着我国证券市场国际化进程的推进，国外诸多证券类机构为了发展证券业务，纷纷在我国设立了代表处。并且，有一大部分的境外机构与内地证券市场，包括证券公司、基金管理公司、基金托管银行等，开展了技术交流、法律法规建设等方面的密切合作，且成立了中外合资证券经营机构与基金管理公司。另外，我国境外上市企业数量逐渐增加的同时，我国证券监督管理委员会也加强了与其他国家证券监管部门的合作，并签订了一定数量的双边协作监管协议和备忘录。

(三) 我国证券市场国际化挑战

1. 我国证券市场规模偏小

当前，我国证券市场的规模和融资水平相对较低，抵御国际化风险的能力尚显不足，在三大金融机构中，证券业的总资产规模最小。据同花顺财经网显示，截至 2020 年底，证券公司总资产为 8.90 万亿元，而同期银行业金融机构总资产则高达 319.74 万亿元，证券公司总资产仅占银行业总资产的 2.78%。我国证券公司的净资本较小，直接降低了自身的整体抗风险能力。而且与国外的证券市场相比，我国的证券市场规模偏小、证券化率较低。

据有关资料显示，截至 2020 年 12 月底，纽约证券交易所上市公司的市价总值达 139.44 万亿美元，纳斯达克市价总值为 116.60 万亿美元，而同期中国沪深两市上市公司市价总值合计为 148.85 万亿美元，才与排名前两位的交易所总值在规模上基本相当。

2. 证券市场结构性缺陷突出

我国证券市场还存在股权结构不合理的突出缺陷。在上市公司中，能够流通的股本平均只有总股本的 1/4，剩余的 3/4 股本，包括国家股、法人股、内部职工股以及国家股和法人股的转配部分在内，均不能流通。并且，个人投资者占可流通股投资者的绝大部分，机构投资者数量甚少。而同一企业根据其发行股票的不同对象和地点，又可分为 A 股、B 股、H 股、N 股。其中，A 股、B 股市场分离，而 A 股市场作为我国股票市场主体，坚决杜绝外国公司的上市。我国 B 股市场也不尽统一，如上海用美元交易，而深圳却使用港币交易。这种结构性缺陷，限制了证券市场变现机制、市场评价机制和资本运营机制的作用发挥，严重影响了我国证券市场的资源配置效率，同时滋生了较高的投机性，进而阻碍了证券市场的开放化发展。

3. 金融管制较严，人民币尚未实现自由兑换

证券市场国际化使得证券在国际间流动中直接受到货币兑换制度和出入境制度的影响。而我国现阶段的金融管制较为严格，汇率决定机制仍未实现完全市场化，无法有效保障投资者的证券资产流动性和收益性，进而对国际证券资本的进入与退出形成约束。当然，这样的金融制度安排是与我国当前的金融市场成熟度相适应的，保证了外汇市场和整个金融系统的相对稳定。2016 年 4 月 14 日，国务院组织 14 个部委召开电视会议，在全国范围内开展了为期一年的互联网金融专项整治。并且在央行等监管部门的支持下，加快互联网金融统计检测和风险预警体系建设，从而实现对互联网金融的管制和监控。此外，目前我国各主要银行的人民币兑换没有发生进一步的变化，仍然为每人每年累计兑换 5 万美元的外币。而人民币不能自由兑换，成为 A 股、B 股市场较难实现合并的关键限制因素。

4. 证券市场法规制度亟待进一步完善，监管力度不够

证券市场的运转与发展，需要切实可行的法律体系和规章制度，然而我国现阶段的相关法律规制不太完善，缺乏有效的及时监管。证券市场现行的主要经济法律依据为 1999 年开始实施的《中华人民共和国证券法》(以下简称《证券法》)，尽管在 2005 年、2019 年做出过相应修订，但是其内容条例仍然存在滞后性，并且由于缺乏及时、完善的监管，导致证券交易中的参与各方时常发生违规行为。如，在证券市场上，上市公司业绩造假、公司包装上市后产生巨大亏损、股票期货市场操纵指数等，严重损害和侵犯了其他参与主体的合法权益。此外，证券市场的信息披露、上市公司治理、股民诉讼程序以及证券监管等制度体系，都亟待完善和加强，否则我国证券市场的开发将面临极大的困难和挑战，极易陷入被国际投机基金利用的被动局面，产生不必要的巨大损失。

二、注册制改革下投资银行的发展

(一) 我国股票发行制度的发展历程

什么是股票发行制度？股票发行制度是指股票发行人在申请发行股票时必须遵循的一

系列程序化规范，是资本市场的基础制度之一，它对上市公司的质量、价格的形成、资源配置具有决定性作用。股票发行制度通常包括审批制、核准制和注册制三种，目前国际成熟市场通行的是核准制和注册制，其中核准制以英国、法国为代表，注册制以美国、日本为代表。我国资本市场诞生 30 多年来，先后实行过审批制、核准制和注册制三种股票发行制度。目前我国处于注册制改革全面推进阶段，核准制与注册制并行。

我国股票发行制度的发展历程如下：

1. 审批制(1990—1999 年)

审批制是指由地方政府或中央企业主管部门根据发行额度或指标推荐发行上市，证券监管部门行使审批职能的发行制度。审批制具有浓厚的计划经济色彩，先后经历过额度管理和指标管理两个阶段。1993 年 4 月 22 日发布的《股票发行与交易管理暂行条例》规定，在国家下达的发行规模内，地方政府或中央企业主管部门、证监会、上市委对企业的发行申请先后进行审批，审批通过后方可发行股票，审批制正式确立。《关于 1996 年全国证券期货工作安排意见》提出，将新股发行办法改为"总量控制，限报家数"的管理办法，即股票发行总规模由国家计划委员会和证券委员会共同制定，证监会在确定的总规模内，向各地区、各部门下达发行企业个数，并对企业进行审核。

审批制是在我国计划经济体制下产生的。股票市场发展初期，法制不完善、市场运作不规范，政府的宏观调控和严格审查有利于及时纠正市场出现的偏差。但是，随着经济的发展，市场化程度的提高，审批体制下市场不透明、资源配置低下的问题逐渐显现，发展后期，权力寻租现象也时有发生，这些都制约了经济的发展。

2. 核准制(1999 年至今)

核准制是指股票发行人在申请发行股票时，既要满足证券发行的管理制度，也要通过证券监管机构的价值判断审查，即股票发行人需要通过形式上和实质上的双重审核，才可上市。相较于以计划和行政手段为主的审批制，核准制倾向于市场化运行。1999 年 7 月 1 日实施的《证券法》规定，股票发行实行核准制，2001 年 3 月 17 日，证监会宣布取消审批制，正式施行核准制。核准制下，我国股票发行经历了通道制、保荐制两个阶段。

2001 至 2004 年实行的通道制，即证券监管部门赋予具有主承销资格的证券公司一定数量的发股通道，一条通道一次只能推荐一家企业，证券公司按照发行一家、递增一家的程序来推荐公司上市。通道制将审核制下政府的行政分配权下放给了主承销商、发审委和证监会三方，是股票发行制度由计划机制向市场机制转变的重大改革。但是，通道制赋予的上市通道有限，并不能解决上市资源供不应求的问题，同时对券商缺乏相应的风险约束，这些缺陷注定了其只是核准制的初级形式。

2004 年至今实行的保荐制，即有保荐资格的保荐人对符合条件的企业进行辅导，推荐股票发行上市，并对发行人的信息披露质量承担责任。2004 年 2 月 1 日，《证券发行上市保荐制度暂行办法》施行，股票发行保荐制正式实施。保荐制明确了保荐机构和保荐代表人的责任，建立了责任追究机制，较通道制增加了连带责任，促使证券公司增强风险意识和责任意识，完善内控制度。

3. 注册制(2019 年至今)

注册制是指申请股票发行的公司依据相关规定将信息充分真实披露，将申请文件提交给证券监管机构进行形式审查的一种股票发行制度。证券监管机构只对发行人进行形式上的审核，不对发行人进行价值判断等实质性审核。2019 年 7 月 22 日，试点注册制的科创板正式开市。

(二) 注册制改革

1. 注册制改革的发展历程

我国新股发行注册制改革是一项牵一发而动全身的"牛鼻子"工程，涉及多个部门，牵涉多方利益主体，不可能一蹴而就，经历了提出、暂缓、试点等过程。

2013 年 11 月 12 日，十八届三中全会通过《关于全面深化改革若干重大问题的决定》，首次提出"推进股票发行注册制改革"。11 月 30 日，证监会发布《关于进一步推进新股发行体制改革的意见》，启动注册制改革。2014 年 5 月 8 日，国务院发布《关于进一步促进资本市场健康发展的若干意见》，提出"积极稳妥推进股票发行注册制改革"。2015 年 3 月，李克强总理作政府工作报告时提出"要实施股票发行注册制改革"。

2015 年 6 月沪深股市出现剧烈震荡，股市暴跌，《证券法》修订被延迟。2016 年 3 月证监会主席在十二届全国人大四次会议记者会上表示"注册制不可单兵突进，研究论证需要相当长的一个过程"，意味着注册制改革的进程暂缓。

2019 年 1 月 23 日，中央全面深化改革委员会第六次会议审议通过了《在上海证券交易所设立科创板并试点注册制总体实施方案》和《关于在上海证券交易所设立科创板并试点注册制的实施意见》。2019 年 3 月《科创板首次公开发行股票注册管理办法(试行)》《科创板上市公司持续监管办法(试行)》《保荐人通过上海证券交易所科创板股票发行上市审核系统办理业务指南》《科创板创新试点红筹企业财务报告信息披露指引》先后发布实施，科创板发审系统上线。7 月 22 日，科创板正式开市。2020 年 3 月 1 日，新修订的《证券法》明确了全面推行证券发行注册制度。4 月 27 日，中央全面深化改革委员会审议通过《创业板改革并试点注册制总体实施方案》。6 月 12 日，证监会发布《创业板首次公开发行股票注册管理办法(试行)》《创业板上市公司证券发行注册管理办法(试行)》《创业板上市公司持续监管办法(试行)》和《证券发行上市保荐业务管理办法》。与此同时，证监会、深交所、中国结算、证券业协会等发布相关配套规则，宣告证监会创业板改革和注册制试点开始。8 月 24 日，创业板注册制首批企业在深交所上市。

2. 注册制改革的意义

1) 推动经济转型升级，助力经济高质量发展

作为金融市场的重要组成部分，资本市场在融资、优化资源配置等方面发挥着重要作用，是经济发展的助推器。资本市场改革是我国供给侧结构性改革的重要环节，而股票发行制度改革是资本市场改革的基础，注册制改革是实施创新驱动发展战略、转变经济发展方式的重要举措，将有利于深化供给侧结构性改革，促进我国经济健康可持续发展。

2) 激发市场活力，提升服务实体经济的能力

以信息披露为核心的股票发行注册制改革，提高了市场的透明度和真实性，由投资者自主进行价值判断，真正把选择权交给市场，有利于充分发挥市场的主体地位，实现资产定价、资源配置进一步优化。

3) 有利于企业发展和投资者培育

长期以来，我国企业上市的门槛都很高，这使得技术含量高、发展潜力大的科技型中小微企业被拒之门外，导致企业直接和间接融资比例失衡，间接融资比例高，负债率居高不下。同时，烦琐的审批流程和低下的审批效率，使急需上市的企业被迫赴中国香港、美国等地上市。注册制下，不再对企业进行实质性审查，这在一定程度上降低了上市门槛和上市成本，创新型企业获得了低风险加杠杆的机会，同时快速高效的审批流程激发了企业的上市热情，使一些想要海外上市的公司得到回归，避免财富外流。此外，注册制下，投资者用"脚"投票，没有投资价值的公司最终会被投资者所抛弃，优胜劣汰的竞争机制能倒逼企业加强经营管理。注册制下，监管机构不再对拟上市公司的投资价值进行背书，而是通过明确发行人、中介机构的责任，提升信息披露质量，将选择权更多地交给投资者。投资者拥有了判断公司价值的权利，同时自己承担投资风险，权责对等，有利于建立买者自负的投资文化。同时，注册制的推出有利于培育成熟的投资人。投资者要想获得投资收益，必须对上市公司披露的信息进行仔细分析后再进行投资，长此以往，有能力的投资者会留下。此外，注册制下，股市扩容打破了股票供不应求的局面，投资者的投资对象增多，资产配置更加多元化。

(三) 注册制改革对投资银行的影响

从 2019 年科创板正式落地，到 2020 年创业板注册制改革正式启动，国内股票市场发行逐步由核准制转向注册制。一方面，注册制在新股定价、信息披露、承销组织能力等方面对券商投行提出了更高的要求，专业能力更强的龙头券商优势明显。由于龙头券商在获取客户资源能力、研究能力、风险管理能力方面均有优势，预计随着注册制的推进，大型龙头券商获得的投行业务利润增量将更加显著，行业集中度将进一步提升。另一方面，注册制也将给券商投行业务的发展带来新的机遇，引发投行业务大发展。第一，投资银行业务收入在券商收入结构中的占比将会进一步提升。注册制下，项目数量的增加和审核周期的缩短，将提高投行业务的收入水平。第二，注册制将加速券商行业的供给侧改革及内部业务重组。"保荐＋跟投"机制使券商投行业务从通道式保荐承销转变为持续性市值管理模式，投行定价能力将直接影响后端的跟投收益。

典型案例

注册制改革下我国证券公司发展现状

据统计，在注册制改革利好下，2019 年证券公司投行业务实现收入 482.65 亿元，同比增长 30.46%。创业板注册制改革的启动，使券商投行业务迎来新的发展机遇，同时也对投行的业务能力提出更高要求。对于各家投行而言，未来两年业绩的关键在于目前手里的 IPO 项目储备数量以及投行的专业能力。截至 2020 年 5 月，创业板在审企业有 203 家，科创板在审企业有 148 家，共 351 家。其中，中信证券持有创业板和科创板在审项目合计 37 家，排名第一；中信建投、民生证券、华泰证券以及海通证券等 4 家券商手握的项目资源均超过 20 家。这 5 家券商的在审项目资源也高达 140 家，合计占比达 40%，整体集中度偏高。

从在审创业板企业来看，中信建投、民生证券、中信证券、海通证券、国金证券分别保荐 17 家、15 家、14 家、12 家、10 家。值得注意的是，在目前保荐创业板和科创板的券商中，保荐企业数量靠前的除了中信证券、中信建投、华泰证券、海通证券等头部券商以外，也不乏民生证券、国金证券、长江证券等中等规模券商。

由于注册制在新股定价、信息披露、承销组织能力等方面对券商投行提出了更高的要求，以科创板为例，从科创板成立至今的服务券商来看，主要集中在龙头券商。中信证券服务家数为 38 家，位列第一，中金公司、华泰证券分别服务 27 家、25 家，分列第二、三位。在服务科创板的券商中，前五位的占比为 45.05%，前十位的占比为 69.07%。

注册制下，一方面申请上市的企业数量增加、审核周期缩短，另一方面券商提供更为专业的差异化服务，对应的服务价格自然更贵，这也意味着券商投行收入将迎来较大增长，各项业务将获得新的发展机遇。

在传统投行业务模式下，投行的 IPO 工作主要围绕企业规范性展开，以向监管部门进行说明和展示为主，这导致了投行业务的独立性很强，与经纪、研究、投资等部门的联系相对较弱。在注册制开启的新时代下，投行业务迎来了高阶转型战略机遇。

据国信证券统计，在注册制改革利好下，2019 年证券公司投行业务实现收入 482.65 亿元，同比增长 30.46%。其中，承销与保荐业务收入为 377.44 亿元，同比增长 46.03%。2019 年承销与保荐收入在证券公司总收入中占比达到 10.47%。从投行业务收入结构来看，2019 年承销与保荐业务收入占比 78.2%，同比提升 8.34 个百分点。然而，这与海外注册制下的投行收入还有一定差距。以美国大型全能投行高盛和摩根士丹利为例，其投行业务收入远高于中国券商。2019 年，高盛投行业务收入为 67.98 亿美元，占总收入比为 18.6%；摩根士丹利投行业务收入为 61.63 亿美元，占总收入比为 14.88%。与海外投行收入的差距也意味着，国内券商的投行业务还有较大的增长空间。"科创板迈出了市场化制度建设的第一步，具有改革先锋作用，创业板注册制的推出将进一步以增量倒逼存量改革，最终引导资本市场循序渐进实现历史跨越。"

对于未来投行的发展趋势，国信证券则认为，随着注册制改革的推进，未来头部券商的集中趋势将更加明显。同时，在服务方向上，投行业务将由"粗放型"向"精细型"转变；在业务模式上，将逐渐构建"以客户为中心"的模式。

国信证券指出，注册制将促进投行成为从打价格战的通道中介走向提供专业服务的金融机构。"发行时机的选择、发行价格的确定，与投行的研究实力和机构销售能力紧密相关。而发行企业更愿意为差异化的能力付费，这将促进行业实现良性竞争。对于投行而言，一要提高定价能力，二要拓展企业价值链服务，三要通过部门协作提供精准服务。"

(资料来源：https://c.m.163.com/news/a/FDJK2QTF002580S6.html?from = wap_redirect&spss = adap_pc&referFrom = &isFromH5Share = article)

第二节　投资银行及主要业务

一、投资银行的定义

投资银行(简称"投行")是现代金融体系中与商业银行相对应的一大重要分支，它主要在直接融资领域为企业提供融资服务以及相应的衍生服务，是资本市场上的主要中介。

由于不同国家和地区的投资银行产生的背景和业务侧重点不同，"投资银行"在世界各国有多种称谓。投资银行主要是美国和欧洲的称谓，在美国又被称为华尔街金融公司，英国称之为商人银行，德国称之为私人承兑公司，法国称之为实业银行，而日本、韩国及我国则将其称为证券公司。

虽然，投资银行是由"投资"和"银行"构成，但是投资银行本身并不从事生产性投资，仅仅是协助政府或企业发行证券，或帮助投资者获得证券。同时，它也并非一般意义上的"银行"，因为其本身并不吸收存款和发放贷款，它的主要职能是借助资本市场，以中介人的身份协助不同主体开展直接投融资活动。人们之所以将其称为"银行"，除了投资银行本身是金融体系的重要组成部分外，还由于在历史上其与商业银行的业务融合使人们形成了认识习惯。要准确把握投资银行的基本概念，需要从投资银行业务的特征出发，投资银行的定义是随着它的业务发展而逐步变化的。在现有文献中已有多种不同的投资银行定义。比较典型的是罗伯特·L.库恩所下的定义，他将投资银行按业务范围分为以下四种定义：

第一种定义认为：投资银行包含了所有金融市场业务，例如，从事华尔街金融业务的公司，都可以称为投资银行，这里所称的华尔街金融业务范围，包括从国际企业的证券承销到分支机构零售业务的营销，再到各种其他的金融服务业，甚至包括房地产和保险等业务。这是最广义的投资银行的定义。

第二种定义认为：投资银行是经营全部资本市场业务的金融机构。这里说的资本市场是相对货币市场而言的，是期限在一年以及一年以上的中长期资金的市场。因此，其业务包括证券承销、企业的兼并收购、公司理财、基金管理、风险资本运作、私募发行、咨询服务，以及风险管理和风险工具的创新等，但证券零售、房地产经纪业务、抵押贷款业务、保险及其他类似业务不包括在内。

第三种定义认为：只从事一部分资本市场业务的金融机构才是投资银行。这是狭义的投资银行定义。它主要包括了证券承销、企业兼并收购两项业务，基金管理、创业投资、风险管理等业务不包括在内。

第四种定义认为：投资银行仅仅是从事证券业务的一级市场承销、融资和二级市场交易(包括经纪和自营)等传统业务的金融机构。这是最狭义的投资银行定义。

上述四种投资银行定义是根据其业务范围从大到小逐步缩小的。其中，库恩认为第二种定义是最合适的，也最符合目前美国投资银行的实际情况，即把投资银行业放在资金筹措和融通、资本运营的层面上。第三种、第四种定义显然已经被现代投资银行不断拓展的业务范围所突破，不再适合于今天的投资银行。而第一种定义过多地强调了投资银行的业务创新能力，没有具体地表述出投资银行的业务范围，只是以华尔街投资银行所有的业务来加以表述，使这个概念过于宽泛，缺乏严密性，也不适合作为一般投资银行的定义。

我国投资银行业务是随着我国经济改革和转型发展的，最初的投资银行业务是由我国商业银行完成的。自20世纪80年代起，我国逐步开放证券市场，投资银行业务从商业银行中独立了出来。在随后的几十年里，证券公司逐渐成为我国投资银行业务的主体。按照《证券法》规定，证券公司的经营业务共分为七类。如果某证券公司单纯从事证券经纪业务，从严格意义上讲，这类公司不能认为是投资银行。由于中国的证券经纪公司由中国证监会归口管理，故其只能算作准投资银行。因此，仅从名称上看，并不能简单地认为中国的证券公司都是投资银行。

根据中国的实际情况，结合库恩的观点，从现代投资银行的业务活动出发，我们认为，投资银行是立足于资本市场，以证券承销为本源业务，发挥直接融资中介功能并从事多种相关金融业务的非银行金融机构，主要从事证券发行、承销与交易代理，策划企业并购与资产重组，基金管理与投资，以及为企业融资进行咨询顾问服务等业务。

二、投资银行和商业银行

投资银行和商业银行是现代金融市场中两类最重要的中介机构，虽然在不同国家因为法律制度的不同，其业务范畴的划分有所不同，但很多金融机构已经表现出混业经营的特征。

而投资银行和商业银行的区分，主要是依据 1933 年的《格拉斯-斯蒂格尔法》所限定的框架范围。投资银行指的是以资本市场业务为其主要收入来源的专业性金融机构，其基本业务包括证券发行和承销、私募发行、公司并购重组、证券经纪和交易、基金管理、风险投资、财务咨询等。而商业银行则主要吸收公众存款、发放贷款，其本源业务是债务属性的存贷款业务。

(一) 投资银行与商业银行的相同点

从本质上来讲，投资银行与商业银行都是资金盈余者(投资者)与资金短缺者(筹资者)之间的中介，它们一方面使资金供给者(通过投资)能够充分运作多余资金以获取收益，另一方面又帮助资金需求者获得所需资金以满足产业等的发展要求。因此，从中介层面上看，二者的功能是相同的。

(二) 投资银行与商业银行的不同点

尽管在功能上两者具有相似性，但在发挥金融中介作用的过程中，投资银行与商业银行的运作方式有本质上的不同。首先，从融资功能看，投资银行是直接融资的金融中介，而商业银行则是间接融资的金融中介。在为筹资者寻找合适的融资机会、为投资者寻找合适的投资机会的过程中，投资银行在一般情况下并不介入投资者和筹资者之间的权利和义务关系之中，只是收取一定的佣金，而由投资者与筹资者直接享有相应的权利并承担相应的义务。例如，投资者通过认购某企业股票，这时投资者就直接与该企业发生了权利与义务关系，但投资银行并不介入其中的权利与义务。这种融资方式被称作直接融资方式。但商业银行则同时具有资金投资者和资金供给者的双重身份，承担相应的权利与义务。对于存款人来说，商业银行是资金的需求方；而对于贷款人来说，它又是资金供给方。这样，资金存款人与贷款人之间并不直接发生权利和义务关系，而是通过商业银行间接发生关系，这种融资方式被称作"间接融资方式"。

其次，从业务构成上来看，商业银行主要分为三类：负债业务(存款业务、借款业务等)、资产业务(贷款业务、投资业务等)和表外业务(中间业务等)。所以，存贷业务是商业银行的本源和实质。而投资银行业务领域广泛，但都与资本市场尤其是证券市场相联系，是在证券的承销及相关经纪业务基础上衍生发展起来的。除了功能和业务收入构成的差别，投资银行与商业银行在经营方针与原则、监管体制、保险制度等其他方面，也有一定的区别，

表 1-1 概括了两者之间的差异。

表 1-1　投资银行与商业银行的比较分析

比较项目	投 资 银 行	商 业 银 行
本源业务	证券承销	存贷款
融资功能	直接融资，侧重于长期融资	间接融资，侧重短期融资
业务概貌	无法用资产负债表反映	表内与表外业务
主要活动领域	资本市场	货币市场
根本利润来源	佣金	存贷利差
经营方针与原则	在控制风险的前提下，稳健和开拓并重	追求安全性、流动性、收益性的结合，坚持稳健的原则
监管部门(宏观管理)	专门的证券管理机构或财政、中央银行及证券交易所等多层次管理机构	中央银行或专门的银行监管机构
保险制度	投资银行保险制度	存款保险制度

三、投资银行的主要业务

随着金融市场的不断发展，投资银行开始为政府发行债券和企业发行股票充当承销的中介。为了使承销的证券顺利发行并保持稳定的价格，投资银行又参与了证券的自营业务和经纪业务。资本主义的生产方式推动了大量股份公司的建立，导致了大规模的企业并购浪潮。投资银行利用其熟悉企业状况的优势，积极充当了企业并购的财务顾问，帮助企业制定并购方案并安排融资，参与并购后的企业重组，使其在并购业务领域中成为主要的金融中介机构。随着资本市场机构投资者的比例不断增加，投资银行又纷纷组建起各类基金管理公司并从事基金投资。当知识经济催生了大批高科技中小型企业的时候，由于其潜在的高风险和不确定性，往往难以向银行获取贷款，而投资银行直接参与其股权投资，或通过组建"创业基金"参与企业的风险投资。此外，投资银行还不断创新，推出了投资咨询、资产管理、投资组合设计、企业的财务顾问等业务，开发了资产证券化、风险控制工具，如金融期权、期货、利率互换、货币互换等。风险具有普遍性、客观性、损失性、不确定性和社会性等特征。投资银行日益发展的业务领域为其带来了丰厚的利润。

全球各家投资银行的业务各有不同，各有侧重，但是，其主要业务是相似的，一般都包括以下业务：

(一) 证券承销业务

证券承销业务又称一级市场业务，是投资银行帮助证券发行人就发行证券进行策划，并将公开发行的证券出售给投资者以筹集所需资本的业务活动。它是投资银行最本源、最基础的业务活动，是投资银行为公司或政府机构等融资的主要手段之一。该业务一般由投资银行设立的投资银行部或公司融资部实施，西方投资银行的证券承销业务一般由市场开发部、融资部、市场销售部等部门合作完成。

投资银行承销的证券范围很广，包括该国中央政府、地方政府、政府机构发行的债券，企业发行的股票和债券，外国政府和公司在该国和世界发行的证券，国际金融机构发行的证券等。按照面向投资者的范围不同，证券发行与承销可分为两种：一种是公募发行(public placement)，主要指面向社会公众投资者(即非特定投资人)发行证券的行为。其中股票的公募发行包括拟上市公司的首次公开募股(IPO)和上市公司再融资所进行的增资发行与面向老股东的配股发行。最常见的公募发行证券主要是股票、公司债券、政府债券、公司可转股债券投资基金等。另一种是私募发行(private placement)，主要指通过非公众渠道，直接向特定的机构投资人(机构)发行的行为，主要发行对象大致有两类：一类是个人投资者，例如公司老股东或发行人机构自己的员工(俗称"内部职工股")；另一类是机构投资者，如大的金融机构或与发行人有密切往来关系的企业等。私募发行不受公开发行的规章限制，除能节约发行时间和发行成本外，还能够给投资银行和投资者带来更高的收益率。但是私募发行也有流动性差、发行面窄、难以公开上市、难以扩大企业知名度等缺点。

此外，投资银行在承销过程中一般要按照承销金额及风险大小来权衡是否要组成承销辛迪加和选择合适的承销方式。按照发行风险的承担、所筹资金的划拨以及手续费的高低等因素划分，承销方式有以下几种。

第一种：全额包销。它指主承销商和它的辛迪加成员将发行人的证券按照协议全部购入，再向投资者发售，先前商定的价差就是它的利润。这时发行人不承担风险，风险转嫁到了投资银行的身上。

第二种：余额包销。它指承销商按照规定的发行额和发行条件，在约定的期限内向投资者发售证券，到销售截止日，如投资者实际认购总额低于预定发行总额，未售出的证券由承销商负责认购，并按约定时间向发行人支付全部证券款项的承销方式。

第三种：投标承购。它通常是在投资银行处于被动竞争较强的情况下进行的。采用这种发行方式的证券通常都是信用较高、颇受投资者欢迎的债券。

第四种：代销。投资银行只接受发行者的委托，代理其销售证券，如在规定的期限内计划发行的证券没有全部销售出去，则将剩余部分返回证券发行者，发行风险由发行者自己负担。而发行风险一般是由于投资银行认为该证券的信用等级较低、承销风险大而形成的。

第五种：赞助推销。当发行公司增资扩股时，其主要对象是现有股东，但又不能确保现有股东均认购其证券，为防止难以及时筹集到所需资金，甚至引起该公司股票价格下跌，发行公司一般都要委托投资银行办理对现有股东发行新股的工作，从而将风险转嫁给投资银行。

(二) 证券交易业务

证券交易业务又称二级市场业务，同样也是投资银行的传统业务之一，也是投资银行重要的利润来源。投资银行在二级市场的证券交易业务中扮演着经纪商、自营商和做市商三重角色。

作为证券经纪商，投资银行以委托代理人的身份，代表买方或卖方，按照客户提出的价格代理交易，但并不承担交易中的价格风险或利率风险，其佣金收入为交易金额的一定比例。

作为自营商，投资银行用自有资金和账户从事证券买卖，为自营交易的每种证券确定买进和卖出的价格和数量。具体来讲，投资银行的自营业务有无风险套利、风险套利和投机等，证券交易业务受市场波动的影响非常大，因此，风险控制成为证券交易业务中的重心。

作为做市商，投资银行通过参与证券交易，为其所承销的证券或某些特定的证券建立一个流动性较强的二级市场，并维持其市场价格的稳定。

(三) 企业的并购业务

企业兼并与收购已经成为现代投资银行除证券承销与经纪业务以外最重要的业务组成部分。兼并(merger)是指任何一项由两个或两个以上的企业实体形成一个新经济单位的交易。收购(acquisition)指一家公司与另一家公司进行产权交易，由一家公司获得另一家公司的大部分或全部股权(或资产)以达到控制该公司的行为。从广义上来说，兼并和收购是相同的，即均指在市场机制作用下，企业通过产权交易获得其他企业(或目标企业)的产权并企图获得其控制权的行为。本书不加区别地将两者统称为并购。一般而言，计划进行并购的企业将求助于投资银行，并就价格、时机和策略等问题向投资银行家进行咨询。同样地，目标企业也将求助于投资银行以抵御"攻击者"。

典型案例

中国并购市场发展现状

党的十九大报告中提出要深入推进供给侧结构性改革，对企业明确列出了"少破产清算，强化并购重组"的路线指引，因此，企业并购在我国资本市场上发挥着日益显著的作用。随着我国企业并购的浪潮，投资银行在经营证券承销、证券经纪业务的基础上，也将并购业务发展成为其重要的核心业务之一。

清科研究中心发布的《2020年中国并购市场年度研究报告》指出：受新冠肺炎疫情的影响，全球经济增速大幅下滑，大部分企业停止或暂缓了并购活动。2020年第一季度中国并购市场仅完成322笔并购交易，环比下降31.6%，同比下降30.9%；并购交易总金额约为4485.81亿人民币，同比上升61.5%，环比上升77.5%。金额骤然升高是由于两个大额案例的成功收购，分别是招商局蛇口工业区控股股份有限公司和中央汇金投资有限责任公司主导的两个并购项目。并购市场经过2019年全球监管、贸易、经济等复杂多变条件的调整，从长远来看，2020年并购市场将会更加理性和成熟，保持有序发展。

近年来，我国IPO项目及主承销项目在证券公司业务中占据主导业务，由此可以看出，国内证券公司普遍对并购业务重视程度不够，证券承销与保荐业务收入占证券公司营业总收入比重较高，财务咨询业务等中介业务占证券公司营业总收入的比重较低，而并购业务是投行中介业务细分业务之一，由此可看出，国内证券公司普遍对并购业务的重视程度不够，我国证券公司的并购业务还有较大的发展潜力与发展空间。

(资料来源：https://mp.weixin.qq.com/s/ZtBNFYKrw0bOeuXrHzlwRw)

(四) 私募投资业务

私募投资业务是近年来涌现出来的新的投资方式，是指通过私募筹集资金进行投资的方式，所形成的基金被称为私募基金。私募基金一般分为私募股权投资基金和私募证券投资基金，前者集中投资于未上市公司的股权，后者则投资于金融市场中交易的流动性较强的各种证券。私募投资业务由于投资方式灵活、所受监管和限制较少，因而业绩一般比公募基金好一些，从而成为金融领域的一个新的趋势。

投资银行会在三个阶段参与私募投资业务：第一个阶段是资金募集阶段，投资银行利用其广泛的客户资源，帮助发起人进行私募，甚至投资银行会经常直接投资认股；第二个阶段是投资管理阶段，在私募股权投资中，投资银行往往会帮助所投资的企业寻找项目、选择项目和管理项目，而在私募证券投资中，投资银行往往会提供投资标的以及投资参考意见，出具投资研究报告等；第三个阶段是推动所投资的企业上市或者并购，投资银行往往会利用其在证券发行和公司并购方面的优势，帮助私募基金所投资的企业上市或者寻求收购方，通过上市或收购实现投资退出。

(五) 资产证券化业务

资产证券化是近30年来国际金融市场领域中最重要的金融创新之一，是被西方金融实务领域广泛认同的业务发展大趋势之一。资产证券化是指将缺乏流动性但具有未来现金流的资产分类重组，并以这些资产为担保，发行能在金融市场上公开买卖的证券的融资技术和过程。它是一种与传统债券筹资不同的新型融资方式。进行资产转化的公司称为资产证券发起人。发起人将持有的各种流动性较差的金融资产，如住房抵押贷款、信用卡应收款等，分类整理为一批资产组合，出售给特定的交易组织，即金融资产的买方(主要是投资银行)，再由特定的交易组织以买下的金融资产为担保发行资产支持证券，用于收回购买资金。这一系列过程就被称为资产证券化。资产支持证券主要是各类债务性债券，主要有商业票据、中期债券、信托凭证、优先股票等形式。资产证券的购买者与持有人在证券到期时可获本金、利息的偿付。证券偿付资金来源于担保资产所创造的现金流量，即资产债务人偿还的到期本金与利息。如果担保资产违约拒付，资产证券的清偿也仅限于被证券化资产的数额，而金融资产的发起人无超过该资产限额的清偿义务。

(六) 项目融资业务

项目融资是对一个特定的经济单位或项目策划安排的一揽子融资的技术手段，借款者可以利用该单位或项目的资产、未来现金流以及所获收益作为担保条件进行融资。投资银行在项目融资中起着非常关键的作用，它将与项目有关的政府机关、金融机构、投资者与项目发起人等紧密联系在一起，协调律师、会计师、工程师等一起进行项目可行性研究，进而通过发行债券、基金、股票或拆借、拍卖、抵押贷款等形式组织项目投资所需的资金。投资银行在项目融资中的主要工作是项目评估、融资方案设计、有关法律文件的起草、有关的信用评级、证券价格确定和承销等。

近几十年来，国际上大型项目的建设日益流行项目融资方式。这种方式与一般传统融资方式相比有其独到的优点，且对一些特殊项目而言，又是唯一可行的选择。如英法海底隧道工程，投资额度大，任何一家公司的自由资产都不足以作为向银行抵押贷款的抵押品。只有项目融资才是唯一可行的方案。

(七) 风险投资业务

风险投资(venture investment)又称创业投资,是指对新兴公司在创业期和拓展期进行的资金融通,表现为风险大、收益高。新兴公司一般是指运用新技术或新发明、生产新产品、具有很大的市场潜力、可以获得远高于平均利润的利润,但却充满了极大风险的公司。由于高风险,普通投资者往往都不愿涉足,但这类公司又最需要资金的支持,因而为投资银行提供了广阔的市场空间。投资银行涉足风险投资有不同的方式:第一,采用私募的方式为这些公司筹集资本;第二,对于某些潜力巨大的公司有时也进行直接投资,成为其股东;第三,更多的投资银行通过设立"风险基金"或"创业基金"向这些公司提供资金来源;第四,帮助创业企业发行股票公开上市和通过二级市场交易,或是协助并购交易,实现风险资本退出。

(八) 资产管理业务

资产管理,通常是指投资银行作为受托人,根据与委托人(投资者)签订的资产委托管理协议,为委托人交给的资产提供理财服务,以期为委托人控制风险,获得较高投资收益或提高理财效用的活动或行为。

资产管理业务具有多种具体形式。投资银行既可以为单一客户进行量身定做,办理定向资产管理业务,也可以为众多客户办理集合资产管理业务,还可以为客户提供专项资产管理等。在范围广泛的资产管理业务中,受托基金投资管理是投资银行承办的一项最主要的资产管理业务。

(九) 基金管理业务

投资基金是一种金融信托制度,自1940年美国《投资公司法》实施后逐步发展起来。基金是一种重要的投资工具,它由基金发起人组织,吸收大量投资者的零散资金,聘请有专门知识和投资经验的专家进行投资并取得收益。从广义范围而言,投资基金涵盖了证券投资基金、风险创业投资基金、产业投资基金等。

投资银行在基金管理中发挥着重要作用。首先,投资银行可以作为基金的发起人,发起和建立基金;其次,投资银行可作为基金管理者管理基金;第三,投资银行可以作为基金的承销人,帮助基金发行人向投资者发售受益凭证。

管理基金的费用是按被管理资产的某个百分比收取的。在这个领域,投资银行面临多方面的竞争,包括独立的基金管理人公司,还有大的养老基金,它们除管理总局的基金外,也接受委托管理较小的基金。

(十) 财务顾问和投资咨询业务

投资银行的财务顾问业务是投资银行所承担的对公司尤其是上市公司的证券市场业务的策划和咨询业务的总称,主要是指投资银行在公司的股份制改造、上市、在二级市场再筹资以及发生兼并收购、资产重组等重大交易活动时提供专业性意见。投资银行的投资咨询业务是投资银行作为专业性的金融服务机构,为客户提供有关资产管理、负债管理、风险管理、流动性管理、投资组合设计、标的估值等多方面的咨询服务。投资咨询业务是联结一级和二级市场,沟通证券市场投资者或经营者和证券发行者的纽带与桥梁。

(十一) 金融创新业务

金融创新工具即衍生工具是金融理论发展和金融工具创新的产物，包括金融期货、期权、互换远期合约等，这些工具通常被用作套期保值、规避金融资产价格风险的技术手段和投机手段。使用衍生工具的策略有三种，即套利保值、增加回报和改进有价证券的投资管理。通过金融创新工具的设立与交易，投资银行进一步拓展了自己的业务空间和资本收益。投资银行参与设计、创造客户和它们自己所需要的金融衍生工具，并在这些衍生工具的交易市场上扮演经纪人和交易商的角色，既帮助客户也帮助自己进行风险控制。首先，投资银行作为经纪商代理客户买卖这类金融工具并收取佣金；其次，投资银行也可以获得一定的价差收入，因为投资银行往往首先作为客户的经纪人进行衍生工具的买卖，然后寻找另一客户作相反的抵补交易；最后，这些金融创新工具还可以帮助投资银行进行风险控制，免受损失。金融创新也打破了原有机构中银行和非银行、商业银行和投资银行之间的界限和传统的市场划分，加剧了金融市场的竞争。

典型案例

美林的复兴之路

美林是国际上有名的投资银行。美林在 20 世纪 90 年代的十年里，为了维持其在极具影响的同行排位表上的地位，开始越来越多地承接低利润交易，而忽略了实现利润的根本所在，年营业收入递增 15%，费用也在以同样的速度上升。1996 年，美林的利润率比竞争对手的平均值低 5 个百分点。两年后，这一差距进一步扩大到 10 个百分点。2000 年是华尔街历史上投资银行业绩最好的一年，而美林的利润只有区区 2 亿美元，主要来自与证券承销和交易咨询业务相关的收入。在华尔街之外，美林"势如雷霆"的经纪人大军四处碰壁。

2001 年美林的新任首席执行官奥尼尔上台后，开始了一项整合业务、细分市场的计划，以加强公司在市场上的竞争力。具体措施包括重新调整公司定位，并针对新的市场环境重新规划核心业务，将重心放在赢利和增长的业务上，不赚钱的业务则一概不留。为此，美林首先关闭了美国境内三个营运中心中的一个，减少了 75%的国内股票交易，基本上取消了承销商业票据、短期银行债券和垃圾债券的业务。其次，关闭了驻加拿大、澳大利亚、日本和新加坡等地的一些分支机构。在日本，美林关掉了它的 19 家分行，解雇了其从事金融经纪零售业务的 1200 名雇员，解雇率高达 70%。最后，通过细分市场，进行业务创新。2001 年，美林在美国境内推出了一种多渠道的服务模式，通过提供不同的金融产品与服务，使得其财务顾问和客户的联系更为专业化：高端客户由私人财务顾问提供服务；对于资产量在 10 万美元以下的客户，美林创建了以电话服务为基础的财务顾问中心，有效地节约了成本；投行部则加强了对提升竞争力和客户关系有利的投资，包括衍生证券、抵押品和外汇等业务。

经过这样一番整顿，2001 年美林的利润率就达到了 17%；2002 年美林净利润为 25 亿美元，每股(摊薄)2.63 美元；2003 年的盈利达到了创纪录的 40 亿美元——甚至远远超过生意兴隆的九十年代后几年，税前利润率也前所未有地猛增至 28%；2004 年上半年美林的净利润达到约 23 亿美元，与 2003 年同期相比增长了约 44%。美林首席执行官奥尼尔说："美林的特点体现在稳健的经营和强大的团队实力上，业绩的增长证明了重视多元化业务，科学严谨的管理方式和以赢利为主导的发展方向是创造一个可以持续、稳定赢利的公司的重要因素。我们有信心实现持续的增长，并且继续努力挖掘和把握重要的投资机会。虽然近期的资本环境变得越来越具有挑战性，但为客户提供最优质的服务和在更广泛金融领域里发挥稳健、优异的表现一直是我们的核心竞争优势。"

（资料来源：https://www.sohu.com/a/343478350_114835）

第三节　投资银行的经营理念和行业特征

一、投资银行的经营理念

投资银行作为服务性的金融机构，在创造服务产品的过程中，主要遵循 4 个经营理念：均衡效益最大化、财务最优化、独立判断与尽职调查、金融创新制胜原则。

(一) 均衡效益最大化

均衡效益最大化是投资银行业最重要的经营理念。投资银行的目标是均衡各方客户利益，以最小的全系统付出获取最大的全系统收益。这种经营理念体现在承销过程中，要求投资银行为证券发行者实现最低的融资成本，为投资者取得最佳的风险报酬率。一般来说，证券发行者和投资者的利益在一定程度上是相互冲突的，如债券发行者要求低的票面利率，而债券投资者则相反。因此，投资银行家必须权衡交易双方的利益，做出最优化的均衡决策。这需要投资银行有高超的利益协调能力，为双方利益找到一个合理的共同区域，进而实现自身和社会的高效益。

(二) 财务最优化

财务最优化是指在特定情况下实现最优的财务结构和融资机制。为了实现财务最优化的目标，投资银行必须分析客户公司的各个方面，制定财务战略并构建相应的财务结构和融资机制。值得注意的是，兼顾长短期利益是必要的。例如，在确定证券的首次公开发售价格时，如果定价过高，在证券发售后，其行情可能很低迷，投资者对该公司证券的信心就会发生动摇，这样一来反而影响了企业的长期融资。

(三) 独立判断与尽职调查

独立判断是投资银行信誉的基石，而尽职调查则是这种独立性最基本的表达方式。投资者都认为，当投资银行代表发行者时，他们应该承担为客户创造最佳交易的义务。为了让投资者相信投资银行所提供的关于发行者的财务报告书和情况介绍等材料的真实可靠性，投资银行必须对发行者的情况进行独立判断，使材料陈述的内容与实际情况完全相符。如果投资银行不能独立判断和尽职调查，它不仅名誉扫地，甚至还可能牵扯上法律责任，从而失去竞争地位。

(四) 金融创新制胜原则

从某种程度上讲，创新是投资银行的灵魂。传统的承销形式单一，每一种股票或债券都大同小异而缺乏创造性。近几十年来，不断涌现的金融衍生工具和产品已经改变了这种状况，不断创新已经成为投资银行业基本的思维方式、重要的竞争手段和风险管理理念。每家投资银行都在努力开发更令人满意、更有效的金融工具，以此来争夺客户，战胜竞争对手。

典型案例

世界著名投资银行——高盛的经营理念

在现代企业管理中，企业文化不仅为越来越多的管理者所重视，更受到社会公众的关注。美国著名投资银行——高盛的商业原则，即高盛的经营理念包括以下几点。

(1) 客户的利益永远至上。

(2) 我们最重要的三大财富是员工、资本和声誉。

(3) 我们的目标是为股东带来优越的回报。

(4) 我们为自己的专业素质感到自豪。对于所从事的一切工作，我们都凭着最坚定的决心去追求卓越。因此，我们宁愿选择做最优秀的公司，而非最庞大的公司。

(5) 我们的一切工作都强调创意和想象力。

(6) 我们不遗余力地为每个工作岗位物色和招聘最优秀的人才。我们明白在服务行业里，缺乏最拔尖的人才就难以成为最拔尖的公司。

(7) 我们为员工提供的职业发展进程比大多数其他公司都要快，而员工晋升的条件取决于其能力和业绩。我们的公司必须吸引、保留和激励有着不同背景和观点的员工，我们认为公司文化的多元化是一条必行之路。

(8) 我们一贯强调团队精神。在不断鼓励个人创意的同时，我们认为团队合作往往能带来最理想的效果，我们不会容忍那些置个人利益于公司和客户利益之上的人。

(9) 我们公司成功的一个重要因素，是员工对公司的奉献以及对工作付出的努力和热忱超越了大多数其他机构。

(10) 我们视公司的规模为一种资产，并对其加以维护。

(11) 我们持续尽力预测快速变化的客户需求，并致力于开发新的服务去满足这些需求。我们深知金融业环境瞬息万变，也谙熟"满招损，谦受益"的道理。

(12) 我们经常接触机密信息，这是我们正常客户关系的一部分。违反保密原则、不正当或轻率地使用机密信息都是不可原谅的行为。

(13) 我们的行业竞争激烈，因此我们积极进取地寻求扩展与客户的关系。但我们坚持秉承公平竞争的原则，绝不会诋毁竞争对手。

(14) 正直和诚信是我们公司的根本原则。我们期望我们的员工无论是在工作中还是在私人生活中都要保持高水平的道德水准。

(资料来源：孙立新. 世界著名投资银行经营理念介绍[J]. 中国统计，2001(08)：30-31)

二、投资银行的行业特征

尽管金融环境在不断发展变化，但投资银行业具有相对稳定和鲜明的行业特征。这些特征既是该行业区别于其他行业的标志，也是其保持稳定和待续发展的基础。

(一) 投资银行的角色多元性

一般中介机构的业务都比较单一，而投资银行在业务经营上的一个显著特征就是角色多元性。在服务方面，投资银行不但经营一般证券公司经营的代理发行证券业务、经销证券业务、经纪业务，而且为企业进行理财融资，参与企业改组和并购的咨询、策划与组织；在投资方面，投资银行利用其机构的综合优势，不仅代理社会个人投资者、机构投资者进行理财和投资，而且进行自营有价证券业务和对企业进行参股、控股，从而谋求自身的进一步发展。

(二) 投资银行的道德性

道德是产生信心和信赖的源泉，投资银行如果没有客户的信用，将无法生存，投资银行业务在许多方面涉及道德问题，主要包括以下几个方面：第一，利益冲突问题。这是内容最多和范围最广的一个问题。当一家投资银行参与的交易涉及多方利益的时候，就容易产生利益冲突。在交易中，投资银行要经受住道德考验，不偏袒交易中的任一方。第二，信息披露与保守秘密问题。投资银行有为客户保守机密的责任，同时还承担着向投资公众披露有关信息的义务，这是在对待客户信息方面两个互相牵制的行为。从表面上来看，这两者是矛盾的，但从市场的角度来看，都是为了维护市场的公平和效率。而在实践中求得二者的绝对平衡是艰难的。第三，内幕交易问题。由于市场的不完善性和信息的不对称性，不道德的投资银行家可能利用内幕消息进行直接或间接的交易并从中获利。

除上述之外，投资银行还会在诸如信息收集、信息传播、私下交易、客户关系、手续责任等很多方面也涉及道德问题。

(三) 投资银行操作的专业性

投资银行操作的专业性体现在两个方面：一是投资银行内部人员的专业化。由于投资银行经营业务的多元化，使得它涉及的方面越来越多，分工也越来越细，而且，对投资银行从业人员的素质要求也越来越高。二是投资银行的专业化。随着各个投资银行经营业务的不断深入，一些投资银行在某些业务上的优势逐步表现出来。这就使得在这些业务上有需求的企业越来越依赖于有需求业务优势的投资银行。这些需求又不断地促进这些投资银行以其优势而获得更好的市场竞争地位。

(四) 投资服务行业的广泛性

投资银行业务不仅从单一化向多元化发展，而且随着业务的不断拓宽，其服务的范围也越来越广泛。从近几年西方国家一些有名的投资银行的发展来看，其触角开始由国内延伸到国外，由部分产业转向多种产业。如美林，涉及的业务不仅有飞机制造、铁路交通和电信工程，而且涉及自然资源开发、能源等。其服务的内容不仅包括为这些企业承销证券，而且包括为这些企业进行项目融资，提供商品服务和宏观、微观经济咨询服务。

(五) 投资银行的创新性

在全球经济不断的革新过程中，投资银行也在实体经济以及行业发展的一些方面面临着不同的机遇以及挑战。创新性已成为当前投资银行业的一种有效的竞争工具。随着金融业竞争的加剧，投资银行为了谋求更大的发展，利用自己所拥有的人才、技术、信息等优势以及良好的银企关系，通过不断创新来满足客户多元化需求。投资银行的创新性主要体现在以下几个方面：一是融资形式不断创新。投资银行开发出不同期限的浮动利率债券、零息债券、抵押债券、发行认股权证和可转换债券，建立"绿鞋期权"(green shoes option)承销方式等。20 世纪 90 年代，投资银行又创造出一种新型的融资方式——资产证券化，即以资产支撑的证券化融资。二是并购产品创新层出不穷。投资银行采取了桥式贷款、发行垃圾债券、创立各种票据交换技术、杠杆收购技术和种种反收购措施。三是基金新产品应有尽有。投资银行推出的基金新产品有套利基金、对冲基金、杠杆基金、雨伞基金、股息滚动投资、定期投资计划以及定期退股计划等。四是金融衍生品频繁出现。投资银行将期货、期权、商品价格、债券、利率、汇率等各种要素结合起来，创造出一系列金融衍生产品，如可转换浮动利率债券、货币期权派生票据、互换期权、远期互换等。

典型案例

投资银行的上市创新(用市场驱动的机制来扩大银行驱动的模式)

投资银行(如高盛和摩根士丹利)服务种类多样，其四大服务主要为私营企业融资、帮助公司上市、并购和购买私募证券。这些领域近年来都有创新和发展，并共同反映了投资银行业的转变。技术创新和新兴的金融科技公司正在催生新的商业模式，假以时日，必将改变这个重要资本市场的功能。

在上市过程中，私有企业长期以来一直按照传统的 IPO 流程和模式，聘请投资银行来承销。银行业务人员会为企业严谨地建立一份机构认购单，确定新股发行价，并在新股上市后稳定发行价。一般情况下，银行为新股确定的发行价较为保守，因此 IPO 价格在首日交易中会出现上涨。根据 DealLogic 公司研究数据，2018 年至 2020 年间，市场 IPO 首日价格涨幅为 16%～19%。这是对在新股上市前承担投资风险的机构投资者的回投，但另一方面，这也是发行人有意而为的抑价发行。

除了传统的银行驱动 IPO 模式，企业上市还有另一种选择，即在投资银行有限参与的情况下，进行真正的由市场驱动的定价和发行的过程。直接上市和荷兰式拍卖都属于由市场驱动的模式。在这种模式下，新股的价格由上市当日的供需关系决定，而不是由银行来精心构建机构投资者的初始认购单。通过直接上市方式进行的交易有流媒体服务公司 Spotify 和通讯软件公司 Slack，而 Palantir 计划以同样的方式在 2020 年第三季度上市。在某些情况下，公司决定直接上市只是为了向现有股东提供流动性，并公开允许所有投资者买卖其股票，但不发行新股。由于公司没有筹集新的资金，这种特殊的直接上市形式实际上只是一个流动性事件，而不是融资事件。"OpenIPO"是一种特殊的荷兰式拍卖，由

WRHambrecht&Co 的创始人兼首席执行官 Bill Hambrecht 提出并推广。他利用这种模式让 21 家公司成功上市,其中包括 Google、InteractiveBrokers 和 Morningstar。W.R.Hambrecht&Co. 进行的"OpenIPO"在发行当日的价格平均涨幅为 3.1%,而传统 IPO 的平均涨幅为 17.5%。这也是支持荷兰式拍卖而非传统银行驱动模式的主要理由,因为它将筹集的大部分资金交给了发行公司,而不是机构股东。特殊目的收购公司(SPAC),又称空白支票公司,是一种包含融资和上市的替代金融结构。它涉及筹集资金创建一个空壳公司,然后找到估值偏低的企业,再通过该公司进行收购并上市。这种模式最大的优点是可以避免费用高昂且历时漫长的传统 IPO 过程。尽管特殊目的收购公司这一概念已经存在了 10 年,但它在 2020 年才流行起来,一些知名 PE 公司(如 BillAckman 的 Pershing Square Capital)利用它将私有企业上市。2019 年,SPAC 全年筹集资金量为 145 亿美元,而仅在 2020 年上半年,SPAC 已筹集了 135 亿美元。2021 年采用这种模式上市的著名公司有体育赛事平台 DraftKings、无线电力公司 Nikola 和商业太空公司 Virgin Galactic Holdings, Inc.。金融科技投资者们也在准备使用这个结构,如 Ribbit Capital 计划运用 SPAC 筹集 6 亿美元,将投资组合中的公司上市。而其他几家风投公司也正在考虑通过 SPAC 将其投资组合中的公司上市,以避免传统 IPO 的成本,并将其作为实现投资组合流动性更有效的方式。但一个令人担忧的问题是,私有投资组合中的投资者与 SPAC 投资者之间可能会出现利益冲突。

(资料来源:http://www.21jingji.com)

第四节 投资银行对经济的促进作用

随着全球金融市场的发展,资本市场相对于传统的银行借贷市场发展更为迅猛,以资本市场作为其业务核心的投资银行拥有大批高素质的专业人才、强大的资本运作能力及丰富广泛的信息资源,自然在其中发挥着主导的作用,以其金融中介的枢纽地位引导资金的流动。除了充当直接金融中介外,投资银行还有多种经济功能。

一、充当资金供需媒介

资本市场上,投资银行以其拥有的专业技能,提供能满足资本需求者和投资者双方需要的金融工具和服务,实现资本由资金盈余者流向资金短缺者,即发挥着金融中介的功能。投资银行是沟通资金盈余者和资金短缺者的媒介,一方面通过帮助资本需求者发行证券筹集所需资本以求发展,另一方面又使投资者充分利用多余资金来获取收益。企业资金来源有间接融资与直接融资两种方式,通过投资银行而进行的融资属于直接融资,而由商业银行借贷关系形成的融资为间接融资。由于要保持资产的流动性,因此在贷款业务中,商业银行对贷款的质量和期限往往要求比较高,它更侧重于对客户提供短期的贷款。相比之下,通过投资银行发行债券和股票往往与企业的经营状况联系起来,且其发行方式、发行时间、证券种类与期限等可以选择,获取的资金具有很强的相对稳定性和长期性,因此投资银行是企业筹措中长期资金的媒介。

二、推动证券市场发展

证券市场是一国金融市场的基本组成部分，是一国经济的"晴雨表"。证券市场的市场主体主要包括四大部分：筹资者、投资者、各类中介机构、监管机构和自律组织，它们是证券市场发展的主要推动者。而投资银行在不同的市场主体中都扮演着重要角色，发挥了独特的作用，它既是中介机构，又是主要参与者。

(一) 投资银行作为主要的金融中介机构

投资银行作为主要的金融中介机构，在筹资者与投资者中间扮演着桥梁作用。在证券发行市场上，投资银行作为承销商为公司发行股票和债券，为政府和其他机构发行债券筹措资金，也可作为投资顾问和基金管理者认购证券；在证券交易市场上，投资银行从事证券经纪业务和理财顾问业务，为活跃证券市场发挥了重要作用，提高了市场的流动性和定价的有效性，从而提高了证券市场运行的效率。

(二) 投资银行作为机构投资者

投资银行本身也是证券市场上重要的机构投资者，它们拥有雄厚的资金实力，通过自营业务实现投资回报；作为证券投资基金和基金管理公司的主要发起人，投资银行还直接带动了更多的资本投入资本市场中，并直接从事基金的投资管理和基金运作；投资银行还可作为证券市场的做市商，承接二级市场的买进和卖出，起到了活跃证券二级市场的重要作用。

(三) 投资银行作为市场监督力量

投资银行同时还是资本市场自律组织中的重要组成部分，例如，证券交易所和证券业协会的会员主要是由投资银行和相关金融中介机构组成的。而在证券发行过程中，投资银行选择发行对象，为证券发行保荐，它们的信用直接影响到发行对象的信用，在微观层次上发挥了证券市场优胜劣汰的融资选择机制。在资本市场的规则确定方面，投资银行的行为构成了一系列法律法规的基础，有时还会直接参与规则的酝酿和制定过程；同时，投资银行还经常为政府监管机构制定法规政策提供意见和建议，促进了资本市场的规范化发展。

构成证券市场的基本要素除了以上提到的市场主体外，还包括多样化的金融工具，较完善的证券交易市场、清算体系和较充足的资金头寸等。投资银行在证券市场基本要素的形成和发展中发挥了重要作用，主要表现在以下三个方面。

(1) 创新是投资银行的灵魂。投资银行是金融领域内最活跃、最积极的创新力量。它们推陈出新，推动了金融工具的创新，开拓了一个又一个新的业务领域，为市场带来了多样化的金融衍生产品和交易的便利性。一方面，投资银行达到了风险控制、最佳流动性和最大收益的结合；另一方面，投资银行在客观上使包括证券市场在内的各种金融市场得以在衍生工具的辅助下迅猛发展。

(2) 投资银行作为证券交易所及相关交易市场的主要会员，直接参与了证券交易市场和资金清算体系的建设；同时，投资银行的证券经纪业务和交易网络系统遍布全球的每一个角落，在证券交易市场和资金清算体系的建设中发挥了重要作用。

(3) 投资银行通过金融中介业务和自营业务，促进了社会储蓄向投资领域的转化，为资本市场提供了丰富的资金来源，并极大地提高了资本市场的流动性。

三、提高资源配置效率

市场经济条件下，资源总是向效益高的部门流动。当社会经济资源都能在相应的部门发挥出最佳效益时，就被认为达到了帕累托最优。投资银行正是通过在资本市场的运作，促进了社会资源的合理流动，提高了国民经济的整体效益。投资银行提高资源配置效率的功能主要表现在以下几个方面：

第一，投资银行在一级市场中承销证券，将企业的经营状况和发展前景向广大投资者作了充分的宣传介绍，同时设计了较为合理的证券发行价格。证券发行以后，通过二级市场的流动形成了投资者认可的交易价格。社会经济资源依照这种价格信号的导向作用进行配置，促进了效益高的部门获得更快发展，限制了低效甚至无效部门的盲目扩张，使资源配置趋向合理。

第二，投资银行的兼并收购业务使社会资本存量资源得以重新优化配置。如果说投资银行一级市场的发行承销业务是对社会增量资本的配置，那么投资银行的兼并收购业务就是对社会存量资本的重新配置。通过企业并购，使被低效配置的存量资本调整到效率更高的优势企业或者通过本企业资产的重组发挥出更高的效能。这种社会存量资产的重新配置使社会产业结构得到进一步调整，优势企业能够迅速发展，社会整体效益得到进一步提升。

第三，投资银行为企业向社会公开筹资，加快了企业所有权与经营权的分离，有利于产权的明晰和现代企业制度的建立，有利于股东和债权人对企业的监督。从而强化企业的经营管理。使企业原有经济资源的效率进一步提高。

第四，投资银行承销了大量政府债券的发行，使得政府筹得足够的资金用于基础设施和其他公共部门的投资，缓和了这一领域资源紧缺的矛盾。同时，国债流通量的增加，也有利于中央银行充分利用货币政策工具调节货币流通量，从而进行经济资源的宏观调控。

第五，投资银行的风险投资业务为高技术产业的迅速发展提供了巨大的动力，促进了该产业的升级和发展。高技术产业在初创阶段风险很大，很少有人愿意投资或贷款。投资银行通过为有发展前景的中小企业发行股票或债券，或直接进行股本投资，促使它们在激烈的竞争中快速发展以获取高额利润。投资银行的这一业务对于具有潜在优势的经济资源的发展壮大有着十分重大的意义。

四、推动企业并购重组

在经济的发展中，生产的社会化和专业化要求产业结构不断调整，既要有符合大规模社会生产的垄断性企业，又要有高度专业化、多样化的小型企业。经济发展推动企业并购重组，制造业、金融业、通信业、运输业等行业纷纷掀起并购热潮，已有愈演愈烈的趋势。投资银行为企业提供各种金融中介服务，促进了生产的社会化和产业结构的优化与升级。

而企业并购是技术性很强的工作，只有投资银行才能胜任这项工作。投资银行凭借其专业优势、人才优势和实践优势，依赖其广泛的信息网络、深入的分析能力、高度的科学创新、精明的战略策划、熟练的财务技巧和对法律的精通，来完成对企业的前期调查、实务评估方案设计、条件谈判、协议执行，以及配套的融资安排、重组规划等诸多高度专业化的工作。投资银行在资本市场上的运作促进了企业规模的扩大和产业集中，促使企业进一步增强实力，因而可以更加充分有效地参与竞争。近年来，投资银行在企业并购和柜台交易市场中十分活跃，促进了企业产权的合理流动，提高了市场效率。

美国学者、1982年诺贝尔经济学奖得主斯蒂格勒在对美国500强公司进行深入研究后得出这样的结论："没有一个美国大公司不是通过某种程度、某种方式的兼并而成长起来的，几乎没有一家大公司主要是靠内部扩张成长起来的。"

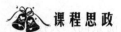 **课程思政**

中国资本市场的砥砺前行

2020年，中国资本市场正式步入而立之年。30年前，深沪证券交易所相继开业，新中国证券市场的大幕徐徐拉开。从无到有，从小到大，从封闭到开放，从单一股票市场到多层次体系，中国资本市场逐步发展成为参与人数最多、市值规模名列第二、服务实体经济能力显著提升、影响力辐射全球的大市场。与欧美资本市场数百年的发展史相比，中国资本市场刚刚走过30年，时间很短，却也因此更加波澜壮阔、风光无限。

经过30年的发展，中国资本市场从幼苗长成了参天大树。认识的不断深化和定位的不断提高，赋予了中国资本市场新的使命，带来了新的发展机遇。注册制改革在增量和存量两个层面推进并取得了积极的成果，依法治市成效显著，投资者信心明显增强。今天，不论是市场规模和效率、市场运行规范化程度，还是市场对实体经济及创新创业的推动作用，均达到了30年前难以想象的水平和高度，资本市场已经成为中国市场经济体系中最具韧性和活力的板块。

当今世界正经历百年未有之大变局，各种矛盾和冲突不断，国与国之间的经济和科技竞争加剧。面对新形势、新变化，党中央制定了加快构建国内国际双循环新格局的战略，资本市场的地位从来没有像今天这样重要。站在过往30年发展的肩膀上，遵循"建制度、不干预、零容忍"方针，坚持以服务实体经济为方向，通过全面深化改革，进一步夯实制度基础、市场基础和法治基础，发挥推动科技、资本和实体经济高水平循环的枢纽作用，中国资本市场必将实现更大的跨越式发展。

本 章 小 结

在本章中，我们首先探讨了投资银行的基本概念，结合库恩的观点，依据中国实际情况，总结出中国投资银行的定义是：投资银行是立足于资本市场，以证券承销为本源业务，发挥直接融资中介功能并从事多种相关金融业务的非银行金融机构，主要从事证券发行、承销与交易代理，策划企业并购与资产重组，基金管理与投资，以及为企业融资进行咨询顾问服务等业务。

投资银行是直接融资的金融中介，而商业银行则是间接融资的金融中介。两者的经营模式、资产负债结构有较大的差别，但同时两者又处于相互融合的过程中。

投资银行的业务随金融市场的发展而发展，投资银行的主要业务包括：证券承销、证券交易、企业并购、私募投资、资产证券化、项目融资、风险投资、资产管理、基金管理、财务顾问和投资咨询以及金融创新。

投资银行的经营理念为：均衡效益最大化、财务最优化、独立判断与尽职调查以及金融创新制胜原则。

投资银行的行业特征为：角色多元性、道德性、专业性、广泛性、创新性。

投资银行对经济的促进作用为：充当资金供需媒介，推动证券市场发展，提高资源配置效率，推动企业并购重组。

 **案例阅读**

投资银行数字化转型的重大机遇

在以信息披露为核心的注册制下，监管部门多次强调，"压实中介机构责任""中介机构要归位尽责，切实发挥好资本市场看门人作用"，监管对投资银行的要求逐步提升。一方面，核查工作范围逐步扩大，比如财务核查、银行流水核查、股东穿透核查；另一方面，核查工作细致程度逐步加深，监管部门会从不同维度反复询问，交叉验证真实性与合理性，有时甚至会明确要求逐笔核查，比如邦彦技术收到的注册阶段问题："核查发行人2019 年及 2020 年四季度每笔收入的实物流、资金流、单据流，列表详细说明取得的单据等确认证据⋯⋯"

监管将责任压实到中介机构，券商将责任压实到项目组，项目组在模糊标准下，为了完成海量的核查工作，只能拼命堆人、加班，拼了几年好不容易申报个项目，遇到审核节奏趋严，被抽中现场督导，通宵半个月挨过了现场督导，回复了 N 轮反馈，最终项目无果。

本质上看，投资银行业务是纯信息的行业，以 IPO 业务为例，投资银行需要将企业以"上市公司标准"进行编码，将数据以纸质(注册制前)或电子(注册制后)的方式呈现与传输，再由审核人员对信息进行解码与决策。当前投资银行面临的行业困局，核心原因在于目前的体系不能满足信息处理的需要。投资银行作为数字化原生行业，处理的均为电子数据，但行业数字化程度极低，甚至不如制造业。近十年，投资银行的工作方式没有本质上的变化，仍然处于手工农业时代，无论是底稿的搜集整理、申报文件的协同编辑，还是项目管理，都缺少好用的系统性解决方案，效率极低。目前的管理方式与工作方式，已经不能支持日益复杂的业务需求，投资银行的工作方式亟待变革，需要全面数字化转型，从发行人到中介机构、监管部门、投资者，建立新的信息处理与传输系统，从农业时代进化至工业时代、数字化时代。

投资银行领域工业时代的要求是规模化的项目服务能力与稳定的风控能力，具体体现是建立行业标准，将业务能力、风控能力、交付能力沉淀为功能模块，可以持续为前台人员赋能，实现提效降本控风险。投资银行领域数字化时代的要求是快速响应不断变化的企业融资、资本运作需求，给企业用户更好的体验。

数字化转型是一个运用数字技术和新能源对企业业务持续优化的过程，是一次系统工程。在这个旅程中，数字化转型的投资银行能够收获的是体验提升、效率提升以及模式创新。投资银行作为中介机构，基本不会在意客户的体验，因为 IPO 业务往往是一次性交易，项目合作结束后，发行人与中介机构一般也不会再有交流和联系。体验，是当下商业演进的关键词。以前是农业经济、工业经济，而现在是服务经济和体验经济的时代。体验提升，会大大加强项目承揽能力。

数字化转型带给投资银行的效率提升，不仅能够降低人力成本，还能实现项目进展可控。

数字化转型不是简单的更好更快更强，而是全新的范式革命，如同工业时代到 PC 互联网，再到移动互联网，行业秩序会打散，产业链会重构，新的巨头会诞生，会催生新型的投资银行承揽、承做、后督工作模式，衍生出新的能力，比如企业融资数据建模能力，比如从投资银行业务管理过渡到企业的融资流管理、资金流管理、全业务管理。谁能率先成功实现数字化转型，谁就能在数字化时代笑到最后。

（资料来源： https://www.sac.net.cn）

 问题

试结合案例，分析为何投资银行数字化转型迫在眉睫。

复习思考题

一、名词解释

投资银行　直接融资　间接融资　资产证券化　私募投资　财务最优化

二、简答题

1. 投资银行的一般概念是什么？适合中国的投资银行概念是什么？
2. 试述投资银行的主要业务构成。
3. 简述投资银行与商业银行的异同。
4. 简述投资银行的行业特征。
5. 投资银行优化资源配置的功能是如何实现的？

第二章 投资银行的组织结构与发展模式

【学习目标】

掌握投资银行的组织形态和组织架构；了解投资银行的两种发展模式。

案例导入

金融危机之后的高盛

在 2008 年的金融危机中，保留独立性且同时活下来的美国大投行只有两个，一个是摩根士丹利，一个是高盛。在昔年的合作伙伴雷曼兄弟宣布破产的同时，高盛转身接收了美国政府的 100 亿美元和巴菲特的 50 亿美元注资，不仅没有破产反而成长得更加强壮。

这家最早成立于 1869 年的公司，至今已经 150 多岁高龄。高盛成为全球顶级投行的成长史，既是美国的金融史，也是全球金融发展史。

20 世纪初，股票包销包括首次公开募股业务使高盛成为真正的投资银行，公司 1906年帮助 Sear Roebuck 公司发行了当时规模最大的首次公开募股。后来高盛增加贷款、外汇兑换及新兴的股票包销业务，规模虽小，却是已具雏形。而股票包销业务使高盛变成了真正的投资银行。

发展至现代，高盛的业务逐步涵盖了投资银行、证券交易和财富管理；其业务对象为企业、金融机构、(国家)政府及富人；业务按地域分为三大块，即美国、亚太地区和欧洲，在全球 23 个国家和地区(含美国)设有代表处。亚太地区总部设于香港，在北京和上海设有办事处，并成立合资证券公司高盛高华。

而高盛长期以来视中国为重要市场，自 20 世纪 90 年代初开始就把中国作为全球业务发展的重点地区……

(资料来源：https://www.163.com/dy/article/GL652EHD0519B8U3_pdya11y.html)

第一节 投资银行的组织形态选择

在现代投资银行业中，投资银行的组织形式主要有合伙制、混合公司制和现代公司制三种类型，其中尤以现代公司制最为普遍。现代公司制又可以进一步细分为股份公司制和金融控股公司制。在投资银行业中，各个投资银行均有不同的组织结构，但没有一家投资银行的模式可称为典型的组织结构。这是因为，一家投资银行采取何种组织结构，大多与其内部的组建方式及经营理念有关。

一、合伙制

合伙制是指由两个或两个以上的人拥有公司并分享公司利润的形式。合伙人就是公司所有人或股东。所有合伙公司至少有一个主合伙人主管企业的日常业务经营，并承担责任。一些合伙公司也有有限合伙人，其承担的义务仅限于财务方面，并不参与公司的日常经营活动，仅负有限责任。

合伙制的特点：合伙人共享企业经营所得并对亏损承担连带的无限责任；企业可以由所有合伙人共同参与经营，也可以由部分合伙人经营，其他合伙人仅出资并自负盈亏；合伙人数量不定，企业规模可大可小；合伙人对亏损负无限责任，所以企业信誉较高。合伙制投资银行的制度特征见表 2-1。

表 2-1　合伙制投资银行的制度特征

基本特征	合伙人共同出资、共享经营成果，并对亏损承担无限连带责任，一般重大经营事项要经所有合伙人同意。具有内在、有效的激励约束对等机制
与公司制的区别	• 企业设立难易程度不同：合伙制企业设立难度低，手续相对简便和费用相对较低；公司制企业反之。 • 合伙人(股东)管理权不同：合伙人直接参与公司企业管理；公司股东不能直接参与公司企业管理。 • 合伙人(股东)债务风险不同：合伙人一般对企业承担无限责任，风险极大；公司制企业股东对企业承担有限责任，仅以其出资额为限。 • 企业稳定性不同：合伙企业合伙人死亡、退出等对企业存续和运行存在较大影响；公司企业股东死亡、退出等不会影响公司企业存续和运转。 • 企业规模不同：一般来说大多数合伙制企业在资金、效益和竞争力等方面均弱于大多数的公司制企业
优缺点	优点：设立简单，赋税较轻，政府监管较松，合伙人直接参与管理。 缺点：企业资本较少，规模较小，合伙人风险大，企业管理分散，企业稳定性低

(资料来源：民生银行研究院)

正因为合伙制存在弱点，随着时代的发展，一些原来采用合伙制的投资银行纷纷 改为股份公司制。

二、混合公司制

混合公司制投资银行是指各不同部门在职能上没有什么联系的资本或企业合并而成的规模很大的企业。

大公司为实行多样化经营而掀起了早期的企业兼并浪潮，在此过程中兴起的混合兼并，实际上就是大公司生产和经营日益多样化的过程。投资银行一旦经营出现问题，往往也会成为兼并收购的对象。最近几十年来，这种现象较为普遍，表明投资银行开始出现分化。被收购的投资银行成为别的企业的全资附属子公司或者一个业务部门，或通过分解、整合而融合到收购企业中去。

事实上，混合公司就是现代公司，不过又具备自己的一些特点，其中最突出的特点就是规模庞大，同时涉足多个没有什么联系的业务领域。因此，这种混合公司可采取事业部制或超事业部制的组织结构，投资银行作为其一个事业部而存在。若采取母子公司结构，投资银行则作为其全资附属子公司而存在。

三、股份公司制

股份公司是指由法律规定人数以上的股东组成，全部资本划分成等额股份，股东仅就其认购的股份对公司债务负清偿责任的公司形式。

投资银行转化为股份公司制是现代投资银行与传统投资银行的根本区别之一。19世纪50年代，欧美国家的公司立法开始兴起，经过整整一个世纪而日臻完善，使公司的形态在法律上得到明确的体现，也使这一时期的公司始终在公司法的规范下发展，受到法律的保护与约束。正是在这一历史背景之下，投资银行的股份公司化得到了发展和完善。

由于股份公司制的建立和发展受到了法律的保护，较传统的合伙制而言，其在集资功能、企业法人化功能、管理现代化功能、吸引公众投资等方面都具有许多优越之处。

1. 集资功能

股份公司是资本集中的有效杠杆，当股份公司与股票市场联系在一起时，短时间内可以大量积累资本，满足现代投资银行对资本的需要。股份公司内部有一套完整的积累机制，包括提留利润作为公积金、公积金转增股本、股利发放政策、职工内部持股安排、债权转股权等。这套机制以内部章程或外部法律条文的形式固定下来。此外，股份公司的兼并收购、战略联合为资本积聚和资本积累提供了另一条重要途径。

2. 企业法人化功能

公司法人制度赋予公司以独立法人地位，其确立是以企业法人财产权为核心和重要标志的。法人财产权是指企业法人对包括投资和投资增值在内的全部企业财产所享有的权利。法人财产权的客观存在，显示了法人团体的权利不再表现为个人的权利。公司法人把包括动产、不动产在内的全部企业财产视为一个不可分割的整体来行使权利。它不仅拥有对这些财产的占有权、使用权、收益权，而且还拥有处置权。公司行使法人财产权是通过其组织机构和代表来进行的，这就可以用法人财产权来对抗和排除包括股东在内的其他个人和机构对生产经营的直接干预。公司法人对财产权利的行使具有永续性。法人财产权的转化还与公司有限责任制相联系。

3. 管理现代化功能

股份公司的管理现代化功能表现在两个方面：一是管理劳动专业化，由此带来管理职员化、知识化，以及经理人员地位的独立化；二是利益制衡规范化，公司内部各利益主体的相互制约和内部激励机制的建立与规范化都促进了公司营运效率的提高。

4. 吸引公众投资

股份公司制的组织形态更容易吸引广大公众的小额投资并集腋成裘，这是因为作为股东，其享有以下的便利和保护：第一，风险有限。股东仅以投入公司的资本为限，对公司债务负有有限责任。第二，所持股权流动性高。无论是有限责任公司还是股份有限公司，都较少地对股东出售股权予以限制，上市公司的股东更是可以随意在股票市场上方便地抛售股份套取现金。第三，股份公司制的财务状况比较透明，时刻置于社会监督和监管之下，有助于保护中小股东的利益。

由于股份公司制具有上述优点，现代投资银行多数采用股份公司的组织形式。投资银行采用股份公司形式也须付出一定的代价。股份公司在财务报表和经营活动，如公布年度报表、季度报表、召开股东年会等方面，须承担比合伙企业更多的信息披露责任，因而在自主决策方面受到更多的限制。当然，这样的组织形态也对投资银行追求盈利和风险控制形成了更大的压力，由此促使其提高经营成效。

四、金融控股公司制

金融控股公司制是在现代金融混业经营的趋势下，以控股形式构成的金融企业集团。它是金融业实现全能化的一种组织形式，根源于 20 世纪 80 年代后，发达国家经济进入"滞胀"时期，商业银行规避分业监管和打破专业化的要求，金融业由分业开始走向混业。1999年 11 月 4 日，美国国会通过以金融混业经营为核心的《金融服务现代化法案》，取消分业经营禁令，使得商业银行、证券公司和保险公司跨界经营变成普遍现实，投资银行再次面临组织形式的创新，以提供全方位服务和金融百货为特征的金融控股制公司应运而生并得到迅速发展。以花旗集团为代表的美国金融控股公司作为一项制度创新，其成功得益于强强联合所带来的协同效应，不但冲击了独立发展模式的投资银行业务，也向欧洲传统的全能银行制度发起了挑战，为全球投资银行体制变革提供了有益的借鉴。

2008 年国际金融危机以来，美国各大投资银行相继被并购转型为银行控股公司。值得注意的是，在转变为金融控股公司后，各大投行接受美联储的监管，并获得与花旗、摩根大通等相同的待遇。但这并不意味着独立投行退出历史的舞台，以高盛和摩根士丹利为例，高盛和摩根士丹利本身就已经开展了一些商业银行的业务，业务的"趋同性"已经成为美国大型金融机构近年来发展的一个明显趋势。商业银行不断拓展其业务领域，开展投资银行、保险等各类业务；而投资银行也不断涉足贷款、信用卡等业务。转型为银行控股公司，使得高盛和摩根士丹利可以申请美联储的各种贷款和资金支持，也可以更加名正言顺地开展各项商业银行业务。通过转型，它们可以将投资银行可用的三条融资渠道(商业票据、长期债务、担保融资)拓宽到包括吸收存款、美联储贷款工具、美联储贴现窗口在内的九种渠道，从而大大提高了在危机时紧急获取资金的能力。此外，高盛近期宣称已经对属下的商业银行业务相关机构进行整合，并计划择机收购银行业资产。

可以预见，融资渠道的拓宽和商业银行业务的强化，将使得高盛和摩根士丹利获取新的竞争优势。此外，以大型银行为主体的金融控股公司确实体现了更强的抗风险能力。除高盛、摩根士丹利和美林之外，花旗、摩根大通等综合化的金融集团也是投行市场上的重要竞争者。无论是高盛和摩根士丹利的转型、美林的被收购，还是花旗、汇丰、摩根大通的例子都充分表明，兼具商业银行和投资银行业务的金融机构，由于拥有稳定的资金来源和更广的融资渠道，在金融风暴中能够具有更强的抗风险能力。充分实现商业银行与投资银行业务互动的综合化金融集团，在未来的投行业务竞争中将更具优势。

在投资银行的组织形态上，世界各国和地区规定不一(见表2-2)。目前，只有比利时、丹麦等少数国家的投资银行仍限于合伙制。在德国和荷兰，虽然法律允许有不同的组织形态，但事实上只有合伙制。中国香港、马来西亚、新西兰、南非等大多数国家和地区则允许投资银行采取合伙制或股份公司制。新加坡、巴西等国则只允许采取股份公司制。

表2-2　不同国家和地区的投资银行组织形态

国家及地区	投资银行组织形态
比利时、丹麦等少数国家	合伙制
德国和荷兰	合伙制
中国香港、马来西亚、新西兰、南非等大多数国家和地区	合伙制或股份公司制
新加坡、巴西等国	股份公司制

第二节　投资银行的组织架构

一、投资银行的管理结构

鉴于股份公司是投资银行典型的组织形式，因此该组织形式下的投资银行的管理结构较为重要。股份公司通常由股东大会、董事会(法人机构)、执行董事和总经理(日常业务管理者)组成四个层次的领导结构。在总经理之下设立多个业务主管部门。

(一) 股东大会

股东大会是投资银行的最高权力机构，由投资银行的股东组成。一切重大人事任免和重大决策，都必须经过股东大会的投票认可和批准才有效。

(二) 董事会

董事会的董事由主要股东的代表所组成，也有些董事可能来自股东或管理人员之外的社会阶层。董事会代表全体股东利益，对投资银行的经营和财务状况负有最终责任，是投资银行的决策机构。董事会一般每月或每季度开会讨论和决定公司的总体战略、经营方针和策略，检查由公司管理部门提交的财务报告。董事会任命总经理，并在雇用主要工作人员方面发挥着重要作用。董事会的首要任务之一是表决通过政策声明和内部方针，并根据需要定期对其进行修改。

(三) 执行董事

在投资银行成立初期，往往组成一个由董事会主要董事、总经理以及几位主要工作人员组成的执行委员会。待到投资银行运行成熟之时，执行委员会往往被由总经理及高层管理人员组成的班子所取代，这时在董事会中保留选出的原若干执行委员会的董事，起联结管理部门和董事会的桥梁作用，他们即为执行董事。

(四) 总经理

总经理是投资银行中最重要的管理人员,由董事会任命,对董事会负责,从事日常业务管理和决策制定。其职责包括:

(1) 雇用和鼓励工作人员,解雇不符合要求的人员;

(2) 执行董事会决定的决策;

(3) 定期向董事会提出关于公司财务状况和盈利状况的报告;

(4) 提出年度预算和长期战略;

(5) 就重要的交易、承销等活动向管理委员会提出建议;

(6) 进行日常管理和控制,特别对具有较高风险和营私舞弊可能性的业务领域进行管理和控制;

(7) 处理与外部监管机构的关系,并负责按时提交符合要求的报告;

(8) 处理公共关系,创造和保持专业形象;

(9) 对公司内的各部门和直接对总经理负责的人员进行指导。

二、投资银行业务部结构

投资银行根据业务活动的性质一般设立以下部门。

(一) 投资银行部

投资银行部(Investment Banking Division)的任务主要是承销企业所发行的股票、债券和票据。有些大投资银行在承销业务量很大的情况下,按企业种类(也有的按地区)在企业融资部下又设立不同的组,例如基础工业组、高科技工业组、服务性行业组、轻工业组等,开展企业金融分析、证券上市定价,起草发行说明书和相关文件等工作。有的投资银行会专门设立固定收益部,办理债券和票据承销的相关业务,而投资银行部只负责股票承销,但是,大部分投行还是会把股票和固定收益业务等归并建立投资银行部,只是在投资银行部下面分设股权、固定收益以及货币市场等细分部门。

(二) 资本市场部

资本市场部(Capital Market Division)的主要职责是在投资银行部完成前期准备之后,负责调查买方客户(主要是机构投资者)的需求,确定究竟应该发行多少股票或债券,并确定大致的价格区间。有的投资银行把销售与交易也放在资本市场部之内。在一般的投资银行里,资本市场部的业务与投资银行部和销售与交易部有密切关联,夹在这两个部门之间,其独立发展的空间相对较小。

(三) 销售与交易部

销售与交易部(Sales and Trading Division)的主要职责是在投资银行部和资本市场部完成一切准备工作之后,负责直接与买方客户打交道,顺利圆满地完成股票或债券的销售任务。当股票或债券上市之后,销售与交易部还要负责稳定股价,决定是否增发等。

(四) 兼并收购部

兼并收购部(Merge and Acquisition Division)的主要职责是为公司客户的兼并与收购业务提供咨询，包括确定并购战略和策略、选择并购对象、确定并购方式和并购价格、提供并购融资，以及帮助目标公司进行反收购等。有的投资银行把兼并收购部放在投资银行部之中。兼并收购部是近年来投资银行中发展最快的部门。

(五) 研究部

研究部(Research Division)的主要职责是为其他部门乃至其他公司提供研究服务，包括股票研究、固定收益研究、并购研究以及宏观经济研究等。研究部是其他部门立足的基础，如果没有研究人员提供的大量资料和研究结果，许多投资银行业务的决策就难以得到可靠保证。

(六) 资产管理部

资产管理部(Asset Management Division)的主要职责是为客户管理资产，主要是管理基金或独立账户，类似于传统的基金公司的工作。20 世纪 90 年代，大部分投行都没有资产管理部，但现在投行业务和基金业务日益融合，有的基金也开始做投行业务。因此，资产管理部是大部分投行目前集中精力发展的部门。

(七) 大宗经纪部

大宗经纪部(Prime Brokerage Division)又称批发经纪部，主要职责是为机构投资者尤其是共同基金或对冲基金提供经纪服务，主要涉及金额很大的二级市场交易，与零售经纪有本质的区别。有的投行把大宗经纪部和销售与交易部放在一起，因为两者的工作性质有很大的相似之处。

(八) 私募股权部

私募股权部(Private Equity Group)的主要职责是用投行的自有资金或另外筹集的资金进行私募股权投资，即非上市股票的投资，或者对已经上市的公司进行买断，使之退市而成为非上市公司，即私有化。私募股权投资业务是近年来投行业务的另一个主要增长点。

(九) 自营投资部

自营投资部(Principal Investment Group)主要利用自有资金从事各种市场交易活动，以便从中获利。由于这种业务不是代理客户办理的经纪业务，因此称作自营业务。投资银行进行自营投资是很受争议的话题，因为这样很难顾全客户的利益。有的投资银行把自营投资、私人股权乃至资产管理等业务混合在一起，导致了更大的利益冲突。

(十) 风控部

风控部即风险控制部(Risk Control Department)，又称风险管理部，主要研究开展的业务是否给公司带来风险，具体业务包括：在熟悉金融证券行业合规管理体系的基础上负责对公司制订、修订的制度进行合规审查，提出审查意见，并对公司内部提出的项目方案进行合规管理、风险评估，进而撰写评估报告；负责对公司各项制度的合规管理执行及履行情况进行日常监督检查，按照公司合规风控检查办法，对公司办理的各项业务进行检查，对公司业务开展过程中业务隔离的执行情况进行检查和监督，并按时完成公司各项合规风控检查工作，协助组织合规风控培训工作。

除了上述部门外，一些投资银行还根据自身的需要专门设立经纪业务部、项目融资部、国际业务部等。投资银行的一般机构设置见图2-1。

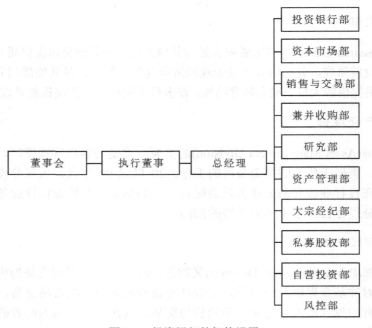

图 2-1　投资银行的机构设置

三、投资银行的分支机构

投资银行的分支机构实际就是投资银行部门划分的延续，是划分部门的一种方式。在投资银行拓展业务的过程中，采用设立分支机构的方式往往会收到较好的效果。这是因为：第一，分支机构可以顺应当地具体情况而设计符合当地习惯的金融产品或提供差异化服务，这种差异化服务对市场竞争来说往往是关键的因素；第二，按地区设立分支机构，从经济的观点来看，这主要是出于对业务经营的成本和收益方面的考虑，因为分支机构可以直接面对市场并有针对性地满足市场需求，从而提高整体效益。

投资银行的各种业务活动主要通过分支机构来实现。分支机构组织形式主要有以下几种：

(一) 代理行

一些大的投资银行经常委托其他地区(或国家)的投资银行代理本行的业务，形成代理行的关系。代理行不是投资银行的派出机构，而是通过该地区的某家投资银行为本行代办各种业务。采取代理行方式通常不必向对方派驻职员，代理行相互之间的接触采取双方管理人员互访的方式。代理行的优点是经营成本低，不容易受所在国管制的影响；缺点是投资银行对代理行没有控制权。

(二) 办事处

这是投资银行在其他地区设立的最低层次分支机构。办事处是一个比较小的机构，人员通常由一个经理和两三个助手组成。设立办事处的目的是帮助投资银行的客户在所在地区从事投资和经营活动。因此，办事处的主要业务是为投资银行总部的客户提供信息咨询，以及监督投资银行总部与所在地投资银行的代理行关系。办事处的优点包括：经营成本低，容易开设或关闭；与代理行相比较，办事处更了解客户的需要，为其提供所需的信息；可以为投资银行在该地区建立更高层次的分支机构奠定基础。

(三) 附属行

这是根据所在国家或地区法律设立的享有独立实体地位的股份银行，其股份可以全部或大部分由外国银行拥有。附属行的优点是比分行更容易在所在国开展投资银行业务，因为附属行一般采取合资形式，通常被所在国看成当地投资银行；缺点是由于部分股权由当地股东持有，双方可能因为利益不同产生矛盾。

(四) 分行

这是投资银行的一个组成部门，是投资银行总部在其他地区的延伸，并由总部提供财力保证。分行受到两套法规的限制：作为投资银行总部的一部分受总行所在地的管制；在所在地经营，又受到所在地的管制。分行的优点是：可以借用投资银行总部的名称和法律义务开展业务；机构容易设立，人员容易配置；因为其资金来源不限于当地的金融市场，可提供数额较大的资金；总部对分行的经营拥有完全的控制权。

尽管投资银行的海外分支机构可采取以上各种组织形式，但主要的组织形式是分行和附属行，而且越来越多的投资银行选择附属行的形式。这种间接股权的方式反映了一些大的投资银行的高度集中指挥与分散经营相结合的经营战略。

四、投资银行的组织结构

(一) 科层结构

科层结构是一种最基本的组织结构形态，在现代证券公司组织结构中仍可找到科层结构的踪影。科层结构强调分工和专业化，明确规定职权、等级制度。科层制中组织层次过多会引起沟通成本的剧增，并且随着企业规模的扩大，信息沟通的渠道被延长，从而增加信息传递的时间，可能会造成信息在传递过程中的失真，导致延误时机和决策失误。由于指挥路线过长，上下级关系不确定，会造成管理上的"真空地带"。科层组织中下级没有主动性、创造性，易使组织僵化，缺乏适应环境变化的弹性。而证券业是一个知识密集型的产业，证券公司的组织结构要能充分发挥个人的智慧，并且要注意组织结构能随时适应不同的环境。

(二) 职能部结构

职能部门化的组织结构形式相对科层组织而言，更适应证券公司的特征。职能部门是一种传统的、普遍的组织形式。因为职能是划分活动类型，从而设立部门的最自然、最方便、最符合逻辑的标准，据此进行的分工和设计的组织结构可以带来专业化分工的种种好处。随着证券公司的发展和金融产品多样化，把性质不同和客户不同的产品集中在同一部门，会给部门管理带来日益增多的困难。证券市场发展之初，中国的证券公司规模较小，业务也较为单一，组织结构也相应较为简单，按照职能分为内部管理部门和业务部门，内部管理部门有行政、财务等部门，业务部门则包括投资银行、经纪业务、资产管理及研究发展等部门。

职能型组织结构最大的优点是明确。在职能型组织结构之下，每一个部门均有明确的职能，每一个人都能了解其本身的任务。职能式组织是一种具有高度稳定性的组织。但职能性组织的明确和稳定，也容易使得职能型组织中的人员，甚至包括职能部门的管理人员在内，形成本位主义。职能型组织缺乏弹性，这种组织只能使其员工将工作做得较前略佳，而不能激发其员工接受新观念与新的工作方式。

在小规模的证券公司中，职能部门间沟通情况通常比较好。但等发展到中等规模时，问题就出现了。随着业务的发展，职能部门越来越复杂，就难免会产生摩擦，随之而来的就是误会、争执和分成派系，这就需要运用微妙、昂贵和烦恼的管理手段不可，浪费时间并且不能解决多少问题。证券公司的规模如果超过中型，则职能型组织结构就不能适应。证券公司的组织结构就发生了两个方向的变化，一是按地域划分设立分公司，二是按业务划分设立事业部。

(三) 分公司型结构

经纪业务是中国证券公司的基础业务，为证券公司贡献着相当大比重的利润，各证券公司均极为重视营业部的建设与发展，在公司营业部数量达到一定程度之后，一个总部直接对几十家甚至上百家营业部进行管理就显得有些力不从心，各证券公司往往设立地区管理总部对当地或辖区内的营业部进行管理，并逐渐开展其他业务进而成为分公司，形成了分公司型组织结构，其组织结构如图2-2所示。

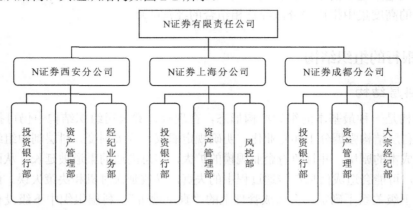

图 2-2 分公司型组织结构图

证券公司根据地域或业务设立分公司，同时按照一级法人的形式授权分公司进行业务经营和管理，适合我国现阶段证券公司的经营管理和规模的要求，此种组织结构主要适合于规模较小的证券公司进行运作，与目前大多数证券公司采用的地区总部型组织结构相比，具有以下诸多优点：

1. 便于证券公司开展业务

证券公司在某地区注册并设立分公司，分公司拥有完整的组织架构，更重要的是拥有自己的一系列管理特色、制度、营业执照和公章，以及总公司的授权，能独立开展业务和进行形象宣传，加强分公司所在地区的业务和客户基础，能迅速提升市场占有率。与设立地区总部的组织结构相比，虽然地区总部也能独立开展业务，但是由于没有公章、营业执照和公司的管理体系(因为地区总部只是证券公司内部的一个大部门而已)，不能以公司的名义对外开展业务，存在诸多不便。比如 A 证券有限责任公司在大连、上海、重庆、深圳等重点地区设立分公司，业务辐射全国，各分公司设立自己的组织结构，拥有投资银行部、经纪业务部、资产管理部等业务部门，分公司可根据地区实际情况和发展目标建立适合自己的组织结构，形成独具特色的经营管理风格和个性化服务，这样不但能加强经营管理和服务质量，提高客户的信任度，有利于迅速扩大客户群，而且能在集团内部形成分公司之间的业务竞赛和协同作战，有力地激励和促进公司业务的发展。

2. 有利于监管部门对券商的地区和分块业务的监管

"在规范中发展，在发展中规范"是我国证券市场的基调，证券公司作为证券市场的重要参与者自然成为我国证券市场监管的主要对象之一。近期，国务院发布通知，要求加强对证券公司、保险公司、基金管理公司等金融机构的监督和管理，此举从长远来看对证券公司是一次利好，证券公司只有业务规范，风险管理有效，才能在激烈的竞争中立于不败之地，才能沿着正确的路线迅速发展壮大。中国证监会作为我国证券市场的监管机构，肩负着历史的重任，与其派出机构一起执行监管职责。而由于证券公司业务复杂，涉及的地域广，根据目前证券公司地区总部型组织结构，中国证监会各地派出机构监管对象为各证券公司的地区总部，由于地区总部其实为证券公司的内设部门，又无营业执照，无法担负起责任，派出机构只能针对处于异地的证券公司总部，监管难度大。如果证券公司采用分公司型组织结构，各分公司业务结构分明，而且证监会派出机构面对的是处于派出机构所在区域的证券公司分公司，采取"一对一"的监管方式(如图 2-3 所示)，必要时才面对证券公司总部，会给监管带来极大的方便。

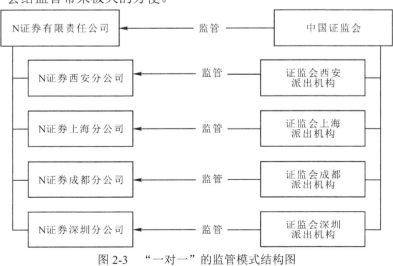

图 2-3 "一对一"的监管模式结构图

3. 便于税务机关对券商的监督管理和税收的征缴

国家税务总局于 2001 年 2 月 9 日发布《关于汇总(合并)纳税企业实行统一计算、分级管理、就地预交、集中清算所得税问题的通知》,通知要求对汇总纳税企业实行"统一计算、分级管理、就地预交、集中清算"的征收管理办法,汇缴企业及成员企业的企业所得税的征收管理由所在地主管税务机关分别属地进行监督和管理,总分公司体制的企业以总公司和符合独立核算条件的各级分公司为就地预交所得税的成员企业。根据上述规定,采用总部型组织结构的证券公司,其地方总部由于不具备独立核算条件(可以默认为这样),费用和收入既可在当地核算,也可在公司总部进行核算,在当地预交的所得税只包含了营业部自己这一部分,这样不利于税务机关规范和完善汇总纳税企业所得税的征收管理工作。而采用分公司型组织结构的证券公司,由于其下属分公司符合独立核算条件,所得税就地预交,便于证券公司进行经营管理和税务管理。综合上述分析,在我国目前国情和证券公司发展阶段下,分公司型组织结构应为不少证券公司比较科学的选择。

(四) 事业部结构

分公司是按地域范围设置的,而事业部则是按业务及产品范围来设置的。如高盛按业务及产品范围将公司划分为投资银行事业部、商人银行事业部、投资管理事业部、信息技术事业部、全球投资研究事业部、固定收益货币及商品事业部、股票事业部、养老金管理事业部等。事业部制是在企业规模不断扩大、新的部门不断增加、企业最高领导难以控制许多部门管理工作的情况下产生的。与扩大了的企业规模相对应,证券公司的最高管理层除了保留一些必要的职能外,会根据证券公司提供的金融服务产品或所服务的客户来设立事业部。

所谓事业部制,就是把企业按业务或地区划分成各个事业部。各事业部实行独立经营,单独核算,并设有相应的职能部门。事业部制的组织结构形式,易于区分和摊派各种金融服务的收益与成本,考察和比较不同的金融服务对证券公司的贡献,辨认各个部门对证券公司的贡献,因此,可能导致部门间的竞争。若加以正确引导,则可以促进不同的产品部门努力改善本部门工作。每一个事业部有其本身的管理阶层,自行经营事业部的业务,公司由一群"自立营运"的业务单位组成。每一个事业部对于总公司,必须贡献一份实质的利润。事业部型的组织结构,既有高度的稳定性,又有良好的适应性,能使经理人的视线和努力得以直接专注于企业的绩效和成果。

事业部型组织结构的最大优点在于经理人发展方面。这种组织最能够培养及考验经理人。适当运用事业部型组织结构,可使公司高层管理者不必分心于日常工作,而能集中其精力与时间,用于方向、筹划、目标和影响企业整体或影响企业远程未来的关键性决策。

在客户需求走向综合化、多样化的国际金融服务潮流中,事业部的组织架构面临的挑战是如何进行业务整合与业务联动。矩阵管理制受到了重视,它把按职能划分的部门和按产品(或工程项目、服务项目)划分的小组结合起来组成一个矩阵,使同一名管理人员既同原职能部门保持组织与业务上的联系,又参加开发产品和服务项目小组的工作。参加项目小组的成员受双重领导,一方面受项目小组的领导,另一方面受原属职能部门的领导。

(五) 矩阵式结构

事业部制和分公司制通常是按照产品或区域来划分部门的，随着现代业务的演变，除了有原先必要的人事、财务等职能部门之外，还会根据实际需要，进一步设立其他部门，这就演变成了矩阵式结构。这是一种由纵横两套系统交叉形成的复合结构组织，如图 2-4 所示。矩阵组织具有很大的弹性和适应性，可以根据工作的需要，集中各种专门的知识和技能，短期内迅速完成重要的任务。

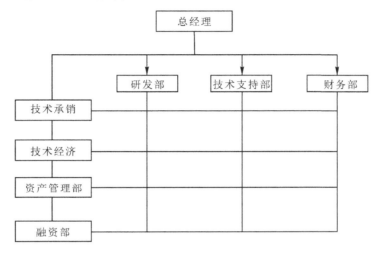

图 2-4　矩阵型组织结构图

自 20 世纪 80 年代起，一些国际上的大型投资银行采用了一种全球性网状组织结构(或称矩阵结构)。矩阵式的设计不仅出现在事业部的设计交叉上，如高盛的亚洲总部、欧洲总部等与投资银行事业部等多个按业务范围划分的事业部并行，两者之间存在着矩阵的关系，同时，矩阵设计还贯穿在证券公司事业部的内部，形成了矩阵的嵌套。如高盛的投资银行事业部内，设置了多个部门，如公司融资部、收购兼并部、房地产部，同时该事业部又设立跨部门甚至是跨事业部(如不同地区、不同业务的事业部)的多个小组，如高科技小组、TME(资讯、媒体、娱乐)小组、能源电力小组、金融机构小组等。矩阵式的组织管理加上事业部制的组织架构，能使整个庞大的组织迅速对客户及市场做出反应，并能充分利用好公司的现有资源。图 2-5 和图 2-6 分别展示了两种不同的投资银行矩阵式结构。

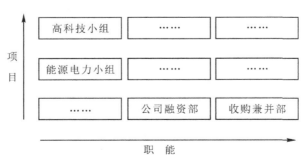

图 2-5　投资银行事业部内的矩阵结构图

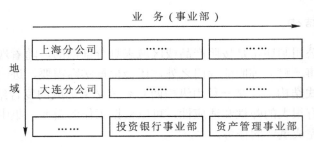

图 2-6　证券公司的矩阵结构图

(六) 控股式结构

随着经济日趋金融化、金融工具品种越来越多、证券公司的分工细化，证券公司的纵向等级层次增多，组织的地理分布广泛，组织结构日益复杂，大型证券公司采取了控股式组织结构(如图 2-7 所示)。

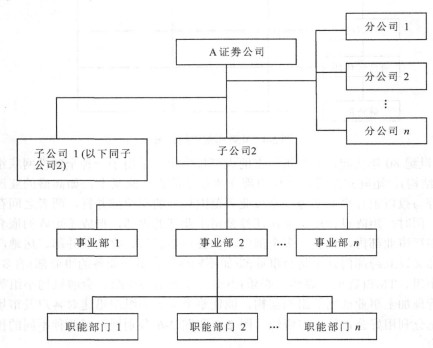

图 2-7　控股式组织结构图

控股式组织结构指证券公司总部持有子公司的部分或全部股份。这种组织结构的优点在于：一方面证券公司的各子公司具有更大的经营独立性，另一方面证券公司总部对子公司的部分或全部投资负有限责任。换言之，控股式组织结构具有分散经营风险的功能，控股式组织结构还可以较好地平衡市场的交易成本与企业的组织成本。我们知道，企业和市场是两种可以互相替代的机制，当市场的交易费用很高时，市场就不再是协调经济活动最有效的方式，此时应通过企业将交易内部化，以节约交易费用，即用各种要素(资本、劳动、经营管理才能等)所有者之间的长期契约来代替市场上大量的短期契约，用管理的权威来代替市场的议价。所以，企业是为了降低交易成本而形成的一种经济组织。此外，机会主义和有限理性与不确定性等环境因素相互作用导致市场机制失灵，也需要用内部组织机制代替市场协调。但这种方式使得企业需要承担额外的组织费用。因为与市场的平等交易不同，企业是根据组织结构实现运作的，这个过程会带来许多方面的组织费用(又称内部交易成本)。在企业组织中，决策者总要靠下级提供信息和建议才能做出决策。这样，不管是有意还是无意，下级会力图向上级提供对自己有利的信息和建议，以影响上级的决策。企业规模越大，层次越多，管理者权力越大，这些方面的费用、信息成本、管理成本、监督成本就会越高，以至于可能超过市场协调方式下的交易成本。当企业规模扩大到一定程度时，组织费用的边际增加额与交易费用的边际减少额相等，公司就不会再扩大规模。因为再扩大规模，组织费用就更高，抵消了采用企业替代市场减少的交易费用。而对金融企业来说，"大即是美"，证券公司在追求更大企业规模的过程中，管理幅度和层次增加，为了避免企业组织费用的上升超过交易费用的节约而导致的不经济，采取了内部结构外在化方式，即在公司的组织结构中纳入子公司这种法律实体，而证券公司也就成为控股公司。此外，证券公司采取控股公司组织形式的一个重要原因是，在证券公司的扩张过程中，兼并收购是一种最常用的方式，有的被收购方在被收购之后，就成为收购方的子公司。

典型案例

高盛集团的组织结构

高盛在全球投资银行业中占有重要的地位，为各国的政府、企业、机构和个人提供高质量的财务及战略咨询服务。在各类主要的金融服务领域中，美国高盛公司均名列前茅。《财富》杂志排名前 500 家大企业中有 300 多家是美国高盛公司的长期客户。

高盛的组织结构是按客户及产品范围双重标准设置的，如图 2-8 所示，其部门划分为投资银行事业部，商人银行事业部，投资管理事业部，信息技术事业部，全球投资研究事业部，固定收益、外汇及大宗商品事业部，股票事业部，养老金管理事业部，服务部门和财务人力资源管理部等。高盛在伦敦、东京和中国香港分别设有地区总部，并在全球 19 个国家 41 个城市设有分公司或办事处。

高盛过去三十年的发展历程与美国金融市场变化紧密相连，业务结构随市场变化和客户需求而不断调整(如图 2-9 所示)。例如 20 世纪 80 年代后期，在《格拉斯-斯蒂格尔法》逐渐放松管制之际，高盛开始发展新的业务。为了避免与客户竞争，此前 1976 年高盛的资产管理业务被出售；而 1986 年，高盛创立资产管理部，管理共同基金与对冲基金；1986年，高盛成立了专门从事私募股权投资的高盛资本合伙部，开始直投。1986 至 2006 年间共进行了 170 亿美元的投资，同时进行的还有过桥贷款、住房抵押贷款、杠杆收购等高风险业务。这一时期，高盛的交易风格逐渐趋向激进，短期利润的重要性上升。1993 年在利率交易中获得 6 亿美元收入，固定收益证券获得 10 亿美元收入。1991 年起高盛在债市获利丰厚，在全球开始设立更多代表处。到 1994 年，员工数量增长 48%，公共费用增长率是之前的两倍。进入 21 世纪之后，美国金融市场上的创新浪潮、并购浪潮等进一步推动高盛的发展及演变。

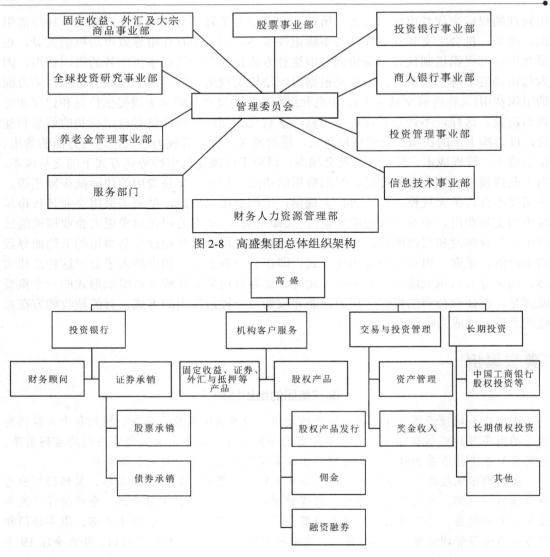

图 2-8 高盛集团总体组织架构

图 2-9 高盛集团的业务架构

(资料来源: https://www.goldmansachs.com/what-we-do/investment-banking/index.html)

国泰君安的组织结构

国泰君安证券股份有限公司是国内最大综合类证券公司之一，同时也是国内少有的 A 类 AA 级大型综合性券商之一。它由原国泰证券有限公司和原君安证券有限责任公司于 1999 年合并新设，注册资本 47 亿元，拥有金融证券服务全业务牌照。国泰君安证券股份有限公司旗下设国泰君安金融控股有限公司(注册地香港)、国泰君安期货有限公司、国泰君安证券资产管理有限公司、国泰君安创新投资有限公司、国联安基金管理有限公司 5 家子公司，在全国 29 个省、自治区、直辖市设有 26 家分公司、近 200 个营业部，是国内规模最大、经营范围最宽、机构分布最广、服务客户最众的证券公司之一。

国泰君安是中国证券行业长期、持续、全面领先的综合金融服务商，跨越了中国资本市场发展的全部历程和多个周期，始终以客户为中心，深耕中国市场，为个人和机构客户提供各类金融服务，确立了全方位的行业领先地位。国泰君安以客户需求为驱动，打造了包括机构金融、个人金融、投资管理及国际业务在内的业务体系，其中，机构金融业务由投资银行业务和机构投资者服务业务组成。图2-10为国泰君安的组织架构。

其投资银行业务为企业和政府客户提供上市保荐、股票承销、债券承销、结构性债务融资、并购财务顾问、企业多样化解决方案等服务；机构投资者服务业务为机构投资者提供主经纪商、销售及交易、股票质押及约定购回、研究等服务，同时还包括股票、衍生金融工具，以及固定收益业务、外汇业务与大宗商品业务的投资交易。

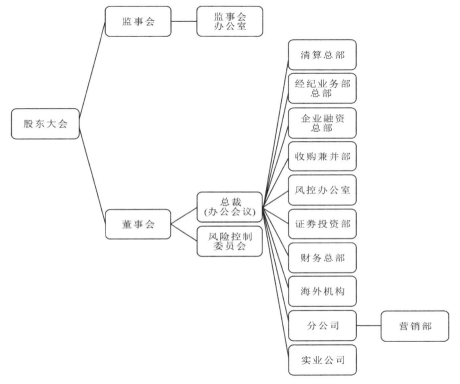

图2-10　国泰君安的组织架构

（资料来源：https://www.gtja.com/content/investmentbank.html）

第三节　投资银行的发展模式

一、分离型模式

分离型模式是指投资银行与商业银行在组织体制、业务经营等方面相互分离，不得混合的管理与发展模式。投资银行源于16世纪中期的欧洲，19世纪后期在美国迅速发展。

投资银行与商业银行的经营对象同为金融资产。金融资产的专用程度极低，外加当时西方各国政策法规并无"混业""分业"之说，出于追逐利润的基本原则，商业银行与投资银行处于"你中有我，我中有你"的业务交融的经营状态。

随着各国经济的快速扩展，投资银行的业务范围和数量也得到不断拓展，投资银行成为盈利较高的行业。高盈利驱使商业银行积极参与证券投资领域，从而大量的资金涌入证券市场，推动股票价格节节攀升，证券市场泡沫成分越来越大，1929 年美国大股灾产生。美国政府从反思和调查中得知，许多商业银行和投资银行利用没有业务经营的限制，进行大量的难以被定性为非法的投机活动，是股市大崩溃的重要原因。出于金融安全的需要，专家和政府达成共识：投资银行与商业银行必须分业经营。以美国参议员卡特·格拉斯和众议员斯蒂格尔命名的《格拉斯-斯蒂格尔法》出台，并同时出台了《1933 年证券法》《1934 年证券交易法》，成立证券交易委员会，将投资银行与商业银行的业务严格分离。此后，这种在商业银行和投资银行之间设立"防火墙"的做法陆续为各国所仿效。英国和日本基本照搬美国模式，于"二战"后实行分业管理，以德国为代表的欧洲大陆国家虽仍保持了带有混业经营色彩的"全能银行"，但同时增加了许多诸如禁止储蓄银行投资于股市的分业管理规定。

分离型模式的特点是：明确规定商业银行不准经营股票发行与交易业务；投资银行不准经营信贷业务；投资银行的经营活动集中由政府任命的证券监管部门监管，而商业银行的经营活动由中央银行监管。

分离型模式的产生有其历史必然性。这是各国对 1929 年股市大危机产生原因进行反思的产物。在当时的历史环境下，监管立法和监管机构几乎处于空白的状态，要从混乱的证券市场中分析灾难产生的原因并找出对策，一个简便和有效的方法就是把投资银行与商业银行的业务彻底分开，这种分离至少有以下几个方面的好处：

首先，建立防火墙制度，分散和降低金融风险。鉴于大危机所产生的原因，投资银行与商业银行的混业经营容易使市场信息模糊和扭曲，风险加大。实行分离型模式，切断商业银行与投资银行之间的业务联系和资金联系，使两者的经营活动限制在一定的专业领域内，商业银行的投资者存款无法通过贷款转到风险极大的股市中去，这就可以极大地降低金融风险，至少可以使金融风险限制在某一个专业领域而不至于扩散并引起整个经济体系的动荡和灾难。这种金融防火墙制度的建立，对于在监管手段有限的环境下保证金融体系的安全是十分有效的。

其次，便于专业化分工协作和管理。实行银行业与投资银行业的分业经营分业管理模式，有利于实现两者的专业化分工协作。商业银行可以尽心做好自己的信贷业务，投资银行也可以专注地做好自己的投资银行业务。它们都可以充分利用各自领域的资源，发展自己的业务范围。在某一类业务中牵涉双方的业务领域时(债券业务或资产证券化业务)，双方也可以通过合作，做好各自领域内的业务。这种模式在管理上也显得比较简单和有效。

最后，有利于实现市场的公正、透明和有序。分业经营分业管理有利于政府部门实行严格的监管。投资银行与商业银行的业务更加透明和有序，双方的信息不能互通，降低了内幕交易的发生频率，使自律管理在制度上得到保证和强化。其结果是进一步实现金融市场的公正与公平，使中小投资者的利益真正得到有效保护。

当然，分离型模式也有自身不可避免的缺点，它使整个融资体系人为地分割为两块运行，客观上制约了银行业的发展规模和综合业务能力，限制了它们的竞争。相对于综合型模式的全能银行制度，分业经营模式在降低风险的同时也降低了自身的综合竞争能力。

二、综合型模式

所谓综合型模式，是指同一家金融机构可以同时经营商业银行业务和投资银行业务，相互之间在业务上并没有法律上的限制。一家商业银行或投资银行想要经营何种业务，完全根据其自身能力和需要自己决定，政府监管部门不加干涉。欧洲大陆国家大多数采用这种模式，亚洲的泰国也采用这种模式，我们又称其为混业经营模式。

目前，世界各国的综合型模式大致可以分为三种类型：一是实行全能银行制的德国模式；二是实行金融集团制的英国模式；三是实行金融控股公司制的美国模式。这三种模式涵盖了当今全球混业经营的基本状况。

(一) 全能银行制

以德国为代表的全能银行制，又叫金融百货公司制。这种模式在欧洲大陆较为流行，包括瑞士、荷兰、卢森堡、奥地利等国家。这些国家的商业银行可依法从事包括接受存款和发放贷款、交易各种金融工具和外汇、承销债券和股票经纪业务、投资管理和保险在内的广泛的一系列的金融服务。德国银行通过参股、控股企业，进而形成以银行为核心的实力雄厚的资本集团。其实，在这种模式中银行是名副其实的金融百货公司。客户只要到银行来，所有的金融业务都可在此办理。商业银行及证券承销业务就像一家大型百货公司内部两个不同的部门，同属一家公司，只有一个董事会。这种模式能产生规模经济效应，因此，德国的全能银行制一直成为欧洲大陆各国仿效的对象。当然，这种全能银行的一个最大弱点在于它容易形成垄断以及造成利益冲突。德国金融业的混业经营模式之所以能够长期顺利地发展，主要归功于德国联邦银行是一个极其权威、高效运作的金融监管机构，能够协调混业经营过程中可能出现的矛盾。德国银行具有较强的内控机制，在政策管制与风险等因素制衡下，能够通过对信贷放款利益和证券发行买卖利益的比较，调节银行业务与证券业务，使其达到相对平衡。此外，德国比较有限的证券市场要求银行发挥更大的作用。德国证券市场的波动不会像其他证券大国市场那样对商业银行的稳定构成太大的威胁，这就从客观上大大降低了混业经营的风险和成本。

(二) 金融集团制

20 世纪 80 年代末，英国开始了金融自由化进程，特别是 90 年代以来，英国分业制度出现重大变革。1986 年，英国政府为挽救日益衰败的金融业，断然实行金融体制自由化改革，颁布《金融服务法案》，宣布银行机构可以直接进入证券交易所进行交易，传统的商业银行和商人银行的业务界限几乎不复存在，商业银行开始从事证券业务，商人银行也开始经营存贷款业务，它们的区别仅仅在于业务侧重点不同，从而确立了英国金融业混业经营的新时代。此次改革不仅使英国本土商业银行进入了投资银行领域，而且也吸引了美国、日本的商业银行涌入英国证券市场。金融集团制，又可称为子公司制，它允许商业银行在符合一定条件的前提下，成立子公司，或由其控股公司成立的子公司兼营其他业务。商业银行要进行投资银行业务，必须以原银行为母公司，成立另外一家子公司。在子公司模式设计下，银行股东要影响证券公司，必须派人员参加该公司的董事会。当证券子公司需要融资时，第一个就要找银行母公司帮忙。当子公司因经营不当而亏损时，只会影响银行的投资利益，不会影响银行本业。银行从子公司获得的利润和承担的风险都是一定的。子公司的收益只影响银行业外收入。另外，在这种制度下，存款人也能受到保护。

(三) 金融控股公司制

这是以美国为代表的一种混业经营模式，日本在金融改革后也决定采用这一金融混业经营模式。《金融服务现代化法》从法律上规定银行(法人)不允许从事投资银行业务，而应以银行控股公司(Bank Holding Company，BHC)的形式在同一机构框架内通过相互独立的子公司来从事其他金融业务。美国联邦法律规定银行本身或有直接投资关系的子公司不得经营证券业务，但银行控股公司另设立的子公司，则可在限定的范围内经营证券业务。比如一家公司拥有某一银行 25%的股权，则它可以算作这家银行的控股公司。同时该公司又投资 30%到某投资银行，则它又是这家投资银行的控股公司，所以这家控股公司同时控制一家银行和一家证券公司(投资银行)，但是被这家公司控股的银行却不能从事证券业，也不能另立子公司从事证券业务。

此外，法律为控股公司提供了适应市场变化的有利空间。法律规定，金融控股公司要进入银行、证券和保险等领域，应达到一定的自有资本比率和相应的资格，而无法满足这些条件时必须退出相应业务。但对于已经达到要求的金融控股公司来说，则允许在没有事先向美联储申请的情况下，进入新的金融业务领域。这样，金融控股公司能够迅速适应市场环境变化的需要，进行金融业务的创新，拓展业务发展的空间。

另外，法律禁止银行通过金融控股子公司从事非金融业务，但对于储蓄类金融机构另有规定。持有储蓄类金融机构的非金融控股公司可以从事非金融领域的一般业务。这种一方面禁止银行从事非金融业务，另一方面允许非金融公司通过并购非金融控股公司参与金融业务的变通做法，充分体现了美国金融经营体制的开放性和务实性。

分离型模式与综合性模式各有特点，又有不同的优缺点。可以说，分离型模式的缺点就是综合型模式的优点。

第一，综合型模式的资源利用效率要远远高于分离型模式。商业银行与投资银行各自的硬件资源、资本资源和人力资源往往具有很强的互补性，双方在不增加资源的情况下进行合并，就可以获得比不合并情况下双方各自的效益之和还要大得多的效益。

第二，双方信息沟通能力的加强有助于提高工作效率，增加收入。

第三，综合型模式扩大了单个银行的规模，增强了全能银行的竞争实力。

相应地，综合型投资银行不如分离型投资银行那样容易监管，容易自律。它因信息的便利而容易产生内幕交易，如果内部不加防范，就会导致诸如挪用客户存款于证券投资等弊病，增加金融风险。

 **课程思政**

坚守"以国为怀"初心 植根中国融通世界

作为我国首家中外合资投资银行，中国国际金融股份有限公司(以下简称"中金公司")

在我国资本市场特别是证券行业有着独特的地位和鲜明的特色。在中国共产党的坚强领导下，中国金融业与国家经济社会同向快速发展。

中金公司成立于20世纪90年代，那时，我国正处于建立现代企业制度、国有企业上市融资的改革中，中金公司的成立填补了当时我国专业投行的空白，满足了当时我国资本市场发展及经济转型的需求。在历任董事长及管理层的带领下，中金公司主导了我国多个大型IPO项目，如中国电信(香港)登陆香港交易所和纽约证券交易所以及中石油IPO等。经过多年积淀，中金公司在境内外的大型股权融资项目中具有明显优势。2020年11月，中金公司在上交所上市，顺利实现"H+A"两地上市。

"中金公司从成立起便具有国际化的基因，我们将国际先进经验与中国实际相结合，走出了一条中金特色的发展道路。"中金公司党委书记、首席执行官黄朝晖说。国际化和跨境业务能力一直是中金公司的特色和优势。2020年，中金公司境外收入占比超过20%，在中国企业全球IPO融资、港股IPO承销以及北向沪深股通的交易份额等领域，均保持行业领先地位。

黄朝晖日前在接受《证券日报》记者专访时表示："中金公司始终坚持'以国为怀'的初心，自觉肩负服务国家改革开放、推动资本市场发展的神圣使命。从早期助推电信改革、国企改革开始，到推动银行体系改制上市，再到为科创板、注册制、公募不动产投资信托基金等建言献策，中金公司始终在服务国家改革发展大局中获得自身的成长壮大。"在黄朝晖看来，一代又一代中金人砥砺奋斗，投身于国家改革开放大局，推动公司不断发展壮大，培育和巩固竞争优势，为持续高质量发展奠定了坚实基础。

本 章 小 结

在现代投资银行业中，投资银行的组织形式主要有合伙制、混合公司制和现代公司制三种类型，其中尤以现代公司制最为普遍。现代公司制又可以进一步细分为股份公司制和金融控股公司制。在投资银行业中，各个投资银行均有不同的组织结构，大多与其内部的组建方式及经营理念有关。

在投资银行的组织架构中，鉴于股份公司是投资银行典型的组织形式，因此该组织形式下的投资银行的管理结构较为重要。股份公司通常由股东大会、董事会(法人机构)、执行董事和总经理(日常业务管理者)组成四个层次的领导结构。在总经理之下设立多个业务主管部门。

而投资银行业务部结构则根据其业务活动的性质一般设立投资银行部、资本市场部、销售与交易部、兼并收购部、研究部、资产管理部、大宗经纪部、私募股权部、自营投资部、风控部。

投资银行的分支机构实际就是投资银行部门划分的延续，是划分部门的一种方式。投资银行的各种业务活动主要通过分支机构来实现。分支机构组织形式主要有代理行、办事处、附属行、分行等。

投资银行的发展模式分为分离型模式与综合型模式。分离型模式是指投资银行与商业银行在组织体制、业务经营等方面，相互分离、不得混合的管理与发展模式。综合型模式是指同一家金融机构可以同时经营商业银行业务和投资银行业务，相互之间在业务上并没有法律上的限制。一家商业银行或投资银行想要经营何种业务，完全根据其自身能力和需要自己决定，政府监管部门不加干涉。

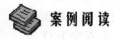 **案例阅读**

摩根士丹利的组织架构变革

摩根士丹利公司成立于1935年，是在1933年规定分业经营的《格拉斯-斯蒂格尔法》签署之后从摩根大通分离出来的一家投资银行，财经界俗称"大摩"，是一家成立于美国纽约的国际金融服务公司，提供包括证券、资产管理、企业合并重组和信用卡等多种金融服务，目前在全球27个国家和地区的600多个城市设有代表处，雇员总数达5万多人。2008年9月，更改公司注册地位为"银行控股公司"。成立之初，摩根士丹利主要从事证券发行承销业务，20世纪70年代初才设立销售交易部和专门的并购小组以及研究部，随后数年，公司陆续又成立了投资管理部、房地产部及私人财富管理部，并于1985年设立固定收益部，以促进业务的多元化。进入20世纪八九十年代后，公司开始大力发展国际业务，在世界各地设立分支机构。

一、发展历程

摩根士丹利原是摩根大通的投资部门。1933年美国经历了大萧条，国会通过《格拉斯-斯蒂格尔法》，禁止公司同时提供商业银行与投资银行服务，于是摩根士丹利应运而生，而摩根大通则转为一家纯商业银行。

摩根士丹利的具体发展历程如表2-3所示。

表2-3 摩根士丹利的发展历程

时　间	事　件
1935年9月5日	作为一家投资银行在纽约成立
20世纪70年代	公司迅速扩张，雇员从250多人迅速增长到超过1700人，并开始在全球范围内发展业务
1941年	摩根士丹利与纽约证券交易所合作，成为该证交所的合作伙伴
1986年	摩根士丹利在纽约证券交易所挂牌交易
1995年	摩根士丹利进一步扩张，收购了一家资产管理公司
1997年	兼并了西尔斯公司下设的投资银行迪安-威特公司，并更名为摩根士丹利迪安-威特公司
2001年	公司改回原先的名字——摩根士丹利

二、组织架构变革

摩根士丹利公司的组织架构发展可以分为三个阶段。1996—2000年，摩根士丹利的组织架构由三大部分构成(如图2-11所示)：证券部(Securities)、投资管理部(Investment Management)和信用卡服务部(Credit Services)。证券部主要业务包括投资银行、销售、交易、融资、做市等，此外，该部门还承接私人客户集团业务。投资管理部主要是为机构和个人客户提供覆盖面较广的全球资产管理服务和私人股权投资服务。信用卡服务部主要提供发现卡

(Discover Card)品牌的信用卡业务及相关服务。

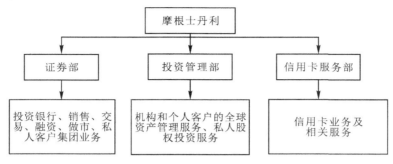

图 2-11　摩根士丹利公司 1996—2000 年组织架构

2001 年，摩根士丹利的组织架构发生了一些变化(如图 2-12 所示)，公司将原来属于证券部的私人客户集团业务分离出来成立了一个独立的部门，服务于私人客户，而原来的证券部更名为机构证券部，主要负责机构客户，其他部门的设置和职责不变。这样，在 2001 至 2006 年间摩根士丹利的组织架构由四部分组成：机构证券部(Institutional Securities)、私人客户集团(Individual Investor Group)、资产管理部(Asset Management)和信用卡服务部。

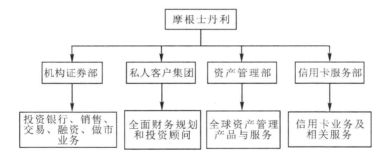

图 2-12　摩根士丹利公司 2001—2006 年组织架构

2006 年末，摩根士丹利又做出了一个较大的改变，将旗下提供信用卡服务的部门剥离，组织架构精简为三个部分，至今公司一直都沿用这种架构(如图 2-13 所示)。全球财富管理集团的前身就是私人客户集团，并且在 2009 年与花旗集团的美邦合并。2010 年，摩根士丹利又将零售和资管业务出售，使资产管理部专注于机构客户。

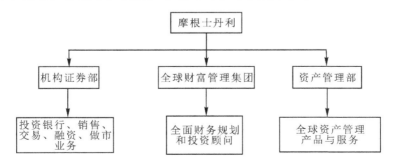

图 2-13　摩根士丹利 2006 年后的组织架构

以客户为导向进行部门的设置和建设，这是我们回顾摩根士丹利公司组织架构在最近十几年中的变化所总结出的一条规律。公司根据客户需求进行业务分类管理，将不同的客户交由不同的部门来负责，而各部门内部都能为客户提供从经纪、投行、投顾到资管业务的全方位服务，以克服业务交叉所带来的部门间的利益冲突，提高公司的运营效率。最突出的表现就是2001年机构证券部和私人客户集团的设立，这次改变把对公司收入贡献最大的证券部分成两个分别针对机构和个人客户的部门。而2009年与美邦的合并是为了更好地发展私人客户。到2010年，摩根士丹利对资产管理部进行重组并出售了零售资管业务，最终形成了根据客户类型和需求而组建的三大模块——服务于机构客户的机构证券部，服务于私人客户的全球财富管理集团，服务于机构客户和高净值客户的投资管理部。

(资料来源：https://xueqiu.com/4043855103/22221328?ivk_sa=1024320u)

 问题

结合案例中摩根士丹利的组织架构，试分析其组织架构的类型及优缺点。

复习思考题

一、名词解释

合伙制 混合公司制 股份公司制 分离型模式 综合型模式 全能银行制 金融集团制 金融控股公司制

二、简答题

1. 投资银行的组织形态有哪些？
2. 简述合伙制与公司制的区别。
3. 股份公司制的优点(功能)是什么？
4. 简述分离型模式的概念及特点。
5. 综合型模式的优缺点是什么？

三、论述题

1. 投资银行采取何种组织结构，大多与其内部的组建方式及经营理念有关。结合我国投行发展情况，请思考我国投资银行应采取哪种组织结构？
2. 美国投资银行的发展模式属于哪种？对我国投资银行的发展模式有何借鉴意义？

第三章　投资银行的发展演进与趋势

【学习目标】

了解投资银行的发展历程，国内外投资银行的发展现状、特点以及投资银行的发展趋势。

案例导入

投行的萌芽与成长

投资银行的原始形态可以追溯到 5000 年以前在美索不达米亚平原上出现的金匠。此后，随着商品经济的日益发展和市场意识的不断提高，一些"先知"商人开始为需要开办资金的实业和"三角债务"缠身的工商业提供"有利可图"的融资业务。

15 世纪，在欧洲出现的商人银行不仅活跃在货币市场上成为广受欢迎的"大红媒"，而且活跃在资本市场上从事包销企业股票、债券以及政府公债，参与投资管理和投资咨询等业务。

19 世纪形成的能够影响和控制各大公司财务状况和经营战略的巴林家族、海姆布台斯家族和罗斯柴尔德家族，已在欧洲证券市场乃至整个国民经济中起着十分突出的重要作用。

1933 年《格拉斯-斯蒂格尔法》的颁布，标志着现代商业银行与投资银行分野格局的形成，同时也标志着纯粹意义上的商业银行和投资银行的诞生。在美国，许多间接经营投资银行业务的商业银行如花旗银行、大通银行等，不得不放弃其附属的证券公司而退回到传统商业银行领域。一些直接经营投资银行和商业银行业务的公司，也不得不进行分割而独立成立不同的投资银行公司和商业银行公司，如摩根把投资银行业务专门转由摩根士丹利经营并独立出去，而商业银行业务则专门由摩根大通来经营。

(资料来源：http://www.szse.cn/www/aboutus/research/secuities/documents/ t20040106_531580.html)

第一节　投资银行的发展历程及现状

一、投资银行的发展历程

投资银行业的起源可以追溯到 19 世纪，但是当时投资银行业仅仅作为商业银行的一个业务部门被包含在当时银行业(含义比今天要宽泛得多)的范畴之中。当然，在 19 世纪，投资银行业务并没有占据主导地位，大多数商业银行的主营业务只是给企业提供流动资金贷款。而且由于当时人们普遍认为证券市场风险太大，不是银行投放资金的适宜场所，因此对银行从事证券市场业务有所限制。美国 1864 年的《国民银行法》就严厉禁止国民银行从事证券市场活动，只有那些私人银行可以通过吸收储户存款，然后在证券市场上开展承销或投资活动。可以认为，这些私人银行就是投资银行的雏形。尽管国民银行和私人银行都被称为银行，但在业务上，私人银行一开始就兼营商业银行业务和投资银行业务。

(一) 投资银行业的初期繁荣

第一次世界大战结束前，一些大银行就已开始着手为战争的结束做准备。一战后，大量公司也开始扩充资本，投资银行业从此开启了其真正意义上的、连贯发展的序幕。虽然有 1864 年《国民银行法》禁止商业银行从事证券承销与销售等业务，但美国商业银行想方设法绕过相关的法律规定，仍然可以通过控股的证券公司将资金投放到证券市场上。美国的摩根大通、纽约第一国民银行、库恩洛布公司都是私人银行与证券公司的混合体，1927年的《麦克法顿法》则干脆取消了禁止商业银行承销股票的规定。这样，在 20 世纪 20 年代，银行业的两个领域终于重合了，同时，美国进入了产业结构调整期，新行业的出现与新兴企业的崛起成为保持经济繁荣的支撑力量。由于通过资本市场筹集资金成本低、期限长，导致公司的融资途径发生了变化，新兴企业在扩充资本时减少了对商业银行贷款的依赖，这使美国的债券市场和股票市场得到了突飞猛进的发展。由于证券市场业务与银行传统业务的结合，以及美国经济的繁荣，投资银行业的繁荣也真正开始了。这一时期投资银行业的主要特点是：以证券承销与分销为主要业务，商业银行与投资银行混业经营；债券市场取得了重大发展，公司债券成为投资热点，同时股票市场引人注目。银行业的强势人物影响巨大，在某种程度上推动了混业的发展。

(二) 20 世纪 30 年代确立分业经营框架

1929 年 10 月，华尔街股市发生大崩盘，引发金融危机，导致了 20 世纪 30 年代的经济大萧条。在大萧条期间，美国 11 000 家银行倒闭，占银行总数的 1/3，严重损害了存款者的利益，企业也由于借不到贷款而大量破产。对大萧条的成因，事后调查研究认为，商业银行、证券业、保险业在机构、资金操作上的混合是大萧条产生的主要原因，尤其是商业银行将存款大量贷放到股票市场导致了股市泡沫，混业经营模式成为罪魁祸首。由此得出的结论是：为避免类似金融危机的再次发生，证券业必须从银行业中分离出来。在此背景下，以《格拉斯-斯蒂格尔法》为标志，美国通过了一系列法案。其中，《1933 年证券法》和《格拉斯-斯蒂格尔法》对一级市场产生了重大的影响，后者规定了证券发行人和承销商的信息披露义务，以及虚假陈述所要承担的民事责任和刑事责任，并要求金融机构在证券业务与存贷业务之间做出选择，从法律上规定了分业经营；《1934 年证券交易法》不仅对一级市场进行了规范，而且对交易商也产生了影响；同时，美国证券交易委员会取代了联邦贸易委员会，成为证券监管机构。

(三) 分业经营下投资银行业的业务发展

20 世纪 60 年代以来，美国金融业及其面临的内外环境已经发生了很大的变化：工商业以发行债券、股票等方式从资本市场筹集资金的规模明显增长，资本市场迅速发展，资本商品也日新月异，交易商、经纪人、咨询机构等不断增加，保险业与投资基金相继进入这个市场，资本市场在美国金融业中的地位日益上升；由于银行储蓄利率长期低于市场利率，而证券市场则为经营者和投资者提供了巨额回报，共同基金的兴起吸收了越来越多的家庭储蓄资金，甚至证券公司也开办了现金管理账户为客户管理存款，这使商业银行的负债业务萎缩，出现了所谓的脱媒现象；技术进步提高了金融交易的效率，降低了成本，更加复杂的衍生金融交易可以使用电脑程序安排；欧洲市场兼容型的金融业务使其竞争力更强。

(四) 20 世纪末期以来投资银行业的混业经营

20 世纪八九十年代，日本、加拿大、西欧等国家和地区相继经历了金融大爆炸，银行几乎可以毫无限制地开展投资银行业务，这也是美国放松金融管制的外在原因。在内外因素的冲击下，到了 20 世纪末期，《1933 年证券法》和《格拉斯-斯蒂格尔法》等制约金融业自由化的法律体系已经名存实亡。作为持续了 20 余年的金融现代化争论的结论，1999 年 11 月，《金融服务现代化法案》先后经美国国会通过和总统批准，成为美国金融业经营和管理的一项基本性法律。《金融服务现代化法案》的出台意味着 20 世纪影响全球各国金融业的分业经营制度框架的终结，并标志着美国乃至全球金融业真正进入了金融自由化和混业经营的新时代。

二、国内外投资银行的发展现状

(一) 国际投资银行发展现状及特点

近 20 年来，在国际经济全球化和市场竞争日益激烈的趋势下，国际投资银行业完全跳开了传统证券承销和证券经纪狭窄的业务框架，跻身于金融业务的国际化、多样化、专业化、电子化和大型化之中，努力开拓各种市场空间。这些变化不断改变着投资银行和投资银行业，对世界经济和金融体系产生了深远的影响，并已形成鲜明而强大的发展趋势。

1. 多元化

20 世纪 70 年代以来，西方发达国家开始逐渐放松了金融管制，允许不同的金融机构在业务上适当交叉，为投资银行业务的多样化发展创造了条件。到了 80 年代，市场竞争日益激烈，金融创新工具不断发展完善，更进一步强化了这一趋势的形成。如今，投资银行已经完全跳出了传统证券承销与证券经纪狭窄的业务框架，形成了证券承销与经纪、私募发行、兼并收购、项目融资、公司理财、基金管理、投资咨询、资产证券化、风险投资等多元化的业务结构。综观当代美国十大券商的经营现状，可以发现它们的经营范围是非常广泛的。就证券业的经营项目而言，十大券商几乎没有不涉足的：从一级市场承销到二级市场的自营、经纪；从交易到结算；从投资咨询到各种投资基金；从"批发"(服务对象为机构投资者或大投资者)到"零售"(服务对象为个人投资者)；从股票到各种债券，到各种证券衍生商品(证券的期货和期权等)；从交易所市场到柜台市场，到第三市场(交易所上市股票在柜台市场交易)、第四市场(大机构投资者中间直接的大笔交易)；从美国国内市场到国外市场(比如为美国公司和投资者进入国外证券市场服务，为外国公司和投资者进入美国证券市场服务)；而且，这些大券商几乎都涉足一些不属于证券业的经营项目，比如 Merill 和 Donaldson 涉足保险业，Goldman 和 Paine 涉足房地产业，Salomon 涉足石油业，Lehman 涉足外汇业，Morgan 涉足信用卡业，A. G. Edwards 涉足商业、保险业和房地产业。

2. 国际化

近几年来，资本的国际化使得投资银行业务不断国际化。投资银行的国际化是指投资银行的跨国经营，主要表现在投资银行业务的国际化和投资银行机构的国际化。金融自由化的举措和一体化的市场使得投资银行可以方便地开拓国际市场业务，发达国家的大型投资银行纷纷在国外设立分支机构，开展跨国业务活动。20 世纪 80 年代新兴工业化国家经济崛起，80 年代末计划经济国家向市场经济转轨，经济崛起和体制转型需要大量的资金支持，旺盛的融资需求为投资银行提供了巨大的市场机会；同时新兴工业化国家和转轨国家在发展过程中都面临的结构调整和产业整合问题，又为投资银行提供了许多参与并购和资产重组的机会。

借助于金融自由化、全球化提供的机会和网络技术进步提供的技术平台，投资银行在获利和规避风险等经济诱因的驱使下，迅速向海外拓展自己的业务。目前，各大投资银行都在全球范围内建立了自己的业务网络，在国际或区域金融中心设立了分支机构，各大投资银行的国际性业务收入占比都比较高。美国美林证券公司在全球 55 个国家设有办事处，业务遍布世界各地，业务不仅有组织飞机、铁路等交通工程项目融资，组织大型的工业工程、开发自然资源工程、能源工程、电信工程项目融资，而且还有进出口贸易融资业务；不仅提供商品服务，而且还为世界各大公司提供经济咨询和研究服务；不仅为各国政府和公司在世界各大资本市场上融资，而且还协助一些国家的中央银行管理外汇储备股票、债券及其他证券交易。2006 年，高盛、摩根士丹利、美林、摩根大通等投资银行的国际性业务收入占总收入比例依次为 45.9%、37.7%、34.8%、26.2%，平均为 36.2%。2007 年前三季度中，高盛在 EMEA(欧洲、中东和非洲地区)的 IPO 市场、亚洲资本市场占有率均位列第一。在全球并购战略咨询中，高盛、摩根士丹利和花旗占前三，市场份额分别为 31.3%、29.3%和 26.5%，总和高达 87.1%之多。日本证券公司不仅办理外国投资者向本国的投资，而且还办理日本对外发行外债的交易业务，并且在海外设立的营业点遍布五大洲。投资银行在开展跨国经营的同时，也通过自己的活动推动着金融全球化向纵深发展，使金融全球化成为不可逆转的趋势。

投资银行业务全球化有深刻的原因：其一，全球各国经济的发展水平、证券市场的发展速度快慢不一，资本的国际流动日益加强，使得投资银行纷纷以此作为新的竞争领域和利润增长点，这是投资银行向外扩张的内在要求。其二，国际金融环境和金融条件的改善，客观上为投资银行实现全球经营准备了条件。早在 20 世纪 60 年代以前，投资银行就采用与国外代理行合作的方式帮助该国公司在海外推销证券或作为投资者中介进入国外市场。到了 70 年代，为了更加有效地参与国际市场竞争，各大投资银行纷纷在海外建立自己的分支机构。80 年代后，随着世界经济、资本市场的一体化和信息通信产业的飞速发展，昔日距离的限制再也不能成为金融机构的屏障，业务全球化已经成为投资银行能否在激烈的市场竞争中占领制高点的重要问题。

3. 专业化

专业化分工协作是社会化大生产的必然要求，在整个金融体系多样化发展过程中，投资银行业务的专业化也成为必然。各大投资银行为提高自身竞争率和收益，在业务多样化、交叉化的同时，又充分利用自己的优势和所长向专业化方向发展，占据了很高的市场份额，有较为稳定的收入来源渠道。例如，美国摩根士丹利擅长包销大公司证券，2007 年在全球并购市场排名第二，美国股权市场排名第一；美林曾是国际领先的债券和股权承销人，其在债务抵押和资产担保证券市场上分别居于世界第一和第二，在美国 IPO 市场位居第一，而且在产权交易、项目融资和个人投资经纪服务领域成绩卓越；高盛以研究能力及承销而闻名，精于融资、投资、收购、兼并、股票债券分析领域，其 2007 年在全球并购市场上高居第一；所罗门兄弟以商业票据发行和公司并购见长；第一波士顿则在组织辛迪加包销证券、安排私募和策划公司合并方面居于领先等。业务的竞争使各家投资银行按照自身具有的独特优势向各具所长的方向发展。

4. 电子化

随着信息化的发展，证券市场电子化程度得到了进一步提升。辛辛那提股票交易所是美国最具代表性的全自动化交易所。现在，世界上已有一些交易所在证券经纪人办公室里建立交易商工作站，提供对交易商的远程访问，并最终取代传统的交易厅。此外，相对于场内交易的场外市场也由于电子化程度的提高而得到高度发展，因而场外市场也因其技术特征主要是电子通信技术而被称为"电子市场"。20 世纪 90 年代，随着网络技术的发展，网上交易在美国出现后，即呈现出快速发展的态势。目前，美国网上交易的规模正以每季度 30%～50%的速度增长。据调查，美国大约有 160 家经纪商提供网上交易服务，网上交易量每天超过 50 万笔，网上经纪的资产超过 4000 亿美元，约有 25%的散户交易量通过互联网完成。美国最大的网上券商嘉信公司 1997 年开始涉足互联网经纪业务，但到 1998 年年末，其每周互联网交易量就达到 40 亿美元，年交易量超过 2000 亿美元，占其总交易量的一半以上，占全国互联网交易量的 30%，从而跻身全美十大券商之列。而据美国国际证券业信息中心调查，1999 年工业化国家至少有 500 家证券机构推出网上交易服务，入网者达 2000 万户，资金达 5000 亿美元。在韩国，60%的证券交易量是通过网上交易完成的。所以，从世界各国来看，网上交易是经纪业务发展的必然趋势。

5. 数字化

随着券商主动拥抱金融科技的步伐走向深处，"生态""开放"已经成为券商发力金融科技的关键词，一个更大维度的生态圈正在形成。借助于国外经验与实践，一些头部券商也开始探索构建、运营开放生态的主要模式与路径。可以看到证券行业的数字化转型迫在眉睫，且证券行业协会也指出：证券行业应当着力于通过数字化转型提升内部管理水平，增强合规风控能力，实现金融科技与业务发展相互促进、良性循环、互促共荣。也从侧面揭示出券商现在处于转型的关键时刻，其中一个重要的分支就是财富管理数字化转型，图

3-1 为券商数字化转型的演变过程。

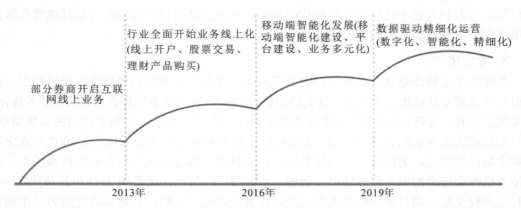

图 3-1　券商数字化转型的演变过程

　　摩根大通在信用卡业务中运用了机器学习技术，2015 年至 2019 年使欺诈损失减少了50%。2019 年，该集团投产使用了新一代客户管理系统，该系统运用了全集团的数据信息和云技术，为所有系统使用者实时提供了客户的全景信息，包括服务需求、产品使用情况和资产组合状况等。此外，该集团表示，其正在评估各类新兴的技术，将使用人工智能和机器学习等科技为所有业务赋能。

　　高盛集团计划投资相关科技公司，研发基于分布式记账技术的服务平台，为供应商、客户、交易对手、清算所及其他金融中介提供区块链、加密货币等相关金融产品，并致力于解决分布式记账技术易受网络攻击的问题。

　　花旗集团与多家金融科技公司合作探索人工智能、机器学习和区块链等技术在现金管理、外汇交易、防范欺诈等方面的自动化应用，以确立自身全球商务银行平台首屈一指的地位。该集团还在系统安全、网络安全等方面与网络技术、移动技术和云服务等领域擅长的供应商开展合作。集团下属合资公司与新加坡管理大学共同研究体验式学习的金融技术。

　　富国银行综合运用互联网、移动设备和云技术来处理海量金融交易，并识别出其中的可疑交易，以应对日益复杂的犯罪交易、黑客攻击、恐怖融资等。

【课外延伸】

我国投资银行的数字化转型发展示例

　　国泰君安(601211)证券在 2020 年 12 月率先提出证券行业首个平台化、生态化发展理念——"开放证券"，并且发布一批数字化战略成果。如 STS(Smart Trading System)智能交易服务、场外金融云、国泰君安-华为联合创新解决方案以及国泰君安-上海银行(601229)联合实验室合作成果等。这些成果不仅涉及国泰君安内部数字化改革、金融科技创新升级，更有与外部同业者或合作伙伴的开放、共享、共创。

　　华泰证券(601688)提出科技战略从"以我为主"走向"全面开放"，积极通过战略投资加快生态建设。华泰证券与战略合作伙伴通过合作打造了投行底稿电子化系统；联合推出 FPGA 证券交易柜台系统，引领证券交易从行情到报盘进入全面极速时代。

兴业证券(601377)提出打造开放融合的金融科技新生态、内联外合的财富管理生态及"五位一体"的机构服务生态。

中金公司(601995)率先与互联网科技巨头合作成立金融科技子公司，越来越多的券商意识到，科技与业务的深度融合需要多方共建的生态支撑。

与其他行业相比，券商在数字化转型过程中存在一些"特殊"的挑战。一是券商业务与传统业务有一定区别，其复杂度较高，需要对接交易所、清算中心等平台；二是券商属于强监管行业，在服务方面要保证安全合规。

2020 年 8 月，证监会就《证券公司租用第三方网络平台开展证券业务活动管理规定(试行)》(简称《管理规定》)公开征求意见，明确了对券商租用第三方网络平台开展证券业务的管理要求。业界翘首以盼《管理规定》的出台，因为这确实是数字化时代证券业务线上发展的刚需，既建立了券商通过第三方网络空间触达消费者客户的合规框架，也明确了各方在此协作链路上的责任边界。在专业人士看来，技术可以很好地解决两个问题：一是对于客户隐私数据的保护，即从技术上解决券商的业务数据不会被第三方获取；二是做好在线监控，包括事前的审核、事中监测、事后追查，让监管授权的相关机构通过线上手段下架或者暂停风险业务。金融科技必须与合规科技结合，才能在券商业务模式创新方面发挥作用。而这有赖于整个行业生态的参与者形成更加多元化、协作竞争。

(二) 我国投资银行发展现状及主要业务

投资银行是一个国家经济发展的标志，无论是在货币市场还是资本市场都具有非常重要的影响力，它将资本市场和市场上的参与者紧紧地联系在一起。目前国内少有真正的投资银行，大多是券商及部分商业银行设立投资银行部经营投资银行业务。我国众多的证券公司也承担了投资银行业务。

我国投资银行主要业务为代理买卖证券业务、证券承销业务、财务顾问业务、投资咨询业务和资产管理业务等，主要收入来源为证券投资收益和代理买卖证券业务。根据中国证券业协会 2021 年上半年经营数据官方统计，截至 2021 年 6 月 30 日，我国共有 139 家证券公司，其中从事投资银行业务和承销与保荐业务的有 98 家，业务最少的为资产管理业务，有 47 家。我国证券公司的总部主要坐落于北京、上海、广州、深圳，其中上海 30 家，深圳 23 家，北京 17 家，广州 6 家。这些城市作为我国的超一线城市，经济发展水平高，为金融活动提供了良好的运行环境，成为吸引众多证券公司总部坐落的主要原因。

有数据显示，这 139 家证券公司 2021 年上半年实现营业收入 2324.14 亿元，各主营业务收入分别为代理买卖证券业务净收入(含交易单元席位租赁)580.40 亿元、证券承销与保荐业务净收入 267.81 亿元、财务顾问业务净收入 30.54 亿元、投资咨询业务净收入 24.01 亿元、资产管理业务净收入 144.68 亿元、利息净收入 308.54 亿元、证券投资收益(含公允价值变动)697.88 亿元；2021 年上半年实现净利润 902.79 亿元，125 家证券公司实现盈利。

据统计，截至 2021 年 6 月 30 日，139 家证券公司总资产为 9.72 万亿元，净资产为 2.39 万亿元，净资本为 1.86 万亿元，客户交易结算资金余额(含信用交易资金)1.79 万亿元，受托管理资金本金总额 10.45 万亿元。

我国投资银行的资产规模也在逐年增长，2018 年到 2019 年，净资产增加了 6.89%，总资产增加了 15.97%。营业收入也呈上升趋势，除投资咨询业务外，2019 年我国投资银行其他业务收入均比 2018 年有所增长，可见我国投资银行势头正盛，未来仍具有良好的发展前景。

　　券商的投行业务大体上包括 IPO 业务、增发业务、承销业务和资产管理业务等。从 IPO 业务来看，2018 年有 103 家首次公开发行，募资总额 1374.88 亿元，较 2017 年下降 26.4%。IPO 业务受到冲击主要是由于 2018 年 A 股市场波动及审核标准越发严格。从增发业务来看，2018 年上半年，增发融资 3677.60 亿元，增发 177 家，分别比 2017 年同期下降 45.41% 和 31.66%，民营企业和中央企业占了融资总额的 83%。从债券承销业务来看，2018 年券商作为主承销商发行的债券为 51 765.53 亿元。其中，排名靠前的证券公司大部分承销规模都有所增长。从资产管理业务来看，2018 年上半年，16 家券商资管业务约 15 万亿元。从新三板业务来看，2018 年国内新三板新增挂牌数比 2017 年减少 58.4%。2019 年，我国逐步放开中外合资券商业务，且出现瑞银证券这一首家外资控股证券公司，对本土券商的投行业务有所冲击。2020 年，证券行业服务实体经济取得显著成效：通过股票 IPO、再融资分别募集 5260.31 亿元、7315.02 亿元，同比增加 74.69%、41.67%；通过债券融资 13.54 万亿元，同比增加 28.02%。2020 年新冠肺炎疫情暴发后，证券公司发挥投资银行功能优势，积极促成疫情防控领域企业发行公司债券进行融资。2020 年共 65 家证券公司承销完成"疫情防控债" 170 只，助力 22 个省份的 142 家发行人完成融资 1651.06 亿元。证券行业 2020 年实现投资银行业务净收入 672.11 亿元，同比增加 39.26%。

【课外延伸】

中国十大投行

　　中国投资银行指的是有投资银行业务的证券公司。近年来，中国证券行业发展迅速，证券公司的实力也在不断变化，表 3-1 为 2020 年中国十大投行及其特点。

表 3-1　2020 年中国十大投行及其特点

投行名称	特　　点
中信证券	国内规模最大的证券公司之一，上市公司，中国证监会核准的第一批综合类证券公司之一
海通证券	中国最早成立的证券公司之一，国内行业资本规模最大的综合性证券公司之一
广发证券	中国市场最具影响力的证券公司之一，上市公司，国内资本实力最雄厚的证券公司之一，十大品牌
招商证券	百年招商局旗下的金融证券领域龙头企业，上市公司，拥有国内首个多媒体客户服务中心
国泰君安	国内规模最大、经营范围最宽、网点分布最广的证券公司之一，中国 500 最具价值品牌
国信证券	大型综合类证券公司，源起于中国证券市场最早的三家营业部之一的深圳国投证券业务部
华泰证券	全国最早获得创新试点资格的券商之一，具有较强市场竞争能力的综合金融服务提供商
银河证券	联合四家国内投资者发起设立的全国性综合类证券公司，国内金融证券行业领先地位
中信建投	证监会批准的全国性大型综合证券公司，第一批取得创新试点资格的证券公司之一
光大证券	由中国光大(集团)总公司投资控股的公司，中国证监会批准的首批三家创新试点公司之一

（资料来源：https://www.sac.net.cn/hysj/zqgsyjpm）

典型案例

中国投资银行业对外开放的历史进程

追溯中国投资银行业的发展历程，合资券商在国内的发展不过二十余年。

1995 年 7 月，中金公司成立，成为中国内地首家中外合资投资银行。当时，外资在合资券商中的持股比例上限是 1/3。2012 年 8 月，《外资参股证券公司设立规则》修订稿明确规定：外资参股证券公司中，境外股东持股比例或者在外资参股证券公司中拥有的权益比例，累计(包括直接持有和间接控制)不得超过 49%。

2013 年 8 月，内地与香港、澳门地区签署的《关于建立更紧密经贸关系的安排》(CEPA)协议，允许符合设立外资参股证券公司条件的港资、澳资金融机构分别按照内地有关规定在上海市、广东省、深圳市各设立一家两地合资的全牌照证券公司，其中港资、澳资合并持股比例最高可达 51%，内地股东不限于证券公司。

2016 年 11 月，财政部重申，中方将逐步提高符合条件的外资金融机构参股证券公司的持股比例上限，但未给出具体日期。 2017 年 11 月，国务院新闻办公室举行中美元首会晤，财政部在会上明确表态，要放开金融行业的准入门槛。具体举措之一，即将单个或多个外国投资者直接或间接投资证券、基金管理、期货公司的投资比例限制放宽至 51%，上述措施实施三年后，投资比例不受限制。

根据 CEPA 协议，2016 年 10 月，首家内地和香港合资全牌照券商申港证券在上海自贸试验区正式开业；同年 11 月底，第二家合资券商华菁证券也在上海开业。2017 年 6 月 19 日，证监会批准设立汇丰前海证券和东亚前海证券，其中汇丰前海证券由于港资股东汇丰银行持股 51%，成为境内首家由境外股东控股的证券公司。除了以上四家新成立的合资券商，目前我国境内尚有七家成立更早的合资券商，分别是中金公司、瑞银证券、中德证券、东方花旗、摩根士丹利华鑫、高盛高华和瑞信方正。此外，还有十余家合资券商正在排队等待证监会审批。中外合资券商在中国投资银行领域已具有一定的规模和优势，随着未来越来越多外资证券公司的加入，伴随着系列业务牌照的放开，预计中国投资银行业的竞争将进一步加剧。

(资料来源：部分内容参考黄晓霞的《券商的外资准入限制被放宽，合资券商迎来发展"春天"》，《大众证券报》2017 年 1 月 19 日)

第二节 投资银行的发展趋势

一、国际投资银行的发展趋势

世界经济与金融业的不断变化与发展给投资银行带来了新的挑战与机遇，而投资银行在历史成长中所形成的创新性与灵活性也使其能够时刻处于动态调整变化中，不断完善壮大，适应时代的要求。

当今的世界经济正朝着一体化方向发展，随着各国金融监管的逐步放松，金融自由化趋势日益加强，资本跨国流动日益频繁，其规模也大大超过了跨国贸易的流量，世界各国的经济、金融政策相互影响且互动显著。与此同时，各国金融机构在全球范围内展开了激烈的较量，各类创新性的金融工具逐渐开始发挥其巨大威力，衍生工具也开始迅速增长。在这样的时代背景下，金融自由化、金融市场的全球化、资产的证券化、金融工程的迅速崛起等因素对投资银行的发展起着重要作用。在这些因素的影响下，投资银行的发展出现了以下倾向：

(一) 混业经营倾向

历史上，美国、日本等国家形成的证券业与储蓄业的严格分离为减少银行风险、维护证券市场的正常秩序、促进金融和经济的安全与稳定曾做出过重大贡献。但进入 20 世纪80 年代后，传统的业务分工已不能再适应二者各自所面临的激烈竞争。商业银行业与投资银行业在大力拓展新业务领域的同时，交叉经营日益增多。这既是竞争的需要，也是金融业不断完善、发展的要求。

(二) 金融自由化放松甚至取消对金融活动的管制

金融自由化的全球潮流，要求金融业要把市场机制引入金融领域，要把相同于工业部门的竞争原则引入到金融服务业务中，改善金融市场效率并为用户提供方便。

在美国，鉴于分业经营在新的经济形势下已使商业银行效率低下，发展乏力，管理层进行了广泛而大胆的改革，拥有雄厚资本基础的银行被准许参与广泛的金融服务经营活动，包括证券、投资信托、保险等。这种放松对证券公司和商业银行彼此进入对方领域的控制政策最初始于 1977 年。美国联邦储备银行(简称"美联储")首先批准银行作为托管人提供的证券代理人开展业务，此后又批准了若干的其他业务，如承收或处理商业票据、贴现经纪人及抵押债券的承收和处理等。1989 年，美联储批准商业银行可销售和使用公司债券。虽然《格拉斯–斯蒂格尔法》仍在法律意义上存在，但美国对银行的限制参与已通过私营银行的努力得到了事实上的放松。

在英国，金融自由化历程始于 20 世纪 80 年代。1986 年的《大爆炸法案》开启了英国金融业的重组。英国清算银行、商业银行开始积极征寻经纪人和代理商，打破了传统业务分工。该法案规定：取消妨碍经纪人和代理商提供代理服务的资格审查体制；伦敦股票交易所向国外开放；取消证券收费标准。其结果是传统投资银行和商业银行的业务界限几乎不复存在，投资银行开始经营存贷业务，商业银行开始从事证券业务。

在日本，由大藏省的金融体制管理委员会在 1988 年发起了一项关于改革日本金融体制可行性的全面研究，将重点放在放松和解除对参与经营的限制上。至今关于证券业和银行业自由化的进程是，允许银行通过设立证券子公司的形式介入证券业。1994 年 10 月，日本大藏省允许第一劝业银行、富士银行、三和银行、樱花银行和三菱银行五家大型城市银行，设立专门从事投资银行业务的分支机构。虽然子公司与母公司间的防火墙仍然存在，但允许母公司进入多种业务领域已是最终方向。

由此可以看出，全球金融自由化浪潮已改变着传统的金融结构，要求银行和证券业在面向用户的情况下开放彼此的业务领域。

(三) 金融证券化的推进要求商业银行参与证券经营

金融证券化是近几十年来世界金融领域的重要创新，包括融资证券化和资产证券化。

融资证券化是指资金短缺者通过发行各种证券直接向投资者融资，意即直接融资。与向金融机构借款这种称之为间接融资的方式相对应，直接融资绕过了作为存贷中介的商业银行。由于商业银行传统经营原则是收益性、安全性和流动性，使其在发放贷款时对申请贷款人进行种种严格限制，许多借款人在得不到银行的青睐下将目光投向直接融资市场，同时一些资信高的公司也出于降低筹资成本，能够方便快捷地随时筹资而纷纷转向证券市场。证券业正是投资银行大显身手的地方，它通过证券工具创新、证券业务创新等花样繁多的手段吸引客户，帮助筹资者制定筹资方案，评估风险收益，进行证券发行与承销等一系列服务，大力开拓了直接融资市场，向银行存贷资金发起了猛烈攻势。与此同时，经历多次存款危机后，呆账成为困扰大多数银行的顽症。同时，在国际金融市场上，分业经营的商业银行面临来自全能银行的竞争。在这种情况下，商业银行不得不大量介入投资银行业务，利用广泛的业务网络、丰富的业务经验和高水平的金融人才，在证券业领域与投资银行竞争。此外，在企业兼并的活动中，商业银行也积极参与，提供信息服务与融资。

资产证券化是指将缺乏流动性的资产转换为在金融市场上可以出售的证券的行为。最初的资产证券化创意源自抵押担保证券。抵押担保证券的源头是抵押贷款。资金需求方以一定抵押物作担保获取银行贷款，于是抵押物作为银行资产固定起来。为了提高资产的流动性，美国政府国民抵押协会在 1970 年开始利用抵押债券组合，发行转嫁债券(Pass - Through Bond)。政府国民抵押协会拥有大量住房抵押贷款，按利率、期限等进行组合，以此组合为担保发行证券。证券的销售由投资银行组织抵押证券经纪交易商承销团承销。国民抵押协会保证所有资本金及利息到期偿还。这样就为抵押发起者提供了一种既能保留其服务权利，又能将抵押贷款从资产负债表中消去的工具。按照这一将资产组合证券化的思路，证券化被广泛地用于多种债权性质的资产，如房地产贷款的证券化、汽车贷款的证券化、信用卡贷款的证券化和应收账款的证券化等。

资产证券化技术带来了资金融通史上的又一次变革。它通过盘活非流动性资产，提高了资产的运行效率，将资金流动性要求体现得淋漓尽致，给金融市场的参与方带来了新的活动天地。对于投资银行来说，它可以参与资产担保市场操作，组织证券的抵押、管理、承销活动，处理分销和私募，为证券创造二级市场。对于商业银行而言，资产证券化也使其成为参与证券营运的直接主体之一。银行通过将其发放的诸如不动产抵押贷款、设备租赁贷款等进行证券化操作，已不再是原有简单意义上经营存、放、汇业务的存贷中介者。如果说投资银行的原始形态就是证券承销、经纪、自营商的话，那么商业银行在这里发挥的就是投资银行的作用。

资产证券化的趋势，一方面，使商业银行从原来较为单一的债券投资转入到证券营运更广阔的天地。传统业务的债券投资，特别是政府债券和公司债券，其目的除了获取收益外，还可以通过债券资产的选择与组合，提高商业银行资产的流动性，降低商业银行的风险。而在资产证券化的冲击下，商业银行更多的是出于为满足用户需要而提供现代的多样化服务，同时与其他金融机构和投资银行争夺业务。另一方面，在投资银行协助商业银行进行其资产证券化的操作时，投资银行与商业银行在优势互补中加强了联系。

(四) 金融工具的创新，使商业银行和投资银行在新的业务领域内融合交叉

金融工具的不断创新，其核心动机是转嫁和分散风险。

在激烈的竞争中，投资银行和商业银行纷纷推出多种金融衍生工具。这些创新金融工具可分为三类：期权或认股权证及相关债务工具，包括附有认股权证的债券等；高收益工具，包括高收益债券，即所谓垃圾债券(Junk Bond)、零息债券等；套期保值类工具，包括期货、互换或掉期等。这些新花样说到底就是帮助客户避险及进行套利。这样投资银行可进行期权、期货买卖，以及发行高收益债券、进行可转换债券等操作。同时，在外汇市场上也可从事外汇买卖业务，包括即期外汇业务、远期外汇业务、套汇业务等。商业银行也依靠各种创新金融工具以吸收资金，与市场利率挂钩，如发行零息债券和进行利率互换、货币互换等业务。

在上述几个因素的作用下，商业银行和投资银行的业务界限已日益模糊，投资银行除了不吸收活期存款外，其他商业银行业务都有所涉及；而商业银行在一脚迈入证券业的同时，其存款结构也在发生变化，活期存款比重下降，定期存款比重上升。这一切都表明两者间的防火墙已摇摇欲坠，银行业跻身证券业的步伐正不断加快。证券业与存贷业的功能已不能再用传统的视角去加以理解，两者的相互接纳及接纳的程度都将依照市场经济竞争及有效配置资源的原则来进行。

随着世界经济日趋国际化、跨国公司的生产经营日益全球化，跨国投资银行也不断得以发展壮大。目前，世界最大的投资银行当属美林公司。美林公司实力雄厚，信誉卓著，拥有巨大的融资能力，在全球 45 个国家设有办事处，在世界 32 个证券交易所拥有会员资格。其业务范围遍及全球，不仅在一级市场从事证券承销、分销、筹措资本和在二级市场上从事自营和委托代理买卖等业务，而且还在国际范围内从事兼并与收购、资产管理、财务咨询、证券清算、风险控制和资金借贷等业务。

二、我国投资银行的发展趋势

(一) 混业经营将是大势所趋

无论从世界潮流还是从我国内在发展要求看，混业经营都是历史发展的必然。改革开放初期，我国实行的是混业经营制度，四大国有银行都开办了证券、信托、租赁、房地产、投资等业务。但由于法律不健全、监管没经验，银行自身又缺乏应有的自律和风险约束机制，混业经营加速了风险的积聚，催化了证券市场、房地产市场"泡沫"的生成。因此，国务院于 1993 年 12 月 25 日发布了《关于金融体制改革的决定》，对金融业进行治理整顿并提出了分业经营的管理思路。1995 年 5 月，《商业银行法》正式从法律上确立了国有银行分业经营的制度，但分业经营也带来了许多问题。

(1) 进一步加大金融风险。从商业银行来看，由于主要业务集中在存贷款方面，面对大批不良客户和日益加剧的竞争局面，商业银行的经营困难重重。证券类金融机构通常由于缺少必要的融资渠道和融资手段，而无力开拓新业务，经营缺乏灵活性。

(2) 完全割裂资本和货币市场。分业经营的制度变革基于防范系统性金融风险的需要，

但在现实中却已成为我国金融业发展的严重障碍。短短几年的实践证明，在世界金融证券化、电子化、信息化和一体化发展趋势的格局下，完全割裂资本与货币两个市场，只会严重束缚我国金融业的发展，窒息我国年轻的保险业和证券业。

当然，混业经营也存在诸多风险：第一，从对证券市场的影响看，商业银行涉足证券后可凭借其雄厚的资金实力参与交易，容易引起证券行情的大起大落。第二，混业经营虽然在一定程度上维护了行业的稳定，但也失去了金融业内部专业化管理的灵活性。商业银行一旦陷入困境，营救工作将更加困难。第三，在混业经营的条件下，中央银行和证券交易委员会等金融监管机构在对金融机构的管理方面如何协调也成为一个新的课题。此外，如何对"全能银行"的资本充足率进行测度和规定，如何建立合理的风险管理系统等问题都有待解决。

(3) 削弱国内金融企业竞争力。中国加入 WTO 之后，大批的外资银行、保险公司、证券公司将会以合资或独资的面孔出现在我们面前，而且这些公司大多是"全能型"企业，其业务领域涉及银行、保险、证券及信托投资等多个方面，可以说无所不包，从而使我国金融业面临前所未有的挑战。近年来，我国陆续推出了一系列以市场深化和放松管制为基调的改革措施，其中一些措施已突破了有关严格分业经营的限制。比如，保险资金(资产总额的 5%)和三类企业可以间接或直接投资股市；证券公司可以从银行同业拆借市场按净资产的一定比例拆借资金，并且能进行股票质押贷款，还可以直接上市融资等。这些政策上的重大突破都预示着我国金融体制系统化市场变革即将到来。此外，光大集团入主中国老牌券商——申银万国公司，这也意味着我国严格实施多年的"分业经营，分业管理"的金融监管政策将进一步松动。中国金融业混业经营的时代离我们已不再遥远。

(二) 业务范围日趋多元化

我国投资银行的收入大部分来源于证券承销业务以及代理买卖证券业务等传统业务，目前还有财务顾问业务、投资咨询业务和资产管理等业务并未达到均衡的模式。我们不能"死守"在传统的三大项业务中，要大胆地尝试一些创新业务，如资产证券化，并购重组等现代化业务，同时要找到适合自身特点的业务，明确主营业务和其他业务，利用一切可以利用的机会和资源，紧跟时代步伐。

放眼国际，投资银行与商业银行的混业经营使得国外的投资银行在业务方面涵盖范围较广，业务更加多元化。我国正在不断深化证券业体制改革，投资银行发展正从分业经营向混业经营转型过渡。与此同时，期权、期货、远期和互换等金融衍生工具也在快速发展，我国投资银行对抗风险的能力将有所提升。

(三) 法律逐渐规范化

建立健全的法律监控机制，提供良好的法律保障对投资银行业的发展至关重要。一个运行良好的金融服务系统，需要以完备的法律法规为其保驾护航。我国投资银行更应该规范管理体系，发挥证监会和中国证券业协会的作用，颁布相关法律法规，严厉打击证券市场上存在的违法行为，鼓励群众举报内幕交易、欺诈客户等违法犯罪现象。

(四) 人才专业化进程加快

人才对于行业发展具有至关重要的作用。投资银行可以为人民群众提供便利和服务，需要更加专业的从业人员或者更加规范的团队参与其中。因此，我国投资银行业应该对现有的从业人员进行专业化培训，使其具备行业人才的素质和道德。同时需要不断引进人才，唯才是用，证券公司也应如此。只有培养出高级的投资银行业的管理人才，才能顺应时代的发展潮流。

(五) 业务日趋国际化

随着经济全球化的推进，各国的投资银行与国际市场交流日益密切，投资银行业务走向国际化。我国对外开放日益加深，这就要求我国投资银行在当下新的环境中，准确洞察经济发展规律，制定科学的发展战略，逐步走向国际化。

近二十年来，投资银行业跻身于金融业务的国际化、多样化、专业化和集中化之中，努力开拓各种市场空间。这些变化不断改变着投资银行业，对世界经济和金融体系产生了深远的影响，并已形成鲜明而强大的发展趋势。

随着我国经济的发展，投资银行也在不断地向着国际化方向迈进。我们应坚持以政策为导向，以创新为发展路径，以更好地服务于市场为目标，坚持绿色发展，积极拓展海外业务，为我国投资银行"走出去"提供全力保障。

🔔 课程思政

"追梦"路上不忘社会责任

中金公司是中国改革开放的参与者、推动者和受益者，始终坚持"以国为怀"的初心，自觉肩负服务国家改革开放、推动资本市场发展的使命。自1995年成立以来，公司在服务国家改革发展大局中实现了自身的成长壮大。

2021年是"十四五"规划的开局之年，也是巩固拓展脱贫攻坚成果、实现与乡村振兴有效衔接的起步之年。治贫先治愚，扶贫先扶智。中金公司和中金公益基金会长期积极参与和支持贫困地区的儿童发展项目，经过不懈努力，已实现"孕育、保育、养育、教育"等专项公益项目落地，形成了覆盖儿童成长各个阶段的帮扶体系。在西藏、新疆、云南、甘肃、山西等地开展"乡村医生培训及孕产妇/新生儿保健"、"山村幼儿园走教志愿者发展基金"、"中金教师发展基金"、校舍危房改造、捐资助学等项目，力求从根源上阻断贫困的代际传递。

同时，中金公司认真贯彻落实党中央围绕打赢脱贫攻坚战、实施乡村振兴战略做出的一系列重大部署，积极践行企业的社会责任，发挥行业优势，注重用金融活水激活贫困县的内生动力，带动区域脱贫。例如，累计为结对帮扶的重庆开州当地企业发行中期票据、非公开公司债等89.6亿元；为重庆奉节百盐集团成功发行5亿元中期票据，着力解决当地企业融资难题。此外，中金公司及中金公益基金会还积极助力新疆墨玉脱贫攻坚、参与安徽宿松"爱心救助专项计划"以及四川金阳脱贫攻坚，帮助当地如期实现脱贫。2020年，中金公司帮扶的贫困县全部实现"脱贫摘帽"，在助力打赢脱贫攻坚战中贡献了"中金力量"。

雄关漫道真如铁，而今迈步从头越。"十四五"时期是开启全面建设社会主义现代化国家新征程、向第二个百年奋斗目标进军的第一个五年。中金公司党委书记、首席执行官黄朝晖表示："站在新起点上，中金公司深感使命光荣和重大。我们将立足于服务国家战略、服务实体经济、服务人民福祉，向国际一流投资银行坚定迈进，为推动经济社会高质量发展做出更多贡献。"

本 章 小 结

本章主要介绍了投资银行的发展历程，国内外投资银行的发展现状、特点以及投资银行的发展趋势。

投资银行的发展历程可分为以下四个时期：

(1) 投资银行业的初期繁荣：这一时期投资银行业的主要特点是以证券承销与分销为主要业务，商业银行与投资银行混业经营；债券市场取得了重大发展，公司债券成为投资热点，同时股票市场引人注目。

(2) 20 世纪 30 年代确立分业经营框架：为避免类似大萧条金融危机的再次发生，证券业必须从银行业中分离出来。

(3) 分业经营下投资银行业的业务发展：工商业以发行债券、股票等方式从资本市场筹集资金的规模明显增长，资本市场迅速发展，资本商品也日新月异，交易商、经纪人、咨询机构等不断增加，保险业与投资基金相继进入这个市场，资本市场在美国金融业中的地位日益上升。

(4) 20 世纪末期以来投资银行业的混业经营：《金融服务现代化法案》的出台意味着20 世纪影响全球各国金融业的分业经营制度框架的终结，并标志着美国乃至全球金融业真正进入了金融自由化和混业经营的新时代。

国际投资银行发展现状及特点为多元化、国际化、专业化、电子化、数字化；我国投资银行主要业务为代理买卖证券业务、证券承销业务、财务顾问业务、投资咨询业务和资产管理业务等。

国际投资银行的发展趋势：混业经营倾向；金融自由化放松甚至取消对金融活动的管制；金融证券化的推进要求商业银行参与证券经营；金融工具的创新，使商业银行和投资银行在新的业务领域内融合交叉。我国投资银行的发展趋势：混业经营将是大势所趋；业务范围日趋多元化；法律逐渐规范化；人才专业化进程加快；业务日趋国际化。

 **案 例 阅 读**

高盛集团——独立投行模式的杰出代表

高盛作为独立投行模式的杰出代表，不但具有独特的业务模式和高效的管控架构，而且具有较高的全球一体化运营水平。从业务模式看，高盛深耕投行全产业链，业务条线清晰，收入以手续费为主，机构、投行、投资和资管四大板块贡献相对均衡。高盛集团的高效管控源于合伙人精神与现代公司治理机制的完美结合、以管理委员会为核心的扁平组织架构和对中后台的大力投入。由于具有颇高的全球一体化运营水平，高盛海外业务收入占比常年保持在 40% 左右。

一、历史悠久的全球最优秀投资银行

（一）上市前的成长历程：合伙制，轻资本发展，跻身顶尖投行

家族式经营、合伙制和轻资本运作是上市前高盛集团经营的主要特征之一。高盛是华尔街最后一家保留合伙制的投资银行，合伙制在它的发展进程中起到了至关重要的作用。投资银行业是十分重视关系的行业，很多时候家族关系网是其最重要的资产，只有合伙制才能将这项无形资产留在企业内部。与现代投资银行的高杠杆特征不同，传统投资银行业务主要集中于代理人和咨询顾问等范围，基本上并不动用自有资本，主要采用轻资本运作方式。

1929 年金融危机期间，由于决策失误，高盛损失了 92%的原始投资，濒临倒闭。二次创业，凤凰涅槃，跻身顶尖投行前列。经历大萧条之后长达三十多年的韬光养晦，经过诸多精英合伙人的通力合作和传承，到 20 世纪七八十年代，高盛逐渐从华尔街的二流投资银行成长为一流投资银行。高盛适时启动了专业化分工进程，首先在销售部，其次在兼并与收购部，最后在所有的部门，工作效率得到大大提高，高盛逐渐在许多投资银行业务领域的竞争中取得了领头羊的地位。直至今日，高盛完善的投资银行服务系统已经成为公司重要的基础设施，为公司招揽和留住遍及全球的客户立下了汗马功劳。在销售能力方面，高盛遍布全球的营销团队在同行中也是绝无仅有的。

高盛于 20 世纪 70 年代主导了机构大宗交易，80 年代主导了固定收益业务和杠杆收购。到 90 年代，高盛逐渐成为享誉全球并持续保持领先地位的金融企业。

（二）上市后的卓越业绩：引入股份制，补充资本，实现多元化均衡发展

高盛公司在以合伙制经营和运作逾百年后，于 1999 年在纽约证券交易所上市。包括高盛在内的美国投资银行的发展轨迹是从合伙制企业转到公众公司，在高盛之前，美林、雷曼兄弟、摩根士丹利和贝尔斯登这些曾经的五大投行都先后上市。

高盛的改制上市主要有以下几点具体原因：

一是扩充资本金的压力。随着经济的繁荣和金融深化程度的提高，现代投资银行的运营管理越来越依赖于资本，资本重要性显著提高，全球投行业重资本化发展特征非常明显。投资银行业的转型升级使得交易业务和资本投资业务在业务多元化和均衡化过程中发挥着越来越重要的作用。高盛迫于扩充资本金的压力，不得不选择股份制的形式，通过发行股票并上市来迅速增大资本实力。

二是承担无限责任的风险和压力。随着华尔街金融创新尤其是金融衍生工具的发展，证券市场的规模和风险也同时被杠杆效应放大了，投资银行因为一次失败的业务而导致破产的可能性大为增加，这使得合伙人不得不忧虑风险的底线。因此在经济增长放缓时，合伙人有可能离开公司并带走大量资金。

三是激励机制的掣肘与人才竞争的压力。合伙制投资银行对优秀业务人员的最高奖励就是接纳其成为合伙人。这种奖励所建立的基础是：员工希望成为合伙人，因而不在乎短期收入。由于金融工具的创新，一线的业务人员虽然很多并非是合伙人，但常常能为公司创造惊人的利润，然而，其成为合伙人的可能性却极小。对于这些优秀一线业务人员来说，经过漫长等待成为一名合伙人与短期获得暴利相比，后者诱惑更实在。这使得上市公司在与合伙制投资银行进行人才竞争时处于优势地位。

然而，上市后高盛的合伙制并未消失，在公司制的治理架构下，高盛合伙人仍然发挥着作用，在高盛集团内部，二者实现了完美的结合。伴随上市带来的资本金增加，高盛多元化业务发展迈向新的台阶，除传统投行和交易业务之外，资本金投资和资产管理两大业务获得快速发展，主要业务之间变得更加均衡。适应投资银行业的转型升级，高盛集团逐渐从一家传统的投资银行演变为专注投行业务的现代金融集团，核心竞争力进一步增强，成为五大投行中具有最强盈利能力的一家。

二、金融危机后的最新战略发展框架

近年来，全球经济复苏步伐放缓、全球金融市场监管趋严，使得国际投行面临的经营环境日渐恶劣，面临巨大的转型压力。自2008年金融危机以来，国际大投行纷纷调整业务部门和经营战略以适应新的环境。在此背景下，高盛集团战略发展既保持了定力又不乏灵活性，集中体现为其核心战略的稳定与业务结构的调整。

（资料来源：https://www.sohu.com/a/408119871_421754）

 问题

试结合案例，分析高盛集团成功的原因及对我国投行业务的未来发展的借鉴意义。

复 习 思 考 题

一、简答题

1. 简述投资银行的发展历程。
2. 简述国内外投资银行发展现状及特点。
3. 简述影响投资银行发展的因素。

二、论述题

结合国际投资银行的发展趋势，分析未来我国投资银行的发展趋势。

第四章　项目融资

【学习目标】

了解项目融资的定义、特点和适用范围；掌握项目融资的参与者及一般程序；掌握项目融资的投资结构、融资结构模式、资金选择和项目担保的安排；了解风险投资的项目可行性和风险评价。

案例导入

三峡工程的项目融资

三峡工程是中国跨世纪的一项巨大工程，2009年三峡工程全部建成时，所需的动态资金共计2034亿元人民币。三峡总公司根据项目阶段性的特点，分三个阶段进行融资：

(1) 在"风险不明期"，利用国家资本金和政策性银行贷款，发挥"种子效应"。国家资本金的形式是三峡建设基金，包括全国用电加价、葛洲坝电厂和三峡电厂建设期间的全部收入，整个建设期间三峡基金可征收1000亿元，接近总投资的一半。国家开发银行从1994年至2003年每年为三峡工程提供贷款30亿元，总额300亿元，贷款期限15年，目前贷款余额为180亿元。这两部分资金解决了项目建设初期建设风险与融资需求的矛盾，并保证整体资产负债率不会太高。

(2) 在"风险释放期"，利用资本市场，加大市场融资的份额，发挥"磁铁效应"。1997年至2003年的二期工程建设期间，项目建设的风险大幅度降低，金融机构和投资者对项目成果与效益有了基本的把握，这一阶段三峡总公司逐步加大了市场融资的份额，并利用三峡工程磁铁般的巨大吸引力，优化融资结构。

三峡工程可预见的前景引起国内商业银行展开贷款竞争。1998年，三峡总公司分别与建设银行、工商银行、交通银行签订了总额为110亿元的三年期贷款协议，滚动使用，通过借新还旧、蓄短为长，增加资金调度的灵活性。此外，三峡总公司从2000年起就逐步在物资设备采购和工程价款结算中采用票据结算方式，其融资成本比短期银行贷款利率低30%左右。

(3) 在"现金收获期"，利用新的股权融资通道和资本运作载体，发挥"杠杆效应"。2003年首批机组发电后至2009年的三期工程建设期间，工程逐步建成并发挥效益，陆续投产的机组将带来强大的现金流量，建设风险进一步释放，这一阶段主要通过公司改制，建立股权融资通道，以资本运营的方式撬动资金持续稳定地流动。三峡总公司则通过出售发电机组，获得三期工程与开发金沙江的资金，从而变成一个以发电企业或发电资产为产品的企业，通过"投资水电资源开发—承担开发风险—转让已投产的资产—投资新项目的开发"，循环带动社会资本进入水电行业。

(资料来源：https://wenku.baidu.com/view/731550d0bbd528ea81c758f5f61fb7360b4c2be2.html)

第一节 项目融资概述

一、项目融资的含义

什么是项目融资？除欧洲一些国家外，项目融资作为一个金融术语并不泛指针对一切项目所安排的融资活动。目前，国际上对项目融资的认识各有不同，但较为统一的认识首推彼得·内维特在其《项目融资》第六版中给出的定义："为一个特定经济实体所安排的融资，其贷款人在最初考虑安排贷款时，满足于使用该经济实体的现金流量和收益作为偿还贷款的资金来源，并且满足于使用该经济实体的资产作为贷款的安全保障。"

理解项目融资需要注意以下几个方面的问题：

(1) 项目融资是针对一个"特定经济实体"提供的贷款。这个特定经济实体是为项目兴建而特别成立的法律实体，该法律实体通常具有法人资格，称为项目公司。

(2) 项目融资的还款资金来源首先限制在项目的经济强度之中。项目的经济强度通常以两个标准来测度：一方面是项目未来的可用于偿还贷款的净现金流量；另一方面是项目本身的资产价值，即贷款人提供贷款，考虑的问题是项目的未来收益是否可以满足还款资金的需要，项目的资产是否可以为贷款提供足够的还款保证。

(3) 贷款人只是在"最初考虑"时满足于以项目现金流量和收益偿还贷款并满足于用项目资产作为担保，但贷款人也必须考虑最坏情况的出现，当项目的经济强度不足以支撑贷款的偿还时，为减少风险，贷款人通常会要求与项目有直接或间接利益的关系人提供各种各样的担保作为贷款的安全保障。其基本思想是利用项目自身来筹集资金。

二、项目融资的主要特点

要深入理解项目融资，除了解其本身的含义外，还应该掌握项目融资与传统融资方式的主要区别。与传统融资方式相比，项目融资具有以下特征：

(一) 项目导向

项目导向是项目融资最明显的特征。传统的融资方式注重考虑项目发起人的资产和信誉状况，至于借款人将资金用于什么项目则放在次要的考虑位置。而项目融资方式则注重考虑项目的经济强度，项目发起人的资产和信誉状况则仅仅构成决定是否提供贷款的考虑因素之一，而不是决定性因素。针对项目而不是项目发起人提供贷款，构成了项目导向的核心内容。

项目导向的最大好处在于它突破了传统融资方式下项目发起人融资能力的局限,使得贷款风险与项目发起人隔绝。因此一些不具备贷款条件的公司也可以通过项目融资实现对新项目的融资、投资、建设和经营。另外,如果项目的预期现金流收入较高,采用项目融资可以获得较高的贷款比例。贷款期限可以根据项目的具体需要和项目的经济生命周期来安排,比普通商业贷款期限长,有些项目融资的期限长达 20 年。

(二) 有限追索

贷款人对项目借款人的追索形式和程度是区别项目融资与传统贷款的重要标志之一。传统贷款中,借款主体是项目的发起人,贷款人提供贷款主要依赖于借款人的资信状况,并需要以借款人现已拥有的资产作抵押,如果贷款的投资项目失败,贷款人可以向借款人拥有的其他资产的产权及收益进行追索。然而,项目融资以项目公司作为承债主体,以项目本身的现金流量和收益作为偿还贷款的资金来源,而不是依赖于项目发起人的资产,即贷款方对项目发起人没有追索权,或拥有有限追索权(追索发起人对该项目的有限担保或承诺),项目融资追索对象只限于项目的现金流量和项目本身的资产,而不能追索到项目发起人的其他任何形式的资产。有限追索贷款使项目投资者的其他业务和项目之间形成一道隔墙,极大地降低了投资者的风险。

(三) 表外融资

资产负债表是反映公司在特定日期财务状况的会计报表。表外融资又称为"非公司负债型融资",是一种项目的债务不表现在项目投资者的公司资产负债表中的融资。传统融资形成的负债需反映到借款人的资产负债表中。在大型工程项目的融资中,如果其巨额的负债全部反映到项目投资者的资产负债表内,极可能导致资产负债比严重失衡,从而既可能使投资者的财务指标超出银行的贷款警戒线而影响其进一步融资,也可能使投资者的上市证券价格受到影响而限制其进一步发展。项目融资则可以通过一种结构安排,将项目的负债资金与项目投资者的资产负债表分离开来,实现表外融资。

(四) 风险分担

传统融资中借款人或贷款人承担项目失败风险,融资安排中缺乏灵活的风险转移或分散机制。对于大型工程项目,如果没有一个完整的风险分担体系,巨大的潜在风险将使项目很难兴建。项目融资的风险由一个复杂的信用担保体系所分散,在该体系中,项目贷款人将要求所有与项目有直接关系或利益关系的单位提供内容不同的担保,这些单位包括项目发起人、当地政府、产品购买方或设施使用方、设备供应方、工程公司等。

(五) 融资成本较高

项目融资涉及众多的参与者,融资安排必须设计出复杂的结构以满足他们的不同要求,由此必然涉及大量的法律文件、艰苦的谈判、丰富的背景知识以及熟练的融资技能,中介机构和各方面专家的参与也必不可少。因此,相对于传统融资方式而言,项目融资的融资成本比较高。表 4-1 所示为项目融资与传统融资的区别。

表 4-1 项目融资与传统融资的比较

比较项目	项目融资	传统融资
融资主体	项目公司	发起人
还款来源	项目公司的资产和现金流	发起人的主体资信及各项信用保证
追索程度	有限追索	完全追索
负债比例	债务比例高	债务比例正常
会计处理	资产负债表外融资	资产负债表内融资

三、项目融资的参与者

项目融资的交易结构比较复杂，因而参与者比较多，他们承担不同的责任，分享各自的利益。

(一) 项目的发起人

项目发起人是实际拥有项目开发权并启动和控制项目建设的经济实体，因而也是项目的实际投资者以及项目融资的实际借款人。它通常拥有特定项目的特许经营权，主要责任包括：出资设立项目公司；发起项目融资，负责前期组织工作，设计交易结构，与其他参与者谈判，达成合作协议；对项目融资提供股权投资和适当担保；监控投资资金的使用和工程进展状况。

项目发起人可以是一家单独的公司，也可以是由多家公司组成的投资财团，可以是私人公司，也可以是政府机构或者公私混合体。

(二) 项目的承办人

项目承办人是项目筹措资金并经营项目的独立组织，是项目融资中的实际借款人，项目融资定义中的"特定经济实体"就是项目的承办人。承办人可以采用独资，也可以采用合资的形式。项目承办人是项目融资中的直接当事人之一，具有十分重要的作用。

(三) 项目的贷款人

项目贷款人是为工程项目提供负债资金来源的人，贷款人是各种信贷形式的提供主体，包括银行和各类非银行金融机构、政府、国际金融组织、官方出口信贷机构等。贷款人往往组成银团提供贷款以满足项目巨大的资金需求。

(四) 项目的产品购买人或设施使用人

既然项目贷款的还款资金来源主要依靠项目产品销售收入或设施使用收入，那么购买人或使用人能否按时足额支付货款或服务费用是项目贷款能否得到偿还的保证。购买人或使用人的义务依照合同的约定来确定，这些合同对项目融资至关重要，有时整个项目融资就以这些合同作为基础。从融资角度看，购买人或使用人的预付款是项目融资的资金来源之一。

(五) 项目的供应人

项目的设备和原材料供应人在项目融资中的作用体现在两个方面：一方面，供应人在提供设备和原材料时可能提供延期付款的便利，形成项目的短期负债；另一方面，供应人通过供应合同，以确定的价格提供一定数量、规格的设备和原材料，稳定了项目成本，从而为稳定未来收益提供安全保障。

(六) 项目的承包公司或项目建设的工程公司

项目建设的每一个环节都极为重要，承包公司和工程公司的资金情况、工程技术能力和以往的经营历史记录在很大程度上决定项目能否按期完工乃至能否完工，在很大程度上也影响到项目贷款人对项目的风险判断。信誉卓著的承包公司和工程公司既有利于项目筹集到资金，也有利于项目投资者将融资安排成有限追索的形式。

(七) 有关官方机构

不同的官方机构在项目融资中发挥不同的作用。政府部门可以为项目的开发提供土地、基础设施、长期稳定的能源供应、某种形式的特许权、良好的投资环境等，从而减少项目的风险，提高项目的经济强度。在利用国际资金的情况下，外汇管理部门关于外汇的汇出汇入许可是从事国际项目融资的前提。有时政府、中央银行还将为项目贷款提供某种担保。政府的担保多以"默示担保"的形式出现，这种担保对贷款人的贷款决策具有重大影响力。此外，官方保险或信用担保机构也提供保险或担保业务，以弥补私人保险机构不愿承保政治、外汇、战争等风险的不足，提高了项目的可融资性。

(八) 项目融资顾问

项目融资的结构具有复杂性和多样性，其设计、组织、安排工作需要具有专门技能的人来完成，绝大多数项目投资者缺乏相关经验，需要聘请专业融资顾问。融资顾问在项目融资中担当着极其重要的角色，在某种程度上决定了项目融资能否成功。项目融资顾问通常由投资银行担任。

项目融资顾问的主要任务有：第一，设计项目融资的交易结构，包括项目的投资结构、融资结构、资金结构以及信用保证结构等；第二，代表项目发起人与各方参与者沟通、磋商和谈判；第三，起草相关文件，约定各方参与者的责任和权益。

除投资银行以外，项目发起人或贷款人还会聘请一些专业类顾问机构，其中最重要的是工程咨询顾问、财务税务顾问和法律顾问。工程咨询顾问通常负责协助项目贷款人或主办人进行项目可行性分析和项目风险预测；财务税务顾问除负责财务审计工作外，还将协助贷款人对拟投资项目进行财务税务分析和现金流量预测；法律顾问除对拟投资项目和环境进行法律分析外，还将协助项目贷款人和项目主办人确定项目融资结构，起草有关的法律文件，出具法律意见等。

(九) 托管人

贷款人为了防止项目公司或投资者挪用项目产品购买人或设施使用人支付的货款或

使用费，往往要求将货款或使用费打入指定的托管人设立的专门账户之中，以保证贷款的偿还。

四、项目融资的一般程序

项目融资结构复杂，制约因素多，其准备工作过程也较长。在一般情况下，项目融资工作大致可分为投资决策阶段、融资决策阶段、融资结构分析阶段、融资谈判阶段和执行阶段，如图 4-1 所示。

图 4-1　项目融资流程图

(一) 投资决策阶段

对于任何一个投资项目，在决策者下决心之前都需要经过相当周密的投资决策分析，这些分析包括宏观经济形势的判断、项目所在行业的发展及项目在该行业中的竞争性分析、项目的可行性研究等内容。一旦作出投资决策，接下来的一个重要工作就是确定项目的投资结构，项目的投资结构与将要选择的融资结构和资金来源有着密切的关系。同时，在很多情况下，项目投资决策也是与项目能否融资及如何融资紧密联系在一起的。投资者在决定项目投资结构时需要考虑的因素有很多，主要包括项目的产权形式、产品分配形式、决策程序、债务责任、现金流量控制、税务结构和会计处理等方面的内容。

(二) 融资决策阶段

在融资决策阶段，项目投资者将决定采用何种融资方式为项目开发筹集资金。是否采用项目融资，取决于投资者对债务责任分担、贷款资金数量与时间、融资费用及债务会计处理等方面的要求。如果决定选择项目融资作为筹资手段，投资者就需要选择和任命融资顾问，开始研究和设计项目的融资结构。

(三) 融资结构分析阶段

设计项目融资结构的一个重要步骤是完成对项目风险的分析和评估。项目融资的信用结构的基础是由项目本身的经济强度及与之有关的各利益主体与项目的契约关系和信用保证等构成的。项目的经济强度是指最初安排投资时，假设项目可行性研究中的条件符合未来实际情况，项目是否能够生产出足够的现金流量，能否支付生产经营费用、偿还债务并为投资者提供理想的收益，以及在项目运营的最后或者最坏的情况下项目本身的价值能否作为投资保障。

能否采用及如何设计项目融资结构的关键点之一就是要求项目融资顾问和项目投资者一起对与项目有关的风险因素进行全面分析和判断，确定项目的债务承受能力和风险，设计出切实可行的融资方案。项目融资结构及相应的资金结构的设计和选择必须全面反映投资者的融资战略要求和考虑。

(四) 融资谈判阶段

在初步确定了项目融资方案以后，融资顾问将会有选择地向商业银行或其他投资机构发出参与项目融资的建议书、组织贷款银团、策划债券发行、着手起草有关文件。与银行的谈判会经过很多次的反复，这些反复可能是对相关法律文件进行修改，也可能是涉及融资结构或资金来源的调整，甚至可能是对项目的投资结构及相关的法律文件作出修改，以满足债权人的要求。在谈判过程中，强有力的顾问可以稳固投资者的谈判地位，保护其利益，并能够及时、灵活地找出解决问题的方法，打破谈判僵局，因此在谈判阶段融资顾问的作用是非常重要的。

(五) 执行阶段

在正式签署项目融资的法律文件后，融资的组织安排工作就结束了，项目融资进入执行阶段。在这期间，贷款人通过融资顾问经常性地对项目的进展情况进行监督，根据融资文件的规定参与部分项目的决策、管理和控制项目的贷款资金投入和部分现金流量。贷款人的参与可以按项目的进展划分为三个阶段：项目建设期、试生产期和正常运行期。

五、项目融资的适用范围

项目融资发展到现在，主要运用于资源开发、基础设施建设、制造业这三类项目。

(一) 资源开发项目

资源开发项目包括石油、天然气、煤炭、铁、铜等开采业。项目融资最早就源于资源开发项目。

(二) 基础设施建设项目

基础设施建设项目一般包括铁路、公路港口、电信和能源等项目的建设。基础设施建设是项目融资应用最多的领域，其原因是：一方面，这类项目投资规模巨大，完全由政府出资有困难；另一方面，这是商业化经营的需要，只有商业化经营才能产生、提高收益。在发达国家，许多基础设施建设项目因采用项目融资而取得成功。发展中国家也已开始逐渐引入这种融资方式。

(三) 制造业项目

虽然项目融资在制造业领域有所应用，但范围比较窄，因为很多制造业中间产品的工序多，操作起来比较困难，另外，其对资金需求也不如前两个领域那么大。在制造业中，项目融资多用于工程上比较单纯或某个工程阶段已使用特定技术的制造业项目。此外，它也适用于委托加工生产的制造业项目。

总之，项目融资一般适用于竞争性不强的行业。具体来说，就是只有那些通过对用户收费来取得收益的设施和服务才适合项目融资方式。这类项目尽管建设周期长、投资量大，但收益稳定，受市场变化影响较小，故其对投资者有一定的吸引力。

第二节 项目投资结构及其设计

一、项目投资结构及产生的原因

(一) 项目投资结构的定义

当项目有两个或两个以上的投资者时,在项目所在国家的法律、法规、会计、税务等外在客观因素制约的条件下,如果项目是可行的,那么就存在项目投资各方的利益如何协调以及风险如何分担的问题。对于这些投资者而言,所谓项目投资结构决策,是指如何寻求一种能够发挥投资者各自优势,同时又能最大限度地实现其投资目标的项目资产所有权结构。

在项目融资中,项目投资结构指项目资产所有权结构,是指项目投资者对项目资产权益的法律拥有形式和项目投资者之间的法律合作关系。项目投资结构对项目融资的组织和运行起着决定性的作用;拥有相对独立的项目投资决策权,直接决定着项目投资的范围、程度和形式。一个在法律上结构严谨的投资结构是项目融资得以成功实施的前提条件。

(二) 项目投资结构产生的主要原因

近年来,在采用项目融资方式的项目投资结构中,越来越表现出项目由具有互利目标与资源互补的多个投资者组成合资集团共同开发、拥有和控制的特点。

1. 共同投资可以共担风险

采用项目融资的项目多为基础设施项目或资源开发性项目,这些项目资金占用量大、投资回收期长,往往超过任何一个投资者的筹资能力;而且,这些项目容易受到政治性因素或国际市场周期性波动的影响,使得任何一个投资者都很难全面承担该项目可能产生的风险。如果由多个投资者共同投资,项目的风险就可以由所有的项目投资者共同承担。

2. 充分利用不同投资者之间具有的互补性优势

参与融资项目投资的各方所追求的目标可能不同,其自身的条件和背景也可能不同,如果参与各方的资源是互补的,就可以充分利用各投资者的优势,提高项目成功的可能性和综合效益。

3. 利用不同投资者的信誉等级吸引优惠的贷款条件

投资者之间不同优势的结合可以为项目争取到较为有利的贷款条件。例如,有的投资者具备较好的生产、管理和财务资信,可以构成对项目有力的信用支持,从而有可能在安排项目融资时获得较为有利的贷款条件,包括贷款利率、贷款期限、贷款限制等方面的优惠。

4. 通过合理的投资结构设计充分利用各合资方国内的有关优惠政策

各国税法规定的内容不尽相同,可以通过在合资项目中作出某种安排,使其中一个或几个投资方充分利用项目可能带来的税收优惠，而后以某种形式将这些优惠和利益与其他投资方分享，提高投资者的实际投资收益。

二、项目投资结构设计

(一) 项目投资结构设计的概念

所谓项目投资结构设计，是指存在两个以及以上的投资者，在项目所在国的法律、法规、会计、税务等外在客观因素制约的条件下，项目发起人设法寻求一种能够最大限度地实现各投资者投资目标的项目所有权安排。

(二) 项目投资结构设计的目标

项目投资结构设计的目标，本质上是平衡投资各方的利益关系，或者说是对投资各方的权益进行协调。项目投资者在投资结构设计中所考虑的投资目标不仅仅是利润目标，很多情况下是一组相对复杂的综合目标，包括投资者对项目资产的拥有形式、对产品分配与投资转让的灵活性、对投资各方的债务责任、对项目现金流量的控制、对税务结构的要求、对投资者本身公司资产负债比例的控制和会计处理方式等与项目融资间接相关的目标要求。

(三) 项目投资结构设计需要考虑的主要因素

在进行项目投资结构设计时，除了满足其设计目标之外，还要考虑投资者对项目风险隔离、现金流量控制等方面的要求，并综合考虑项目本身的特点和各参与方的特点及要求。应该说，这是一个十分复杂的过程。这种复杂性的存在，使得在投资结构设计中要不断地对设计方案进行交流、修正、调整，这无疑增加了项目投资设计的难度。投资结构设计需要考虑的因素主要包括：

1. 项目风险的分担和项目债务隔离程度的要求

实现项目的有限追索是采用项目融资方式的一个基本出发点。在项目投资结构的设计中，必须考虑如何根据各项目参与方的特点和要求，来实现项目风险的合理分配，以及项目的债务追索性质和强度符合项目投资者的要求。

2. 补充资本注入灵活性的要求

项目融资一般数额较大，债务与股本的比例较高，且项目风险一般比普通项目的要大，风险种类也较多，因此，当项目遇到经营困难时，往往难以通过其他方式筹集资金，只能通过补充资本的形式来满足资金需求。融资项目要求注入补充资本的可能性大小和数额往往取决于项目性质、项目的投资等级、经济强度等因素。因此，当可能经常要求注入资本时，一般倾向于选择公司型合资结构；而如果项目出现财务困难的概率较小，则可能会偏向选择契约型投资结构。

3. 对税务优惠利用程度的要求

充分利用合理的项目税务结构来降低项目投资成本和融资成本是国际投资活动的一个重要特点，因此税务筹划问题是在设计项目投资结构和融资结构时需要考虑的一个重要问题。

4. 融资便利要求

融资便利与否，也是设计项目投资结构时应考虑的一个重要问题。项目投资结构不同，项目资产的法律拥有形式就不同，投资者融资时所能提供的抵押担保条件就不同，从而直接影响到项目的融资活动。从融资便利与否来看，选择公司型合资结构比选择契约型投资结构更有优势。当然，如果一些投资者本身资信较高，能够筹集到较优惠的贷款，此时，契约型投资结构会更受青睐。同时，在考虑融资便利与否时，还要顾及各国银行对资产留置权的法律规定。如有些国家法律规定，当银行要对合伙制结构的抵押资产行使留置权时，公司型合资结构相比而言更有优势。

三、项目投资者可供选择的合作形式

(一) 公司型合资结构

公司型合资结构的基础是有限责任公司。在公司型合资结构中，投资者通过持股拥有公司，并通过选举任命董事会成员来对公司的日常运作进行管理。由于公司型合资结构相对简单明了，国际上大多数的制造业、加工业项目采用的都是公司型合资结构。

公司型合资结构具有以下优点：

(1) 投资者承担有限责任。投资者的责任是有限的，其最大责任限制在所投资的股本金之内。

(2) 便于项目融资安排。一方面项目公司可以直接进入资本市场，通过发行股票债券等有价证券募集资金；另一方面项目公司可以方便地对项目资产设置抵押和担保，有利于贷款人全面掌控项目运作情况，从而增加项目贷款人给项目贷款的可能性。

(3) 便于投资者转让投资。公司股票代表着投资者在一个公司中的投资权益，相对项目资产的买卖而言，股票的转让程序比较简单和标准化。另外，通过发行新股，公司型合资结构也可以较容易地引入新的投资者。

(4) 股东之间的关系清楚。《中华人民共和国公司法》(以下简称《公司法》)对股东之间的关系有明确的规定，其中最重要的一点是股东之间不存在任何的信托、担保或连带责任。

公司型合资结构的缺点主要表现在以下两个方面：

(1) 对现金流量缺乏直接的控制。在合资项目公司中，没有任何一个投资者可以对项目的现金流量实行直接的控制，这对希望利用项目的现金流量来自行安排融资的投资者来说是一个很不利的因素。

(2) 税务结构灵活性差。由于项目公司不是任何一个投资者的控股公司或子公司，项目开发前期的税务亏损或优惠无法转移给投资者，而只能保留在项目公司中，并在一定年限内使用，这就造成了如果项目公司在几年内无盈利，税务亏损就有完全损失的可能，也就降低了项目的综合投资收益。另外，投资者还要负担双重税负。

(二) 非公司型合资结构

非公司型合资结构通常是指项目发起人专门为投资这一项目成立的单纯目的的子公

司，各方根据各自在合资企业中的股份，持有项目全部不可分割资产和生产出来的产品中的一部分。每一个项目发起人根据其在合资企业中的比例，负责项目生产出来的产品的销售工作，并将在项目中的投资作为直接投资，无论比例大小全部反映在各自的财务报表上。

非公司型合资结构具有以下优点：

(1) 投资者只承担有限责任。合资协议中明确规定了每个投资者在项目中所承担的责任，并且通常这些责任都被限制在投资者相应的出资比例之内，投资者之间无任何连带或共同责任。

(2) 灵活的税务安排。由于项目投资者获得的是项目的最终产品而非项目利润，因此投资者的财务和经营活动将直接体现在其自身的财务报表中，从而投资者可以完全独立地设计自己的税务结构，这比合伙制投资结构更进了一步。

(3) 灵活的融资安排。项目投资者在非公司型合资结构下直接拥有项目的资产，直接掌握项目的产品，直接控制项目的现金流量，并可以独立设计项目的税务结构，从而为投资者提供了一个相对独立的融资活动空间。

非公司型合资结构的缺点主要有以下几个方面：

(1) 结构设计上存在一定不确定性因素。在结构设计上，要注意防止合资结构被认为是合伙制结构而不是非公司型合资结构，以避免不必要的损失。

(2) 投资转让程序比较复杂。非公司型合资结构下的投资转让是投资者在项目中直接拥有的资产和合约权益，因此转让程序复杂，相关费用较高。

(3) 管理程序比较复杂。由于缺乏现成的法律法规来规范非公司型合资结构的行为，因而必须在合资协议中对所有的决策和管理程序按照问题的重要性加以明确规定。

第三节　项目融资模式设计

一、项目融资模式及其影响因素

(一) 项目融资模式的定义

项目投资结构解决的是项目投资者以一种什么样的股权身份投入到项目中去的问题，但没有解决进入到项目之后如何做的问题，而项目的融资模式解决的则是投资者在确认了自己的身份后以什么样的方式来实现其融资目标，由此看来，选择项目融资方式是项目融资模式设计的核心。而且，在很多情况下，项目投资结构设计与项目融资模式的选择需要同步进行，因为两者之间的关系十分密切，互相影响，互为前提，找到其中的一个，就需要另外一个与之相适应。但是，一般情况下，我们还是习惯在逻辑顺序上说，在确定了项目投资结构的基础上，进一步精心选择项目的融资模式，完善项目融资结构的设计。

我们把项目融资模式定义为是对项目融资各要素综合在一起的一种有效的组织形式。或者说，项目融资模式就是在项目融资过程中可使项目的经济强度达到各方投资者要求的那种融资方式，这就需要对项目融资的各个要素根据各方的资源优势进行具体的组合和构造，以满足各个参与者的目标期望。

(二) 项目融资模式的主要影响因素

1. 实现有限追索

实现融资对项目投资者的有限追索，是选择项目及其融资模式的一个最基本的原则。追索形式和追索的程度，取决于贷款银行对一个项目的风险评价以及项目融资结构的设计，具体来说，取决于项目所处行业的风险系数、投资规模、投资结构、项目开发阶段、项目经济强度、市场安排以及项目投资者的组成、财务状况、生产技术管理、市场销售能力等多方面因素。

2. 实现风险共担

保证投资者不承担项目的全部风险责任是项目融资模式设计的第二条基本原则，其问题的关键是如何在投资者、贷款银行以及其他与项目有关的第三方之间有效地划分项目的风险。例如，项目投资者可能需要承担全部的项目建设期和试生产期风险，但是在项目建成投产以后，投资者所承担的强风险责任将有可能被限制在一个特定的范围内，如投资者有可能只需要以购买项目全部或者绝大部分产品的方式承担项目的市场风险，而贷款银行也可能需要承担项目的一部分经营风险。

3. 最大限度地降低融资成本

一般来说，项目融资所涉及的投资额巨大，资本密度程度高，运作周期长，因此，在项目融资结构的设计与实施中经常需要考虑的一个重要问题是如何有效地降低成本。在选择项目的融资模式时，应尽量从以下几个方面入手：第一，完善项目投资结构，增强项目的经济强度，降低风险以获取较低的债务资金成本；第二，合理选择融资渠道，优化资金结构和融资渠道配置；第三，充分利用各种优惠政策，如加速折旧、税务亏损结转、利息冲抵所得税、减免预提税、费用抵减等。

4. 实现发起人较少的股本资金投入

目前大多数国家都规定各类项目在其投资建设时必须实行资本金制度，也就是要求项目投资者注入一定的股本资金作为项目开发的支持。在项目融资中，贷款银行为了降低贷款资金的风险，约束项目投资者的行为，往往也会要求项目直接投资者注入一定比例的股本资金作为对项目开发的支持。因此。如何使发起人以最少的资金投入获得对项目最大程度的控制和占有，是选择项目融资模式时必须考虑的问题。

5. 实现项目融资对于融资期限的要求

大型工程的项目融资一般都是中长期贷款，最长的甚至可以达到 20 年左右。这其中存在一个投资者对于融资期限结构方面的战略问题。尽管长期融资是必不可少的，但很多情况下也需要短期融资，有的时候甚至需要"重新融资"。如果实现项目融资期限要求的各种条件保持相对稳定，借款人就会长期保持一定的项目融资期限结构，然而，一旦有些因素朝着有利于投资者的方向发生较大变化，借款人就会希望重新安排融资期限结构，放松或取消银行对投资者的种种限制，降低融资成本，这就是在项目融资中经常会遇到的重新融资问题。基于这一原因，借款人就需要在选择项目融资模式时充分考虑到这一点。

6. 争取实现资产负债表外融资

通常来讲，项目是以项目负债的形式来进行融资的。但是，项目融资模式本身具有一种可供投资者选择利用的优势，那就是实现非公司负债型融资。例如，在项目融资中，可以把一项贷款或一项为贷款提供的担保设计成商业交易的形式，按照商业交易来处理，这样，既实现了融资的安排，也达到了不把这种贷款或担保列入投资者的资产负债表的目的，从而可以不影响贷款人或担保人的信用地位。

7. 争取实现融资结构最优化

所谓融资结构是指融通资金的各个组成要素，如投资结构、融资模式、资金来源、融资期限、利率结构、信用担保结构等方面的组合和构成。要做到融资结构的优化，应该把握的要点是：根据具体情况，从借款人的实际资金需求出发，合理安排内部融资与外部融资、直接融资与间接融资，将短期融资与长期融资相结合，以提高融资效率、降低融资成本、减少融资风险为目标，做到融资组成要素的合理化、多元化，尽量使借款人避免依赖单一的融资模式、单一的资金来源、单一币种、单一利率期限结构。

在把握以上项目融资要求的基础上，项目投资者可根据项目的具体情况和要求选择合适的融资模式。

二、项目融资模式的选择

所谓项目融资模式选择，是指存在两个及两个以上的融资模式，从借款人的实际资金需求出发，根据具体情况，选择出一个能够实现项目融资优化目标的融资模式。

(一) 投资者直接安排的融资模式

项目投资者直接安排融资模式是一种比较简单的融资模式，投资者直接承担有关责任和义务。投资者直接安排的融资模式在非公司型合资结构中比较常用，它具体又可以分为以下两种形式。

一种形式是项目投资者根据合资协议组成非公司型合资结构，并按照投资比例合资组建一个项目的管理公司负责项目建设、生产经营及产品销售。项目管理公司同时也作为项目投资者的代理人负责项目的产品销售。项目管理公司的这两部分职能通过项目管理协议和销售代理协议加以规定和实现。

另一种形式是在非公司型合资结构中由项目投资者完全独立地安排融资，在这种模式下，项目投资者组成非公司型合资结构，投资项目的产品由投资者而不是项目管理公司负责销售，债务也由投资者自己来偿还。

投资者直接安排的融资模式有以下几点优势：

第一，投资者可以根据其投资战略的需要较为灵活地安排融资方式：投资者可以根据不同需要在多种融资模式、多种资金来源方案之间进行充分地选择和组合；投资者可以根据项目的经济强度和本身资金状况较为灵活地安排债务比例；同样是有限追索的项目融资，信誉越好的投资者就可以得到越优惠的贷款条件。

第二，融资可以实现有限追索，项目融资追索的程度和范围可以在项目的不同阶段之间发生变化。

这种融资模式的缺点是项目融资的结构比较复杂，在安排债务时需要划清投资者在项目中所承担的融资责任和与投资者其他业务之间的界限，操作起来比较复杂。

(二) 投资者通过项目公司安排的融资模式

项目的投资者可以通过建立一个单一目的的项目公司来安排融资的模式。其主要有以下两种类型：一种形式是投资者建立一个具有特别目的的子公司作为投资载体，并以该项目子公司的名义与其他投资者组成合资结构并安排融资。这种形式可以减少投资者在项目中的直接风险，在非公司型合资结构、合伙制结构甚至公司型合资结构中都有运用。另一种形式是投资者共同组建一个项目公司，再以该公司的名义拥有经营项目并安排融资。这种形式在公司型合资结构中较为常用。

投资者通过项目公司安排融资具有两个优点：第一，项目公司统一负责项目的建设、生产销售，并且可以整体地使用项目资产和现金流作为融资的抵押和信用保证，比较容易被贷款人接受；第二，由于项目投资者不直接安排融资，而是通过间接的信用保证形式来支持项目公司的融资，因此投资者的债务责任较为清楚。

这种模式的缺点是缺乏灵活性，很难满足不同投资者对融资的各种要求。首先，在税务结构安排上缺乏灵活性，项目的税务优惠或亏损只能保留在项目公司中；其次，在债务形式选择上缺乏灵活性，由于投资者缺乏对项目现金流量的直接控制，在资金安排上有特殊要求的投资者就会面临一定的困难。

(三) 以"产品支付"为基础的融资模式

产品支付法是项目融资的早期形式之一，它完全以产品和这部分产品销售收益的所有权作为担保品，而不是采用转让或者抵押进行融资，提供贷款的银行从项目中购买一定份额的产品量，以这部分产品的销售收益作为偿债资金的来源。

这种融资模式具体的操作步骤如下：

(1) 由贷款人或者项目投资者建立一个"融资中介机构"，以从项目公司购买一定比例的项目生产量作为融资的基础。

(2) 贷款银行为专设公司安排用于购买这部分资源的生产量的资金，专设公司再根据产品支付协议将资金注入项目公司，作为项目的建设和资本投资资金；项目公司承诺按一定方式安排产品支付，同时，以项目固定资产抵押和完工担保作为信用保证。

(3) 项目进入生产期后，项目公司作为专设公司的代理，销售其产品，销售收入用来偿还债务。这种融资模式的可靠性取决于矿产资源储藏及对其相关权利的拥有程度，贷款人可以完全或部分拥有项目产品，直到贷款及利息被偿还为止。

以产品支付的方法进行融资，可以较少地受到常规的债务比例或租赁比例的限制，增强了融资的灵活性，其主要限制因素只来源于项目的资源储量和经济生命周期。然而它的适用范围非常有限，仅适用于矿产资源储量已经探明，并且资源储量、产品流量能够比较准确地计算出来的项目。

(四) 以"杠杆租赁"为基础的融资模式

1. 具体实施步骤

以杠杆租赁为基础的融资模式，是指在项目投资者的要求和安排下，由资产出租人融资购买项目的资产，然后租赁给承租人的一种融资方式。它是以资产为基础的租赁，杠杆租赁中的出租人对供货厂商一般只支付购置设备所需款项的 20%～40%，即可在经济上拥有该设备的所有权，其余的款项由银行或保险公司等金融机构以出租人设备作抵押，以租赁合同和收取租金的受让权进行担保，提供不可追索的借款而支付。由于有些国家规定，租赁公司购买新设备时可获得减税优惠，通过杠杆租赁方式，出租方仅用少量现款投资即可享受法定设备成本费减税额的优惠，这样减税所致的利益也使得杠杆租赁的租金远远低于其他租赁方式的租金。

以杠杆租赁为基础的项目融资模式比较复杂，但是一般要经过以下四个阶段：

(1) 合同签订阶段。由项目发起人确定其希望获得的工厂和设备，并成立项目公司，由项目公司或其中一个发起人签订合同，用来购买和建造随后将要被转移给融资租赁公司的资产。

(2) 项目建造和租赁阶段。项目公司将项目资产及投资者在投资结构中的全部权益转让给项目出租人，出租人得到贷款人的贷款之后，按照项目公司的要求，出资进行项目的建造，建造完毕后再将项目资产转租给项目公司。杠杆租赁经理人在与股本参与者达成管理协议后，负责管理融资结构的运作，并收取一定的管理费。

(3) 项目生产运营阶段。在生产经营阶段，项目公司以产品销售产生的现金流向租赁公司交付租金，并支付其他费用。项目投资人通常要提供一个具有"无论提货与否均需付款"性质的产品承购协议，作为项目公司长期的市场销售保证。

(4) 终止阶段。项目投资人的一个相关公司需要以事先商定的价格将项目的资产购买回去。这个相关公司，在一些国家的有关法律中规定不能是投资者本人或项目公司，否则就会被认为属于另一种"租赁购买"融资结构而失去在杠杆租赁结构中的税务好处。

2. 融资模式特点

以"杠杆租赁"为基础的融资模式虽然比较复杂，但是杠杆租赁充分利用了项目的税务好处作为股本参加者的投资收益，降低了投资者的融资成本和投资成本，同时又增加了融资结构中债务偿还的灵活性。

典型案例

PAG 杠杆收购"好孩子"

2006 年 1 月底，总部设在东京的私募股权基金太平洋联合(Pacific Alliance Group，PAG)以 1.225 亿美元购得原来由第一上海等持有的 67.6%的好孩子集团股份。至此，PAG 集团成为好孩子集团的绝对控股股东，而好孩子集团总裁宋郑还等管理层持 32.4%的股份。这是中国第一例外资金融机构借助外资银行贷款完成的杠杆收购案例。

好孩子集团具有良好的成长性，PAG 正是考虑到其成长性前景才决定收购的。好孩子公司创立于 1989 年，是中国最大的童车生产商。在过去 5 年内，好孩子的年增长率达到 20%～30%。2005 年，好孩子集团的销售额达到 25 亿元，纯利润 1 亿多元，净利润率约 5%，位居世界范围内同行业的前几名，其中国际与国内市场的比例为 7∶3。作为国内最知名的童车及儿童用品生产企业，好孩子集团已经成功占领了消费市场。其产品进入全球 4 亿家庭，在中国也占领着童车市场 70%以上的份额。好孩子的销售额有将近 80%来自海外市场，部分产品在海外市场占有率近 50%。正是来自全球各地大量而稳定的现金流，使得该企业不断受到投资者关注。香港大福证券的一位分析师指出，好孩子的良好零售渠道以及强大的市场份额成为私人基金眼中的宠儿。"在占有美国学步车和童车三分之一市场后，好孩子在国内同样占有超过 70% 的市场份额。区别于其他单纯的供应商，好孩子还拥有良好的自建通路。"在该分析师看来，在中国迅速发展的巨大商业市场背景下，拥有 1100 多家销售专柜的好孩子拥有让资本青睐的本钱。

最重要的是，好孩子所在的消费品行业基本不存在产业周期，因此能够创造稳定的现金流。因为只有消费品行业企业才具有持续的业绩增长能力，而持续的业绩增长能力是可以给予市场溢价的，这正是 PAG 投资信心的来源。

（资料来源：https://wenku.baidu.com/view/2258a33d6394dd88d0d233d4b14e852459fb3930.html）

（五）以"设施使用协议"为基础的融资模式

设施使用协议是指某种工业设施或服务型设施的提供者和该设施的使用者之间达成的一种具有"无论提货与否均需付款"性质的协议，这种协议在工业项目中也被称为委托加工协议。

在以"设施使用协议"为基础的融资模式中，项目投资者与项目使用者谈判达成协议，由项目使用者提供一个"无论提货与否均需付款"性质的承诺，并且这一承诺被贷款人所接受。然后，以设施使用协议、承建合同及履约担保作为贷款信用保证，向贷款人贷款。

以"设施使用协议"为基础的项目融资具有以下特点：首先，投资结构的选择比较灵活，既可以采用公司型合资结构，也可以采用非公司型合资结构、合伙制结构或信托基金结构。其次，项目设施的使用者能够提供一个"无论提货与否均需付款"性质的承诺。这种承诺是无条件的，不管项目设施的使用者是否真正地利用了项目设施所提供的服务。最后，项目投资者可以利用项目设施使用者的信用来安排融资，以降低融资成本，分散风险。

以"设施使用协议"为基础的融资模式主要用于资本密集、收益较低但相对稳定的基础设施类型项目和带有服务性质的项目。

（六）BOT 项目融资模式

BOT(Build-Operate-Transfer)即"建造—运营—移交"方式，BOT 融资方式在我国被称为"特许权融资方式"，其含义是指国家或者地方政府部门通过特许权协议，授予签约方的外商投资企业承担公共性基础设施项目的融资、建造、经营和维护；在协议规定的特许期限内，项目公司拥有投资建造设施的经营权，允许向设施使用者收取适当的费用，由此回收项目投资、经营和维护成本，并获得合理的回报；特许期满后，项目公司将设施无偿地移交给签约方的政府部门。

1. BOT 模式的特点

(1) BOT 模式是无追索的或有限追索的，举债不计入国家外债，债务偿还只能靠项目的现金流量。

(2) 承包商拥有项目所有权和经营权，授权期结束后，政府将无偿拥有项目的所有权和经营权。

(3) 名义上承包商承担了项目的全部风险，因此融资成本较高。

(4) 与传统方式相比，BOT 融资项目设计建设和运营效率一般较高，因此用户可以得到较高质量的服务。

2. 各方当事人

(1) 项目发起人。作为项目发起人，首先应作为股东，分担一定的项目开发费用。在 BOT 项目方案确定时，就应明确债务和股本的比例，项目发起人应做出一定的股本承诺。同时，应在特许协议中列出专门的备用资金条款，当建设资金不足时，由股东们自己垫付不足资金，以避免项目建设中途停工或工期延误。项目发起人拥有股东大会的投票权，以及特许协议中列出的资产转让条款所表明的权利，即当政府有意转让资产时，股东拥有除债权人之外的第二优先权，从而保证项目公司不被怀有敌意的人控制，保护项目发起人的利益。

(2) 项目的直接投资者和经营者。这是 BOT 模式的主体。项目的经营者从项目所在国政府获得建设和经营项目的特许权，负责组织项目的建设和生产经营，提供项目开发所需要的股本资金和技术，安排融资，承担项目风险，并从项目投资和经营中获得利润。项目的直接投资者和经营者在项目中注入一定的股本资金，承担直接的经济责任和风险，在 BOT 模式中起到十分重要的作用。

(3) 贷款人。贷款人应提供项目公司所需的所有贷款，并按照协议规定的时间、方式支付。当政府计划转让资产或进行资产抵押时，债权人拥有获取资产和抵押权的第一优先权；项目公司若想举新债必须征得债权人的同意；债权人应获得合理的利息。

3. 实施步骤

(1) 项目发起方成立项目专设公司(项目公司)，专设公司同东道国政府或有关政府部门达成项目特许协议。

(2) 项目公司与建设承包商签署建设合同，并得到建设承包商和设备供应商的保险公司的担保。专设公司与项目运营承包商签署项目经营协议。

(3) 项目公司与商业银行签订贷款协议或与出口信贷银行签订买方信贷协议。

(4) 进入经营阶段后，项目公司把项目收入转移给一个担保信托。担保信托再把这部分收入用于偿还银行贷款。

第四节　项目担保

一、项目担保概述

(一) 项目担保的概念

项目贷款人希望从贷款中获得合理的回报并最终收回贷款本金，然而建设项目本身往往具有诸多不确定性风险，为了防范这些风险，贷款人一般会要求借款人提供相应的担保。担保在民法上指以确保债务或其他经济合同项下义务的履行或清偿为目的的一种保证行为，它是债务人提供履行债务的特殊保证，也是保证债权得到实现的一种法律手段。对于银行和其他债权人而言，来自项目之外的担保是项目融资的重要安全保障之一。项目融资担保是借款方或第三方以自己的信用或资产向贷款或租赁机构做出的偿还保证。如果借款人不能按时还款，贷款人就可以通过对借款人的担保物、抵押物等变现或者由担保人来弥补自己的贷款损失。

(二) 项目担保的形式

项目担保主要有两种形式：物的担保和人的担保。

1. 物的担保

物的担保主要表现在对项目资产的抵押和控制上，包括对项目的不动产(如土地、建筑物等)和有形动产(如机器设备、成品、半成品、原材料等)的抵押，对无形动产(如合约权利、公司银行账户、专利权等)设置担保物权等几个方面，即以项目特定物产的价值或者某种权利的价值作为担保，如果债务人不履行其义务，债权人可以行使其对担保物的权利来满足自己的债权。物的担保比较直接，法律界定相当清楚。

项目融资中经常使用的物的担保有以下两种形式。

(1) 抵押：为提供担保而把资产的所有权转移给债权人，而在债务人履行其义务后再将所有权重新转移给债务人。

(2) 担保：不需要资产和权益转移，它是债权人和债务人之间的一项协议。据此协议，债权人对某项收入有优先的请求权，其地位优先于无担保权益的债权人及具有次级担保权益的债权人。

2. 人的担保

人的担保在项目融资中的表现形式是项目担保。项目担保是一种以法律协议形式做出的承诺，依据这种承诺，担保人向债权人承担一定的义务。项目担保是在贷款人认为项目自身物的担保不够充分而要求借款人(项目投资者)提供的一种人的担保，它为项目的正常运作提供了一种附加保障，降低了贷款人在项目融资中的风险。

一般项目担保人包括：项目投资者、与项目利益有关的第三方参与者、商业担保人等。

1) 项目投资者

项目的直接投资者和主办人作为担保人是项目融资结构中最主要和最常见的形式。在多数情况下，项目投资者通过建立一个专门的项目公司来经营项目和安排融资。但在这种安排下，由于项目公司在资金、经营历史等方面不足以支持融资，很多情况下贷款人会要求借款人提供来自项目公司以外的担保作为附加担保，除非项目投资人能够提供其他能够被贷款银行所接受的其他担保人。

2) 与项目利益有关的第三方参与者

与项目利益有关的第三方参与者，是指在项目的直接投资者之外寻找其他与项目开发有直接或间接利益关系的机构，为项目的建设或生产经营提供担保。由于这些机构的参与在不同程度上分担了项目的部分风险，为项目融资设计一个强有力的信用保证结构创造了有利条件，故其对项目的投资者和贷款人都具有很大的吸引力。

第三方担保的机构大致可以分为以下几种类型：

(1) 政府机构。政府机构作为担保人在项目融资中是极为普遍的，尤其是对发展中国家的大型项目的建设是十分重要的。政府的介入可以减少政治风险和经济政策风险，增强投资者的信心。

(2) 与项目开发有直接利益关系的商业机构。这类机构主要包括项目建设承包商、设备供应商、原材料供应商和产品或服务的用户。

(3) 世界银行、地区开发银行等国际性金融机构。这类机构虽然与项目的开发并没有直接的利益关系，但是为了促进发展中国家的经济建设，对于一些重要的项目，有时也可以寻求这类机构的贷款担保。

3) 商业担保人

商业担保人以提供担保作为营利的手段，承担项目的风险并收取担保服务费用。银行、保险公司和其他一些专营商业担保的金融机构是主要的商业担保人。商业担保人的主要特征包括：商业担保人通过分散化经营降低自己的风险；商业担保人提供的担保服务是担保项目投资者在项目中或者项目融资中所必须承担的义务；这类担保人提供的担保一般为银行信用证或银行担保。

二、项目担保的类型

根据项目担保在项目融资中承担的经济责任形式，项目担保可以划分为四种基本类型：直接担保、间接担保、或有担保、意向性担保。

(一) 直接担保

直接担保指在项目融资中的有限责任担保，担保责任根据担保的金额或者担保的有效时间加以限制。

在金额上设限的直接担保的主要特点是在完成融资结构时已事先规定了最大担保金额，因而在实际经营中，无论项目出现何种意外情况，担保的最大经济责任均被限制在这个金额内。有限金额直接担保的一种重要用途是支付项目成本超支。最为典型的在时间上设限的直接担保是项目在建设期和试生产期的完工担保。根据项目的复杂程度及贷款人介入项目阶段的时间，有时完工担保可以同时安排成为有限金额的担保，但是在多数情况下，项目的完工担保是在有限时间内的无限责任担保。

(二) 间接担保

间接担保是指担保人不以直接的财务担保形式为项目提供的一种财务支持，多以商业合同和政府特许协议形式出现。对于贷款人来讲，这种类型的担保同样构成了一种具有确定性的无条件的财务责任，主要包括以"无论提货与否均需付款"概念为基础的一系列合同形式，这类合同的建立保证了项目的市场和稳定的收入，进而保证了贷款人的基本利益。另外，以政府特许协议作为强有力的间接担保手段则构成了 BOT 融资的基础。

(三) 或有担保

或有担保是针对一些由于项目投资者不可抗拒或不可预测因素而造成项目损失的风险

所提供的担保。或有担保主要针对三种风险：第一种风险是由不可抗力因素造成的风险，如地震、火灾等，其担保人通常是商业保险公司；第二种风险是政治风险，由于政治风险的不可预见性，因而为减少这类风险所安排的担保有时也被划在或有担保的范围；第三种风险是与项目融资结构特性有关的，并且一旦变化将严重改变项目的经济强度的一些项目环境风险，这类风险通常由项目投资者提供有关担保。

(四) 意向性担保

从严格的法律意义上讲，意向性担保不是一种真正的担保，因为这种担保不具有法律上的约束力，仅仅表现出担保人有可能对项目提供一定支持的意愿。意向性担保经常采用的形式是安慰信，它起到的担保作用在本质上是由提供该信的机构向贷款银行做出的一种承诺，保证向其所属机构(项目公司)施加影响以确保后者履行其对贷款银行的债务责任。

三、项目担保的安排

(一) 项目担保的范围

1. 商业风险担保

商业风险是项目融资的主要风险，商业风险担保包括项目完工担保、生产成本控制担保和产品市场担保三个方面。

(1) 项目完工担保。一个项目能否在规定的预算内和规定的时间内建成投产，达到"商业完工标准"，是组织项目融资的基础。近年来的新趋势是需要由贷款银行和投资者共同承担此风险。

(2) 生产成本控制担保。项目进入正常生产阶段后，其经济强度在很大程度上取决于对生产成本的控制。对生产成本的控制，一种有效的方法是通过项目公司与提供项目生产所需要的主要原材料、能源和电力的供应商签订长期供应合同来实现。

(3) 产品市场担保。项目的销售和价格是决定项目成败的另一个重要环节，因而降低市场风险同样也是项目担保所必须面对的一个主要问题。

2. 政治风险担保

政治风险是贷款银行在项目融资中关注的另一类型问题。在政治环境不稳定的国家开展投资活动，具有很高的政治风险。没有政治风险担保，很难组织起有限追索的项目融资结构。一般来说，项目投资者自己很难解决项目的政治风险问题，需要安排第三方参与，为贷款银行提供政治风险担保。这种角色通常由项目所在国政府和中央银行担任。有时还需要世界银行、地区开发银行以及一些工业国家的出口信贷和海外投资机构等提供担保。

3. 不可预见风险担保

不可预见风险也称或有风险，避免这类风险主要也是采用商业保险的方法解决。

(二) 项目担保的条件

为了有效地涵盖项目所面临的风险，基本的项目担保条件至少要包括以下几个方面的内容：担保受益人、项目定义、担保的用途、最大担保金额、担保有效期、启用担保的条件、担保协议以及执行担保的具体步骤。

不管项目担保的形式和性质如何，贷款银行在项目融资中总是坚持作为担保的第一受益人。对于贷款期限较长的项目融资，贷款银行在项目担保基本格式之上还会增加一些特殊的规定，以保护不因外部环境的变化而损害贷款银行的利益，其中很重要的一条是不因贷款协议的修改或其他的变更而使担保人从担保责任中自动解脱出来。

(三) 项目担保的安排步骤

项目担保的安排步骤大致可以划分为以下四个阶段(具体通过项目担保人和贷款银行谈判解决)：

第一，贷款银行向项目投资者或第三方担保人提出项目担保的要求。

第二，项目投资者或第三方担保人可以考虑提供公司担保(对于担保人来讲，公司担保成本最低)。如果公司担保不被接受，则需要考虑提供银行担保。后者将在银行和申请担保人之间构成一种合约关系，银行提供项目担保，而申请担保人则承诺在必要时补偿银行的一切费用。

第三，在银行提供担保的情况下，项目担保成为担保银行与担保受益人之间的一种合约关系，这时真正的担保人(项目投资者或其他第三方担保人)并不是项目担保中的直接一方。

第四，如果项目所在国与提供担保的银行不在同一国家，有时担保受益人会要求担保银行安排一个当地银行作为其代理银行，承担担保义务，而担保银行则承诺偿付其代理银行的全部费用。

第五节　项目可行性分析与风险评价

一、项目的可行性分析

项目可行性分析是项目开发的前期准备工作，也是投资银行在项目融资中一项十分重要的顾问工作，项目可行性研究发展到今天已经形成了一套标准化的程序。在此阶段，投资银行着重从项目的外部环境、项目生产要素、投资收益分析等几个方面来判断项目的可行性。

项目可行性分析包括的主要内容如表 4-2 所示。

表 4-2　项目可行性分析研究内容

项目领域		可行性研究的主要内容
外部环境	政策性环境	相关的国家法律与政策；环境影响与环保立法；生产经营许可证；获得政策性保险的可能等
	金融性环境	通货膨胀与利率；货币、汇率与外汇管制等
	基础性环境	能源、交通、水电、通信等基础设施情况
	项目市场	产品或服务的市场需求、价格、竞争性；国内与国际市场分析等

续表

项目领域		可行性研究的主要内容
项目生产要素	技术要素	工程设计及技术工艺的成熟度；资源储量的可靠性及可开发性等
	原材料	来源、可靠性、关税以及汇兑限制等
	项目管理	生产、技术、设备管理以及人力资源安排、项目进度等
	资金来源	资金筹措方案、结构成本的分析等
投资收益分析	项目投资成本	建设费、征购土地费、购置设备费以及不可预见费用等
	经营收益分析	市场价格分析与预测；生产成本分析与预测；经营性资本支出预测；项目现金流量分析
	资本收益分析	项目资产增值分析与预测

二、项目融资的风险评价

项目融资的风险评价是在可行性研究的基础上，按照项目融资的特点和要求，对项目风险进一步作详细的分类研究，并根据这些分析结果，为在项目融资结构设计中减少或分散这些风险提供依据。

项目融资的风险大体可以分为两类：系统风险和非系统风险。系统风险是指与市场客观环境有关，超出项目自身范围的风险；非系统性风险是指可由项目实体自行控制和管理的风险。但这两种风险的划分并不绝对，有时系统风险也可以通过一定的手段予以消减，而在另外一些时候非系统风险却无法避免。

(一) 系统风险

系统风险主要包括政治风险、许可风险、法律风险、违约风险和经济风险。

(1) 政治风险：由于战争、国际形势变化、政权更迭、政策变化而导致项目资产和利益受到损失的风险。政治风险大致可分为两类，一类涉及政局的稳定性，另一类涉及政策的稳定性。

(2) 许可风险：开发和建设一个项目，必须得到项目东道国政府的授权或许可。取得政府的许可要经过复杂的审批程序，花费相当长的时间，如果不能及时得到政府的批准，就会使整个项目无法按计划进行，造成拖延从而可能带来损失。

(3) 法律风险：东道国法律的变动给项目带来的风险。这主要体现在：当出现纠纷时，是否有完善的法律体系提供依据来解决纠纷；东道国是否有独立的司法制度和严格的法律执行体系执行法院的判决结果；根据东道国的法律规定，项目发起人能否有效地建立起项目融资的组织结构并从事日后的项目经营。由此可见，法律健全与否对约束项目融资各当事人的行为关系很大，因此东道国法律的变动会改变对各当事人的约束，进而改变各当事人的地位，由此带来风险。

(4) 违约风险：项目当事人因故无法履行或拒绝履行合同所规定的责任与义务而给项目带来的风险。违约有多种表现形式，如在规定的日期前承销商无法完成项目的施工建设。

(5) 经济风险：主要包括市场风险、外汇风险和利率风险三大类。市场风险是指由于产品在市场上的销路、原材料供应情况和其他情况的变化而引起的项目收益的变动。市场风险主要有价格风险、竞争风险和需求风险。外汇风险通常包括三个方面：东道国货币的自由兑换、经营收益的自由汇出及汇率波动所造成的货币贬值问题。利率风险是指项目在经营过程中，由于利率变动而直接或间接地造成项目价值降低或收益受到损失。

(二) 非系统风险

非系统风险主要包括完工风险、经营维护风险及环保风险。

(1) 完工风险：无法完工、延期完工或者完工后无法达到预期运行标准的可能性。完工风险对于项目公司而言，意味着增加利息支出、延长贷款偿还期及错过市场机会。完工风险的大小取决于四个因素：项目设计的技术要求、承建商的建设开发能力和资金运筹能力、承建商承诺的法律效力及履行承诺的能力、政府对突发事件的干预。

(2) 经营维护风险：在项目经营和维护过程中由于经营者的问题、生产条件问题或技术方面的问题而发生重大经营问题的可能性。与经营者有关的问题包括：由于经营者的疏忽而使原材料供应中断，设备安装、使用不合理，产品质量低劣，管理混乱等。生产条件问题包括：厂址选择和配套设施是否合适，原材料的供应是否可靠，交通、通信及其他公用设施的条件是否便利等。技术方面的问题是指存在于项目生产技术及生产过程中的有关问题，如技术工艺是否在项目建设期结束后依然能够保持先进，会不会被新技术所替代，工程造价是否合理，技术人员的专业水平与职业道德是否达到要求等。

(3) 环保风险：由于满足环保法规要求而增加的新资产投入或迫使项目停产等风险。近年来，工业对环境的破坏问题已经越来越引起社会公众的关注，许多国家都制定了严格的环境保护法来限制工业污染对环境的破坏。对于项目公司来说，要满足环保法的各项要求，就意味着成本支出的增加，尤其是对那些利用自然资源和生产过程污染较为严重的项目。

典型案例

河北省唐山赛德2×5万千瓦燃煤热电项目

河北省唐山赛德2×5万千瓦燃煤热电项目(简称"唐山赛德项目")是在中国的有限追索权融资项目中第一个没有依靠业主或中国金融机构提供担保，并且没有出口信贷机构或多边融资机构参与的电力项目。唐山赛德项目是一宗极具代表性的项目，主要原因有：第一，它是中国第一个利用国产发电机组，以国际项目融资的方法成功筹集到资金的项目；第二，它是第一次由国际承建商对利用国产机组的项目提供"交钥匙"承保责任；第三，它是第一个以跨省电力集团作为购电商，并利用中国标准的购电合约到境外融资的中国电力项目；第四，它是第一个利用中国保险公司的产品作增强信贷能力的工具的电力项目。唐山赛德项目包括发展一个2×5万千瓦燃煤电厂，为唐山市提供电力及热水。项目利用国产设备，电力出售给中国第二大电力集团——华北电力集团。合资项目公司将负责电厂的运营，并由赛德中国运营公司提供技术协助，项目的燃煤将由地方提供。

电厂在融资到位前，完工部分已达 25%～30%，其中包括工地准备和地基结构工程。美国雷神公司为国产设备提供"交钥匙"承保责任，建筑合同规定了实价及完工日期。在延工及表现不佳时的财务赔偿有：延工赔偿为合约价的 13.5%，表现不佳赔偿为合约价的 12.5%，总赔偿为合约价的 20%。合同包括已承诺的 900 万美元备用融资，按原来债务的股权金比例提供。

运营将由项目公司负责，并与赛德中国运营公司签署监督和技术服务合约。在表现欠佳的情况下，运营公司会做出财务赔偿。唐山赛德项目利用已经证实可靠的技术，并由独立顾问美国 Sargent&Lundy 项目贷款银行作技术审核。

燃煤的供应由唐山政府所管辖的唐山市煤炭公司提供，燃煤合约为期 20 年，并明确规定供应商没有按合约供应燃煤时所必须承担的赔偿责任。燃煤将由唐山的开滦煤矿提供。项目公司与华北电力集团签订了为期 20 年的购电合约，最低购电量约为电厂生产量的 64%。华北电力集团为中国主要 5 个跨省电力集团之一，直接受国家电力部门管辖，装置机组容量为 2600 万千瓦。规定的电价已经包含发电成本和指定的股东回报。

（资料来源：https://max.book118.com/html/2016/1216/73048141.shtm）

 **课程思政**

精益求精，擎起"中国制造"

我国有许多优秀的超级工程项目案例，例如连接云南省曲靖市宣威市普立乡与贵州省六盘水市水城区都格镇的北盘江大桥，刷新世界第一高桥纪录，其令人惊叹的高海拔和精妙的结构使"天堑变通途"成为现实；青藏铁路解决高原地区冻土难题，成为世界上海拔最高、线路最长的高原铁路，其改变了青藏高原贫困落后的面貌，促进了青海与西藏经济社会的发展；港珠澳大桥的建设向世界展示了中国技术，创下多项世界之最，体现了一个国家逢山开路、遇水架桥的奋斗精神，勇创世界一流的民族志气，以及中国综合国力、自主创新能力的提升。这些超级工程的大工程量和复杂技术都体现了我国的实力。

众多超级工程在为国家发展注入动力的背后，是经历了"九九八十一难"的施工过程。千千万万的工程人以"兵来将挡，水来土掩"的创新奋斗精神，一以贯之、不断钻研的工匠精神，将无数的技术难关一一攻克。我们能够深切感受到工程人们坚定的意志和创新的智慧，为祖国奉献青春甚至生命的大爱，当代青年学生也应学习这种爱国之心，并将其转化为刻苦学习的动力，未来积极投身于国家的建设中。

在武汉疫情期间，火神山、雷神山医院采用装配式建设方式实现了工程的投资成本可控，建设者们不眠不休坚守在施工现场，在极为有限的时间和空间里仅用十天便完成了正常情况下需要两年才能完成的项目，被称为"中国第一速度"，展现了我国工程建设领域的魅力和自信。同时项目建设者们不畏艰难、默默奉献，所表现出的专业素养和技能，以及那种至真至善、积极向上的世界观、人生观和价值观值得我们每一个人学习。

本 章 小 结

本章主要介绍了项目融资的相关概念、项目融资的投资结构、融资结构模式以及项目担保的安排，最后介绍风险投资的项目可行性分析。

项目融资是一种为特定项目借取贷款并完全以项目自身现金流作为偿债基础的融资方式。其基本特征是：项目导向型的筹资安排、融资的有限追索权、表外融资方式、风险共担、成本较高。

项目投资结构设计的目标，本质上是要平衡投资各方的利益关系，或者说是对投资各方的权益进行协调。项目投资者在投资结构设计中所考虑的投资目标不仅仅是利润目标，很多情况下是一组相对复杂的综合目标。项目投资者可供选择的合作形式主要有公司型合资结构和非公司型合资结构。

项目融资模式就是在项目融资过程中采取何种形式使得项目的经济强度达到各方投资者要求的那种融资方式，这就需要对项目融资的各个要素根据各方的资源优势进行具体的组合和构造，以满足各个参与者的目标期望。项目融资模式选择，就是指存在两个及两个以上的融资模式，从借款人的实际资金需求出发，根据具体情况，选择出一个能够实现项目融资优化目标的融资模式。

项目担保主要有两种形式：物的担保和人的担保。不同的担保形式有不同的特点。

项目可行性分析是项目开发的前期准备工作。在此阶段，投资银行着重从项目的外部环境、项目生产要素、投资收益分析等几个方面来判断项目的可行性。

项目融资的风险评价是在可行性研究的基础上，按照项目融资的特点和要求，对项目风险进一步作详细的分类研究，并根据这些分析结果，为在项目融资结构设计中减少或分散这些风险提供依据。

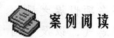 **案例阅读**

港珠澳大桥融资模式的思考

一、港珠澳大桥简介

港珠澳大桥是东亚建设中的跨海大桥，连接香港大屿山、澳门半岛和广东省珠海市，于 2009 年 12 月 15 日正式动工。这座连接香港、澳门和珠海的跨海大桥全长接近 50 公里，主体工程长度约 35 公里，包含离岸人工岛及海底隧道，将会形成"三小时生活圈"，缩减穿越三地时间。大桥的设计寿命为 120 年，于 2016 年完工。大桥落成后，将是世界上最长的六线行车沉管隧道及世界上跨海距离最长的桥隧组合公路。

二、港珠澳大桥融资的意义

港珠澳大桥的合作兴建，是一项世界瞩目的创举，港珠澳大桥的建设将加速粤港澳经济一体化进程，提升大珠江三角洲的综合竞争力。投融资方案及实施建议研究是港珠澳大桥工程可行性研究工作的重要环节之一。港珠澳大桥投融资方案受粤港澳三地经济发展水平、政府财政状况、项目财务效益及相关法律制度的影响和制约，不仅关系着港珠澳大桥的投资效益，也不可避免地影响着港珠澳大桥的建设方案和运营模式，进而对粤港澳三地经济社会发展产生潜移默化的影响。

三、港珠澳大桥融资模式分析

港珠澳大桥投融资模式与建设及运营管理模式有着紧密的关系，融资模式的选择需要综合考虑建设管理及运营管理中的诸多问题。港珠澳大桥投融资存在以下几个方面的特点和问题。

（一）融资额巨大

港珠澳大桥地理位置特殊，工程投资巨大，项目财务状况不理想，仅靠项目车辆通行费收入难以吸引社会资金，给投融资模式的选择带来了很大的实际困难。

（二）法律障碍

"一国两制"的特殊背景，使项目融资牵涉到一系列法律问题，香港和澳门地区实行的经济和法律制度，也是投融资模式选择和决策中综合评价的重要因素。此外，内地现行的法律法规框架难以满足 BOT、PPP(Public-Private-Partnership，公共私营合作制)融资模式涉及的众多当事人权利、义务的法律需要，在投资回报率担保、外汇担保、收费标准等方面凸显出诸多法律障碍。

（三）公共工程融资理念差别化

粤港澳三地政府在经济社会、法律环境和基础设施建设管理模式上存在较大差异，三地政府在大型公共工程投融资理念及模式选择上也存在着不同观点。基于建设管理经验，香港和澳门倾向于采用 BOT 模式，该模式一方面可以弥补港珠澳大桥投资巨大带来的建设资金的短缺，减轻政府财政负担，另一方面也有利于通过利益驱动机制提高港珠澳大桥的建设效率和管理水平。但就广东交通建设管理实践而言，多以政府投资为主导，BOT 建设管理模式还处在初期摸索阶段。

（四）三地政府责任分摊

港珠澳大桥属于三地协作项目，在确定投融资模式的同时，还需要确定粤港澳三地的投资责任分摊的比例，如何进行比例划分对于制定投融资实施方案也是一个十分复杂和敏感的问题。

四、投融资模式选择

（一）放弃 BOT 融资模式原因分析

1. 政府财政充裕

中国推行 BOT 融资模式始于改革开放之初，当时中国正面临着经济发展与基础设施建设滞后和建设资金短缺的双重矛盾。对于政府来说，BOT 项目的无追索投资无须东道国政府担保，可以解决政府资金短缺的问题，减少基础设施建设项目对政府财政预算的影响，并减少政府借债和还本付息的负担。而对于港珠澳大桥项目，三地政府财政充裕，贷款金额也不是很多，所以不需要将大桥交由私人投资者兴建。另一方面，政府出资兴建港珠澳大桥，其融资成本低于 BOT 模式融资。综上所述，在政府财政充裕的情况下，全额出资建设港珠澳大桥项目，其融资成本要低于 BOT 融资成本。

2. 在特许权年限内失去对项目所有权和经营权的控制

由于 BOT 模式是将基础设施项目在一定期限内全权交由承包商建设运营，所以在特许权规定的期限内，政府将失去对项目所有权及经营权的控制。港珠澳大桥若采用 BOT 模式，是以 50 年专营权转移给财团为代价的，这就牵涉到将来财团经营是否规范以及三地政府对财团能否有效监管的问题。私人投资者具有制定收费价格的权力，而政府无法控制收费。由于大桥收费与交通流量相互联系，若收费太贵，交通流量便会减少，这样会大大违背政府鼓励兴建港珠澳大桥的初衷。

(二) 放弃 PPP 融资模式原因分析

一般认为，PPP 通过公开竞标的形式选择私人投资者，打破政府原有的垄断，促进服务主体之间的竞争。私人投资者从自身利益出发，凭借其先进的管理经验和创新技术，改善项目投资超支、工期拖延、质量低下的问题。英国国家审计署分别于 1999 年、2002 年对 PFI 项目进行了统计，PPP 模式比传统模式能够有效减少费用超支和，但是，上述的时间和成本节约是在私人投资者中标以后的设计施工过程中体现出来的，实际项目过程还必须要包含招投标过程。而实际应用中，PPP 项目的招投标与谈判时间旷日持久，大大增加了交易成本。英国 PPP 项目的调查也发现，98% 的 PPP 项目在签订合同前所耗费的时间都超过非 PPP 项目，超出范围在 11%～116% 之间，谈判时间所耗费的成本超过正常咨询和投标所必须的 25%～200%。而中国大型的 PPP 基础设施项目进展顺利的招标与谈判往往都需要一两年的时间。PPP 项目的高度复杂性导致了高昂的参与成本，因此，从招投标到设计施工的全过程来看，PPP 模式未必比政府投资模式更具进度上的优势。此外，尽管国家明令禁止 PPP 项目的固定投资收益率，但是公私双方在具体项目操作时，会有一定的默契，保证相对于项目投资一定比例的收益。因此，在某些情况下，私人投资者未必会积极节约成本，甚至会想方设法扩大建设成本，以期获得更高的利润。模式中，私人投资者的成本节约是符合理论逻辑的，但却不符合中国工程实践的现状。再者，私人投资者对港珠澳大桥的设计建造质量、营运规划都是以特许经营期为目标的，并非项目全寿命期的成本最优化(法定特许经营期最长为 30 年，港珠澳大桥计划特许经营期为 50 年，而大桥设计使用年限可能为 120 年)。尽管政府可以透过合同对工程质量提出规范和要求，但由于信息的不对称、有限理性、监督成本高昂、仲裁与强制机制的不完备，私人投资者很难遵守合同中关于产品规格、服务质量的种种约定，如大桥的安全性、耐久年限、隐蔽工程质量等等。最终，工程的实际状况与政府的要求很难保证一致。

综上所述，如果港珠澳大桥采用 PPP 融资模式，未必会获得此阶段进度、成本和质量方面的高效率。

(三) 最终方案

对于粤港澳三地政府最终达成共识的投融资方案，粤港澳三地政府资本金投资分摊比例、资本金以外部分融资方案及相关政策研究是投融资方案实施建议的主要研究内容。为更好地平衡粤港澳三地政府的责、权、利关系，针对"按三地均摊""按属地分摊""按效益对等原则分摊""按效益费用比相同原则分摊"4 种情况，对粤港澳三地政府资本金投资分摊比例进行测算，最终达成一致意见确定粤港澳三地政府资本金投资，责任分摊比例按照"效益费用比相同原则"确定，即香港、澳门、内地分别为 50.2%、14.7%、35.1%，考虑到港珠澳大桥投资规模较大，中央政府给予了一定的资金支持，最终内地政府、香港特区政府和澳门特区政府分别出资 70 亿元、67.5 亿元和 19.8 亿元，得到项目资本金总额 157.3 亿元，资本金比例约为 42%。项目资本金以外部分，由粤港澳三方共同组建的项目管理机构通过贷款解决。大桥建成后，实行收费还贷，项目性质为政府出资收费还贷性公路。粤港澳三地政府分别负责口岸及连接线的投资。

(资料来源：https://wenku.baidu.com/view/64770d6c69ec0975f46527d3240c844768eaa07e.html)

问题

请结合案例，思考港珠澳大桥投融资方案对于其他建设工程项目有什么具体的指导作用。

复 习 思 考 题

一、名词解释

项目融资 项目融资模式 项目投资 项目投资结构设计 公司型合资结构 非公司型合资结构 项目担保安排 项目担保形式 项目可行性分析

二、单项选择题

1. 项目融资以( )为基础。

A. 投资研究   B. 初步投资决策   C. 融资谈判   D. 认真研究

2. 新设项目法人融资又称为( )。

A. 项目融资   B. 新设法人融资   C. 法人融资   D. 新设融资

3. 在( )中，投资者通过持股拥有公司，并通过选举任命董事会成员，对公司的日常运作进行管理。

A. 公司型合资结构   B. 非公司型合资结构   C. 混合型合资结构   D. 以上都不对

三、判断题(正确的打"√"，错误的打"×")

1. 项目融资中贷款人对项目借款人的追索形式是无限追索权。   ( )

2. 项目融资一般适用于竞争性不强，收益受市场变化影响较小的行业。   ( )

3. 项目担保只有两种形式：物的担保和人的担保。   ( )

4. 间接担保是指在项目融资中有限责任的担保，担保责任根据担保的金额或者担保的有效时间加以限制。   ( )

四、简答题

1. 简述项目融资的含义及主要特点。

2. 项目融资的一般程序是什么？

3. 项目投资者可供选择的合作形式有哪些？

4. 影响项目投资结构的基本因素有哪些？

5. 公司型合资结构具有哪些优点？

6. 简述项目融资模式选择的主要影响因素。

7. 项目担保人的类型有哪些？

8. 项目可行性分析一般程序是什么？

五、论述题

1. 举例说明并分析项目的投资结构类型。

2. 试分析比较公司型合资结构和非公司型合资结构的优缺点。

第五章 股份有限公司与首次公开发行

【学习目标】

了解公司以及作为资本市场融资主体的股份有限公司的概念；掌握公司上市融资的动机，公开上市的好处与弊端；掌握首次公开发行与股票上市的基本制度和程序；了解投资银行的主要准备工作；了解股票发行定价问题以及 IPO 折价问题；掌握借壳上市的基本概念和程序。

案例导入

高盛的管理组织形式转型

20 世纪 80 年代以前，合伙制是美国投资银行的主要组织形式。20 世纪 80 年代以来，投资银行业发展的最大的变化之一就是由合伙制转换为公司制，许多大的投资银行都已经实现了这一转变，并先后上市。除了美林证券上市日期比较早之外，其他投资银行都是在 1981—1999 年上市的。

高盛作为华尔街的一家主要投资银行，曾在 1986 年就提出了公开发行股票的方案，但由于合伙人意见不一致而流产。虽然高盛的主要对手都选择了公开上市，但是，高盛依然在坚守其合伙制的传统，高盛在 130 年以来一直是一家合伙制企业，同时，高盛也担心公开上市会影响其业务的隐秘性。

但 1999 年 3 月，高盛实现了转制并在公开市场上出售了 6000 万股普通股，成为一家公众公司。高盛选择公开上市，背弃其合伙制传统的原因到底是什么呢？

用《最后的合伙人》中的话来概括，高盛最终上市的原因就是："合伙制企业弱点的核心仍然是资本金短缺问题。账面上没有足够的资本，投资银行不能承销足够的交易项目，也不能令华尔街感觉到它们的影响力，它们的声誉和地位将迅速受到质疑。即使在商号拥有盈余资本的情况下，它们的未来仍然是很不稳定的，因为，当它们的合伙人退休时，会抽走自己的资本金，从而缩小商号的财务基础。很少有合伙人会在离开之后还把资本留在商号内部。有的人为了商号将资本留下来，而其他合伙人则不能抗拒完全变现的诱惑。"

(资料来源：盖斯特 C R. 最后的合伙人[M]. 北京：中国财经出版社，2003)

第一节 股份有限公司

一、公司的概念

市场经济的主体在法律上包括公民和法人。公司是企业法人组织的一种重要形式，是市场经济的主体，是依法定条件和程序设立的以盈利为目的的社团法人。因各个国家公司法对设立公司的要求不同，公司的法律概念也不尽相同。从公司的投资者来看，传统的观念认为，公司是由两个以上的投资者设立的法人实体。现今，多数国家的公司法一般规定公司必须有两个以上的投资者，但也有一些国家允许单一投资者的公司存在。

二、公司的类别

依照不同的标准可以对公司加以不同的分类，根据股东责任不同，可将公司分为无限责任公司、有限责任公司(包含股份有限公司)、两合公司。

(一) 无限责任公司

最早产生的公司是无限公司。但是，无限公司与合伙没有本质上的区别，只是取得了法人地位的合伙组织而已。无限责任公司是指由两个以上股东组成，股东对公司的债务承担连带无限清偿责任，即股东必须以出资财产和出资财产以外的其他财产作为清偿公司债务的保证，公司的全部财产不足以清偿公司债务时，债权人有权就其未受偿部分要求公司股东以其个人财产清偿，而且股东间的责任是连带的，偿还公司债务超过自己应承担数额的股东，有权向本公司的其他股东追偿，这样，这部分股东就成为新的债权人。

无限责任公司是建立在成员相互信赖基础上的少数小的共同企业形式，其特点在于：组织手续比较简单，不要求具备最低的资本总额；公司经营好坏，直接关系每个股东的全部财产利益；股东会合力经营，股东关系密切；公司信用较高，竞争力较强。但是，股东投资风险较大，责任较重，资本不易筹集，出资转让有严格限制，不利于保护出资人的利益。

(二) 有限责任公司

有限责任公司是指由两个以上股东(如果允许一人有限责任公司存在，则单一股东也可以)共同出资，每个股东以其认缴的出资额对公司承担有限责任，公司以其全部财产对其债务承担责任的企业法人。有限责任公司实行资本金制度，但公司股份对股东不分成均等股份，股东仅就其出资额为限对公司负责。股东人数既有最低限也有最高限，我国为 1 人以上 50 人以下。股东向股东以外的人转让其出资时，必须经过半数以上股东同意；不同意转让的股东应当购买该转让的出资，如果不购买该转让的出资，视为同意转让。经股东同意转让的出资在同等条件下，其他股东对该出资具有优先购买权。公司财务不必公开但应当按公司章程规定的期限将财务会计报告送交各股东。

有限责任公司也存在一些缺点，如有限责任公司是靠发起设立的，不得向社会公开募集资金，受资金规模的限制，规模一般不是很大；股东对公司债务承担有限责任，如果公司负债过重则会影响债权人的利益。

股份有限公司是指公司资本为股份所组成的公司，股东以其认购的股份为限对公司承担责任的企业法人。股份有限公司采取公开向社会发行股票的方式筹集资本，为筹集资金开辟了广阔的渠道。股东人数不受限制，可以在一定范围内无限大，这样便于更多人向公司投资。我国对股份有限公司的股东人数有最低限制，要求有 2 人以上 200 人以下为发起人。公司股票可以自由转让，此外，转让的价格只要交易双方接受即可成交。这使投资者有可能从股票交易中获利，从而使股份有限公司在投资者心目中具有极大的吸引力。而无限公司和有限责任公司的股东在转让股份时一般都受到限制。由于股份公司是公开向社会发股筹资的，股东人数多，因此，各国法律都要求股份有限公司将其财务公开。

股份有限公司的优点主要表现在：股份有限公司可以向社会公开募集资金，这有利于公司股本的扩大，增强公司的竞争力；股东持有的股份可以自由转让，股东的责任以其持有股份为限，股东的投资风险不会无限扩大；股份有限公司的股东依照所持股份，享有平等的权利，所有股东无论持股多少，都享有表决权、分红权、优先认购本公司新发行股票的权利等；股份有限公司的股东是公司的所有者，公司的经营管理权由股东委托董事会承担。所有权与经营权的分离是现代公司治理结构的一个重要组成部分，股份有限公司为公司的所有者和经营者实现所有权和经营权的分离创造了条件。

(三) 两合公司

两合公司是由无限责任股东和有限责任股东所组成的公司。其中无限责任股东对公司债务负连带无限的清偿责任，而有限责任股东则以其出资额为限对公司债务负有限清偿责任。前者类似于无限公司股东，对公司负有很大责任，因而享有对公司的直接经营管理权，对外可代表公司；后者则无权管理公司业务，对外不能代表公司。两合公司是无限公司的发展，兼有无限公司信用高和有限公司集资快的优点。法、日等国承认它是法人，英美等国则视其为有限合伙。

此外，还有一种特殊的两合公司，即股份两合公司，它是两合公司的一种特殊形式，普通的两合公司兼有无限公司和有限公司的特点，而股份两合公司则兼有无限公司和股份有限公司的特点。股份两合公司与一般两合公司的不同在于，其有限责任股东是以认购股份即购买公司股票的形式进行出资的，从而使得其在对外吸收社会投资上比一般两合公司更容易。

三、股份有限公司的设立

(一) 设立方式

股份有限公司由其性质所决定，在其设立之时或者设立之后都可以向社会公众发行股份募集资金。所以发起人在设立公司时，可以根据发起人及公司的具体情况，决定是否向社会公众发行股份。我国设立股份有限公司可以采取发起设立和募集设立两种方式。

以发起设立的方式设立股份有限公司的，在设立时其股份全部由该公司的发起人认购，而不向发起人之外的任何社会公众发行股份。由于没有向社会公众公开募集股份，所以，以发起设立方式设立的股份有限公司，在其发行新股之前，其全部股份都由发起人持有，公司的全部股东都是设立公司的发起人。

发起设立不向社会公开募集股份，因此，以发起设立的方式设立股份有限公司比较简便，只要发起人认足了股份就可以向公司登记机关申请设立登记，但它要求各个发起人有比较雄厚的资金。仅发起人就能够认购公司应发行的全部股份。

募集设立也叫"渐次设立"，是指由发起人认购公司应发行股份的一部分，其余股份向社会公开募集或者向特定对象募集而设立公司。发起人采取募集设立方式设立公司，目的是通过向社会公众发行股份而募集更多的资金，从而使公司能够达到较高的资本总额。由于向社会公众募集股份，因而以募集设立方式设立的股份有限公司，从其成立时起，公司股东除发起人以外，还有社会公众。这种方式比发起设立方式复杂，要实行公开募股和召开创立大会。

《公司法》规定，股份有限公司的设立可以采取发起设立或者募集设立两种方式，而没有规定一定要采取哪种方式。所以，发起人应该根据其自身的具体情况以及所要成立的公司的具体情况来对设立公司的方式进行选择。

发起设立比较适用于中小型企业，设立程序较为简单，社会影响性小，像无限公司、有限责任公司等都可以选择发起设立。募集设立程序较为复杂，具有较大的社会影响性，稳定性较差，因此往往只适用于股份有限公司。

(二) 设立条件

根据 2019 年新修订的《公司法》的规定，设立股份有限公司，应当具备以下六个条件。

(1) 发起人符合法定人数要求。设立股份有限公司必须要有发起人。发起人既可以是自然人，也可以是法人。发起人应当为 2 人以上、200 人以下，其中须有过半数的发起人在中国境内有住所。国有企业改建为股份有限公司的，应当采取募集设立方式。

(2) 发起人认缴和社会公开募集的资本达到法定资本的最低限额。《公司法》明确规定：股份有限公司的注册资本应为在公司登记机关登记的实收股本。股本总额为公司股票面值与股份总数的乘积。同时还规定，公司注册资本的最低限额为人民币 500 万元。最低限额需要高于人民币 500 万元的，由法律、行政法规另行规定。在发起设立的情况下，发起人应认购公司发行的全部股份；在募集设立的情况下，发起人认购的股份不得少于公司股份数的 35%。

(3) 股份发行、筹办事项符合法律规定。

(4) 发起人制定公司章程，并经创立大会通过。

(5) 有公司名称，建立符合股份有限公司要求的组织机构。股份有限公司的组织机构由股东大会、董事会、经理、监事会组成。股东大会是最高权力机构，股东出席股东大会，所持每一股份有一表决权。董事会是公司股东会的执行机构，由 5 至 19 人组成。经理负责公司的日常经营管理工作。

(6) 有固定的生产经营场所和必要的生产经营条件。

第二节　公开上市的动机

企业在国际资本市场上市，首先要明确上市的目的，只有了解企业在国际资本市场上市的好处和弊端，才能避免盲目性。

一、公开上市的好处

一般来说，一家在国际资本市场上市的公司，能够使股东和公司获得很多优势，其上市的好处如下：

(一) 提高股票的流通性与流通价值

上市的股票一般比不通过交易所直接销售的股票具有更强的流通性，原因如下：

(1) 公众信任交易所上市要求的高标准；

(2) 交易所市场的可见度高；

(3) 交易所的披露使上市公司必须面对市场压力；

(4) 上市股票的买卖情况会即刻报道出来并显示在字幕上。

在任何一种公司合并中，上市公司均占优势，如果市场交易价值超过账面价值，上市公司就可以卖一个高于账面价值的价钱。经验表明，在账面价值接近的情况下，上市公司的卖价常常比非上市公司的卖价高。在一家上市公司收购一家非上市公司的情况下，那家非上市公司的并购价更接近账面价值，因为没有其他确定的尺度可以满意地来衡量非上市公司的价值。

(二) 增加股东数量

增加股东数量能提高股价的稳定性，以推动进一步的融资。调查显示，增加股东数量还有另一个益处：投资者倾向于购买其所持有股票的公司的产品和服务。上市公司可以在短期内通过股票销售筹集大笔投资性的、不可随意撤出的企业发展资金，通常将企业资产的30%上市即可收回相当于原有企业100%～150%的投资，使企业实际增值1倍以上，甚至更高。

(三) 拓宽融资渠道

在一家公司的股票上市前，资产净值指标反映在资产负债表中，即公司的净资产账面价值，而当公司的上市市值超过其净资产的账面价值时，贷方就可能会向这家公司发放更多的信贷。其他情况相同的条件下，贷方趋向于将上市股票看作贷款的抵押价值。如果借方不能履行还贷义务，那么贷方就可卖掉抵押的股票以获得有形价值。上市股票也可以只用部分保证金来购买，国际资本市场大多数参与证券机构都接受保证金制度。另外，一家公司的股票上市也可以使公司为将来发行债券时附加上认股权或其他债转股条款。这样，公司就能降低借贷成本，建立长期在股市上融资的条件，每年都可能融得相当于上市资产的30%的资金。

(四) 增加公司的国际影响力

公司因被批准在交易所上市而赢得声望。当一家公司获得上市地位后，就加入了国内和国际大公司的行列。机构投资者，如保险公司和共同基金，控制着大量的投资基金，倾向于大宗的股票交易。对这些大机构来说，买卖上市股票是必须的，机构投资者的介入增加了这些股票的稳定性及上市公司的声望。同时，上市公司也获得了重要的基金来源。当股票上市后，股票分析家总是密切地关注着上市公司的运作情况，分析公司未来成长的前景。这样，公司就得到了更多的公众曝光率。通过在国际资本市场上市，企业无形之中提高了自己的海外声誉，从而有利于企业开拓国际市场以及在对外贸易中争取得到信贷和服务的优惠，为企业的全面发展创造了有利条件。

二、公开上市的弊端

(一) 公司的透明度需要提高

为了保证全体股东及时、全面了解公司的情况，上市公司必须按照《证券法》、中国证监会的规定披露公司信息，公司及其董事、监事、高级管理人员应当保证信息披露内容的真实、准确、完整、及时、公平，没有虚假记载、误导性陈述或重大遗漏。

(二) 大股东受到的约束力将增加

首先，大股东不能搞"一言堂"，参与公司管理与决策时必须严格遵守企业公司治理准则；其次，大股东必须规范操作，不得侵占上市公司资产，不得损害上市公司权益；再次，公开发行上市后，大股东持股比例会有所降低，其对公司的控制力有可能随之降低。此外，在中小企业板上市的企业，其控股股东和实际控制人须遵守相关上市规则，承诺不得滥用控制权损害上市公司及其他股东的利益。

(三) 资本的国际化与公司治理的"国际化差异"问题

企业在国际资本市场上市后，就是一个国际性的"公众公司"，必须按照国际惯例和上市地的法律要求建立起国际化的、开放的、公开的和透明的公司治理结构，接受监管机构和投资者的监管。因此对公司的治理结构和管理水平提出了国际化的要求。在国际资本市场上市的企业在向公众公司转化过程中，企业经营决策的科学化、规范化常常与家长制的管理方式产生冲突。企业信息的公开化、透明化常常与狭隘的、封闭的团体或实际控制人的利益发生冲突。如果缺乏观念和手段的转变，再加上透明度不够，决策失误带来的不仅是企业自身的损失，还带来了对投资者利益的侵害，最终造成上市公司资源的流失。

(四) 公司价值的波动

公司上市之后，股票在每个交易日都会被投资者进行价值评估，并通过买或者卖的行为来对其投票，使股票价格出现上涨或者下跌。而这种市场供求决定的定价制度往往会受投资者情绪影响而出现大幅度的波动。

当熊市来临时，过低的股价会引起公司市值损失，同时，也使公司更容易被恶意收购。作为应对之策，上市公司往往在股价低估时主动回购公司股票或者通过控股股东增持股票，从而保护公司的价值和市场形象。

综上所述，公开上市是一家公司走向成熟和进一步发展的重要环节，但过程艰难、成本高，需要拟上市公司慎重对待和认真权衡。上市与不上市，很难简单地判断究竟哪种方案更好，只有公司根据自身的需要寻找最合适的道路。

典型案例

华为为何不上市？

在我国通信产品市场中，有华为与中兴两家数一数二的公司，业界称之为"双雄"。但是，这两家公司在资本市场上走了不同的道路，中兴选择了上市，而华为一直没有上市，那么，为什么华为迟迟不愿上市呢？

1997 年，中兴通讯 A 股在深圳证券交易所上市，募集资金 42 835 万元。2004 年 12 月，中兴通讯在香港主板上市，募集资金 3.98 亿美元。截至 2009 年年底，中兴通讯的融资总额为 2404 亿元和 3.98 亿美元。公开上市为中兴通讯的发展筹集到了所需的资金，为中兴通讯完善了公司治理，也为其产品增加了声誉。而华为没有上市，但也没有影响到企业的发展。华为是国内最大的通信设备制造商，中兴通讯屈居第二。华为没有上市，但是依然保持了行业老大的地位。

如果华为上市，其好处大致有：

(1) 公司形象提升。但是，不上市并不影响华为的公司形象，而且华为公司也不面对最终消费品市场。

(2) 融资渠道更宽广。华为对资金方面的迫切性并不大，华为公司的客户主要是电信运营商，回款较好，同时也大量地采用买方信贷方式，减轻资金压力。

(3) 利于股权激励计划的开展和员工股份的兑现。华为公司已经实现了员工持股，上市只是有利于其兑现。

(4) 资本运作更加方便。在并购其他公司时，可以通过换股等更加灵活的支付方式。

综上所述，华为上市的好处并不很多，所以，华为缺少上市的迫切性。但是，如果华为上市，它要面对很多的挑战。

(1) 上市后，可能引起控制权的失控。华为的股权比较分散，而且有大量的员工持股，如果这部分股份进入流通，一方面会引起很多员工暴富，可能影响华为的战斗力；另一方面，在资本市场中，股份分散的企业容易被恶意收购。

(2) 股东的短期盈利压力加大，很多短期注定亏损的战略性业务将很难开展。比如，华为在研发方面投资巨大，每年按销售收入的 10%～15%投入研究开发。上市会使目标短期化，研发资金的投入减少。

(3) 华为经营的隐秘性将受到伤害。上市后，自己的一举一动将暴露在竞争对手眼前，而且上市后，还必须引入外部董事。华为经营的灵活性将受到影响。上市后，大的经营决策都需要经过董事会甚至股东大会的批准，因此决策程序拉长而且带有一定冒险的计划将难以通过。

综合权衡了上市与不上市的利弊后，华为公司迟迟不愿踏入资本市场的大门，尽管这一过程对华为而言是如此简单，尽管投资银行对其上市的邀请是如此殷切。

(资料来源：https://wenku.baidu.com/view/fbae215d5b8102d276a20029bd64783e08127d66.html?fr=income6doc-search)

第三节　首次公开发行与股票上市

一、证券发行制度

首次公开募股是指一家企业或公司(股份有限公司)第一次将它的股份向公众出售。首次公开募股的审核工作流程分为受理、见面会、问核、反馈会、预先披露、初审会、发审会、封卷、核准发行等主要环节,分别由不同处室负责,相互配合、相互制约。

证券发行一般指公司为筹集资金而向投资者出售股票、公司债券以及国务院规定的其他证券的活动,分为公开发行和非公开发行。公开发行主要是指向社会公众发行证券,由于涉及公众利益,《证券法》要对公开发行行为进行规制。非公开发行主要是指向一定数量的特定对象发行证券,比如公司内部股东、员工或有关的专业机构等。

一般而言,证券发行制度分为审批制、核准制和注册制。

实际上,在我国首部《证券法》制定之前,实践中证券公开发行实行的是审批制。审批制是以行政为主导,通过额度管理或指标管理来实现的,即在宏观上制定当年度的证券发行总规模(额度或指标),在确定的规模范围内推选符合条件的公司,进行发行申报审核。我国首部《证券法》重申了证券公开发行的审批制,保留了公司债券发行的审批要求,同时也明确了股票公开发行的核准制,具有向证券发行逐步市场化迈进的趋势。

随着社会经济和资本市场的发展,2005 年修订的《证券法》明确规定,证券公开发行实行核准制度。核准制一般指发行人发行证券要符合证券发行的条件,证券主管机关有权依照法律法规对发行人提出的申请材料进行审核,发行人得到核准以后,才可以发行证券。核准制取消了指标和额度管理,并引入证券中介机构承担相应职责,其制度初衷是为了保证发行上市的证券和上市公司的质量,保护投资者的合法权益,是符合我国当时资本市场发展水平的,相较于"行政强制色彩"浓厚的审批制,已具有相当的进步性。

2013 年 11 月 15 日发布的《中共中央关于全面深化改革若干重大问题的决定》提出,健全多层次资本市场体系,推进股票发行注册制改革,多渠道推动股权融资,发展并规范债券市场,提高直接融资比重。注册制是以信息披露为核心,市场化程度更高的证券发行方式。按照全面推行注册制的基本定位,新《证券法》对证券发行制度作出系统修订,为全面推行注册制打开了制度之门,主要体现在以下几个方面:

其一,全面推行证券发行注册制度。"全面"体现在,无论是首次公开发行新股,还是上市公司发行新股,以及公司债券、存托凭证等证券的公开发行,均实行注册制。同时授权国务院对"证券发行注册制的具体范围、实施步骤"进行规定,为实践中注册制的有序实施提供了依据,预留了空间。

其二,精简优化证券发行条件。新《证券法》将首次公开发行新股应当"具有持续盈利能力"的要求，改为"具有持续经营能力"，同时将"财务会计文件无虚假记载"及"无其他重大违法行为"等内容进行优化及具体化。此外，取消公司公开发行债券的净资产规模要求以及"累计债券余额不超过公司净资产 40%"的要求限制等内容，大幅度简化公司债券的发行条件。

其三，强化注册制下证券发行的信息披露要求。新《证券法》第 19 条规定："发行人报送的证券发行申请文件，应当充分披露投资者作出价值判断和投资决策所必需的信息，内容应当真实、准确、完整。"并要求证券服务机构和人员依法合规、尽职尽责，"保证所出具文件的真实性、准确性和完整性"。同时新《证券法》还在第五章设置专章对信息披露进行系统规定。

此外，新《证券法》简化了证券发行程序，取消发审委制度和承销团强制承销制度，并对证券欺诈发行责令回购制度等内容进行规定。新《证券法》在总结科创板注册制试点经验的基础上，通过顶层设计为全面推行证券发行注册制提供了法律供给，彰显了制度与现实的融合，也标志着我国资本市场进入了全新的时代。图 5-1 所示即为首次股票发行上市注册流程图。表 5-1 为证券不同发行制度的简单比较。

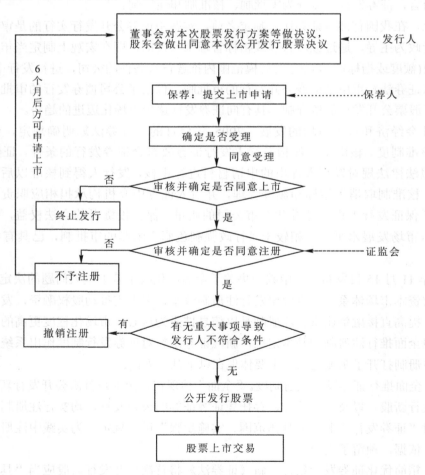

图 5-1　首次股票发行上市(IPO)注册流程图

表 5-1　证券发行制度比较

比较项目	审批制	核准制	注册制
发行指标和额度	有	无	无
发行上市标准	有	有	有
保荐人或推荐人	政府或行业主管部门	中介机构	中介机构
发行监管制度	证监会实质性审核	证监会和中介机构分担实质性审核职责	证监会形式审核，中介机构实质性审核
市场化程度	行政体制	市场化过度	市场化

典型案例

瑞幸财务事件回顾

美国东部时间 2020 年 4 月 2 日上午，瑞幸咖啡向美国证券交易委员会(SEC)提供了一份报告，正式对外承认了财务造假。消息发布后，两个交易日内，瑞幸咖啡的股价暴跌了 80%。瑞幸咖啡可能因此面临投资者的集体诉讼和美国 SEC 的巨额罚单。其实早在 1 月底，浑水公司就发布过沽空报告，指明瑞幸咖啡严重夸大了 2019 年第三季度和第四季度的业绩，瑞幸的股价因此下跌了 10%，同时美国的一些律师事务所向瑞幸提出了集体诉讼。

近年来，随着 A 股市场化、法治化改革不断推进，尤其是设立科创板试行注册制并有意推广，在前端审核逐渐放宽的背景下，如何防治 A 股此前已并非鲜见的上市公司财务造假现象，让投资者能够依法挽回损失，就显得更为迫切。此次瑞幸财务造假事件，包括上市公司、企业高管及相关责任人都将受到严惩，一众保荐人、会计师事务所等中介机构也难辞其咎，投资者的索赔正在路上。这同时也警示 A 股市场：在推进市场化改革的同时，一定要加强法治建设，加大对上市公司及相关责任人违法违规行为的打击力度，同时加强投资者保护，如此才能稳妥地走向成熟的市场。

（资料来源：https://www.zqwdw.com/zhuanyewenxian/2020/0801/397809.html）

二、投资银行的发行准备工作

证券发行与承销是投资银行的传统业务之一，也是投资银行最重要的一项本源业务。投资银行作为从事资本市场业务的专业机构，拥有从事证券发行的丰富经验和专业人才，在证券承销过程中充当发行人与投资人的桥梁和纽带，发挥着重要的作用。

(一) 尽职调查

尽职调查是承销商在股票承销前所做的工作，调查的范围包括发行人的基本情况、一二级市场状况、发行人主营业务、发行人的财务状况等。其中关于发行人的调查是重点，涉及生产经营、财务状况、日常管理、发展前景等众多方面。在我国实行额度控制和行政审批的时期，由国家主管部门确定每年的股票发行额度或上市指标，然后将这一上市指标在各地区、各部门间分解，由各地区和各部门在分配的上市指标范围内选择企业上市的对象。投资银行的工作主要是通过中央有关部委和各省级政府，寻找已经或者有可能取得发行额度的企业以及获得境外上市立项的企业。然而，随着我国证券市场管理体制的改革，废除了原来股票发行的额度控制和行政审批，实行了核准制度。投资银行需要自发寻找潜在的上市客户，对发行人进行调查与选择特别是在承销业务竞争日益激烈的情况下，投资银行一方面需要积极寻找和准确判断潜在客户，提高发行的成功率、提升投资银行在发行市场中的声誉；另一方面，为了争取到更多的承销业务，需要进行自我推荐与公关，提供更有竞争力的发行条件，这样才能最终取得证券主承销权。

(二) 上市辅导

为了保证公开发行股票的公司严格按照《公司法》《证券法》等法律法规建立规范的法人治理结构和完善的运行机制，提高上市公司质量，股份公司在提出首次公开发行股票申请前应聘请辅导机构(主承销商)进行辅导，辅导期至少为一年。

上市辅导的内容主要包括以下几个方面：

(1) 督促股份公司董事、监事、高级管理人员、持有 5%以上(含 5%)股份的股东(或其法定代表人)进行全面的法规知识学习或培训；

(2) 督促股份公司按照有关规定初步建立符合现代企业制度要求的公司治理基础；

(3) 核查股份公司在设立、改制重组、股权设置和转让、增资扩股、资产评估、资本验证等方面是否合法，有效产权关系是否明晰，股权结构是否符合有关规定；

(4) 督促股份公司实现独立运营，做到业务资产人员、财务、机构独立完整，主营业务突出，形成核心竞争力；

(5) 督促股份公司规范与控股股东及其他关联方的关系；

(6) 督促股份公司建立和完善规范的内部决策和控制制度，形成有效的财务、投资以及内部约束和激励制度；

(7) 督促股份公司建立健全公司财务会计管理体系，杜绝会计造假；

(8) 督促股份公司形成明确的业务发展目标和未来发展计划，制定可行的募股资金投向及其他投资项目的规划；

(9) 对股份公司是否达到发行上市条件进行综合评估，协助开展首次公开发行股票的准备工作。

中国证监会的派出机构具体负责对辅导机构的辅导内容、辅导效果进行评估和调查，并向中国证监会出具调查报告，作为发行申请文件的组成部分。

(三) 准备募股文件及报批

股票发行的实质性工作是准备招股说明书以及作为招股说明书编制依据和附件的专业人员的结论性意见，这些文件统称为募股文件。

1. 招股说明书

招股说明书是公司发行股票时就发行中的有关事项向公众做出披露，并向特定或非特定投资人提出购买或销售其股票的要约的法律文件。公司发售新股必须制作招股说明书，编制招股说明书是发行准备阶段的基本任务。招股说明书必须对法律、法规、规章、上市规则要求的各项内容进行披露。招股说明书由发行人在主承销商及其他中介机构的辅助下完成，由公司董事会表决通过。审核通过的招股说明书应当依法向社会公众披露。

在招股说明书的准备过程中，IPO 小组中各成员有较明确的专业分工。一般是发行人的管理层在其律师的协助下负责招股说明书的非财务部分，作为承销商的投资银行负责股票承销合约部分，发行公司内部的会计师准备所有的财务数据，独立的会计师对财务账目的适当性提供咨询和审计。招股说明书各部分完成后，经小组成员一起讨论修改，并请发行人董事会表决通过，最后送交证券监管机构登记备案。

2. 其他文件

(1) 招股说明书摘要：由发行人编制，随招股说明书一起报送批准后，在承销期开始前 2～5 个工作日，在至少一种由中国证监会指定的全国性报刊上及发行人选择的其他报刊上刊登，供公众投资者参考的关于发行事项的信息披露法律文件。

(2) 发行保荐书：保荐机构及保荐代表人为发行人出具的正式法律文书。

(3) 资产评估报告：评估机构完成评估工作后出具的具有公正性的结论报告，经过资产管理部门或上级主管部门确认后生效。

(4) 审计报告：审计人员向发行人及利害关系人报告其审计结论的书面文件，也是审计人员在股票发行准备中禁止调查的结论性文件。

(5) 盈利预测审核报告：发行人对未来会计期间的经营成果的预计和测算报告。盈利预测的数据至少应包括会计年度营业收入、利润总额、净利润、每股盈利。

(6) 法律意见书和律师工作报告：法律意见书是律师对发行人发行准备阶段审核工作依法做出的结论性意见。发行人聘请的律师参与企业的重组工作，并对公司各种法律行为、法律文件的合法性进行判断。在完成发行准备工作后，律师应当就其审核工作做出结论性意见，出具法律意见书。律师工作报告是对公司发行准备阶段律师的工作过程、法律意见书所涉及的事实及其发展过程、每一法律意见所依据的事实和有关法律规定做出详尽、完整的阐述。

(7) 辅导报告：主承销商对发行公司的辅导工作结束以后，就辅导情况、效果及意见向有关主管单位出具的书面报告。

(四) 发行申报的条件

根据《证券法》第十二条规定，公司首次公开发行新股，应当符合下列基本条件：具备健全且运行良好的组织机构；具有持续经营能力；最近 3 年财务会计报告被出具无保留意见审计报告；发行人及其控股股东、实际控制人最近 3 年不存在贪污、贿赂、侵占财产、挪用财产或者破坏社会主义市场经济秩序的刑事犯罪；经国务院批准的国务院证券监督管理机构规定的其他条件。

在满足以上基本条件的基础上，根据 2022 年 4 月 8 日中国证券监督管理委员会《关于修改〈首次公开发行股票并上市管理办法〉的决定》第四次修正案，公司首次公开发行新股，发行人还应当满足下列具体要求：

(1) 最近 3 个会计年度净利润均为正数且累计超过人民币 3000 万元，净利润以扣除非经常性损益前后较低者为计算依据。

(2) 最近 3 个会计年度经营活动产生的现金流量净额累计超过人民币 5000 万元；或者最近 3 个会计年度营业收入累计超过人民币 3 亿元。

(3) 发行前股本总额不少于人民币 3000 万元。

(4) 最近一期的期末无形资产(扣除土地使用权、水面养殖权和采矿权等后)占净资产的比例不高于 20%。

(5) 最近一期的期末不存在未弥补亏损。

中国证监会根据《关于开展创新企业境内发行股票或存托凭证试点的若干意见》等规定认定的试点企业可不适用上述(1)和(5)的规定。

三、股票发行申报与审核

发行准备工作完毕后，即进入正式的发行申请程序，由主承销商向证监会提出发行申请，具体程序包括以下几个环节。

(一) 受理申请文件

受理申请文件是指由主承销商向证监会报送申请材料，申报文件要求齐全和形式合规，审计资料最后审计日应在 3 个月内。

《证券法》规定，公司公开发行新股，应当向国务院证券监督管理机构报送募股申请、公司营业执照、公司章程、股东大会决议、招股说明书、财务会计报告、代收股款银行的名称及地址、承销机构名称及有关的协议，依照本法规定聘请保荐人的，还应当报送保荐人出具的发行保荐书。

(二) 初审

证监会的初审具体包括发行部静默审核申报材料，发行部提出反馈意见，发行人及中介机构落实反馈意见，发行部审核反馈意见落实情况，发行部形成初审报告。在此过程中，证监会还就公司募股投向是否符合国家产业政策征求国家发展和改革委员会以及商务部的意见。

(三) 发行审核委员会审核

证监会初审完毕后，将初审报告和申请文件提交发行审核委员会工作会议(以下简称发审会)审核。发审委委员进行充分讨论后，以记名投票方式对股票发行申请进行表决。每次参加发审会的发审委委员为 7 名，表决投票时同意票数达到 5 票为通过，同意票数未达到 5 票为未通过。

(四) 核准发行

依据发审会的审核意见，证监会对发行人的发行申请作出核准或不予核准的决定。予以核准的，出具核准公开发行的文件；不予核准的，出具书面意见，说明不予核准的理由。证监会应当自受理申请文件之日起 3 个月内做出决定。在审核过程中收到的举报信必须处理完毕，方能提请发审会讨论发行申请；在发审会后收到的举报信，必须处理完毕后，方可核准发行。

四、股票发行的方式

(一) 我国现行的发行方式

目前，我国股票的发行方式为网下配售和网上定价发行相结合的方式。网下配售是指网下向一些机构投资者配售股票。网上定价发行就是面向广大投资者发行股票，也就是平时所说的申购新股。网上定价发行是针对散户投资者的，而网下配售是针对机构投资者的。网上申购新股和平时买卖股票一样，可通过营业部电话委托、营业部终端自助委托或者网上委托进行。

网上定价发行与网下配售相结合的这种方式是网下通过向机构投资者询价确定发行价格并按比例配售，同时网上对公众投资者定价发行。根据《证券发行与承销管理方法》第二十二条的规定，上市公司发行证券，可以通过询价的方式确定发行价格，也可以与主承销商确定发行价格。上市公司发行证券的定价，应当符合中国证监会关于上市公司证券发行的有关规定。采用此种发行方式时，在承销期开始前，发行人和主承销商可以不确定发行价格。发行人在指定报刊刊登招股意向书后，向机构投资者进行推介，根据向机构投资者询价的结果，来确定发行价格及向机构配售的数量，其余部分向公众投资者(包括股权登记日登记在册的流通股股东)网上定价发行。

(二) 回拨机制和超额配售选择权机制

股票发行过程中，往往会采用回拨机制和超额配售选择权机制，下面分别介绍。

1. 回拨机制

回拨机制是指通过向法人投资者询价并确定价格，对一般投资者上网定价发行，然后根据一般投资者的申购情况，最终确定对法人投资者和对一般投资者的股票分配量。

2. 超额配售选择权

超额配售选择权是国际上主承销商应对证券承销风险最常用也是最重要的工具之一。超额配售选择权是指发行人授予主承销商的一项选择权，获此授权的主承销商按同一发行价格超额发售不超过包销数额15%的股份，即主承销商按不超过包销数额115%的股份向投资者发售。

主承销商在获得发行人许可下可以超额配售股票的发行方式，其意图在于防止股票发行上市后股价下跌至发行价或发行价以下，达到支持和稳定二级市场交易的目的。

在本次发行包销部分的股票上市之日起30日内，主承销商有权根据市场情况选择从集中竞价交易市场购买发行人股票，或者要求发行人增发股票，分配给对此超额发售部分提出认购申请的投资者。其中，常规发行部分直接面向投资者发行并实际配售；超额配售的15%部分则是名义配售，该部分的最终配售结果要视市场情况在配售期结束之后加以最终确定。在超额配售选择权行使期内，如果发行人股票的市场交易价格低于发行价格，主承销商用超额发售股票获得的资金，按不高于发行价的价格从集中竞价交易市场购买发行人的股票，分配给提出认购申请的投资者；如果发行人股票的市场交易价格高于发行价格，主承销商可以根据授权要求发行人增发股票，分配给提出认购申请的投资者，发行人获得发行此部分新股所募集的资金。

(三) 其他国家或地区的股票发行方式

1. 美国新股发行方式：累计投标方式

美国 IPO 市场之所以采用累计投标方式作为通行的新股发行方式，这主要是因为市场中机构投资者占有绝对主导地位。通过机构投资者采用累计投标方式竞价，可以形成相对合理的发行价格。同时，机构投资者又是新股的主要买方，实力雄厚、研究能力强且对市场熟悉，而且这些机构投资者一般在购入后很少立即卖出谋取短期利益。所以，累计投标的方式更加有效，它将新股的买卖双方直接连接，提高了定价效率，缩短了发行时间间隔，减少了承销风险。

但是，美国式的累计投标方式屏蔽了一般小户投资者，小户投资者一般不能直接参与新股发行，买不到新股，因而享受不到新股发行的初始价格上涨。20 世纪 90 年代，新股上市后上涨 1 倍以上，但是许多投资者不具备获得原始新股的资格和途径，他们必须等到该股上市后才能买进。因而，在美国出现了一种新型的股票发行方式 DPO，即直接公开发行。最早采用这一发行形式的是 Spring Street Brewery 公司。1996 年，该公司通过网络向投资者公开募股，筹资 160 万美元，成为首家通过网络直接公开募股的企业。Spring Street Brewery 公司的创始人安德烈·克雷恩(Andrew Klein)之后又创立了 Wit Capita 等公司，致力于网络直接融资的投资银行业务。

2004 年，谷歌公司的发行也采用了 DPO 方式，谷歌公司在互联网上设立了专门的网页，同时设定了荷兰式拍卖程序，所有感兴趣的投资者都可以参与竞价、购买谷歌发行的股份。拍卖过程分为资格认定、投标、投标截止、定价、分配股份五个阶段。谷歌公司和承销商摩根士丹利、瑞信第一波士顿从网上收集到有效申购单，最终确定发行价、分配股份。

2. 香港特别行政区新股发行方式：混合招股机制

香港股票市场发展较早，整体市场较为规范，且各项法规、准则与国际标准相符，股票市场化程度较为理想。与内地股票审核机制以及发行信息披露机制有所不同，香港更加注重资本配置的有效性，整体市场运行相对较为自由、科学。而香港结合自身实际情况以及股票市场的特点，采用了固定价格公开认购与累计投标相结合的混合招股发行方式。

其一，由于香港属于国际金融中心，整体证券市场国际化水平相对较高，拥有大量境外机构投资者，整体机构投资者素质水平较高，而其发行股份主要分为香港认购以及国际配售两部分，其中国际配售可以占发行总额的 80%以上。而在进行新股发行价格制定时，会通过对累计投标的运用，结合配售原则，做好定价任务。机构投资者在累计投标开展过程中有着极为重要的作用，承销商则负责对机构投资信息进行收集，并会向机构投资者进行股份销售，所以机构投资者在整体投资者中的占比以及研发能力水平，会对累计投标结果产生直接影响。

其二，在实施股份销售发行时，拟发行公司会通过与投资银行进行合作的方式，展开相应承销发行任务，且会在确定主承销商之后，由主承销商招揽其他投资银行做好发行辅助。而在进行发行之前，股票承销商需要实施投标建档、前期促销以及路演等一系列工作，其中路演以及前期促销，可以通过组织报告会以及电话会议等形式进行沟通，以便机构投资者对公司进行了解，确保承销商可以获得更多市场相关信息，以对目标客户群进行确定。

其三，通常公开认购人员分成两类，一类是投资额没有超过 500 万港币的投资人员，而另一类则是超过 500 万的。此种分组方式，能够对投资额较低的投资者中签率进行保证，能够帮助其获得更多的股票。同时公开认购招股会在路演中后期到定价日期间进行，有关人员要在此过程中对股票发行价格范围进行公开，并要保证股票上限固定，下限属于可调节状态，以便及时按照市场变化做出调整。如果申购者在认购后出现发行价格低于认购价格的情况，会将差价以无息的形式返还给申购者，以对其合法权益进行保证。

其四，为保证认购市场需求与配售市场的平衡状态，香港将回拨机制引入到了混合发行之中，强调在公开认购出现超额认购的情况时，会通过对国际配售股票数额进行调整的方式，对公开认购需要进行满足。而在认购数额没有达到相应比率时，则会将公开认购股票份额调拨到国际配售之中，份额调整较为灵活。

五、股票的上市

(一) 股票上市条件

1. 主板上市的主要条件

主板市场也称为一板市场，指传统意义上的证券市场，是一个国家或地区证券发行、上市及交易的主要场所。主板市场对发行人的营业期限、股本大小、盈利水平、最低市值等方面的要求标准较高，上市企业多为大型成熟企业，具有较大的资本规模以及稳定的盈利能力。我国的主板市场分为上海证券交易所和深圳证券交易所。

主板上市的主要条件如下：

(1) 股票经国务院证券管理部门批准已向社会公开发行。

(2) 发行人最近三个会计年度净利润均为正且累计超过人民币 3000 万元；最近三个会计年度经营活动产生的现金流量净额累计超过人民币 5000 万元，或者最近三个会计年度营业收入累计超过人民币 3 亿元。

(3) 发行前股本总额不少于人民币 3000 万元。

(4) 向社会公开发行的股份不少于公司股份总数的 25%；如果公司股本总额超过人民币 4 亿元，其向社会公开发行股份的比例不少于 10%。

(5) 公开发行人是依法设立且持续经营三年以上的股份有限公司。原国有企业依法改组而设立的或者在《公司法》实施后新组建成立的公司改组设立为股份有限公司的，其主要发起人为国有大中型企业的，成立时间可连续计算。

(6) 公司在最近三年内无重大违法行为，财务会计报告无虚假记载。

(7) 最近一期末无形资产(扣除土地使用权等)占净资产的比例不超过 20%。

(8) 最近三年内公司的主营业务未发生重大变化。

(9) 最近三年内公司的董事、管理层未发生重大变化。

2. 中小板上市的主要条件

我国的 A 股市场中有很多的板块，一些大的国有企业都会选择在主板市场上市，但是对于一些小的企业而言，如果不能满足主板市场的上市要求，只能退而求其次，选择在中小板市场上市，其主要条件有：

(1) 最近三个会计年度净利润均为正数且累计超过人民币 3000 万元。

(2) 最近三个会计年度经营活动产生的现金流量净额累计超过人民币 5000 万元；或者最近三个会计年度营业收入累计超过人民币 3 亿元。

(3) 发行前股本总额不少于人民币 3000 万元。

(4) 最近一期末无形资产(扣除土地使用权、水面养殖权和采矿权等后)占净资产的比例不高于 20%。

(5) 最近一期末不存在未弥补亏损。

(6) 发行人依法纳税，各项税收优惠符合相关法律法规的规定，经营成果对税收优惠不存在严重依赖。

3. 创业板上市的主要条件

在我国，创业板设立于深圳证券交易所内，创业板是主板市场以外的另一个证券市场。设立创业板的主要目的是为新兴公司提供集资途径助其发展和扩展业务。在创业板市场上市的公司大多从事高科技业务，具有较高的成长性，往往成立时间较短、规模较小、业绩较好。

在创业板进行首次公开发行的主要条件如下：

(1) 发行人应当具备一定的盈利能力。为适应不同类型企业的融资需要，创业板对发行人设置了两项定量业绩指标，以便发行申请人选择：第一项指标要求发行人最近两年连续盈利，最近两年净利润累计不少于 1000 万元，且持续增长；第二项指标要求最近一年盈利，且净利润不少于 500 万元，最近一年营业收入不少于 5000 万元，最近两年营业收入增长率均不低于 30%。

(2) 发行人应当具有一定规模和存续时间。根据《证券法》第 50 条关于申请股票上市的公司股本总额应不少于 3000 万元的规定，发行人应具备一定的资产规模，最近一期末净资产不少于 2000 万元，发行后股本不少于 3000 万元。发行人应具备一定的净资产和股本规模，有利于控制市场风险。发行人应具有一定的持续经营记录，发行人应当是依法设立且持续经营三年以上的股份有限公司，有限责任公司按原账面净资产值折股整体变更为股份有限公司的，持续经营时间可以从有限责任公司成立之日起计算。

(3) 发行人应当主营业务突出。创业企业规模小，且处于成长发展阶段，如果业务范围分散，缺乏核心业务，既不利于有效控制风险，也不利于形成核心竞争力。因此，发行人应集中有限的资源主要经营一种业务，并强调符合国家产业政策和环境保护政策。同时，募集资金只能用于发展主营业务。

(4) 最近三年内董事、高级管理人员没有发生重大变化，实际控制人没有发生变更。董监高不存在下列情形：被证监会采取证券市场禁入尚在禁入期；最近 36 个月内受到证监会行政处罚或最近 12 个月内受到证券交易所公开谴责；被司法机关立案侦查或被证监会立案调查。

综合而言，在创业板 IPO 对企业的规模、盈利要求等相对主板较低，但是对企业的成长性与创新能力提出了更高的要求。

4. 北交所上市条件

2021 年 9 月 3 日北交所已完成工商注册，北交所采取公司制，全名是北京证券交易所

有限责任公司,是全国中小企业股份转让系统有限责任公司(简称"股转公司",即新三板)的全资子公司。北交所上市条件主要有:

(1) 最近两年净利润均不低于 1500 万元且加权平均净资产收益率平均不低于 8%,或者最近一年净利润不低于 2500 万元且加权平均净资产收益率不低于 8%。

(2) 最近两年营业收入平均不低于 1 亿元,且最近一年营业收入增长率不低于 30%,最近一年经营活动产生的现金流量净额为正。

(3) 应当为在全国股转系统连续挂牌满十二个月的创新层挂牌公司;最近一年期末净资产不低于 5000 万元。

(4) 公开发行后,公司股东人数不少于 200 人。

(5) 向不特定合格投资者公开发行的股份不少于 100 万股,发行对象不少于 100 人。

北交所的使命是为"专精特新"中小企业服务。"专精特新"中小企业是指具有专业化、精细化、特色化、新颖化等四大特征的中小企业,即专注于产业链上某个环节的中小企业,而专精特新"小巨人"企业则是"专精特新"中小企业中的佼佼者,是专注于细分市场、创新能力强、市场占有率高、掌握关键核心技术、质量效益优的排头兵企业。

(二) 股票上市程序

(1) 拟定股票代码与股票简称。股票发行申请文件通过发审会后,发行人即可提出股票代码与股票简称的申请报证券交易所核定。

(2) 上市申请。发行人股票发行完毕后,应及时向证券交易所上市委员会提出上市申请。

(3) 审查批准。证券交易所上市委员会在收到上市申请文件并审查完毕后,发出上市通知书。

(4) 签订上市协议书。发行人在收到上市通知后,应当与深交所签订上市协议书,以明确相互间的权利和义务。

(5) 披露上市公告书。发行人在股票挂牌前三个工作日内,将上市公告书刊登在中国证监会指定报纸上。

(6) 股票挂牌交易。申请上市的股票将根据深交所安排和上市公告书披露的上市日期挂牌交易。一般要求,股票发行后七个交易日内挂牌上市。

(7) 股票上市后,需要交纳相关的上市费用。

第四节　股票发行定价

一、股票的发行价格

一般而言,股票发行价格有以下几种:面值发行、溢价发行、时价发行和折价发行等。

(一) 面值发行

面值发行,即股票的票面金额为发行价格。采用股东分摊的发行方式时一般按平价发行，不受股票市场行情的左右。由于市价往往高于面额，因此以面额为发行价格能够使认购者得到因价格差异而带来的收益，使股东乐于认购，又保证了股票公司顺利地实现筹措资金的目的。

(二) 溢价发行

溢价发行，即不是以面额，而是以高于票面额的价格确定发行价格。这种价格与票面额的差价称为溢价，溢价带来的收益归该股份公司所有，计入资本公积金账户。新股发行，一般都采用溢价发行的方式，具体的发行价格、溢价程度由多种因素决定。

(三) 时价发行

时价发行，即不是以面额，而是以流通市场上的股票价格(即时价)为基础确定发行价格。时价发行也存在溢价，溢价带来的收益亦归该股份公司所有，计入资本公积金账户。时价发行能使发行者以相对少的股份筹集到相对多的资本，从而减轻负担，同时还可以稳定流通市场的股票时价，促进资金的合理配置。按时价发行，对投资者来说也未必吃亏，因为股票市场上行情变幻莫测，如果该公司将溢价收益用于改善经营，提高了公司和股东的收益，将使股票价格上涨；投资者若能掌握时机，适时按时价卖出股票，收回的现款会远高于购买金额。时价以股票流通市场上当时的价格为基准，但也不必完全一致。在具体决定价格时，还要考虑股票销售难易程度对原有股票价格是否产生冲击、认购期间价格变动的可能性等因素，因此，一般将发行价格定在低于时价约5%~10%的水平上是比较合理的。

(四) 折价发行

折价发行，即发行价格不到票面额，是打了折扣的发行方式。折价发行有两种情况：一种是优惠性的，通过折价使认购者分享权益。例如，公司为了充分体现对现有股东优惠而采取搭配增资方式时，新股票的发行价格就为票面价格的某一折扣，折价不足票面额的部分由公司的公积金抵补。现有股东所享受的优先购买和价格优惠的权利就叫作优先购股权。若股东自己不享用此权，可以将优先购股权转让出售。这种情况有时又称作优惠售价。另一种情况是该股票行情不佳，发行有一定困难，发行者与推销者共同议定一个折扣率，以吸引那些预测行情要上浮的投资者认购。很多国家规定发行价格不得低于票面额，因此，这种折扣发行需经过许可方能实行。

在确定一种新股票的发行价格时，一般要考虑五个方面的数据资料。

(1) 要比较上市公司上市前最近三年来平均每股税后纯利和已上市的近似类的其他股票最近三年来的平均利润率。

(2) 要参考上市公司上市前最近三年来平均每股所获股息和已上市的近似类的其他股票最近三年平均股息率。

(3) 要参考上市公司上市前最近期的每股资产净值。

(4) 要参考比较上市公司当年预计的股利和银行一年期的定期储蓄存款利率。

(5) 要参考当前股票市场的运行状态。

二、我国股票发行的定价

从我国 20 世纪 90 年代初证券市场建立以来的实践历史看，股票公募发行方式主要有网上发行和网下发行两类。网上发行是指投资者通过证券交易所的股票交易网络向主承销投资银行申购新发行的股票；网下发行是指投资者不通过交易所股票交易网络而是通过主承销投资银行设定的销售网点申购新股。

(一) 认购证发行方式

认购证发行方式又称为认购证抽签发行方式，是 1991 年底至 1992 年期间上海、深圳证券市场普遍采用的方法。

(二) 专项存单发行方式

专项存单发行方式是通过发行与储蓄存款挂钩的专项存单来抽签决定认股者的股票发行方式。1993 年后期济南轻骑、青岛海尔两只股票的发行采用了这种方法。

(三) 上网竞价发行方式

上网竞价发行方式是指主承销商利用证券交易所的交易系统，由主承销商作为唯一"卖方"，投资者在指定的时间内，按现行委托买入股票的方式进行股票申购的股票发行方式。

(四) 上网定价发行方式

上网定价发行方式是指主承销商利用证券交易所的交易系统，并作为股票的唯一"卖方"，将核准发行的股票输入其在证券交易所的股票发行专户，投资者在指定的时间内以确定的发行价格通过与证券交易所联网的各证券营业网点进行委托申购的一种发行方式，是一种价定、量定的发行方式。

(五) 全额预缴、比例配售发行方式

全额预缴、比例配售发行方式指投资者在规定申购时间内，将全额申购款存入主承销商在收款银行设立的专户中，申购结束后全部冻结，在对到账资金进行验资和确定有效申购后，根据股票发行量和申购总量计算配售比例，进行股票配售的发行方式。

(六) 向证券投资基金配售发行方式

随着证券投资基金的设立，中国证监会曾采取了向证券投资基金配售新股的有关扶持政策。1998 年 8 月，正式规定可以向证券投资基金配售新股。

(七) 向法人配售发行方式

1999 年 7 月 28 日，中国证监会发布了《关于进一步完善股票发行方式的通知》，该通知把发行股票的公司按规模分为 4 亿元以上和以下两类。股本总额在 4 亿元以下的公司，仍然按 1996 年的规定，采用上网定价、全额预交款或与专项存单挂钩的方式发行股票；公

司股本总额在 4 亿元以上的公司,可采用对一般投资者上网发行和对法人配售相结合的方式发行股票。

(八) 向二级市场投资者配售和上网定价同时发行方式

向二级市场投资者配售发行是指按投资者持有的证券市值向其进行股票配售的一种发行方式。配售的比例为向证券投资基金优先配售后所余发行量的 50%,其余 50% 仍采用网上公开发行的方式。

(九) 上网询价发行方式

上网询价发行方式是一种量定价不定的发行方式,其发行方式类似于股票上网定价发行。区别在于发行当日(申购日),主承销商只给出股票的发行价格区间,而非一固定的发行价格。投资者在申购价格区间进行申购委托(区间之外的申购为无效申购),申购结束后,主承销商根据申购结果按照一定的超额认购倍数(如 5 倍)确定发行价格,高于或等于该发行价格的申购为有效申购,再由证券交易所交易系统主机统计有效申购总量和有效申购户数,并根据发行数量、有效申购总量和有效申购户数确定申购者的认购股数。

(十) 直接定价发行方式

在直接定价法下的价格确定以后,其发行的处理方式就变得比较简单:有效申购总量等于该次股票发行量时,投资者按其有效申购量认购股票;当有效申购总量小于该次股票发行量时,投资者按其有效申购量认购股票后,余额部分按承销协议办理;当有效申购总量大于该次股票发行量时,由证券交易所主机自动按每 1000 股确定一个申报号,连序排号然后通过摇号抽签,每一中签号认购 1000 股。

三、影响发行定价的因素

影响股票发行价格的因素很多,而且不同的条件下,各种因素的影响程度也不尽相同,但总体看来,这些影响因素可归类为两类,即本体因素和环境因素。

(一) 本体因素

本体因素就是发行人内部的经营管理状况。

一般而言,发行价格随发行人的实质经营状况而定。这些因素包括公司现在的盈利水平及未来的盈利前景、财务状况、生产技术水平、成本控制、员工素质、管理水平等,其中最为关键的是盈利水平。在正常状况下,发行价格是盈利水平的线性函数,承销商在确定发行价格时,应以利润为核心,并从主营业务入手对利润进行分析和预测。主营业务的利润及其增长率,是反映企业的实际盈利状况及其对投资者提供报酬水平的基础,盈利水平与投资意愿有着正相关的关系,而发行价格则与投资意愿有着负相关的关系。在其他条件既定时,利润水平越高,发行价格越高,而此时投资者也有较强的投资购买欲望。当然,未来的利润增长预期也具有至关重要的影响,因为买股票就是买未来。因此,为了制定合理的价格,必须对未来的盈利能力做出合理预期。

（二）环境因素

环境因素包括股票流通市场的状况及变化趋势。股票流通市场直接关系到一级市场的发行价格。在结合发行市场来考虑发行价格时，主要应考虑：第一，制定的发行价格要使股票上市后有一定的上升空间。第二，在股市处于通常所说的牛市阶段时，发行价格可以适当高一些，若价格偏低则会降低发行人和承销机构的收益。第三，若股市处于熊市，则发行价格宜低，若此时价格偏高，则会拒投资者于门外，甚至可能导致整个发行人筹资计划的失败。

发行人所处行业状况、经济区位状况也应予以考虑。就行业状况而言，不但应考虑本行业所处的发展阶段，如是成长期还是衰退期等，还应进行行业间的横向比较和考虑不同行业的技术经济特点。就经济区位而言，必须考虑经济区位的成长条件和空间，以及所处经济区位的经济发展水平，考虑是在经济区位内还是受经济区位的辐射等。这些因素和条件，对发行人的未来经营有巨大的影响，因而在确定发行价格时不能不加以考虑。

四、股票发行定价方法

发行人和主承销商事先要协商出一个发行底价或者发行价格区间。这一发行底价或者发行价格区间可以采取以下四种方法来估计。

（一）可比公司定价法

可比公司定价法是指主承销商对历史的、可比较的或者具有代表性的公司进行分析后，根据与发行人有着相似业务的公司的新近发行以及相似规模和质量的其他新近的公司首次公开发行情况，确定发行价格。

可比公司定价法的缺点是，相似的公司是很难找到的，因而在参考系的选择方面具有较大的主观性，可能在选择时受到人为因素的影响，故意选择有利的参照公司。

（二）市盈率定价法

市盈率是衡量股票投资价值的重要指标之一。公司的价值取决于它的盈利能力，而市盈率指标在一定程度上反映了价格和盈利能力的关系。

市盈率定价法是指依据注册会计师审核后的发行人的盈利情况计算发行人的每股收益，然后根据二级市场的平均市盈率、发行人的行业状况、经营状况和未来的成长情况拟定其市盈率，是新股发行定价方式的一种。

采用市盈率定价法确定价格，应参照拟发新股的所在行业平均市盈率，结合拟发新股的收益、净资产、成长性、发行数量、市场状况以及可比上市公司二级市场表现，按照以下公式进行计算：

$$发行价格 = 每股收益 \times 发行市盈率$$

市盈率定价法作为近几年的新股发行主要定价方法，在市场化定价趋势中具有不可替代的作用。这种定价方式由于考虑到发行风险，因此定价时通常会留有一定的空间。

市盈率定价法的好处在于比较直观，投资者可以将发行市盈率进行横向比较而估计新股相对的发行价位是高是低，从而决定是否购买。但是，此方法的不足也是相当明显的，其缺点主要是市盈率定价法的模糊空间较大、透明度不够。发行市盈率的高或者低，在很大程度上取决于公司未来的发展，因此，很多增长较快的公司往往通过强调未来的盈利而以较高的市盈率发行。比如，创业板的公司，发行市盈率往往达到 80～100 倍，而相应的解释是公司未来的高成长，若公司下一年盈利增长一倍，那么发行市盈率则降低为 40～50 倍。但是，公司未来的增长，其实有很大的不确定因素，投资者如果基于这种乐观的估计而接受高市盈率，那么会存在较大的投资风险。另一方面，有些公司未来的业绩可能会下滑，但是发行公司和主承销商依旧会根据过去较高的业绩来指导发行价格，这样也会误导投资者以过高的价格买入新股。因此，市盈率定价法其实是一种静态的定价方法，在公司发展比较稳定时，用这种方法定价的误差会比较小，但是，如果公司业绩变动较大，那么，用动态的市盈率方法定价，或者采用其他方法定价会更加科学一些。

(三) 现金流量贴现法

现金流量贴现法就是把企业未来特定期间内的预期现金流量还原为当前现值。由于企业价值的真髓还是它未来盈利的能力，企业只有具备了这种能力，它的价值才会被市场认同，因此理论界通常把现金流量贴现法作为企业价值评估的首选方法，在评估实践中也得到了大量的应用，并且已经日趋完善和成熟。

现金流量贴现法的基本公式：

$$PV = \sum_{t=1}^{n} \frac{CF_t}{1+r} + \frac{TV}{1+r}$$

式中：PV 代表企业的评估值；n 代表企业的寿命；CF_t 代表各期现金流；r 代表预期现金流的折现率；TV 表示企业的终值。在终值难以确定或者期限很远时，往往可以忽略终值，不过，设定终值可以减少估计误差。

从上述计算公式我们可以看出，该方法有两个基本的输入变量：现金流和折现率。因此在使用该方法前首先要对现金流做出合理的预测。在评估中要全面考虑影响企业未来盈利能力的各种因素，客观、公正地对企业未来现金流做出合理预测。其次是选择合适的折现率。折现率的选择主要是根据评估人员对企业未来风险的判断。由于企业经营的不确定性是客观存在的，因此对企业未来收益风险的判断至关重要，当企业未来收益的风险较高时，折现率也应较高，当未来收益的风险较低时，折现率也应较低。

现金流量贴现法作为评估企业内在价值的科学方法更适合并购评估的特点，很好地体现了企业价值的本质；与其他企业价值评估方法相比，现金流量贴现法最符合价值理论，能通过各种假设，反映企业管理层的管理水平和经验。但尽管如此，现金流量贴现法仍存在一些不足：首先从折现率的角度看，这种方法不能反映企业灵活性所带来的收益，这个缺陷也决定了它不能适用于企业的战略领域；其次这种方法没有考虑企业项目之间的相互依赖性，也没有考虑到企业投资项目之间的时间依赖性；第三，使用这种方法，结果的正确性完全取决于所使用的假设条件的正确性，在应用时切不可脱离实际，而且如果遇到企业未来现金流量很不稳定、亏损企业等情况，现金流量贴现法就无能为力了。

(四) 经济增加值定价法

经济增加值定价法是目标公司的价值等于公司总投入资金加上公司未来经济附加值的

现值之和的方法。经济附加值(EVA)是从税后净营业利润中扣除包括股权和债务的所有资金成本后的真实经济利润。上市公司只有在创造的财富大于资本成本(包括债务资本和权益资本)时，才算是为股东创造了财富，因而 EVA 越大，公司为股东创造的财富就越多。

20 世纪 90 年代，很多国外的大公司相继引入 EVA 指标，一些国际著名的投资银行和大型投资基金也开始将 EVA 指标作为评价上市公司和建立投资组合的工具。

EVA 定价的具体方法为：第一，确定公司具备创造 EVA 能力的年限；第二，测算预测期内各期的 EVA；第三，计算公司总价值。

EVA 的计算方法为

$$EVA = (r - C^*) \times I = r \times I - C^* \times I = 税后净营业利润 - 资本成本$$

式中：r 为投资收益率；C^* 为加权平均资本成本率；I 为资本额。

加权平均资本成本率需要根据行业的风险情况决定，一般以 CAPM 模型中的 BETA 系数衡量。将计算出的各期的 EVA 值折现加总，就可以得到公司的定价。由于 EVA 的技术性比较强，我国的新股发行尚未引入 EVA 定价法。

五、首次公开发行股票的折价现象

一般而言，新股发行上市时，市场价格与发行价格相比，都会有一定的升幅，这种现象被称为 IPO 折价，也就是说，新股发行定价一般会比实际上市时的价格低一些。根据主流的金融理论，IPO 折价主要是由于信息不对称引起的，即 IPO 折价由投资者、发行人和承销商这三者的信息不对称引起。

这种信息不对称表现在两个方面：其一，发行人比外部投资者更了解公司质量和成长潜力等关于公司价值的信息；其二，在市场对新股的兴趣和需求信息上，投资者与发行人存在信息不对称，前者优于后者。因此在追求低估股票的过程中，不知情的投资者处于信息劣势，其必然要求价值补偿。只有当首发新股股价低到足以补偿投资者承担的额外风险时，他们才会考虑购买，IPO 折价由此产生。

(一) 发行人与承销商之间信息不对称引起的 IPO 折价

在 IPO 过程中，发行人与承销商之间虽然是利益共同体，但是他们之间也存在着矛盾的一面，并且彼此信息不对称，因此，IPO 折价体现了承销商的信息优势。该类理论的代表主要包括以下几个。

1. 委托代理理论

委托代理理论认为，承销商与发行人间存在信息不对称。因为承销商有较多的资本市场与客户需求的信息，而发行人需要承销商的服务，所以愿意接受较低的发行价来降低发行成本，以此作为承销商提供信息的代价，所以当 IPO 股票的市场需求不确定性越高时，发行定价过低的程度也会越高，IPO 折价成为消除或降低信息不对称的一种代理成本。

2. 承销商风险规避假说

承销商风险规避假说认为，相对于发行人和投资者而言，担任新股发行的承销商对上市公司有信息优势。但是为了减少新股承销中的风险和成本，承销商会有意识地使新股定价偏低，以保证新股能被投资者充分认购，从而减少承销不成功的可能性以及相应的成本。

(二) 发行人与投资者之间信息不对称引起的 IPO 折价

相对于投资者，发行人对所发股票更加知情，为了吸引更多不知情的投资者参与认购新股，折价就成为必然。该类理论较多，有代表性的包括以下两种。

1. 承销商声誉理论

承销商声誉理论认为，声誉越好的承销商所确定的 IPO 价格越能够准确地反映发行企业的内在价值。承销商的声誉具有正的信号传递功能，即一旦承销商答应承销某个企业的 IPO 业务，就等于向投资者传递一些该企业价值的正面信号。对于投资者而言，通过承销商的声誉可以间接地判断发行企业质量的好坏。所以企业在进行 IPO 时，可以通过选择高声誉的承销商来向投资者传递有关自身价值的信息，以此证明其发行的新股具有投资价值。

2. 信号传递理论

信号传递假说认为，由于在 IPO 时投资者和发行人之间的信息不对称，为了避免出现低质量的企业按平均价格发行，高质量的企业就愿意向投资者发出一些反映自己质量的信号，以使自己与低质量的企业区分开来。为此，在 IPO 时高质量的企业有意识地折价发售自己的证券，当公开上市后，发行企业的类型就会被投资者知晓，这样，再融资时高质量的企业可以根据真实投资价值为自己的证券制定一个较高的发行价格，从而可以收回在 IPO 时低价发行所造成的损失，而低质量的发行企业却不能够像高质量的企业那样在再融资时通过高价发行来弥补因 IPO 折价造成的损失。因此，IPO 折价是高质量发行企业向投资者传递有关自己质量信号的一个手段。

(三) 承销商与投资者之间信息不对称引起的 IPO 折价

投资者歧视理论认为，在累计投标方式发行中，承销商会根据投资者之间的信息不对称来歧视个体投资者，而这种投资者歧视与 IPO 折价存在密切的关系。即当发现折价水平为正时，机构投资者获得新股的比例远远大于个人投资者，而折价水平为负时，两者差距非常小。同时机构投资者从一个 IPO 折价获得的收益也远远大于个人投资者，而且机构投资者在进行 IPO 投资时获得的利润也大于个人投资者。因此，IPO 发行中存在歧视，机构投资者在 IPO 发行中获得的利益大于个人投资者。投资者歧视理论以累计投标制为前提，从承销商角度考察不同折价水平下机构投资者与个人投资者的股权数量和收益，得出承销商歧视个人投资者、偏好机构投资者的结论。

第五节　借壳上市

一、借壳上市概述

(一) 借壳上市的含义

借壳上市是指非上市公司或者个人通过收购或其他合法方式获得上市公司的控制权，

并将其自身拥有的有关资产和业务注入获得控制权的上市公司中从而实现未上市资产间接上市的行为。

借壳上市属于上市公司并购的一种形式，其本质是非上市公司或者个人收购上市公司并注入相关资产的双重组合收购行为，是一种高级形态的上市公司并购重组行为。借壳上市的同时往往还伴随着上市公司原有资产的置出，在法律形式上，不仅有收购人直接收购上市公司老股取得控制权，也有上市公司向收购人发行新股让渡控制权的形式。

借壳上市因其独具的上市进程简短、上市手续简单，以及上市成功后公司价值迅速提升等优点而备受资本市场青睐。借壳上市一般都涉及大宗的关联交易，为了保护中小投资者的利益，这些关联交易的信息皆需要根据有关的监管要求，充分、准确、及时地予以公开披露。

（二）与买壳上市异同

买壳上市和借壳上市都是充分地利用上市资源的两种资产重组形式。借壳上市和买壳上市的共同之处在于，它们都是一种对上市公司壳资源进行重新配置的活动，都是为了实现间接上市，它们的不同点在于，买壳上市的企业首先需要获得对一家上市公司的控制权，而借壳上市的企业已经拥有了对上市公司的控制权。

从具体操作的角度看，当非上市公司准备进行买壳或借壳上市时，首先碰到的问题便是如何挑选理想的壳公司，一般来说，壳公司具有这样一些特征：所处行业大多为夕阳行业，具体主营业务增长缓慢，盈利水平微薄甚至亏损；公司的股权结构较为单一，以利于对其进行收购控股。

在实施手段上，借壳上市的一般做法是：第一步，集团公司先剥离一块优质资产上市；第二步，通过上市公司大比例的配股筹集资金，将集团公司的重点项目注入到上市公司中去；第三步，通过配股将集团公司的非重点项目注入上市公司，实现借壳上市。

与借壳上市略有不同，买壳上市可分为买壳、借壳两步走，即先收购控股一家上市公司，然后利用这家上市公司，将买壳者的其他资产通过配股、收购等机会注入进去。

典型案例

山东三联集团欲借壳上市

2000 年 12 月 1 日，郑州百文股份有限公司（以下简称"郑百文"）宣布山东三联集团将作为战略投资人进入郑百文，使郑百文成为继琼民源、PT 红光之后又一家起死回生的上市公司，这也是我国证券市场上最大的一次借壳上市事件。本次交易的主要内容包括：郑百文将其现有全部资产、债务和业务、人员从上市公司退出，转入母公司进行整顿调整；三联集团以其下属的全资企业三联商社的部分优质资产和主要零售业务注入郑百文，以 3 亿元的价格购买郑百文所欠中国信达公司的部分债务（约 15 亿元）；包括郑州市政府在内的郑百文全体股东将所持股份的约 50%过户给三联集团，三联集团由此实现借壳上市。

（资料来源：https://baijiahao.baidu.com/s?id=1681321907813358725&wfr=spider&for=pc）

二、借壳上市的基本环节

(一) 选壳

壳资源是将上市公司的上市身份看作一种资源。资源具有稀缺性和收益性，所谓稀缺性，是指资源存量与增量相对于市场需求而言显得相对不等，而收益性是指对资源的占有和控制能带来货币或货币化的效用满足并遵循投入产出原则。只有当壳公司满足资源的一般特性时，"壳"公司才成为一种资源。

在我国证券市场存在准入制度的情况下，上市公司的上市资格成为行政权力授予的具有相对稀缺性的资格，拥有这种资格即可获得超额收益。当上市公司由于种种原因没落成为"壳"公司被重新利用后，就能够为利用者带来巨大的收益，这主要表现在以下几个方面：

(1) 继续发挥证券市场强大的筹资优势，这是非上市公司梦寐以求的，作为非上市公司，股权融资相对困难，大部分采用债权融资，增加公司的偿债压力。

(2) 广告效应，公司挂牌上市可大幅提高公司及公司产品的知名度。

(3) 资产变现能力强，上市公司的股票以其标准化、可分性、流动性为股东变现提供了便利的条件，且上市前后股东权益的价值往往有 10 倍以上的增值。

(4) 资本放大效应，上市公司可以用较少的自有资本支配和控制较大的社会资本。

此外，在我国特定的制度背景下，由于股市处于发展期，国家对上市公司采取鼓励政策，各地政府对本地的上市公司无不给予政策扶植，为其提供税收等优惠。上市公司拥有的垄断收益导致只有当企业经营真正步履维艰时或者由于行业特性无法发挥上市公司优势时才会考虑出让其上市资格。

对优质壳的判断标准主要有以下几个方面：

1. 股本结构

协议收购的情况下，实际控制人持股比例较高的上市公司有利于新股东确保拿到控制权，并降低谈判成本。相反，如果股权结构分散或者几个大股东之间存在纠纷，则对借壳方案实施不利。股权分散的公司董事会成员一般也由多方股东委派。而上市公司收购中收购方通常希望能够委派超过二分之一的董事。另外，股权结构分散的上市公司更容易遭遇举牌或者要约收购。

2. 市值大小

从理论上讲，壳公司市值越小，收购成本就越低，借壳上市多数采用发行股份即增量的方式，借壳方在交易完成后的持股比例取决于注入资产的估值与壳公司市值的相对比例，壳公司市值越小，重组后借壳方股东占比就越高。另一方面市值高低具有相对性。对于非净壳，如果其市值被市场认为严重低估，同样可能成为并购目标。比如 2016 年的"宝万之争"，彼时万科市值约 1500 亿元，远高于一般的壳公司。但由于其具有房地产行业的领导地位，并且储备了大量的优质地块，依然成为宝能系举牌的目标。

3. 股本大小

如果一个上市公司股本太大，借壳方入主后会摊薄企业股票的每股盈余。反之，一个股本 1 个亿的壳，注入净利润 2 亿元的优良资产，每股收益提升幅度很大，更加能够获得市场的认可，给未来的增发、送股等操作留下更大的空间。

4. 壳的规范性

壳公司或其控股股东实际控制人最近 3 年内财务报告不存在瑕疵、未被立案调查处罚、未被交易所公开谴责等。

(二) 取得壳公司控制权

取得壳公司的控制权目前最常见的方式主要有股权转让、增发新股 (上市公司发行股份购买资产)和间接收购。

股权转让方式是股权收购方与壳公司原股东协议转让原股东持有的上市公司股份或者在二级市场收购股份取得控制权，此种模式的锁定期较短，通常只有 12 个月，收购过程涉及的审批手续较为简单，可以通过协议收购方式双方协商价格。这种模式需要大量的现金，同时将借壳上市拆分为两个环节，即买壳和资产注入，可能面临收购完成后，资产无法注入的情况。

增发新股方式是指壳公司向借壳方定向增发股票，并达到一定比例，使收购方取得控制权。此种模式在收购过程中对现金的需求较少，控制权转移和资产重组一步完成，直接实现借壳上市，但收购过程涉及的审批手续较为复杂。

间接收购方式是指收购方通过收购壳公司的母公司实现对上市公司的间接控制。此种模式同股权转让方式类似。

(三) 对壳公司进行资产重组

资产重组包括两个部分，分别为售壳企业资产负债的置出与借壳企业资产负债的置入，交易双方通过置出与置入，完成资产的重组。具体来看，壳公司资产负债的置出分为关联与非关联。关联置出是指向壳公司大股东或壳公司实际控制人转让；非关联置出指向不与壳公司存在关系的第三方转让，需要进行偿付。而借壳方的资产置入可以是企业整体资产负债的进入与部分资产负债的进入。

三、借壳上市需要考虑的相关理论

(一) 协同效应理论

协同效应理论可以理解为企业并购行为产生的效应大于各自单独运作产生效应的和。协同效应可以从企业经营、企业管理以及企业财务这三个方面展开协同效应分析。具体来看，经营协同效应表现在企业并购后，在其日常生产经营中的运行效率更好，公司经营能力得到了大幅提升。经营能力的增强自然也就使得企业获得更多的收益，企业的竞争力也随之增加。管理协同效应认为并购活动可以优化企业的管理，减少不必要的管理费用，提高企业管理效率与资源利用率，对企业保持持续竞争力具有重要的作用。财务协同效应认为并购行为能够增强企业财务能力，增强抗风险能力。企业通过并购活动，拓宽了自身的融资渠道，还可以利用被并购方留存的资金来减少自身成本压力。

(二) 信号理论

信号理论可以理解为当企业进行借壳交易时，这一消息会使得市场对企业的价值重新进行定位。作为借壳企业来说，选择某一确定壳公司这一消息在市场上传播时，市场参与者会关注壳公司经营发展情况，认为壳公司的估值是被低估的，大量投资者会争相购买壳公司股票，导致其股价快速上升。对于壳公司来说，在借壳交易过程中需要向社会公众发布相关报告，这些报告会对借壳企业的经营能力、盈利能力、未来发展前景等方面进行评价。市场投资者会根据这些信息对借壳企业进行重新评估，推动上市公司股价上涨。此外，壳公司收到拟借壳企业并购重组的消息后，会努力提高自身管理水平与经营业绩，提高企业价值。最终这些信息在市场传递的结果会直接反映在公司的股票价格上，推动股价的上升。

(三) 市场势力理论

市场势力理论可以理解为企业通过并购行为可以增强企业的市场地位，提高企业市场份额。企业决定是否进行并购活动来提高市场势力主要基于以下几点考虑。首先，企业所属行业的企业之间为了抢占市场份额，彼此之间通过各种措施展开激烈竞争，企业面临巨大压力，为了提高市场地位及份额，寻求长远发展，企业会进行并购。其次，企业如果面对国外企业进入本国市场争夺市场份额，那么企业会选择并购联合，形成实力雄厚的大企业，稳固市场地位。最后，随着我国法律法规的完善，政府对企业的监管也逐渐加强，企业之间的某些联系可能会受到一些法律的限制，如反垄断法。通过并购，这种联系就会成为企业正常的内部交流与联系，更能符合相关法律要求，企业才能积极开展自身经营活动，扩大市场影响力。企业借壳上市后，其市场知名度提升，其经营规模及业务量也会增加，从而其市场地位增强，市场份额增加。如果是同行业的借壳交易，会减少市场竞争压力，提高市场份额。

典型案例

中公教育成功借壳亚夏汽车上市

➤ 借壳交易双方概况

一、中公教育简介

中公教育的前身中公有限成立于 2010 年 2 月，注册资本 50 万元，鲁岩及王振东各出资一半。同年 3 月中公有限增资扩股，注册资金达 1000 万元，其中鲁忠芳持有 60% 股权，杨少锋持有 10% 股权，王振东、郭海芸、郭世泓、刘斌、张涛、张永生各持有 5% 股权。随后，中公有限在 5 年的时间内经历 7 次股权转让及第二次增资扩股，并于 2015 年 11 月成为股份有限公司，公司由中公有限变为中公教育。

作为职业教育企业的中公教育近些年来发展迅猛，公司主要经营业务为线上、线下教育培训，包括公务员、事业单位等录取培训业务。公司通过向学员提供高水平的课程与服务得到了市场的一致好评，其经营规模及绩效不断提升。且随着政府对职业教育行业的重视程度的提高及市场需求的不断扩大，中公教育迎来了发展的黄金期，未来市场发展前景广阔。

二、亚夏汽车简介

亚夏汽车于 1999 年 8 月由宁国亚夏与宁国汽车共同创建，注册资本 580 万元，持股比例分别为 82.76%、17.24%。2006 年 11 月公司整体变更为股份公司，注册资本 6000 万元，公司控股股东为亚夏实业、周夏耘、周晖、周丽及其他股东，持股比例分别为 51.07%、18%、16.5%、11%、3.43%，公司实际控制人为周夏耘。2011 年 8 月亚夏汽车登陆 A 股，上市成功，发行总股本 2200 万股，控股股东为亚夏实业、周夏耘、周晖、世纪方舟投资公司、周丽及其他股东。后经 5 次资本公积金转增股本及 2016 年非公开发行股份，公司股本总数为 8.2 亿股。借壳上市前公司控股股东为亚夏实业，持有比例为 18.61%，实际控制人周夏耘为亚夏实业控股股东，直接及间接持有亚夏汽车股权比例为 28.22%，具体持股比例见表 5-2。

表 5-2　股东持股比例

排序	股　　东	持股数	持股比重
1	亚夏实业	152 696 561	18.61%
2	周夏耘	78 848 640	9.61%
3	周晖	72 277 920	8.81%
4	周丽	48 185 280	5.87%
5	申万菱信基金	27 269 100	3.32%
6	共青城新汇投资	16 405 292	2.00%
7	任智彪	9 078 575	1.11%
8	北信瑞丰基金	6 560 370	0.80%
9	第一期员工持股计划	6 554 790	0.80%
10	乔喜云	2 816 300	0.34%
	合计	420 692 828	51.27%

(数据来源：根据亚夏汽车 2018 年审计报告整理而来)

亚夏汽车主要为客户提供汽车销售、维修等业务。公司主要业务受国家政策影响大，且随着经济增速回落以及居民拥有的汽车逐渐增多，市场较为饱和。此外亚夏汽车总体竞争力弱，发展波动性及不确定性大，未来前景有限。亚夏汽车 2015 年、2016 年、2017 年净利润分别为 1509.68 万元、6587.41 万元、7345.35 万元。2016 及 2017 年受国家购置税政策优惠的作用，净利润有很大的增幅，而随着政策优惠的减少，盈利能力将会下降。通过查阅亚夏汽车公司年报，得到关于其盈利能力的相关数据，见表 5-3。

表 5-3　盈利能力对比

盈利能力指标	2015 年	2016 年	2017 年
毛利率/%	5.83	5.39	6.37
净利率/%	0.27	0.98	1.06
加权平均资产收益率/%	1.85	4.38	3.53

(数据来源：亚夏汽车 2015—2017 年财务报告)

由表 5-3 可知，亚夏汽车近几年销售毛利率在 5.39%～6.37% 之间，销售净利率在 0.27%～1.06% 之间，加权平均净资产收益率在 1.85%～4.38% 之间。总体来看，亚夏汽车产品销售毛利率、净利率、净资产收益率等处于相对较低的水平。企业竞争力有限，未来盈利成长性较为有限，需要引入新的盈利增长点，维护公司股东利益与"壳资源"。

➤ 交易双方动因

一、从借壳公司角度分析

（一）应对激烈的行业竞争，提高市场知名度

目前，我国职业教育培训行业企业众多，有华图教育、精锐教育、昂立教育等，为了抢占市场份额，这些企业通过加大市场宣传、加速企业融资等手段展开激烈的市场竞争。近年来，随着我国居民教育类支出的不断增加、高校毕业生数量的上升以及就业竞争的加剧，我国职业教育市场快速发展，市场需求庞大，发展前景广阔。根据统计数据显示，2019年我国职业教育市场规模接近 6000 亿元，未来几年将保持 12%的复合年均增长率，预计2023 年将超过 9000 亿元。在此背景下，职业教育企业为了抓住发展机遇，采取各种措施抢占市场，提高品牌影响力与知名度。为了增强自身竞争优势，职业教育企业寄希望于资本市场，希望通过上市提升融资能力，实现企业扩张与发展。

（二）满足融资需求

企业的发展及经营战略的实施都离不开资金的支持，然而我国企业特别是中小企业一直以来面临着内源融资有限，外源融资受限的窘境，融资难、融资贵问题一直存在。中公教育作为国内职业教育培训特别是非学历职业教育培训的龙头企业，借壳之前拥有 500 多家分校，员工数近两万人，公司业务规模只占国内职业教育市场规模很小的一部分，未来市场发展前景广阔。因此，中公教育需要资金增加机构数量、人员数量等，抢占市场规模。上市之前，中公教育作为民营中小企业，其内部融资金额有限，远远满足不了企业的发展需求，通过向银行等金融机构融入资金，其融资的数额也满足不了企业需求，且借款成本较高、贷款条件较严，制约了中公教育发展战略的实施。为此，只有登陆资本市场，利用资本市场的融资便利，才能满足企业大额资本需求。中公教育借壳上市后，于 2019 年 1 月29 日增发股票 53.47 亿股，募集资金 174.8 亿元，大大满足了企业的融资需求。

（三）国家政策支持

近年来，我国职业教育培训企业快速增长，市场规模不断扩大，这都离不开国家产业政策的大力支持。十九大报告也明确了要继续完善职业教育培训体系，深化产教融合、校企合作。在国家政策利好的背景下，中公教育积极抓住机遇，放弃漫长的创业板上市辅导，选择了借壳上市这种曲线上市的方式登陆 A 股市场，实现了中公教育的上市梦。

（四）IPO 上市难度大、时间长

中公教育之所以选择借壳这种方式实现上市其主要原因之一就是 IPO 上市难度大、等待时间长。我国企业 IPO 上市实行的是核准制，这与美国的注册制是不同的，核准制下，企业必须满足证监会的种种要求与限制，很多企业由于无法满足严格的要求不得不放弃上市。此外，还要经过漫长的排队期，如果一切顺利，最快也是两年后才能上市，如果排队期间遭遇 IPO 暂停等不确定性事件的话，将会导致 IPO 上市时间延长，企业将面临上市失败的风险，很多企业不得不放弃 IPO 上市，转而选择借壳上市这种曲线上市方式。中公教育为了实现快速上市的目的，选择借壳上市这种方式便成了其登陆 A 股市场的不二选择。

二、从卖壳公司角度分析

亚夏汽车公司在借壳交易前的盈利能力不强，需要进行业务转型，寻找新的盈利增长点。近年来受我国经济增速放缓、汽车保有量增加的影响，汽车销售行业的发展速度整体放缓，作为以汽车销售、维修、租赁等为主要业务的亚夏汽车，整体业绩也不如以前，并且汽车销售行业的发展受汽车购置税优惠政策的影响较大，随着优惠政策的推出及到期，企业的经营业绩存在很大的波动性，这影响了企业的稳定发展。

而中公教育作为国内职业教育培训行业知名的企业，其本身在业务规模、盈利能力等方面取得了很大的成果，并且近年来随着国家产业政策的支持与重视以及市场需求的不断增加，未来中公教育的盈利能力将会进一步提高，发展前景将会更加广阔。基于这些原因，亚夏汽车为了摆脱发展困境，寻找新的盈利增长点，实现公司股东利益最大化，于 2018 年 5 月通过重大资产重组方案的实施将"壳资源"出售给中公教育，实现了由汽车销售、维修企业向职业教育培训企业的转型，为企业注入了优质资产，提高了公司的持续盈利能力。

➤ 借壳过程及结果

一、中公教育借壳上市交易流程

2018 年 1 月 4 日，亚夏汽车发布《关于筹划重大事项停牌的公告》，拟筹划资产收购重大事项，标的资产属于教育行业。几个月后，亚夏汽车于 2018 年 5 月 4 日发布拟收购中公教育 100% 股权项目报告，并签订了《股份转让协议》，同意将亚夏实业持有的 80 000 000 股和 72 696 561 股亚夏汽车股票分别转让给中公教育和李永新。期间经过一系列筹划工作，亚夏汽车在 2018 年 9 月 20 日发布本次重大资产重组交易书草案，11 月 2 日获证监会通过，计划于 11 月 4 日复牌交易，中公教育成功借壳上市。李永新及鲁忠芳成为上市公司实际控制人，亚夏汽车将除保留资产以外的全部资产与负债置出由亚夏实业承接，公司主营业务由品牌汽车经销、维修、美容等转变为非学历职业就业培训服务，证券名称于 2019 年 2 月 20 日由亚夏汽车变更为中公教育。

二、中公教育借壳上市的具体交易方案

中公教育借壳亚夏汽车的方案包括重大资产置换、发行股份购买资产、股份转让，三者互为条件，缺一不可，共同生效。

（一）重大资产置换

根据交易双方签订的协议可知，亚夏汽车将除了保留资产之外的全部资产与负债在扣除企业分红后与中公教育 100% 股权置换。两者均采用收益法进行资产评估，以 2017 年 12 月 31 日作为资产评估日期，最终亚夏汽车置出资产价值为 10.151 026 亿元，中公教育置入资产为 185 亿元，两者存在 174.848 974 亿元的差距。其中中公教育按照评估机构实际评估值为 185.35 亿元，后经双方友好谈判，最终作价 185 亿元。

（二）发行股份购买资产

根据双方交易协定，置出资产与置入资产的 174.848 974 亿元差额由亚夏汽车通过定向增发股票的方式向中公教育全体股东购买。股票定价基准日为 2018 年 5 月 5 日，经过专业机构评估并进行除权除息调整后的发行价格为每股 3.27 元，股份数量为 5 347 063 429 股，由中公教育全体股东按持股比例获得相应份额。

（三）股份转让

亚夏实业将其持有的 80 000 000 股股票数量与中公教育在资产置换时获得的亚夏汽车的置出资产进行交换，股票份额由中公教育承接。此外，亚夏实业剩下的 72 696 561 股股票数量将由李永新以 10 亿现金支付的方式获得。本次交易完成后，上市公司将持有中公教育 100%股权，实际控制人由周夏耘变为李永新和鲁忠芳。

三、公司股权结构及主营业务变化

本次借壳交易前，公司股份总数 820 335 960 股，实际控制人周夏耘及其子女等直接与间接实际持有公司股份 358 563 191 股，在公司股份比重中为 43.71%。交易完成后，上市公司股份总数为 5 510 217 488 股，李永新及其母亲鲁忠芳持有 3 609 267 820 股，持股比例为 65.50%，为上市公司实际控制人。此次交易的成功完成，实现了亚夏汽车公司的业务转型，公司主营业务将由汽车销售、维修等全面转变为非学历职业教育培训，上市公司引入新的盈利增长点，企业焕发新的活力。对于中公教育来说，成功借壳上市意味着企业未来发展战略的实施有了资金的支持，并且企业的行业地位及品牌知名度得到了提升，中公教育将会抓住职业教育发展的机遇期，扩大经营规模，抢占市场份额，为上市股东及投资者带来持续的利润。

(资料来源：徐永辉. 中公教育借壳上市案例研究[D]. 蚌埠：安徽财经大学，2020)

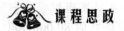 **课程思政**

兼收并蓄，筑牢资本市场基石

中国文化历来具有兼收并蓄、博采众长、海纳百川的优点。20 世纪 80 年代，我国实行改革开放，学习西方的先进经验与科学技术，进行市场经济体制改革，并取得了举世瞩目的成就，这体现了中华文化海纳百川的优秀品质。20 世纪 90 年代，资本运营在我国出现，随着改革开放的不断深入，我国市场经济不断完善，越来越多的企业家深刻认识到了资本运营的重要性。早在洋务运动时期就借鉴学习西方的公司制，试行股份制和发行股票，产生了招商局、江南机器制造总局、汉阳铁厂等一大批民族工业。

资本市场中的股权融资和债权融资是最重要的两种主要形式。随着我国多层次资本市场的不断完善，我国企业不断参与国际资本市场的实践，通过股票的发行上市，融资已成为现代企业资本运营的主要方式之一，股票的上市揭示企业家精神，股票的退市揭示市场风险和企业的社会责任。债券是一种古老的筹资和投资工具，起源于资本主义国家。短短的四十年，我国证券市场取得了长足发展，成绩斐然，形成了银行间的国债交易系统、上海证券交易所、深圳证券交易所以及北京证券交易所的交易系统。公司债券成为公司融资的重要渠道，可转换债券成为常见的上市公司融资形式。同时，资产债券化也得到有效地发展，这些成就是在充分借鉴西方经验的基础上结合中国实际发展而来的，体现了"洋为中用"的中国特色。

中国经济的高速增长及民众生活水平的大幅度提升，是党领导全国人民艰苦奋斗的结果。作为新时代社会主义事业的接班人，要有学好本领、服务社会的意识，要"撸起袖子加油干"；也要坚信，在中国共产党的正确指引下，中华民族一定会实现伟大的民族复兴，我们大家的生活也会越来越好。

本 章 小 结

本章主要介绍了股份有限公司的概念、设立，公司公开上市的动机，首次公开发行上市的相关理论，最后介绍了借壳上市的相关理论知识。

股份有限公司是现代资本市场的核心，它有利于向社会公开募集资金，股东持有的股份可以自由转让，股东承担有限责任。股份有限公司有利于实现公司的所有权和经营权分离。

股份有限公司可以采取发起设立和募集设立两种方式。

一家公司如果公开上市融资，其主要的好处为提高股票的流通性与流通价值、增加股东数量、拓宽融资渠道、增加公司的国际影响力等，但同时上市之后也会有一些弊端。

证券发行制度分为审批制、核准制和注册制三种。在股票发行过程中，我国投资银行的主要工作是完成尽职调查、上市辅导、准备募股文件及报批、发行申报与审核。

我国目前股票发行方式是网下配售和上网定价发行相结合的发行方式。在股票发行的过程中一般会采用一些机制来保障顺利发行，包括回拨机制和超额配售选择权。

股票上市是由交易所安排的，需要满足一些基本的条件。股票发行的定价制度有很多种，影响股票发行价格的因素很多，这些影响因素可以分为本体因素和环境因素。

IPO 折价现象是指新股发行上市时，市场价格与发行价格相比都会有一定的升幅，这种现象被称为 IPO 折价。根据主流的金融理论，IPO 折价主要是由于信息不对称引起的。

借壳上市属于上市公司并购的一种形式，其本质是非上市公司或者个人收购上市公司并注入相关资产的双重组合收购行为，是一种高级形态的上市公司并购重组行为。

 **案例阅读**

中国农业银行 IPO 案例分析

一、公司简介

中国农业银行是我国四大国有商业银行之一，在国民经济和社会发展中扮演着十分重要的角色。虽然在 1951 年，中国农业银行已经成立，当时叫作农业合作银行，但是由于中国农业银行长期担负着中国"三农"发展问题，各种政策性业务制约着其发展。因而，农业银行真正的商业化道路起步很晚。2010 年，农业银行在完成政策性业务及不良资产的剥离以及股份制改造后，同时在 A 股和 H 股成功上市。

二、农业银行上市原因分析

农业银行之所以上市，其主要原因就是为了筹集企业发展所需要的资金。20 世纪末和 21 世纪初，我国国有银行在完成股改和资本化后纷纷上市，其中有很大的原因是缺钱。银行为什么会缺钱呢？其实，银行有很大一部分钱被炒房的人掏空了。从近年来的新闻和国家政策上可以看出，国家逐步加强对房地产行业的监控，其中有很大一部分的原因就是为了限制炒房人不择手段地利用银行的钱去炒房，当然也有其他的一些因素。

另外，从中国人民银行 2010 年 4 月 20 日发布的统计报告中也可以看出房地产行业对银行业的影响。2010 年一季度，房地产开发贷款新增 3207 亿元，季末余额同比增长 31.1%，其中个人购房贷款新增 5227 亿元，季末余额同比增长 53.4%。数据充分说明，房贷资金对银行业的影响是比较大的。

三、农业银行 IPO 前的准备

农业银行上市前的准备可以分为几个过程，包括商业化改革过程，对不良资产的剥离过程，补充资本金的过程和公司治理改革过程。

(一) 商业化改革过程

从 1980 年开始，农业银行已经开始进行商业化改革，主要就是把政策性业务从农业银行中剥离出去。在 1994 年，中国农业发展银行成立，同时，农业银行按农业发展银行的会计科目和应划转业务范围，对农业政策性贷款和负债余额向农业发展银行进行划转，农业银行向商业银行转变迈出了实质性的一步。到了 1997 年，农业银行确立以利润为核心的经营目的，从此，农业银行正式步入现代商业银行的行列。

(二) 对不良资产的剥离过程

由于农业银行一直以来主要依靠政策性业务与其他商业银行竞争，1997 年后，政策性业务额完全剥离，导致农业银行的经营状况出现很多问题，包括存款结构不合理，经营规模萎缩，贷款质量下降等。因此，农业银行上市前要对这些问题进行整治，其中最主要的就是对不良贷款进行剥离。

从 1998 年开始，农业银行在政府的指导下，逐渐剥离其不良资产给四大资产管理公司。除此之外，农业银行还通过对外打包出售、资产证券化、提取呆账准备金等方式，对其不良资产进行处置。2005 年底，农业银行的不良资产率为 26.17%，而到上市前的 2009 年底，其不良贷款率已经降低到 2.91%，低于国有银行上市要求的 10%。

(三) 补充资本金的过程

除了获得政府注资，农业银行还通过其他途径来补充资本金。2008 年，中央汇金投资公司向农业银行注资 1300 亿元人民币等值美元，同时，这也标志着农业银行从国有独资银行转变为股权多元化的股份公司。2009 年，农业银行发行了 500 亿元次级债，以此来提高资本充足率，增强营运能力，提高抗风险能力。

(四) 公司治理改革过程

2009 年 1 月 15 日，中国农业银行整体改制为中国农业银行股份有限公司，注册资本为 2600 亿元人民币，此时中央汇金投资有限责任公司和财政部各持有农行 50%股权。另外，中国农业银行股份有限公司按照国家有关法律法规，制定了新的公司章程，以"三会分设、三权分开、有效制衡"为原则，形成"三会一层"(股东大会、董事会、监事会和高级管理层)的现代公司法人治理架构。董事会下设战略规划委员会、三农金融发展委员会、提名与薪酬委员会、审计委员会、风险管理委员会。

2009 年 11 月，中国农业银行股份有限公司成立农银国际控股，成为其全资附属机构，注册资本近 30 亿港元。农银国际控股及旗下各子公司作为农行开展投行业务的专业平台，主要从事直接投资、企业融资、证券经纪、资产管理等全方位的投资银行服务。

四、农行上市情况

农行上市可分为上市策划、承销商选择、股票定价和最终上市四个过程。

（一）上市策划

在考虑选择在何地上市的问题上，农行借鉴了之前股改上市的几家国有银行。显然对于农行而言，境外上市是不太现实的，美国市场要求相当高。但是股改后财务指标明显变好的农行，不少境外投资者对投资农行 IPO 表现出了浓厚兴趣，加之在国际化方面，周边地区如东南亚等将是农行走向国际的重点区域。因此，在联交所上市将是必然选择。之前上市的国有银行积累的 A+H 上市的经验使得农行在克服上市过程中可能出现的在不同市场要同股同权同价等技术问题有了一定的应对准备。在充分考虑了这些因素之后，农行选择了同时在 A 股和 H 股 IPO 上市融资的上市策划方案。

（二）承销商选择

在农行 IPO 开始遴选承销商的时候，预计超过 200 亿美元募资额将使得农行 IPO 成为世界上最大桩的 IPO 案例之一，若按 2.5% 的费率计算，参与的投资银行将可分享约 5 亿美元的佣金，因此，争夺农行 IPO 承销商的大战在农行上市之前便显得异常激烈。

最后，世界顶级的承销商们名列农行 IPO 承销商：高盛、中金公司、摩根士丹利、摩根大通、德意志银行、麦格理和农银证券等机构将承销农行 H 股，中金公司、中信证券、国泰君安以及银河证券入选为农行 A 股承销商。

（三）股票定价

由于农行上市时机并不是很好，2010 年，中国市场不景气，相应地各大银行的市盈率都不是很高，因此在定价时，农行的股票价格比当年中行、建设银行以及交通银行都要低，但是，由于农行有其自身的优势，在路演推介阶段，农行以"中国网点最多的商业银行""盈利增长最快的商业银行"为卖点，最终，在市场和承销商的博弈之下，A 股首次公开募股价定在每股人民币 2.68 元，同时 H 股首次公开募股价定在每股 3.2 元港元。

（四）最终上市

2010 年 7 月 15 日，中国农业银行 A 股在证券交易所挂牌上市，同时于 7 月 16 日 H 股在证券交易所上市。另外，由于农行首次公开发行股票数量远远超过 4 亿股，因而农行及其主承销商可以在发行方案中采用"超额配售选择权"，即"绿鞋机制"，用来稳定大盘股上市后的股价走势，防止股价大起大落。

最终，农行 A+H 两股的新股集资总额合计为 221 亿美元，创当时全球最大的集资记录。

五、农行上市后的经营情况

总体来说，农行上市后的经营情况是非常好的，这主要体现在两个方面：经营业绩大幅提升，资产质量显著提高。

1. 经营业绩大幅提升

截至 2010 年底，中国农业银行实现营业收入 2904 亿元，同比增长 30.7%，实现净利润 949 亿元，同比增长 46%，增速位居四大国有银行之首。农行 2010 年实现归属于母公司股东的净利润 948.7 亿元，高于招股说明书中预测的 829.1 亿元，为公司股东创造了超出预期的利润，保持了强劲的增长势头。

2. 资产质量显著提高

2011 年一季度末，农行不良贷款余额为 917 亿元，较 2010 年末减少 87 亿元，不良贷款率为 1.76%，较 2010 年末降低 0.27 个百分点；拨备覆盖率达到 197.44%，较 2010 年末上升 29.39 个百分点，风险抵补能力显著增强。农行的资产质量不断提高，风险抵御能力不断增强，为其以后的成长打下坚实的基础。另外，农行的资产结构也是逐渐好转，见表 5-4。

表 5-4　中国农业银行 2011 年度与 2012 年度部分财务数据(比率)表

项　　目	2011 年度	2012 年度
基本每股收益/元	0.3754	0.4467
每股净资产/元	2	2.31
净资产收益率 – 加权平均/%	20.46	20.74
总资产报酬率/%	1.11	1.16
净资产比率/%	5.56	5.66
固定资产比率/%	1.13	1.07

(资料来源：https://wenku.baidu.com/view/b6f22f4f6cdb6f1aff00bed5b9f3f90f77c64d4c.html)

 问题

分析中国农业银行在中国经济不是很景气的时候上市成功的原因。

复 习 思 考 题

一、名词解释

公司　股份有限公司　首次公开发行　证券发行　股票上市　股票发行价格　折价发行

二、单项选择题

1. 我国各类公司具有的共同特征是(　　)。

A. 具有独立的法人资格　　　　　　　　B. 资本具有股份性

C. 设立程序的一致性　　　　　　　　　D. 集团性

2. 下列关于上市公司的表述中，正确的是(　　)。

A. 上市公司是指股票可以在证券交易所或证券公司柜台上交易的股份公司

B. 股份有限公司的上市申请由财政部核准

C. 上市公司必须设立独立董事制度

D. 上市终止后，公司的法人资格也归于消灭

3. 有限责任公司与股份有限公司的分类标准是(　　)。

A. 股东人数的多少　　　　　　　　　　B. 股东责任的不同

C. 公司注册资本的多少　　　　　　　　D. 公司是否发行股份

4. 关于证券发行注册制，下列表述错误的是(　　)。

A. 要求发行人提供关于证券发行本身以及同证券发行有关的一切信息

B. 发行人要对所提供信息的真实性、完整性和可靠性承担法律责任

C. 发行人只要充分披露了有关信息，在注册申报后的规定时间内未被证券监管机构拒

绝注册，即可进行证券发行，无须再经过批准

D. 实行证券发行注册制时，证券监管机构应向投资者保证发行的证券资质优良，价格适当

三、判断题(正确的打"√"，错误的打"×")

1. 根据股东责任不同，可将公司分为无限责任公司、有限责任公司、两合公司。( )
2. 股份有限公司的设立不包括同时设立。( )
3. 公开上市只有好处没有弊端。( )
4. 股票发行价格有面值发行、溢价发行、时价发行和折价发行等。( )
5. 累计投标询价方式不是我国的股票发行定价方式。( )

四、简答题

1. 什么是股份有限公司？股份有限公司有哪些优势？
2. 股份有限公司有哪两种设立方式？
3. 公开上市的动机主要有哪些？
4. 证券发行有哪些制度？各有什么特点？
5. 简述证券发行的程序。
6. 影响证券发行定价的因素有哪些？

五、分析思考题

1. 请根据一些实际案例，分析公开上市的利弊。
2. 什么是 IPO 折价现象？引起 IPO 折价的原因是什么？

第六章　上市公司再融资

【学习目标】

掌握上市公司再融资的条件；重点掌握上市公司再融资的方式选择，包括发行新股、发行优先股、发行可转换公司债券、发行可交换公司债券。

案例导入

重庆小康工业集团再融资

重庆小康工业集团股份有限公司(以下简称"小康股份")主营汽车整车及其发动机零部件业务，是微车整车市场的龙头企业之一，于 2016 年 6 月 15 日在上海证券交易所上市。

2016 年 12 月 20 日，小康股份公告《非公开发行 A 股股票预案》，拟以询价方式向不超过 10 名的特定投资者非公开发行股票，募集资金总额不超过 39.6 亿元，用于以下项目：

(1) 年产 5 万辆纯电动乘用车建设项目，使用募集资金 20 亿元；

(2) 纯电动智能汽车开发项目，使用募集资金 19.6 亿元。

2017 年 3 月 20 日，小康股份公告《关于终止非公开发行 A 股股票的公告》，其中说明终止本次非公开发行股票事项的原因：近期，中国证券监督管理委员会发布了《关于修改〈上市公司非公开发行股票实施细则〉的决定》和《发行监管问答——关于引导规范上市公司融资行为的监管要求》。经比对监管要求，公司本次非公开发行股票董事会决议距离前次募集资金到位日少于 18 个月，不符合相关规定。

2017 年 4 月 6 日，小康股份公告《公开发行 A 股可转换公司债券预案》，拟公开发行可转换公司债券，募集资金总额不超过 15 亿元，全部用于投资年产 5 万辆纯电动乘用车建设项目。

2017 年 9 月 15 日，小康股份公告《关于公开发行可转换公司债券申请获中国证监会核准的公告》。

(资料来源：https://www.sokon.com/cms/c/group.html)

第一节　我国上市公司再融资的条件与方式选择

一、上市公司再融资的方式

上市公司再融资，是资本市场的重要活动之一，也是公司重要的融资手段之一。上市公司再融资的方式包括银行贷款融资、债券融资、股票融资、混合融资(混合融资是指兼具股权性质与债权性质、结合了股债两类融资特性的融资方式)等,本章所指的上市公司再融资专指在资本市场的再融资,详细分类见表6-1和表6-2。

表6-1　按融资性质分类

类　别	融　资　方　式	
股权融资(发行新股)	增发	公开增发
		非公开发行(定向增发)
	配股	
混合融资	可转换公司债券	
	可交换公司债券	
	优先股	
债权融资	债券	

上市公司增发新股融资是指将公司所面对的群体分为定向增发和不定向增发两类,定向增发所针对的群体是所有人,而不定向增发所面对的群体则是大型的投资机构和特定的投资者。通常来说,前者所筹得的资金数量很大,但其面向的群体存在不确定性,因而融资效率低下,且受到股市价格波动的影响较大,这一融资方式实际上存在一定的风险;后者则有高效的筹资效率,不过所筹资的资金量偏少。增发新股融资方式被提出的时间相对配股的方式较晚,其自身存在的优势使其成了如今上市公司再融资时最喜欢的方式。

表6-2　按发行方式分类

类　别	融　资　方　式
公募	配股
	公开增发
	可转换公司债券
	公开发行优先股
私募	非公开发行(定向增发)
	非公开发行优先股

配股融资主要是指公司以一定的比例和价值向公司现有的股东发行新股,股东可以用各种资产来对这些股权进行收购。通过这样一个方式,公司得到了融资,股东的位置也因此而变得更加巩固。由于该融资方式的受众是公司现有的股东,因此通常来说融资的效率高,而且资金自我利用能力比较强。不过,由于受众面少,因此也存在筹集的资金少的问题。配股融资是在我国资本证券市场上出现较早的融资方式之一,对我国资本证券市场的发展发挥着重要的作用。上市公司在再融资的时候大多选择配股这一方式。

债权型再融资方式由于发展较晚,因此并不受欢迎。

二、上市公司再融资的方式选择

当下,融资十分重要,金融资本市场的良性变化使得上市公司融资方式多元化。一个上市公司不仅可以向银行贷款，还可以用发行证券的方式来筹资。除此之外，也可以通过配股、增股以及债转股来缓解资金短缺问题。上市公司再融资处于不断变化的过程，上市公司再融资的偏好随着政策与市场环境的不同表现出了完全不同的风格。而中国上市公司无一例外地倾向于股权再融资。

我国在上市公司股权再融资偏好这一方面的相关研究还没有成型，具有极高的研究价值和创新性。与外国研究相比，我国在这方面的研究还处在起步阶段，在技术层面与理论层面上还不成熟。基于此，我国学者专门研究和借鉴有效的措施来避免过分依赖股权再融资，提出了具体的符合中国企业的管理措施，并根据我国的实际情况，通过对相关定性与定量研究，在融资和偏好等方面都进行了相关研究。

(一) 融资相关理论

1. 融资成本说

许多人把上市企业倾向于使用发行股票的方式来进行再一次融资的行为归结于股权融资成本远远低于发行债券等举债行为的成本。黄少安和张岗认为上市公司股权再融资成本为股票利率以及发行费用、控制成本和广告效应等成本之和，根据其实证结果分析，我国上市公司股权融资成本远低于银行贷款利率，即债务融资成本。

2. 大股东自利说

上市公司偏好股权再融资的内在原因在于，大股东能够凭借对上市公司的控制能力从股权再融资中获得隐性收益，这部分"禁脔"则被称作"控制权私人收益"。张祥建和徐晋研究认为，上市公司实施股权再融资后，大股东可以通过"任意滥用资金投资"和"侵占上市公司资源"等途径获得隐性收益。刘俏和陆洲研究认为，越是可以绝对控制公司的大股东(国有企业亦是如此)，越难以在公司决策中受到个别股东阻挠和施压，进而可以通过股权再融资来获得利益，甚至"转移财富"，这就使得这种公司对股权再融资的偏好极高。

3. 代理成本说

现代企业将所有权与控制权分割开来，拥有企业经营权的现代公司管理层通过逆向选择谋求个人利益，而这也形成了代理成本。代理成本说认为，股权政策可以作为减少公司代理成本的工具。因为公司进行了分红，减少了内部盈余，为了公司的持续发展，管理者必须走向资本市场，进行筹资，从而增强公司的外部监督，减少所有者的监督成本。

4. 信息不对称说

我国市场经济制度尚不完善，有相当多的信息是不充分的。市场上谁能掌握足够多的信息，谁就可以拥有更多优势，依靠该信息获利；信息不足者往往花大量金钱从信息丰富者处购入。此研究设定的条件，是公司内部人员可以获得投资者无从获取的内部信息。那么，投资者们必须通过这些内部人士来获得信息，进而看出一家公司的内在价值。如，当提升负债时，一般就表明管理者认为公司发展不会出现太大问题，而外部的融资或者投资者也就将大财务杠杆看成是企业日后走上康庄大道、发展蒸蒸日上的信号。

5. 优序融资理论

对于净现值为正值的投资项目来说，如果企业被迫发行新股对项目进行融资，股价过低可能严重影响新项目的筹资效率，即使新项目净现值为正，也会被投资者拒绝。因此，优序融资理论的核心观点包括：企业偏好内部融资；如果需要外部融资，企业偏好债权融资；不得已才采用股权融资。

(二) 上市公司选择再融资方式的考虑因素

上市公司选择再融资方式时应考虑以下因素。

(1) 发行条件的限制。《证券法》《上市公司证券发行管理办法》《创业板上市公司证券发行管理办法》等对不同的再融资品种设置了不同的发行条件。

(2) 与公司自身发展战略的契合度。这主要要求分析所选择的再融资方式及其发行方式、募集资金投向等是否有利于公司的长期发展，是否与公司的发展战略、资本运作规划相符等。

(3) 与公司资本结构、财务状况的契合度。这主要要求分析所选择的再融资方式及其融资规模等对公司负债比率等资本结构的影响、对公司财务杠杆和财务费用的影响等。例如，公司资产负债率较低的情况下可以考虑选择缓和融资方式。

(4) 考虑股东结构的影响。在控股股东持股比例较低的情况下应该充分考虑再融资对公司控制权的影响。例如，选择配股方式再融资就不会摊薄大股东的持股比例；而且在大股东全额参与配股的情况下，部分中小股东出于各种原因的考虑而发生的"弃配"现象会使大股东的持股比例有所提升。另一方面，如果在控股股东持股比率很高的情况下配股，则融资主要来自于大股东，少部分来自市场(其他股东)。

(5) 考虑对老股东(现有股东)利益的影响。这包括新发行股本对原股东持股比例的稀释影响、折价发行股份(发行价格相对于市价的折扣)对老股东利益的影响等。这些影响一般或者短期内多是负面影响。配股由于只向老股东发行，只要老股东参与配股，就不会出现股权比例稀释与折价发行影响老股东利益的问题。同时，不同品牌的影响程度也不尽相同。例如，转债在转股后也会稀释股权和短期摊薄每股收益，但其影响程度较公开增发要缓和。

(6) 融资规模的限制。相关规定对大多数再融资方式均设定了一定的规模限制指标，因此需要比较各种再融资方式能够实现的融资规模范围，结合公司的融资需求进行考虑。

(7) 方案设计的自主性。这主要体现为相关规范及审核要求对于具体发行方案设计的影响，包括发行价格、换股价格的设定、具体条款的设置(例如转债融资方案中的回售条款、向下修正条款)、募集资金投向的限制等。

(8) 监管与审核因素的影响。这包括监管机构的政策偏向、审核速度与排队进程、审核松紧程度等。例如，由于主板、中小企业板可转债的发行条件较高，融资规模限制严，一般只有业绩优异的且具备一定规模的优质企业能够发行，监管机构一直对转债发行持支持态度。

(9) 市场因素的影响。这主要包括市场接受程度(如再融资方案公布后二级市场股价走势)、通过股东大会审议的难度、通过证监会审核后的实际发行难度等。

三、我国上市公司实施再融资的程序

(一) 上市公司决策程序

1. 聘请保荐机构

《上市公司证券发行管理办法》(2006 年)规定：上市公司申请公开发行证券或非公开

发行新股，应当由保荐人保荐，并向中国证监会申报。

该法规同时规定，上市公司发行证券，应当由证券公司承销；非公开发行股票，发行对象均属于原前十名股东的，可以由上市公司自行销售。尽管非公开发行在一定条件下可以自行销售，但由于非公开发行必须由保荐机构保荐，因此实践中即便具备条件的上市公司一般也不会选择自行销售。

2. 董事会做出决议

上市公司董事会就下列事项做出决议：新股发行的方案、本次募集资金使用的可行性报告、前次募集资金使用的报告、其他必须明确的事项等，并提请股东大会批准。涉及关联交易的，关联董事应当回避表决。

3. 股东大会批准

股东大会应该就本次发行证券的种类和数量、发行方式、发行对象及向原股东配售的安排、定价方式或价格区间、募集资金用途、决议的有效期、对董事会办理本次发行具体事宜的授权、其他必须明确的事项进行逐项表决。

股东大会就发行证券事宜做出决议，必须经出席会议的股东所持表决权的 2/3 以上通过。向本公司控股股东及其关联方发行证券的，股东大会就发行方案进行表决时，关联股东应当回避。

(二) 编制和报送申请文件

保荐机构应当按照中国证监会相关规定编制和报送发行申请文件。

1. 主板、中小企业板上市公司公开发行证券申请文件

该申请文件根据《公开发行证券的公司信息披露内容与格式准则第 10 号——上市公司公开发行证券申请文件》(2014)进行编写。

2. 主板、中小企业板上市公司非公开发行证券申请文件

该申请文件根据《上市公司非公开发行股票实施细则》(2017 年) 进行编写。

3. 创业板上市公司公开发行证券申请文件

该申请文件根据《上市公司证券发行管理办法——创业板上市公司证券发行管理暂行办法》(2020 年)进行编写。

4. 创业板上市公司非公开发行证券申请文件

该申请文件根据《上市公司证券发行管理办法——创业板上市公司证券发行管理暂行办法》(2020 年)进行编写。

5. 上市公司发行优先股的申请文件目录

证监会 2014 年发布了上市公司发行优先股相关信息披露准则，包括《公开发行证券的公司信息披露内容与格式准则第 32 号——发行优先股申请文件》、《公开发行证券的公司信息披露内容与格式准则第 33 号——发行优先股发行预案和发行情况报告书》和《公开发行证券的公司信息披露内容与格式准则第 34 号——发行优先股募集说明书》。这三个准则是落实《国务院关于开展优先股试点的指导意见》和《优先股试点管理办法》的重要配套文

件。申请文件体现了"放松管制，加强监管"的要求，强调持续监管的重要性，更多地依靠日常披露文件，简化申报要求。

(三) 审核程序

申请审核的主要环节包括以下几个方面。

1. 受理

中国证监会受理部门根据相关规则的要求，依法受理再融资申请文件，并按程序转发行监管部门。发行监管部门在正式受理后，将申请文件分发至相关监管处室，相关监管处室根据发行人的行业、公务回避的有关要求以及审核人员的工作量等确定审核人员。

2. 反馈会

相关监管处室审核人员审阅发行人申请文件后，从非财务和财务两个角度撰写审核报告，提交反馈会讨论。反馈会主要讨论初步审核中关注的主要问题，确定需要发行人补充披露以及中介机构进一步核查说明的问题。

反馈会按照申请文件受理顺序安排。反馈会由综合处组织并负责记录，参会人员有相关监管处室审核人员和处室负责人等。反馈会后将形成书面意见，履行内部程序反馈给保荐机构。反馈意见发出前不安排发行人及其中介机构与审核人员沟通。

保荐机构收到反馈意见后，组织发行人及相关中介机构按照要求进行回复。综合处收到反馈意见回复材料进行登记后转给相关监管处室。审核人员按要求对申请文件以及回复材料进行审核。

发行人及其中介机构收到反馈意见后，在准备回复材料过程中如有疑问可与审核人员进行沟通，如有必要也可与处室负责人、部门负责人进行沟通。

审核过程中如发生或发现应予披露的事项，发行人及其中介机构应及时报告发行监管部门并补充、修改相关材料。审核工作结束后，将形成初审报告(初稿)提交初审会讨论。

3. 初审会

初审会由审核人员汇报发行人的基本情况、初步审核中发现的主要问题及反馈意见回复情况。初审会由综合处组织并负责记录，发行监管部门相关负责人、相关监管处室负责人、审核人员以及发审委委员(按小组)参加。

根据初审会讨论情况，审核人员修改、完善初审报告。初审报告是发行监管部门初审工作的总结，履行内部程序后与申请材料一并提交发审会。

4. 发审会

发审委制度是发行审核中的专家决策机制。发审委会议审核公开发行股票申请和发行可转换公司债券申请等中国证监会认可的其他公开发行证券申请适用普通程序，发审委会议审核非公开发行股票申请和中国证监会认可的其他非公开发行证券申请适用特别程序。根据《公司债券发行试点办法》，发审委会议审核公司债券申请适用特别程序。

5. 封卷

发行人的再融资申请通过发审会审核后，需要进行封卷工作，即将申请文件原件重新归类后存档备查。封卷工作在按要求回复发审委意见后进行。如没有发审委意见需回复，则在通过发审会审核后即进行封卷。

6. 会后事项

会后事项是指发行人再融资申请通过发审会审核后、启动发行前发生的可能影响本次发行上市及对投资者做出投资决策有重大影响的应予披露的事项。

7. 核准发行

封卷并履行内部程序后，将进行核准批文的下发工作。发行人领取核准发行批文后，无重大会后事项或已履行完会后事项程序的，可按相关规定启动发行。

第二节　上市公司发行新股

进一步细分，上市公司发行新股融资可以分为配股和增发。增发又分为公开增发和定向增发。

一、公开增发

公开增发是指上市公司以原股本为基础，为再次筹集资金，向不特定对象募集股份的股票发行行为。发行对象一般为原有股东、机构投资者、社会公众，也有以特定机构为增发对象的。

(一) 上市公司公开增发的优势

上市公司公开增发有以下两点优势：

(1) 融资规模不受限制。

(2) 除受短线交易限制(6 个月)的股东外，其他认购者没有锁定期限制。

(二) 上市公司公开增发的劣势

1. 市价发行且发行风险极大

公开增发要求发行价格应不低于公告招股意向书前 20 个交易日公司股票均价或前 1 个交易日的均价，属于市价发行。在市价发行机制下一般投资者还是会要求发行价格相对于市价有一个折扣。否则理论上参与发行不如直接在二级市场购买股票。在这样的定价机制下，要成功实施公开发行，必须把握两个关键点。

(1) 发行人的二级市场股价必须正处于上行区间，使得前 20 个交易日均价(或前 1 个交易日的均价)显著低于前 1 个交易日收盘价，然后以其前 20 个交易日均价(或前 1 个交易日的均价)定价。这样操作可以使得发行价格相对于前一个交易日收盘价有一个折扣区间，从而有利于发行。

(2) 选择良好的市场时机，尽量避免二级市场的系统性风险和发行人的特殊风险。为了保证公开增发成功，除了好的市场气氛整体有助于发行外，还应该对增发进行特殊发行安排。根据发行安排，在增发的发行价格确定后，还需要 2 个交易日后才停牌进入申购期。

也就是说，即使发行价格相对于发行价格确定日前一天的市价有折扣(例如 9 折)，但如果在之后的 2 个交易日二级市场整体出现大幅下跌引发发行人股票大幅下跌，或者发行人因自身原因出现股票大幅下跌(例如连续 2 天跌停)，均可能使得已经确定的发行价格低于市价，从而出现"破发"。在这种情况下增发的发行风险极大，很可能出现主承销商大幅包销的情况。

2. 发行条件要求高

主板和中小企业板上市公司要求最近三个会计年度加权平均净资产收益率平均不低于6%，扣除非经常性损益后的净利润与扣除前的净利润相比，以低者作为加权平均净资产收益率的计算依据。

3. 距离上次再融资需要 18 个月

申请公开增发的董事会决议日距离前次募集资金到位日原则上不得少于 18 个月。前次募集资金包括首发、增发、配股、非公开发行股票。

4. 募集资金投向限制

募集资金必须用于具体项目，不能用于补充流动资金和偿还银行贷款。

(三) 上市公司公开增发须满足的一般条件

上市公司公开增发须满足的一般条件是指上市公司采用不同增发股票方式都应当具备的条件，主要包括以下几条：

(1) 组织机构健全，运行良好；

(2) 盈利能力应具有可持续性；

(3) 财务状况良好；

(4) 不存在重大违法违规行为；

(5) 募集资金的数额和使用符合规定。

上市公司存在以下情形的，不得公开发行证券：

(1) 本次发行申请文件有虚假记载、误导性陈述或重大遗漏；

(2) 擅自改变前次公开发行证券募集资金的用途而未做纠正；

(3) 上市公司最近 12 个月内受到过证券交易所的公开谴责；

(4) 上市公司及其控股股东或实际控制人最近 12 个月内存在未履行向投资者做出公开承诺的行为；

(5) 上市公司或其现任董事、高级管理人员因涉嫌犯罪被司法机关立案侦查或涉嫌违法违规被中国证监会立案调查；

(6) 严重损害投资者的合法权益和社会公共利益的其他情形。

(四) 上市公司公开增发须满足的其他条件

上市公司公开增发股票除了需要满足前述的一般条件外，还应该符合下列条件：

(1) 最近三个会计年度加权平均净资产收益率平均不低于 6%，扣除非经常性损益后的净利润与扣除前的净利润相比，以低者作为加权平均净资产收益率的计算依据；

(2) 除金融类企业外，最近一期期末不存在持有金额较大的交易性金融资产和可供出

售的金融资产、借予他人款项、委托理财等财务性投资的情形;

(3) 发行价格应不低于公告招股意向书前 20 个交易日公司股票均价或前 1 个交易日的均价;

(4) 公司对公开发行股票所募集的资金,必须按照招股说明书所列资金用途使用。改变招股说明书所列资金用途使用,必须经股东大会做出决议。擅自改变用途而未做纠正,或者未经股东会认可的,不得公开发行新股。

二、非公开发行(定向增发)

非公开发行股票,是指上市公司采用非公开方式,向特定对象发行股票的行为。非公开发行方式自产生以后,就以其发行条件低(无财务条件要求)、发行规模大(无发行规模限制)和定价相对灵活而受到市场青睐,成为 A 股上市公司最常采用的再融资工具。

(一) 锁价发行与询价发行的区别

非公开发行根据发行价格确定方式的不同可以分为锁价发行与询价发行两种方式,二者区别详见表 6-3。

表 6-3 非公开发行方式的比较

比较项目	锁 价 发 行	询 价 发 行
发行方式	以事先确定的价格向事先确定的投资者发行(董事会决议确定具体发行对象)	事先确定发行底价,通过对投资者有效申购报价进行累计统计,按照价格优先的原则确定发行对象、发行价格(董事会决议未确定具体发行对象)
锁定期	36 个月	12 个月(如果大股东及关联方参与认购,锁定 36 个月)
发行价格	不低于发行期首日前 20 个交易日均价的 90%	在不低于发行期首日前 20 个交易日均价的 90% 基础上,由投资者竞价确定最终发行价格
募集资金是否可以用于补充流动资金与偿还银行贷款	可全部用于补充流动资金或偿还银行贷款(允许补流或还贷的金额上限要符合窗口指导的计算原则)	可有不超过 30% 的部分用于补充流动资金或偿还贷款(允许补流或还贷的金额上限要符合窗口指导的计算原则)
对上市公司的意义	如果引入长期战略投资者,有利于完善公司治理结构、获得更多外部支持;如果由大股东或员工持股计划参与认购,有助于增强市场对公司的信心	一般由财务投资者参与认购,有利于扩大投资者参与范围,增强公司股票的流动性与活跃度

(二) 非公开发行的优势

1. 发行条件低

主板、中小企业板上市公司没有盈利条件要求。创业板上市公司需满足连续两年盈利的要求,但非公开发行股票募集资金用于收购兼并的,可免于适用。

2. 募集资金使用相对灵活

除用于具体投资项目外，以询价方式进行的非公开发行可有不超过 30%的部分用于补充流动资金或偿还贷款；以锁价方式进行的非公开发行可 100%用于补充流动资金或偿还贷款。

(三) 非公开发行的劣势

1. 募集资金受限

拟发行的股份数量不得超过本次发行前总股本的 20%。根据证监会 2017 年 3 月的窗口指导，20%股本计算的基数包括 A 股、B 股、H 股。

2. 距离上次再融资需要 18 个月

申请非公开发行的董事会决议日距离前次募集资金到位日原则上不得少于 18 个月。前次募集资金包括首发、增发、配股、非公开发行股票。

3. 发行价格为准市价发行，面临较大的发行风险

根据《上市公司非公开发行股票实施细则》(2017 年)，定价基准日被固定为发行期首日，发行价格(锁价发行)或发行底价(询价发行)为不低于发行期首日前 20 个交易日均价的 90%。也就是说，在董事会决议非公开发行时，发行价格尚不能确定。发行价格或发行底价需等待发行申请经中国证监会核准并进入发行期后才能确定。这样的定价方式使得非公开发行类似于市价发行，发行风险极大。

对于锁价发行而言，投资者在决策投资非公开发行时，面临无法确定发行价格的窘境，而且还面临一个尴尬的两难局面：如果此项投资被市场看好，上市公司股价大幅上涨，投资者要面临将来高价获得股权的压力；如果此项投资不被市场看好，投资者却可以以相对较低的价格获得上市公司的股权。这一奇特的境地，有可能诱发上市公司与投资者的道德风险和逆向选择问题。

对于询价发行而言，发行底价与市价之间几乎没有折价却要承担 1 年的锁定期，这可能对投资者的投资意向造成较大影响。

4. 锁定期及减持限制

非公开发行根据发行类型及认购对象类型需要锁定 1 年或 3 年。锁价发行，所有投资者均需要锁定 3 年；询价发行，实际控制人及其关联方需要锁定 3 年，其他非关联投资者锁定 1 年。取得上市公司非公开发行股票的股东减持该部分股票须符合交易所《上市公司股东及董事、监事、高级管理人员减持股份实施细则》。

5. 审核难度仍相对较大，审核周期相对较长

在 2017 年对公开发行的定价方式进行改革之前，非公开发行不属于监管部门支持的发行方式，审核周期相对较长，通过概率相对较低；在改革之后，监管部门对于非公开发行的审核政策逐渐偏中性化。

6. 总体上存在短期摊薄盈利能力指标的压力

在募集资金投资项目产生效益前，净资产收益率、每股收益等盈利能力指标将面临摊薄效应。总体上讲，非公开发行是 2017 年上市公司再融资规范调整中受影响最大的品种。

除了因为财务条件限制只能选择非公开发行，或者是确实需要引进确定的战略投资者而使用锁价发行方式，上市公司一般情况下不适宜选择非公开发行方式。

(四) 定向增发和公开增发的比较

公开增发和定向增发是两种主要的股权再融资方式。

公开增发是上市公司在原有股本的基础上新增发行一定数量新股的行为，其优点在于限制条件较少，融资规模大，有助于促进上市公司股权结构的多元化发展。1998 年中国证券市场开始引入公开增发方式。

定向增发也叫非公开发行，即向特定投资者发行，实际上就是海外常见的私募。定向增发在中国股市早已出现，但 2006 年以后的非公开发行是在 2005 年修订的《证券法》正式实施和股改结束后推出的一项新政，与以前的定向增发相比，已经发生了质的变化。定向增发的最大好处是大股东以及有实力的、风险承受能力较强的大投资人可以以接近市价乃至超过市价的价格，为上市公司输送资金，尽量减少小股民的投资风险。

定向增发和公开增发的区别详见表 6-4。

表 6-4 定向增发和公开增发的比较

比较项目	定向增发	公开增发
发行目的	引入战略投资者、项目融资、收购资产、资产重组、调整股东持股比例、股权激励等	募集资金
增发对象	10 个以内的特定投资者	社会公众
股份购买权	原股东无优先购买权	原股东享有优先购买权
增发对价	现金、股权、实物资产等	现金
发行价	一般低于公开增发	根据市场询价定价
募集资金量	较少	较多
中介机构	可以不通过承销商	证券机构承销
程序	简单	复杂
费用	较低	较高
二级市场表现	股价往往受利好刺激而上升	股价往往下跌

(五) 定向增发必须符合的条件

定向增发必须符合以下条件：

(1) 发行价格不低于定价基准日前 20 个交易日公司股票均价的 90%；

(2) 本次发行的股份自发行结束之日起 12 个月内不得转让；控股股东或实际控制人及其控制的企业认购的股份，36 个月内不得转让；

(3) 募集资金的使用必须符合相关规定；

(4) 本次发行将导致上市公司控制权发生变换的，还应当符合中国证监会的其他规定。

上市公司如果存在下列情形之一的，不得非公开发行股票：

(1) 本次发行申请文件有虚假记载、误导性陈述或重大遗漏；

(2) 上市公司的权益被控股股东或实际控制人严重损害且尚未消除；

(3) 上市公司及其附属公司违规对外提供担保且尚未解除；

(4) 现任董事、高级管理人员最近 36 个月内受到过中国证监会的行政处罚，或者最近 12 个月内受到过证券交易所公开谴责；

(5) 上市公司或其现任董事、高级管理人员因涉嫌犯罪正被司法机关立案侦查或涉嫌违法违规正被中国证监会立案调查；

(6) 最近一年及一期财务报表被注册会计师出具保留意见、否定意见或无法表示意见的审计报告；保留意见、否定意见或无法表示意见所涉及事项的重大影响已经消除或者本次发行涉及重大重组的除外；

(7) 严重损害投资者合法权益和社会公共利益的其他情形。

三、配股

配股是上市公司根据公司发展的需要，依据有关规定和相应程序，向原股东进一步发行新股、筹集资金的行为。增发新股是指在首次公开发行股票后，再次向全体社会公众或者特定的投资者发售股票，前者称为公开增发或者公募增发，后者称为定向增发或者私募增发。

配股与增发虽同为上市公司发行新股的再融资方法，但在发行条件及程序、定价方式、筹集资金的数量等方面有所不同。在此，我们将配股与增发这两种再融资方式做一简单的比较。

(一) 在发行条件和程序方面

配股是向原股东按一定比例配售新股，不涉及引入新股东，因此发行条件要低于增发，发行程序也较为简单。正是由于配股实施时间短、操作简单、发行成本低、审批快捷，它成为上市公司最为常规的再融资方式。

(二) 在定价方式方面

配股的价格由主承销商和上市公司根据市场的预期，采用现行股价折扣法确定。而增发的定价方式更为市场化，尤其是公募增发，一般公募增发会采用询价方式，相比配股的定价方式，增发更能体现投资者的意愿，更加贴近市场。在询价的过程中，包括战略投资者、普通投资者在内的投资者对增发价格具有相当的影响力。

(三) 募集到的资金数量不同

一般来说，公募增发由于打破了配股通常的 10 股配 3 股的限制，从而可以募集到更多的资金。这笔资金可以成为处于高速成长阶段、资金缺口大的上市公司巨大的助推器，成为企业实现产业转型的契机。

(四) 其他差别

配股是定向的，增发则根据募集方式而定，而不一定是定向的，它分为公募增发和定向增发；配股后需要除权，增发可以除权，亦可以不除权。

上市公司采用向原股东配售股票的方式增资募集股权资本时，除了要满足与增资公开发行股票时同样面临的基本条件和一般条件，还应当符合下列规定：

(1) 拟配售股份数量不超过本次配售股份前股本总额的 30%；

(2) 控股股东应当在股东大会召开前公开承诺认配股份的数量；

(3) 采用证券法规定的代销方式发行；

(4) 控股股东不履行认配股份的承诺，或者代销期限届满，原股东认配股票的数量未达到拟配售数量的 70% 的，发行人应当按照发行价并加算银行同期存款利息返还已经认购的股东。

典型案例

再融资价格与股价倒挂　重庆建工定增"泡汤"

2021 年 7 月 28 日晚间，重庆建工集团股份有限公司(以下简称重庆建工)发布公告称，公司综合考虑资本市场环境以及内部实际情况、融资时机判断等诸多因素，并与相关各方充分沟通及审慎论证，决定终止本次非公开发行 A 股股票事项，并向中国证监会申请撤回相关申请文件。

其实，宣告定增终止的上市公司不止重庆建工一家，据同花顺 iFind 数据统计，自 2020 年 2 月 14 日再融资新规实施以来，已有包括重庆建工在内的 257 家上市公司按下定增"终止键"，涉及拟募资金额超 2296 亿元。从定增终止的原因看，有因定增价格和股价倒挂而放弃的，也有面对监管"刨根问底"式问询而主动退场的。

2021 年 2 月 5 日晚间，重庆建工曾发布非公开发行股票预案：拟向不超过 35 名特定投资者发行不超过 5.44 亿股，募集资金总额不超过 20.63 亿元，扣除发行费用后拟投资于北京至雄安新区高速公路河北段主体工程施工 SG2 段项目、重庆市公共卫生医疗救治中心应急医院项目、奉节县高铁站换乘中心工程项目以及偿还有息负债和补充流动资金。

作为一家深耕建筑施工行业的上市公司，重庆建工在公告中表示，结合当前建筑施工业可观的市场前景以及行业具有的资金密集型特点考虑，此次定增募资具有一定的必要性；此外，从公司的业务模式来看，公司主要以工程建设投入贯穿于整个业务运营周期，即从工程投标阶段就开始投入资金，到工程质保期结束才能全部收回，在建设与投资业务的各环节也都需大量资金作支撑。

重庆建工进一步强调，本次募集资金的到位和投入使用，可以提升公司的盈利能力，优化公司的资本结构，为后续业务发展提供保障。定增募资对重庆建工的重要性不言而喻，但最终却没能逃过"终止实施"的命运。

"抛开公司内部实际情况，重庆建工终止定增具备合理性。"中南财经政法大学数字经济研究院执行院长盘和林告诉《证券日报》记者，"重庆建工定增价格目标在 3.79 元/股，如今其最新股价保持在 3.29 元/股，定增已经失去了意义。""投资人可以从市场上买入其更便宜的股票，因此，重庆建工定增失去了价格优势，虽然重庆建工撤回增发是受多种因素影响的结果，但当前最重要的因素还是来自二级资本市场。"盘和林说。

重庆建工定增方案发布于 2 月 5 日，其股价当日报收 3.20 元/股，定增方案终止于 7 月 28 日，其股价报收 3.30 元/股。"这次定增终止也有可能跟重庆建工的房地产业务有一定关系。房地产最近一直处在政策高压下，相关板块的上市公司融资可能会受影响。"透镜公司研究创始人况玉清在接受《证券日报》记者采访时表示。

年报信息显示，重庆建工以房屋建筑工程、基础设施建设与投资等业务为主业，2020年公司实现营业收入553亿元，同比增长6.08%；归母净利润2.67亿元，同比下降41.91%。

2020年2月14日，监管层发布再融资新规，对上市公司再融资条件全面"松绑"，包括对非公开发行的股票定价、定价基准日、发行规模、发行对象数量、锁定期安排等条款进行了重大调整。新政出台后，上市公司的再融资热情迅速被激发，市场上一度涌现出一波定增潮。

据同花顺iFind数据统计显示，再融资新规实施以来，上市公司发布包括已实施和未实施的定增公告有1430条。不过也有多家上市公司和重庆建工一样，因存在多方因素制约，从而定增以终止实施折戟。过往案例显示，有一家上市公司在2020年10月份发布定增预案，拟发行股份募集资金19.1亿元，发行价格为8.19元/股。然而，定增方案披露后，公司股价从14.44元/股的区间高点一路跌至宣布终止定增当日的6.26元/股，股价腰斩。有上市公司有关人士直言不讳地称：公司非公开发行股票事项经股东大会审议通过后，公司股价持续下跌导致募集资金总额减少，公司设定的募资方案已无法实施。

除定增价格与股价倒挂因素外，在部分定增无果的公司中，有的在经历监管层多轮详细"盘问"后主动退场。据悉，有上市公司在定增审核中，在回复监管层的两轮问询后不到一个月时间，迅速宣布终止定增；也有上市公司在定增审核中，面对监管层"刨根问底"式的大篇幅问询，在还未披露第二次反馈意见回复的情况下，提前选择终止定增。

对此，盘和林向《证券日报》记者坦言："再融资是上市公司持续获得资金支持，实现自我发展的一种融资方式。由于股权不用归还，不会增加上市公司的还款压力，可以为上市公司的长期发展提供资金支持。""不过，资本市场对于再融资是有一定要求的，需要上市公司具备一定的成长性，企业应该多考虑打造自身的实力。"盘和林进一步强调。

(资料来源：王鹤，冯雨瑶. 再融资价格与股价倒挂　重庆建工定增"泡汤"[N]. 证券日报，2021-07-30(B02))

第三节　上市公司发行优先股

优先股是指依照《公司法》，在一般规定的普通种类股份之外，另行规定的其他种类股份，其股份持有人优先于普通股股东分配公司利润和剩余财产，但参与公司决策管理等权利受到限制。

从优先股股东的权利与义务看，优先股也是介于股票和债券之间的一种股债混合投融资工具。由于具有股息固定、通常情况下无表决权等特性，优先股拥有债性。其股性主要表现为，在符合条件的情况下可作为企业股本和银行的核心资本，当公司发生特定事件或优先股股息非正常支付时，优先股股东享有部分表决权和表决权恢复等权利。根据具体合同条款，不同的优先股股债属性也具有差异性，如可赎回累积优先股具有更强的债权性质，而非累积不可赎回优先股更凸显优先股的股权本质。

优先股的股债双重混合属性对于改善公司的资产负债结构具有良好效果。对于发行人来说，由于投资者不具有投票权，不会分散原股东对公司的控制权。如果能够权益工具核算，可以降低资产负债率。同一般的债务融资相比，优先股通常期限更长。其定价基本不受二级市场影响，在二级市场低迷、发行普通股比较困难时，优先股为公司开辟了一条新的融资渠道。其可以具有多样化的条款设计方案，满足投资者的不同需求。其不算做普通股，不会摊薄公司的每股收益。对于投资人来说，优先股是一种收益较为稳定、风险相对较低的稳健投资工具。

一、优先股的分类

(一) 累积优先股和非累积优先股

根据公司因当年可分配利润不足而未向优先股股东足额派发股息，差额部分是否累积到下一个会计年度，优先股可分为累积优先股和非累积优先股。累积优先股是指公司在某一时期所获盈利不足，导致当年可分配利润不足以支付优先股股息时，则将应付股息累积到次年或某一年盈利时，在普通股的股息发放之前，连同本年优先股股息一并发放。非累积优先股则是指公司不足以支付优先股的全部股息时，对所欠股息部分，优先股股东不能要求公司在以后年度补发。现行规范要求公开发行的优先股须是累积优先股。

(二) 参与优先股与非参与优先股

根据优先股股东按照确定的股息率分配股息后，是否有权同普通股股东一起参加税后利润分配，优先股可分为参与优先股和非参与优先股。持有人只能获取一定股息但不能参加公司额外分红的优先股，称为非参与优先股。持有人除可按规定的股息率优先获得股息外，还可与普通股股东分享公司的剩余收益的优先股，称为参与优先股。现行规范要求公开发行的优先股须是非参与优先股。

(三) 可转换优先股与不可转换优先股

根据优先股是否可以转换成普通股，可分为可转换优先股与不可转换优先股。可转换优先股是指在规定的时间内，优先股股东或发行人可以按照一定的转换比率把优先股换成该公司的普通股，否则是不可转换优先股。

可转换优先股相当于赋予了优先股换股期权，对于提升优先股的投资价值具有重大意义。我国《优先股试点管理办法》的征求意见稿曾经规定"上市公司可以发行可转换为普通股的优先股"。但正式出台的管理办法将其删除，规定"上市公司不得发行可转换为普通股的优先股"，仅对商业银行有除外规定(考虑商业银行资本监管的特殊要求，规定商业银行可根据商业银行资本监管规定，非公开发行触发事件发生时强制转换为普通股的优先股)。

二、发行优先股的优势和劣势

(一) 发行优先股的优势

1. 距离上次再融资没有时间间隔

优先股不受再融资 18 个月的时间间隔的限制。这包括两个方面：其一，前次再融资无论是什么产品，本次发行优先股均不受 18 个月时间间隔限制；其二，本次发行优先股的，下次再融资无论发行什么品种，均不受 18 个月时间间隔限制。

2. 政策支持力度大

优先股属于审核政策支持品种，审核周期相对较短，通过概率较高。

3. 募集资金投向相对宽松

募集资金列明用途即可，可以选择的余地大。除了投入具体项目，可以用于偿还银行贷款与补充流动资金。

(二) 发行优先股的劣势

1. 公开发行优先股需有一定的条件限制和盈利要求

(1) 能够公开发行优先股的上市公司要么是大型公司(上市公司为上证 50 指数成分股)，要么具有以下目的之一：

① 以公开发行优先股作为支付手段收购或吸收合并其他上市公司；

② 以减少注册资本为目的回购普通股的，可以公开发行优先股作为支付手段，或者在回购方案实施完毕后，可公开发行不超过回购减资总额的优先股。

这两种目的一个是作为并购支付手段，一个是作为市值管理工具，并不是单纯的融资工具，目前实践中尚无先例。

(2) 公开发行优先股的上市公司需要最近三个会计年度连续盈利。扣除非经常性损益后的净利润与扣除前的净利润相比，以低者作为计算依据。

(3) 公开发行优先股的上市公司应当在公司章程中规定以下事项：采取固定股息率；在有可分配税后利润的情况下必须向优先股股东分配股息；未向优先股股东足额派发股息的差额部分应当累积到下一会计年度；优先股股东按照约定的股息率分配股息后，不再同普通股股东一起参加剩余利润分配。商业银行发行优先股补充资本的，可就"在有可分配税后利润的情况下必须向优先股股东分配股息"和"未向优先股股东足额派发股息的差额部分应当累积到下一个会计年度"事项另行约定。

2. 发行优先股受到一定的规模限制

最近三个会计年度实现的年均可分配利润应当不少于优先股一年的股息；已发行的优先股不得超过公司普通股股份总数的 50%，且筹集资金不得超过发行前净资产的 50%，已回购、转换的优先股不纳入计算。

3. 发行优先股由于无税盾作用，相比普通公司债权融资成本更高

优先股股利从税后支付，相当于固定付息成本，且不能税前扣除，也就是说，公司通过优先股筹资享受不到税盾的益处。对同一公司来说，和发行一般公司债券(利息成本税前扣除)相比，优先股融资成本更高。

4. 作为一种更偏债权性质的融资工具，受到发行期市场利率环境影响，发行风险较大

同为混合融资工具，转债受转股期权的影响，股性更强，债权部分仅起到"保底"作用，因此基本不受债券利息率的影响，基本没有发行风险；而对于优先股，由于目前不允许发行可转换优先股，投资者主要考虑股利收益，会将其与普通公司债券的收益率进行对比。

三、上市公司发行优先股的条件

上市公司公开发行优先股，除满足发行优先股的一般条件外，还需要满足下述条件：

(1) 上市公司公开发行优先股，应当符合以下情形之一：

① 其普通股为上证 50 指数成分股；

② 以公开发行优先股作为支付手段收购或吸收合并其他上市公司；

③ 以减少注册资本为目的回购普通股的，可以公开发行优先股作为支付手段，或者在回购方案实施完毕后，可公开发行不超过回购减资总额的优先股；

④ 中国证监会核准公开发行优先股后，若被上证 50 指数删除，上市公司仍可实施本次发行。

(2) 上市公司最近三个会计年度应当连续盈利，扣除非经常性损益后的净利润与扣除前的净利润相比，以低者作为计算依据。

(3) 上市公司公开发行优先股应当在公司章程中规定以下事项：采取固定股息率；在有可分配税后利润的情况下必须向优先股股东分配股息；未向优先股股东足额派发股息的差额部分应当累积到下一会计年度；优先股股东按照约定的股息率分配股息后，不再同普通股股东一起参加剩余利润分配。商业银行发行优先股补充资本的，可就"在有可分配税后利润的情况下必须向优先股股东分配股息"和"未向优先股股东足额派发股息的差额部分应当累积到下一个会计年度"事项另行约定。

(4) 上市公司最近 36 个月内因违反工商、税收、土地、环保、海关法律、行政法规或规章，受到行政处罚且情节严重的不得公开发行优先股。

(5) 上市公司公开发行优先股，公司及其控股股东或实际控制人最近 12 个月内应当不存在违反向投资者作出公开承诺的行为。

典型案例

广东恒鑫智能装备股份有限公司发行优先股融资

随着我国智能装备业的持续发展，企业对生产设备的升级以及产品升级的要求不断提高，对资金的需求越来越大，选择适宜企业的融资方式，提升融资效率已经成为我国装备制造业企业亟须关注的问题。广东恒鑫智能装备股份有限公司(以下简称"恒鑫智能")，就是处于智能装备发展潮流中的一家智能装备企业。当恒鑫智能面临智能化柔性装备系统订单储备较多，生产供应数量小于市场需求数量的发展瓶颈时，企业充分抓住智能装备需求快速发展的市场机遇，选择在 2019 年通过非公开发行优先股筹集资金 16 万元，用于设备升级，以提高自身产能，满足业务扩张的需求。

1. 恒鑫智能企业简介

恒鑫智能成立于 2003 年，公司注册资金 2600 万，属国家高新技术企业，是新三版上市企业。该企业是国内早期从事工业 4.0、智能制造、工厂自动化与信息化深度融合研发和项目实施的企业，是智能装备系统解决方案的提供商。恒鑫智能控股股东是罗䁖。截至 2018 年底，罗䁖直接和间接持有恒鑫智能 75.10%的股份。

恒鑫智能是一家公司治理机制健全、合法规范经营及依法履行信息披露义务的企业。首先，恒鑫智能已经建立健全了法人治理机制，同时，股东大会、董事会和监事会运行良好，且严格遵照法律法规和公司内部制度的规定履行各项职责；其次，截至恒鑫智能发行优先股时，未发现恒鑫智能及其控股股东、实际控制人以及现任董事、监事、高级管理人员最近12个月内存在受到刑事处罚、行政处罚或纪律处分的情况，不存在损害公司利益及其他违背诚信原则的情况；另外，恒鑫智能就此次优先股发行事项的每一阶段均按相关规定严格履行了相应的信息披露义务。综上，恒鑫智能符合非上市公众公司非公开发行优先股的基本条件。就财务状况来看，恒鑫智能近两年财务状况较好，不存在相关财务指标及相关会计科目有较大变动或异常情况；同时，恒鑫智能的盈利能力和现金流状况较稳定，能够保障到期足额支付优先股股息。

2. 恒鑫智能优先股发行方案

恒鑫智能《非公开发行优先股预案》显示，本次优先股发行方案具体如下：

首先，筹资规模与资金用途。恒鑫智能本次优先股采用向合格投资者非公开发行的方式，共发行16万股，面值为100元/股，筹资规模为1600万元，优先股的存续期为5年；本次优先股的发行对象是中山中盈产业投资有限公司，采用现金认购方式；本次发行优先股募集资金的使用用途是，智能化柔性装备系统产业化技术改造项目及置换公司前期用于投入该项目的自有资金。

其次，股息支付和优先股股东权利。优先股的年固定票面股息率为1.5%，股息支付为以现金方式、每会计年度付息一次，股息可累积。认购本次优先股的股东除享有优先股股息外，不再享有剩余利润的分配权。除法律法规或公司章程规定需由优先股股东表决事项外，优先股股东没有参加股东大会及表决的权利。

再次，赎回和回售条款。本次发行的优先股的赎回选择权归发行方恒鑫智能所有，其有权按照协议约定赎回本次发行对象持有的优先股。本次发行的优先股的回售权归中山中盈产业投资有限公司所有，作为发行对象的中山中盈产业投资有限公司有权按协议约定向公司回售其所持有的优先股。本次发行的优先股到期后优先股股东即有权向恒鑫智能回售其所持有的优先股，如不行使，恒鑫智能应当行使赎回权。

另外，担保安排。公司控股股东、实际控制人罗蹟提供了不可撤销的连带责任保证；罗蹟以其依法持有的900万股公司股份，股东黄安全以其依法持有的500万股公司股份提供了股份质押担保。

在我国金融环境不断发展、优先股等相关制度和规范日臻完善的背景下，越来越多的企业开始尝试优先股等混合性筹资方式。然而，优先股筹资方式在我国资本市场上留痕时间较短，存在的不确定性因素较多。恒鑫智能在充分考虑自身的经营状况和财务状况，并进行利弊平衡分析和考量后，决定采取发行优先股的方式进行融资。这是符合恒鑫智能经营现状以及发展需求的融资方式。作为一种新兴的融资手段，优先股在满足企业的资本需求的同时，并未加重企业的偿债压力，对于诸如恒鑫智能等智能装备行业企业具有较大的吸引力。因此，筹资者在利用优先股融资时需要充分权衡优先股筹资方式的利弊，综合评估企业自身的发展现状，在经营风险、财务风险可以承担的范围内，选择适宜的融资方式。

(资料来源：刘婷婷，任燕，朱盈盈. 装备制造产业优先股融资的影响分析——以广东恒鑫智能装备股份有限公司为例[J]. 现代商贸工业，2021，42(16)：96-98)

第四节　上市公司发行可转换公司债券

可转换公司债券，简称转债，是指在一定时期内依据约定的条件可以转换成股份的公司债券。现行规范仅允许上市公司公开发行可转换债券。转债是一种混合融资工具，兼具股票期权和债券的性质。其发行时为债券，转股期内债券持有人可按事先约定的条件和价格将其转换为公司的股份，同时转债余额相应减少。如果可转债被投资人全部转换为股份，则债券将不存在，上市公司也不再需要还本付息；如果没有转股或者没有全部转股，上市公司需要在债券存续期间支付债券利息，转债到期时还需要返还本金及利息。

一、可转换公司债券的主要条款分析

可转换公司债券是兼具股权性质与债权性质的混合融资品种，能够平衡投资者与发行人利益。在具体条款设计时，也应该进一步贯彻与体现这一原则。具体来说，可以包括以下三个方面：其一，提高对投资者的吸引力与降低发行人筹资成本平衡；其二，保证发行人股权融资成功(转股)与维护现有股东关系的平衡；其三，发行人取得最佳筹资质量与转股后摊薄效应的平衡。基于以上考虑，我们按照债性条款、股性条款和其他条款三个方面对转债的条款进行分析。

(一) 债性条款

1. 票面利率

可转债的票面利率一般低于普通公司债券，有时还低于银行同期存款利率。一般采用逐年递进式利率，例如某软件行业上市公司发行的转债利率如下：第一年 0.5%，第二年 0.8%，第三年 1.1%，第四年 1.5%，第五年 1.8%，第六年 2%。

2. 到期偿还价格

到期偿还价格是指债券期满后按可转债票面金额上浮一定比例(含最后一期利息)的价格，向投资者赎回全部未转股的可转债。

到期偿还价格条款的设计实际是给予一直持股而未转股投资者的补偿(未转股的原因一般是因为市价低于转股价)。到期偿还价格越高，越有利于降低回收的可能性。到期赎回价格的合理设计能够提升可转债的债券价值，提高转债的投资吸引力，降低债券部分的发行利率水平。

3. 回售条款

回售条款是指当公司股价在一段时间内连续低于转股价格达到一定幅度时，可转债持有人可按事先约定的价格将所持债券卖给发行人。这是保护可转债投资者的重要条款。

4. 担保

相关规范规定主板和中小企业板公开发行可转换公司债券，应当提供担保，但最近一期末经审计的净资产不低于人民币 15 亿元的除外。创业板公开发行可转换公司债券并无相关的担保规定。担保方式可以是保证、抵押或质押。

(二) 股性条款

1. 转换比率和转股价格

转换比率是指每一单位可转债能换成的股票数量。

$$转换比率 = \frac{100}{转股价格}$$

转股价格也称转换价格，是指可转债转换为每股股票所需支付的价格，由公司与承销商协商确定后在可转债募集说明书中公布。它通常随公司股票拆细和股本变动而做出相应调整。一般而言，转换价格应该大于发行时的股票市价。否则就可能存在套利价格，使投资者获取无风险利润。

$$转换价格 = \frac{可转换债券的发行价格(一般为面值)}{转换比例}$$

2. 转股期限

转股期限是转债转换为股份的起始日至结束日的期间。相关规范要求转债自发行结束之日起 6 个月后方可转换为股票，转股期限由公司根据可转换公司债券的存续期限及公司财务状况确定。从发行实践来看，绝大多数转债设置为自发行后 6 个月开始转股。一般而言，转股期越长，转股成功的可能性越大，转债的期权价值越大，对投资者越友好。

3. 转股价格例行调整

相关规范要求募集说明书应当约定转股价格调整的原则及方式。发行可转债券后，因配股、增发、送股、派息、分立及其他原因引起上市公司股份变动的，应当同时调整转股价格。

4. 转股价格向下修正条款

转股价格向下修正条款也是转债方案中可以灵活设计的看点之一，是增强转债股性、促进转股的重要条款。如果发行人股价持续低于当期转股价格，发行人则可向下修正转股价格，从而促进投资者转股，并且避免回售压力。也就是说，此等条款有利于发行人在股价低迷时实现股权融资的目的，并且避免投资者选择回售时带来的资金压力。

5. 赎回条款

当公司股份在一段时期内连续高于转股价格达到某一幅度时，公司可按事先约定的价格，买回发行在外的可转债。这是保护发行人及原有股东利益的条款。

当转债发行后，股价上涨并大幅高于转股价格时，投资者以初始转股价格转股，实际上意味着上市公司是以远低于当时市价的价格增发股票，对上市公司的利益不利。赎回条款的设置实际是设置市价相对于转股价格的最大溢价幅度(或者说是转股价格相当于市价的最高折扣度)。

赎回条款有利于促进转股，也被称为"加速条款"。在实践中，即便发行人股价大幅高于转股价格，仍然有投资者不愿意转股，除部分是因为期待发行人股价继续上涨外，还因为转债本身也存在交易所交易，其交易价格也会随着股价的上涨而上涨，部分投资者直接通过交易转债获利，而不愿意轻易转股。在这种情况下，如果设置强制性的赎回条款，投资者就可能为了避免赎回而选择转股，使得发行人的股权融资目的得以实现。实践中可以考虑将转股价格修正条款设置为：可转债转股期内，股票连续 30 个交易日中至少 15 个交易日的收盘价格不低于当期转股价格的 130%(含 130%)，或者当未转股余额少于 3000 万时，公司有权按照债券面值加当期应计利息的价格赎回全部或部分未转股的可转债。

(三) 其他条款

1. 发行规模

相关规范要求发行后累计公司债券余额不超过最近一期末净资产额的 40%；最近三个会计年度实现的年均可分配利润不少于公司债券一年的利息。

2. 债券期限

相关规范要求主板、中小企业板转债期限最短为一年，最长为六年，创业板最短为一年。建议规范允许范围内，尽量发行期限较长的转债。原因在于，由于投资者看重股性，投资者对转债期限要求并不敏感，但对于发行人来说，转债期限较长可以增加转股灵活性，提高转股概率。

3. 可转换公司债券的最低价值

可转债具有债权和期权的双重属性，可转换公司债券持有人可以选择持有债券至到期日，要求公司偿还本息；也可以选择在约定的时间内转换成股票，享受股利分配带来的收益或股票价格上涨带来的资本增值。可转债的纯债券价值是指在可转债仅当作债券持有的情况下的市场价值，而可转债的转换价值是指当可转换公司债券转换为普通股票时，这些可转换债券所能够取得的价值。转换价值的计算方法是：将每份债券所能够转换的普通股票的份数乘以普通股票的当前价格。

因此，可转债拥有两个价值底线：纯债券价值和转换价值。纯债券价值由票面利率和收益率来决定，而转换价值由公司的基本普通股票的价值来决定，随着公司股票价格的涨落，转换价值也相应地涨落。

$$转换价值 = 标的股票现价 \times 转换比例$$

可转债的最低价值即可由可转债的纯债券价值和转换价值两者中的较大者决定：

$$可转债的最低价值 = \max\{纯债券价值，转换价值\}$$

4. 优先配售

相关规范规定，转债可以全部或者部分向原股东优先配售，优先配售比例应当在发行公告中披露。原股东放弃配售的部分，向市场公开发行。由于转债受到市场欢迎，且没有锁定期，相当于存在一定的无风险收益。因此，从维护现有股东利益角度出发，一般采取全部或者绝大部分(例如 80%)对原股东优先配售的方式。

5. 评级

相关规范规定，公开发行可转换公司债券，应当委托具有资格的资信评级机构进行信用评级和跟踪评级，资信评级机构每年至少公告一次跟踪评级报告。

二、发行可转换公司债券的优势

(一) 发行时间无间隔期限制

与优先股一样，转债不受再融资18个月的时间间隔的限制。这包括以下两个方面：

(1) 前次再融资无论是什么产品，本次发行转债均不受18个月时间间隔限制。

(2) 本次发行转债的，下次再融资无论发行什么品种，均不受18个月时间间隔限制。

(二) 债券利率低，转股不折价，对上市公司极为有利

在转股前，转债体现为公司债券，由于有转股期权的存在，其票面利率水平远低于公司债券(通常为0.5%～2.0%)，而且与公司债券的利率水平受发行人的信用评级水平影响重大不同，转债的利率确定受发行人的信用评级水平影响程度较低。

按相关规范，转股价格不能低于募集说明书公告日前20个交易日该公司股票交易均价和前1个交易日的均价。这一价格的确定比公开增发更为严格，尽管都是市价定价，但公开增发是要求仅满足两个标准之一即可(招股意向书公布前20个交易日均价或前1个交易日的均价)，而转债是要求同时满足两个标准。尽管如此，由于转债的转股期限较长且有债券的保底功能存在(投资者可以选择不转股而持有到期)，投资者在认购转债时并不会过多计较转股价格与当前市价是否有折价。因此，相对于公开增发的市价发行而言，转债由于转股价格设置更为严苛，以发行当时的股价计，折价效应更小，对老股东的利益摊薄也更少。

(三) 募集资金投向相对宽松

根据监管部门的窗口指导意见，转债募集资金投向除用于具体募投项目外，可将不超过30%的部分用于补充流动资金或偿还贷款(允许补流或还贷的金额上限要符合窗口指导的计算原则)。

(四) 对盈利指标的摊薄较为缓和

股权再融资品种都面临发行后股本迅速扩大、短期会立即摊薄每股收益和净资产收益率的问题，但转债需要进入转股期才能转股，且转股一般会经历一个过程，因此无即时摊薄效应，而且总体上讲摊薄效应较为缓和。

(五) 适用于资产负债率不高的上市公司优化财务结构

转债具有债券和股票的双重特征，使用得当可以优化公司的财务结构，特别是对于资产负债率较低的企业而言，转债在转股前体现为公司的债券，可以提升公司杠杆率、优化财务结构，在当前再融资需要审核的情况下，也有利于说明进行再融资的合理性。

(六) 发行风险小

由于转债兼具股权与债权的混合特性，且兼顾了上市公司和投资者的诉求，其使投资者能够在风险极小的情况下享受上市公司股价上涨的无限收益，因此总体上，发行可转换公司债券的风险较小，可以在各种市场环境中启动发行。

(七) 转债条款设计空间较大，可以满足上市公司更多诉求

与其他再融资品种相比，转债的条款选择与条款具体内容设计有更大的灵活性和适应性。发行人如果能够合理设计并灵活使用回售权、赎回权、转股价格向下修正条款等，就能够满足上市公司的更多诉求，也能更好地满足不同投资者的需求。

(八) 政策支持力度大，审核时间短，通过概率高

由于转债有最高的财务条件要求与规模限制，能够发行转债的上市公司一般业绩较好、资产规模相对较大，代表着市场上最好的上市公司群体，因此证监会一直对转债发行持支持态度，体现为审核时间短、通过概率高。

三、发行可转换公司债券的劣势

(一) 财务盈利条件要求高

主板、中小企业板上市公司要求最近 3 个会计年度加权平均净资产收益率平均不低于6%，扣除非经常性损益后的净利润与扣除前的净利润相比，以低者作为加权平均净资产收益率的计算依据。创业板上市公司实施增发要求连续两年盈利，且资产负债率不低于45%。

(二) 发行额度受限制

相关规范要求发行转债后，累计债券余额不超过最近一期末净资产的 40%；最近三年实现的年均可分配利润不少于公司债券一年的利息。前面一个要求直接限制了转债发行的规模，后面一个要求也有可能对转债发行的规模有所限制。需要注意的是，这里的 40% 不是仅指本次发行的额度占发行人净资产的比例，而是指本次发行后累计债券余额占净资产的比例。由于近年来公司债券市场得到迅猛发展，很多上市公司发行了公司债券，因此在计算本次转债额度时，要进行相应的扣除。

(三) 主板、中小企业板规模较小的公司发行转债需要提供担保

根据相关规范，对于主板、中小企业板公司而言，净资产低于 15 亿元的公司发行转债应当提供担保。担保应当为全额担保，担保范围包括债券的本金及利息、违约金、损害赔偿金和实现债券的费用。以保证方式提供担保的，应当为连带责任担保，且保证人最近一期经审计的净资产额应不低于其累计对外担保的金额。证券公司或上市公司不得作为发行可转债的担保人，但上市商业银行除外。设定抵押或质押的，抵押或质押财产的估值应不低于担保金额。估值应经有资格的资产评估机构评估。

由于投资者更偏重看待转债的股性，是否提供担保(对债性的保障)并不会对转债的发行难度、发行利率造成影响，因此，除法规要求的公司外，发行人一般不会对转债进行担保。

四、可转换公司债券的发行条件

上市公司发行可转换公司债券，除了要符合本章第二节中公开增发须满足的一般条件

外，还必须符合以下条件：

(1) 最近 3 个会计年度加权平均净资产收益率平均不低于 6%。扣除非经常性损益后的净利润与扣除前的净利润相比，以低者作为加权平均净资产收益率的计算依据；

(2) 本次发行后累计公司债券余额不超过最近一期末净资产额的 40%；

(3) 最近 3 个会计年度实现的年均可分配利润不少于公司债券 1 年的利息。

按照我国的规定，可转换公司债券的期限最短为 1 年，最长为 6 年，每张面值 100 元。可转换公司债券的利率由发行公司与主承销商协商确定，但必须符合国家的有关规定。

公开发行可转换公司债券，应当委托具有资格的资信评级机构进行信用评级和跟踪评级，资信评级机构每年至少公告一次跟踪评级报告。但如果发行公司最近一期末未经审计的净资产低于人民币 15 亿元的，应当由担保机构提供全额担保，担保范围包括债券的本金及利息、违约金、损害赔偿金和实现债权的费用。若担保人以保证方式提供担保的，应当为连带责任担保，且保证人最近一期经审计的净资产额应不低于其累计对外担保的金额。

第五节　上市公司发行可交换公司债券

可交换公司债券是指持有上市公司股份的股东发行在外的在一定期限内依据约定的条件可以交换成该股东所持有上市公司股份的公司债券。此外，可交换公司债券是上市公司股东的融资方式，而不是上市公司的融资方式。需要注意的是，由于可交换公司债券是一种公司债券，其发行人必须具备公司形态，因此上市公司的自然人股东不能发行可交换公司债券。

实质上，可交换公司债券是传统意义的债务和拥有看涨期权双重性质相结合的债券：一方面，发行人存在按照约定付息和到期还本付息的义务；另一方面，投资者将债权按照约定的转股价格(约定转股价格通常高于发行日上市公司股价)交换上市公司股份，类似于看涨期权。

一、我国可交换公司债券的市场情况

2008 年，证监会发布了《上市公司股东发行可交换债券试行规定》，首次提出可交换公司债券。当前，可交换公司债券规模偏小。2011 至 2019 年股权融资方面(包括 IPO、增发、配股、优先股、可转换公司债券和可交换公司债券等)，可交换公司债券金额仅占股权融资总额的 3.18%，发行可交换公司债券的企业数仅占股权融资企业数的 4.34%。伴随着股市行情的发展，可交换公司债券逐渐受到上市公司股东的青睐。根据 Wind 数据，可交换公司债券在 2017 年达到发行最高峰，整年度 93 家企业发行该品种债券，发行金额 1251.78 亿元。从我国可交换债券市场发展来看，虽然 2008 年就发布了可交换债券试行规定，但直至 2013 年才成功发行第一只可交换债券，随后发行数量和发行规模开始迅猛增加，于 2017 年达到顶峰，2018 年下降为 2017 年的一半，2019 年又有所回升。

二、可交换公司债券的分类

(一) 偏股型和偏债型

按照换股难易程度，可交换公司债券分为偏股型和偏债型，两种类型的显著特点见表6-5。

表 6-5　偏股型和偏债型可交换公司债券的比较

比较项目	偏 股 型	偏 债 型
资金成本	综合融资成本一般低于 4%	综合融资成本一般高于 4%
换股价格	溢价率低于 20%	溢价率高于 20%

注：综合融资成本包括票面利率和回购利率。

对于可交换公司债券，债券投资收益(即债券发行人成本)由综合利息收益和期权收益构成，而资金成本和换股价格既分别影响票面利息收益和期权收益，也相互影响。在债券投资者要求一定债券投资收益的情况下，对于偏股型可交换公司债券，债券发行人一般要求低成本融资而不介意股份稀释，则综合融资利息较低，但为满足债券投资者对债券收益的要求，只能降低换股溢价率，以满足期权收益的期望；对于偏股型可交换公司债券，债券发行人不希望股份稀释而不对融资成本过多要求，则提出较高换股溢价率，增加换股难度，期权收益有限，但为满足债券投资者对债券收益的要求，只能提高综合融资利息，增加综合融资收益。

(二) 公募和私募

按照债券发行的方式，可交换公司债券可分为公募(公开发行)和私募(非公开发行)，两种方式的显著特点见表 6-6。

表 6-6　公开发行和非公开发行可交换公司债券的比较

比较项目	公 募	私 募
审批	证监会审批	交易所预审，证监会简易程序
发行对象	大公募为公众投资者和合格投资者，小公募为合格投资者，均无数量限制	合格投资者，每次发行对象不超过 200 人
担保评级	以股票质押，须经评级机构评级	以股票质押，无评级要求
交易机制	交易所交易	转让
发行要求	净资产不低于 3 亿元； 最近三年平均净利润不少于债券一年利息； 质押股票不存在限售或其他交易冲突情况； 标的股票的公司净资产不低于 15 亿元或近三年加权平均净资产收益率平均不低于 6%	股票在换股期不存在限售或交换冲突的情况； 无净资产和盈利要求
质押率	发行金额不超过标的股票按募集说明书公告日前 20 个交易日均价计算的市值的 70%	质押股票数量应当不少于预备用于交换的股票数量
换股期	发行结束日起 12 个月后	发行结束日起 6 个月后

私募可交换债券审批难度较小、发行条件相对宽松，但因发行对象限制和交易限制，融资成本相对较高；公募可交换债券投资群相对广泛且可在交易所交易，融资成本相对较低，但审批难度较大(不亚于 IPO)、发行条件相对严格。

三、可交换公司债券的主要功能

对投资者来说，可交换公司债券是一种"保本+浮动收益"的投资品种：转股前为债券，发行人有还本付息义务，在不违约情况下，投资者能够保本并获取一定的固定收益；若二级市场上股价上涨，则投资者可选择换股，享受换股带来的溢价收益。对发行人来说，可交换公司债券是一种拥有换股期权的债券。在换股之前，可交换债券由于其换股期权的存在，作为债权的融资成本有可能大幅下降，是一种好的债务融资工具；如果成功换股，则成为一种债权融资工具。对于私募可交换公司债券来说，尚处于限售期的股份也可以作为换股标的，只是需要在条款设计时将转股期设计在解除限售之后。

作为可交换公司债券，特别是私募可交换公司债券，由于其条款的灵活性，可以实现多种功能。目前我国可交换公司债券普遍使用的是融资功能与减持功能。

(一) 融资功能

上市公司股东通过发行可交换公司债券来融资，相对于股权质押贷款，在融资额度、融资成本等方面具备一定的优势。

(二) 减持功能

可交换公司债券赋予了债券持有者一个换股期权。当投资者选择换股时，相当于发行人以所持有的上市公司股权偿还了对可交换公司债券投资者的负债，对发行人来说，也就实现了其所持上市公司股票的减持。相对于直接在二级市场竞价交易出售和大宗交易出售，上市公司通过发行可交换公司债券来实现减持目的，具备多重优势。

(三) 套利功能

通过将可交换公司债券(上市公司股东通过实现转股而减持股票)与其他资本运作工具(例如上市公司通过定向增发增持股票)相结合，上市公司股东可以进行"逆周期"管理，实现低买高卖股票的套利和价值发现功能。

(四) 员工激励功能

通过向员工持股计划发行可交换公司债券并设置一定的考核条款，上市公司股东可以实现员工激励的目的。

(五) 并购重组的支付工具功能

上市公司在并购中使用可交换公司债券作为支付工具，可以平衡收购方与出售方的利益。

四、可交换公司债券的特点

(一) 融资成本低

可交换公司债券融合了债券和期权的特点：一方面，可交换公司债券在换股期内可交换标的股票，股票价格的波动带来的期权收益的潜力一定程度上满足债券投资者投资收益的期望，从而愿意降低固定融资收益的要求；另一方面，因用股票质押，提高了债券风险保障水平，因此可交换公司债券的融资成本一般低于银行贷款利率和同期限同信用评级的融资工具利率。

(二) 有利于进一步分散投资风险

可交换公司债券发行人负有到期还本付息的义务，而可交换公司债券的标的股票亦是投资者的保障，因此债券发行人和标的股票的上市公司的经营状况均影响债券价值。当债券发行人经营风险加大时，投资者可通过换股保障投资权益；当标的股票风险加大，投资者可选择持有债券。同时，若彼此独立的债券发行人和标的股票的上市公司产业相关度较低，更有利于分散风险。

(三) 有利于优化标的股票上市公司股权结构

标的股票上市公司股权过于集中，流通股比例不足，难以充分发挥资本市场的作用。标的上市公司股东通过发行可交换公司债券，以释放一定股权比例的代价引进实力的投资者，有助于提高流通股比例，加强资本流动，进一步活跃股性，推动上市公司高质量发展。

(四) 缓解上市公司股票减持压力

上市公司股东考虑投资战略或未来发展，可能需要减持上市公司股票，但通常二级市场或大宗交易减持均不利于上市公司股价稳定和股东实现投资收益。通过可交换公司债券，股东可获得低成本融资，还可以在溢价的情况下有序地减持股票，从而缓解上市公司股票减持的巨大压力。

(五) 有助于降低债券发行人融资风险

可交换公司债券有助于债券发行人降低融资风险。一方面，可交换公司债券融资成本较低，债券发行人支付较低的利息融入资金，降低了财务风险；另一方面，可交换公司债券含有期权性质，投资者选择换股后，减少或解除了债券发行人还本付息的压力。

五、可交换公司债券的发行条件

申请发行可交换公司债券，应当符合下列规定：

(一) 申请人资格

申请人应当是符合《公司法》《证券法》规定的有限责任公司或者股份有限公司；公司组织机构健全，运营良好，内部控制制度不存在重大缺陷。

(二) 财务指标

公司最近一期末的净资产额不少于人民币 3 亿元；公司最近 3 个会计年度实现的年均可分配利润不少于公司债券一年利息。

(三) 债务情况

本次发行后累计公司债券余额不超过最近一期末净资产额的 40%；本次发行债券的金

额不超过预备用于交换的股票按募股说明书公告日前 20 个交易日均价计算的市值的 70%，且应当将预备用于交换的股票设定为本次发行的公司债券的担保物；经资信评级机构评级，债券信用级别良好。

(四) 交换标的股票要求

与被用于交换的上市公司股票应当符合下列规定：

(1) 该上市公司最近一期末的净资产不低于人民币 15 亿元，或者最近 3 个会计年度加权平均净资产收益率平均不低于 6%。扣除非经常性损益后的净利润与扣除前的净利润相比，以低者作为加权平均净资产收益率的计算依据；

(2) 用于交换的股票在提出发行申请时应当为无限售条件股份，且股东在规定的换股期间转让该部分股票不违反其对上市公司或者其他股东的承诺；

(3) 用于交换的股票在本次可交换公司债券发行前，不存在被查封、扣押、冻结等财产权利被限制的情形，也不存在权属争议或者依法不得转让或设定的担保的其他情形。

六、再融资的承销风险

由于上市公司再融资时，股票市场的强弱是其不可控制的因素，而股票市场的强弱严重影响到再融资的成功与否。因为再融资的股票价格和发行公司的现行股价有一个比照关系，一旦股价跌破再融资的发行价格，上市公司新发行的股票将难以出售，从而使投资银行遭遇到承销风险，严重的可能由此而导致公司的亏损甚至倒闭。

再融资承销风险是投资银行在承销中必须面对的风险，但是，投资银行可以采取一定的措施来防范风险，具体而言，可以有以下几个风险防范的措施。

(1) 选择行情好的时候进行再融资，避免在市场恶化时承揽再融资业务。

(2) 选择好的承销方式。在承销风险较大时，投资银行可以选择代销方式，这样就避免了发行失败时投入大量的资金来包销股票。在我国，《上市公司证券发行管理办法》明确规定了配股时必须采用代销方式。

(3) 选择好的上市公司。上市公司后期成长性是其再融资计划能否顺利实施的关键因素。因此，对于好的上市公司，虽然整体市场的行情欠佳，但如果具有后期成长性，且发行价格合理，那么，还是能够顺利发行的。

(4) 与投资者进行充分沟通。

(5) 创新发行方式。比如，可以采用类似于"货架登记"的发行方式，在批准进行再融资后，投资银行可以帮助发行人先进行证券登记，然后可以在登记后两年内分批出售新证券。当市场机会较好时，发行公司就发出一个简短的公告且可以随时从货架上取下证券进行销售。投资银行还可以在实践中探索新的发行方式。

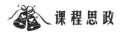 课程思政

再融资新规出台　着力服务民族企业成长

2021 年 10 月，青海辖区正平股份、青青稞酒分别披露非公开发行 A 股股票的发行情

况报告书，公司非公开发行股票事项圆满完成。正平股份主要从事交通、水利等基础设施投资建设，青青稞酒主要从事白酒生产销售，两家公司以非公开发行股票的方式，分别发行 1.40 亿股、0.23 亿股新股，实际募集资金 4.40 亿元和 4.12 亿元，募集资金均用于公司主营业务的发展，有效缓解了企业资金紧张的局面，解决融资难融资贵的突出问题，助推公司提升发展质量和产业效益，增强核心竞争力。这是辖区上市公司自 2017 年以来首次利用资本市场完成股权融资，实现了"十四五"开局之年的"开门红"。同时，对于持续优化青海省企业融资环境、增强市场信心具有重要意义。

作为全面深化资本市场改革的重点举措，证监会于 2020 年 2 月发布实施再融资新规，从优化发行价格和锁定期限、精简发行条件、延长批文有效期等方面进行调整，进一步降低再融资门槛，改善融资环境，市场对此反应热烈。再融资新规的出台，为上市公司利用资本市场发展壮大提供了难得的机遇。青海省政府联合相关部门做好政策宣传，深入一线调研，支持辖区上市公司抢抓政策机遇，切实提高利用新规融资发展的积极性。

时代是思想之母，实践是理论之源。国家及有关部门立足辖区资本市场发展实际，进一步探索和创新培训方式，协调专业师资，凝聚各方力量，紧抓上市公司"关键少数"，通过形式多样的培训教育促进辖区上市公司质量持续提高，助力民族企业加速成长，牢牢把握时代特征，着力解决时代难题，在全面建设社会主义现代化国家的伟大实践中，不断推进理论创新、进行理论创造，为中国经济发展加速，为早日实现强国目标加速。

本 章 小 结

本章主要介绍了上市公司再融资的条件与方式选择，上市公司发行新股，上市公司发行优先股，上市公司发行可转换公司债券，上市公司发行可交换公司债券等理论。

上市公司再融资的方式包括银行贷款融资、债券融资、股票融资、混合融资等，本章所指的上市公司再融资专指在资本市场的再融资。上市公司再融资，是资本市场的重要活动之一，也是公司重要的融资手段之一。

当下，融资十分重要，金融资本市场的良性变化使得上市公司融资方式多元化。一个上市公司不仅可以向银行贷款，还可以用发行证券的方式来筹资。除此之外，也可以通过配股、增股以及债转股来缓解资金短缺问题。上市公司再融资处于不断变化的过程，上市公司再融资的偏好随着政策与市场环境的不同表现出了完全不同的风格。而中国上市公司无一例外地倾向于股权再融资。

 **案例阅读**

上海首单区级国资可交换公司债券

2020 年上半年，上海市北高新集团有限公司(以下简称"市北高新集团")通过锁定低成本 SCP(超短期融资券)、推进 CMBS(商业不动产抵押贷款资产支持证券)试点、成功发行可交换公司债等创新手段，满足公司投资需求，为企业可持续发展奠定坚实基础，不仅如此，市北高新集团还通过银企对接会等形式，全面对接各类银行，支持园区发展，解决入驻企业融资需求。

在多种融资创新手段中，其成功发行的可交换公司债券较为突出，是上海市首单区级国有控股股东发行的可交换公司债券。

一、低利率可交债

市北高新集团委托海通证券、中泰证券联合承销的期限为 3 年的 12 亿元非公开发行的可交换公司债券，票面利率虽然仅 0.50%，但在簿记当天换股溢价率达到 13.93%的情况下，仍然获得了全场 3.96 倍的认购倍数，这充分体现了广大投资者对市北高新园区的高度认可。

市北高新集团有关人员说道："可交换债准备期一般需要一年左右，公司 2018 年就向上级主管部门汇报了这一产品，2019 年启动申报并获得批文，为这次顺利发行创造了条件。此次可交换债的另一个亮点是'大道至简'，简化了条款的设置，稳定了投资人预期，由此获得了较好的市场反馈。"

面对新冠肺炎疫情的侵袭，市北高新集团坚持疫情防控和经济工作齐头并进，着力确保朝着完成全年目标任务迈进。此次发行可交换公司债券，是为了推动新一轮"数智市北"高质量发展，同时有效降低财务成本、优化财务结构、提升资金效益等，在条款设计、竞价形式等诸多方面都有独到创新。

二、锁定低利率

除可交换公司债券外，2020 年 6 月，上海清算所发布消息，市北高新集团 2020 年度第二期超短期融资券发行完成，实际发行总额为 5 亿元，利率 1.66%，期限为 9 年。6 月23 日，市北高新股份随即发布公告，公司董事会已作出决议，计划采用 CMBS 模式，以公司全资子公司欣云投资所持有的市北·壹中心房屋所有权及对应土地使用权作为资产支持，以目标物业产生的现金流作为支撑，通过设立信托计划，并以相应信托受益权作为基础资产发起设立不超过人民币 21 亿元的资产支持专项计划。7 月，市北高新集团以其持有的上海市北高新股份有限公司部分 A 股股份为标的非公开发行 3 年期、12 亿元可交换公司债券。

三种融资手段看似不同，却有着共同的特点，就是低利率。通过邀标报价方式锁定90×3(270 天)SCP 成本为 1.66%～1.73%，较发行时市场价低了 30 个 BP 以上；试水资产证券化 CMBS，18 家金融机构热烈角逐，中标价为中证指数下浮 59 个基点，发行规模达到 21 亿元，可以大幅度节约财务成本；抓住难得窗口，成功发行 3 年期 12 亿元可交债，补偿利率为 0，即年化利率等于票面利率，低至 0.5%，同基准利率比较，3 年可节约财务费用逾 1.6 亿元。

融资难，融资贵，一直是困扰企业发展的难题。市北高新的一系列融资操作，开拓了公司融资渠道，提高了资产的流动性，增强了现金流的稳定性，更有利于提高公司资金使用效率，优化资产结构。市北高新集团董事、总会计师吴浩表示，基于宏观形势和企业自身发展的需求，公司不断转型升级，财务部门长期准备，为成功发行可交换债、CMBS 的成功推出打下了基础。

三、风险与机遇

2019 年，市北高新营业收入达到 20 亿元，净利润达到 2.79 亿元，经济效益和综合实力进一步提升，企业还在区属企业中率先实现 AAA 信用评级。集团财务部门始终与金融机构保持良好的沟通，在充分了解的基础上，能够使其正确地评估风险。有关人员说："一方面，开诚布公地和合作伙伴交流，建立互信。另一方面，过往债券发行的良好表现，也给予市场信心。"市北高新获得了交易所和银行间市场的一致认可，平均利率水平较 2015 年大幅下降近 300 个基点。据了解，市北高新集团从产业载体开发商发展到精品园区运营商，直至实现全域园区服务商的转变。集团的核心业务主要包括产业地产开发运营、产业投资孵化、产业服务集成三部分。

在产业地产开发运营业务方面，其主要立足于"一区一城"：上海市北高新园区和市北高新南通科技城，通过市场招拍挂、参股合作等方式取得产业地产项目开发权，并根据项目招拍挂约定以及市场和产业定位对项目进行规划设计和施工建设，建成后销售或租赁给符合产业定位要求的企业客户，获取相应收入。

在产业投资孵化业务方面，依托公司旗下国家级科技企业孵化器和园区丰富的企业资源，以及与园区入驻企业的良好合作关系，公司通过多种方式择优对园区内的优秀企业进行股权投资，分享优秀企业高速成长的成果，为公司获得了良好的投资收益。

在产业服务集成业务方面，公司多年来已形成了具有鲜明特色的可复制的"市北高新园区产业服务体系"，已建立了多个特色服务平台，不断完善产业服务功能，深化产业服务内涵，并已成功实现了品牌服务业务的输出。

"围绕企业规划，我们坚持一张蓝图画到底。"吴浩表示。由此，市北高新走出了一轮逆周期表现，资产规模实现高速增长，从 2016 年的 212 亿元发展到目前的 300 亿元。截至 2019 年末，市北高新集团持股市值 104.76 亿元，所有者权益大幅上升，实现了国资保值增值。

虽然 2020 年新冠肺炎疫情暴发是意外，但市北高新处变不惊，临危不乱，不管是抗疫还是复工复产，始终走在市场前列。充足的资金储备也使其发展底气十足。2020 年 2 月 18 日，上海市北高新以 21 亿元摘得园区 N070501 单元 22-02 地块，这是疫情暴发以后静安区出让的第一幅地块。随着该地块花落市北高新，园区倾力打造的"静安市北国际科创社区"项目完成了最后一块拼图，极大地提振了市场整体信心。

随着该地块的成功摘牌，上海静安区将持续加码支持市北高新园区，以"打造中国大数据产业之都、建设中国创新型产业社区"为总体目标，再造一个千亿级、升级版的未来科创新城。

(资料来源：金琳. 市北高新发行上海首单区级国资可交换公司债券[J].上海国资，2020(04)：70-72)

 问题

试结合案例，分析发行可交换公司债券的优点。

复 习 思 考 题

一、名词解释

配股　公开增发　非公开增发　可转换公司债券　可交换公司债券　优先股　回售条款

二、选择题

1. 以下哪些不是定向增发的特点(　　)。

A. 原股东无优先购买权　　B. 募集资金量较多　　C. 股价往往受利好刺激而上升

2. 以下哪些是上市公司选择再融资方式时的考虑因素(　　)。

A. 市场因素的影响　　　　B. 融资规模的限制　　C. 方案涉及的自主性

3. 优先股股东按照确定的股息率分配股息后，根据是否有权同普通股股东一起参加税后利润分配，可分为(　　)。

A. 参与优先股和非参与优先股

B. 累积优先股和非累积优先股

C. 可转换优先股与不可转换优先股

4. 根据关于企业并购成因的"价值低估论"，企业并购的主要动因是(　　)。

A. 提高市场占有率　　　　　　B. 追求多元化经营

C. 实现规模经济　　　　　　　D. 避免较高的新建成本

5. 投资银行主要以(　　)的身份参与公司的资产重组和并购的策划与实施过程。

A. 发行承销商　　　　B. 做市商　　　　C. 项目融资顾问　　　D. 财务顾问

三、简答题

1. 我国上市公司再融资的方式有哪些？

2. 上市公司再融资需要考虑哪些因素？

3. 分析上市公司配股的优势和劣势。

4. 发行可转换债券的优势包括哪些？

5. 试比较私募可交换债与公募可交换债。

四、计算题

昌德公司 6 个月前发行了可转换公司债券。面值 100 元，设计转股价格为 25 元，目前股票市价 28 元。试计算转换比率和无风险利润。

第七章　企业并购与重组

【学习目标】

掌握并购的概念、动因、主要形式，以及公司并购的一般流程；掌握杠杆收购的概念和操作程序；掌握企业反收购的主要策略。

案例导入

雷科防务的转型升级之路

江苏雷科防务科技股份有限公司(以下简称"雷科防务")创建于 2002 年，注册资本为 109 317.19 万元，于 2010 年 5 月成功上市。企业最初依靠研发、生产家电散热器与冷凝器等相关产品获得业务收入，受制于行业遇冷、技术落后等因素，公司业绩不佳，一度出现亏损状况。雷科防务为实现转型升级，于 2016 年 6 月成功收购西安奇维科技股份有限公司(以下简称"奇维科技")。与 2015 年公司年报数据相比，2016 年雷科防务的总资产与股本分别增长了 61% 与 244%。上述情况的发生与将奇维科技纳入企业报表有直接关系，公司通过发行股份从而募集配套资金以及购入生产厂房、生产检测设备等。

奇维科技创立于 2004 年，并于 2014 年 1 月 24 日成功挂牌新三板，地处国家级西安高新技术开发区，以计算机软硬件、电子产品、工业自动化设备及零配件的研发、制造、销售为主营业务，产品面向军工高端用户群体。公司通过依托核心技术，致力于嵌入式计算机系统、固态存储系统以及保障设备维护等方向的发展，其中针对军工用户个性化需求的产品定制系列以嵌入式计算机产品为代表，以针对性强、可靠性高的特点运用于机载、弹载等领域。公司拥有完全自主知识产权的大容量固态存储系列产品销量最为突出，此外，公司具备完整军工准入资质，是国内十大军工集团及科研院所的优秀供应商。上市公司雷科防务转型升级领域与新三板公司奇维科技业务经营衔接性强，雷科防务正是看到了该行业领域的发展前景，从而积极推进两方合作。

雷科防务并购奇维科技后积极推进产业布局，实现了规模化发展。2015 年 11 月，雷科防务发布公告称，拟采用现金支付与发行股份的方式收购新三板公司奇维科技 100% 的股权，作价 8.95 亿元，企业拟按照 35.31 元/股的价格向交易对方发行 1521 万股，其次采用现金方式支付剩余对价。交易完成后，雷科防务将进一步拓宽军工电子信息产业规模，加大企业在军工行业领域内的业务布局。2016 年 7 月，上市公司雷科防务与新三板公司奇维科技正式完成并购重组项目，奇维科技现成为雷科防务全资子公司。奇维科技被并购重组前的 2013 至 2015 年，分别实现净利润 275 万元、858 万元、808 万元，营业毛利率为 52%、55%、60%，盈利能力呈现稳步上升趋势，有良好的发展市场与前景。

(资料来源：刘亚茹. 新三板中小企业并购重组案例分析[J]. 财会通讯，2019(23)：79-82)

第一节 并购与重组概述

一、并购与重组的基本概念

并购重组分为并购与重组两部分。由于形成资产重组的大多数原因是并购，所以经常将其作为组合使用。需要说明的是，能构成资产重组的经济行为不局限于并购，例如股权转让、资产剥离、所拥有股权出售、资产置换等也可能形成并购重组。对并购重组来说，并购是方式和手段，达到资产的重组及优化配置是结果。

并购(M&A)没有严格的法律定义，通常指企业非经营性的资产或股权交易。一般而言，企业并购指企业兼并(merger)与企业收购(acquisition)，详细分类见图 7-1。

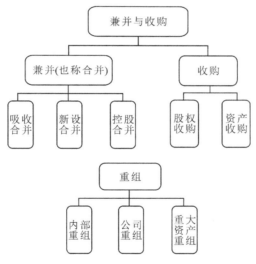

图 7-1 并购与重组的概念体系

(一) 兼并(也称合并)

兼并是指两家或两家以上的公司重新组合成一个公司的行为。企业兼并实际上就是两个或两个以上的企业根据契约关系进行股权合并，以实现生产要素的优化组合。《公司法》第一百七十三条规定：公司合并可以采取吸收合并或新设合并。实际应用中，一般将合并分为吸收合并和新设合并。

(1) 吸收合并：指将一个或一个以上的公司并入另一个公司，被吸收合并的公司解散的经济行为。吸收合并后，被合并方法人资格取消，融入合并方，成为合并方的一部分。

(2) 新设合并：指新注册一家公司，将所有合并意向方的资产与负债注入新注册公司中的经济行为。

（3）控股合并：指合并方在企业合并中取得对被合并方的控制权，被合并方在合并后仍保持其独立的法人资格并继续经营的经济行为。

（二）收购

收购是指投资者购买其他公司的部分或全部资产或股权以获得其他公司控制权的投资行为。根据交易的标的物不同，收购可以分为股权收购和资产收购。

（1）股权收购：指直接或间接购买目标公司的部分或全部股份的行为，使目标公司成为收购者的企业。收购者是目标公司的股东，需要接受目标公司的所有权利和义务。

（2）资产收购：指购买者按照自己的需求购买目标公司的部分或者全部资产。这种收购属于一般的资产买卖行为，收购者不必接受目标公司的债务。

收购须具备两个特征：一是实际控制权必须发生转移；二是标的必须构成业务。

其中，业务的定义为企业内部某些生产经营活动或资产的组合，该组合一般具有投入、加工处理过程和产出能力，能够独立计算其成本费用或所产生的收入，但不构成独立法人资格的部分，比如企业的分公司、不具有独立法人资格的分布等。若标的不构成业务，则该交易或事项不能形成收购。

（三）重组

重组是指实际控制人有计划地对公司资源进行重新配置，即由一种资源配置结构向另一种配置结构转换。重组一般可以分为内部重组、公司重组和重大资产重组。

（1）内部重组：由公司管理层主导的对公司内部资源的重组。

（2）公司重组：由公司实际控制人主导的对公司控制权的重组。

（3）重大资产重组：主要是指上市公司根据证监会关于重大资产重组管理办法要求，达到一定比例的资产收购或者出售，主要针对上市公司而言。

重组中配置的对象是公司资源，而实施重新配置的主体可能是公司管理层，也可能是公司的实际控制人，并购与重组的关系见图 7-2。

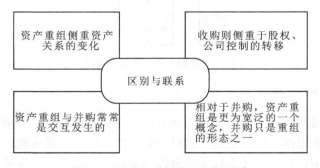

图 7-2　并购与重组的区别与联系

重组的具体范畴包括了资产、债务、资本以及综合要素的重组，重组的方向既可能是单向的也可能是双向的。而并购尽管广义上包括了资产并购，但更严谨的意义还是在于产权层面的重组，而且通常是单向的行为。当然，并购以后的公司整合过程往往更多地表现出重组的特征。另外，需要注意的是在上市公司重大资产重组过程中亦可能会涉及上市公司收购。

二、并购的类型

按照不同标准进行分类，并购可分为不同类型，如图 7-3 所示。

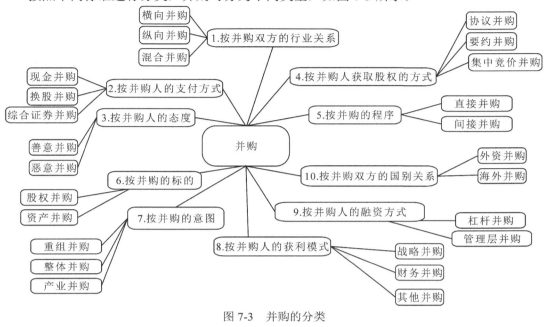

图 7-3　并购的分类

(一) 横向并购、纵向并购、混合并购

按照并购方与标的方所处行业的不同，并购可以分为横向并购、纵向并购、混合并购。

1. 横向并购

横向并购指同一产业或同一生产部门的企业之间发生的并购，或者说是两个(或两个以上)生产和销售相同或相似产品的企业之间的并购。横向并购由于规模效应而使企业的生产成本降低，提高企业的市场份额，从而增强企业的竞争力和盈利能力。这种并购方式可以发挥经营管理上的协同效应，便于企业在更大的范围内进行专业分工，采用先进的技术，形成集约化经营，产生规模效益。同时，横向并购容易破坏自由竞争，形成高度垄断的局面。

2. 纵向并购(垂直并购)

纵向并购指处于产业链上下游或者具有纵向协作关系的企业之间的并购。纵向并购除了可以扩大生产规模、节约共同费用，还可以使生产过程各个环节密切配合，加速生产流程，缩短生产周期、节约资源和能源。

3. 混合并购

混合并购指处于不同行业、在经营上也无密切联系的企业之间的并购行为。通过混合并购，一个企业可以不局限于在某一个产品或服务的生产上实行专业化，而可以生产一系列不同的产品和服务，从而实现多元化经营战略。混合并购有助于降低经营风险和提高进入新行业的成功率。

(二) 现金收购、换股收购、综合证券收购

按照支付方式分类，企业并购可以分为现金收购、换股收购和综合证券收购。

1. 现金收购

现金收购指以现金作为并购目标公司支付方式的收购活动。在这种情况下，目标公司的股东可以取得某种形式的票据，但其中不含股东权益，只是某种形式的、推迟了的现金支付。一旦目标公司的股东收到对其拥有股份的现金支付，就同时失去了对原公司的任何权益，这是现金收购方式的一个鲜明的特点。现金收购是企业并购活动中最明确而又迅速的一种支付方式，在各种支付方式中占有很高的比例。

(1) 现金收购的优点：从收购方角度看，以现金作为支付工具的最大优势就是速度快，可使有敌意情绪的目标公司措手不及，无法获取充足的时间实施反并购措施，同时也使与收购公司竞购的公司或潜在对手公司因一时难以筹措大量现金而无法与之抗衡，有利于收购交易尽快完成；对目标公司而言，现金收购可以将其虚拟资本在短时间内转化为现金，交割简单明了，目标公司不必承担证券风险，日后亦不会受到兼并公司发展前景、利率及通货膨胀率变化的影响，所以常常是目标公司最乐于接受的一种收购支付方式。

(2) 现金收购的缺点：对收购方而言，以现金收购目标公司，现有的股东权益虽不会因此而被淡化，但却是一项沉重的即时现金负担；对目标公司的股东而言，现金收购方式使他们无法推迟资本利得的确认，从而提早了纳税时间，不能享受税收上的优惠。

2. 换股收购

换股收购指收购公司直接向目标公司的股东发行股票，以换取目标公司的股票或资产。换股收购的结果是收购方取得了目标公司的大部分或者全部股票或资产，从而成为目标公司的控股股东，目标公司的一些原股东也成了收购方的新股东。对于大型的收购行为，尤其是带有产业整合性质的并购行为，涉及金额巨大，若只以现金方式收购，可能会因资金不足而流产，而采用换股方式就可以避免资金不足的问题，同时也有利于产业的整合。

换股收购可以发生在上市公司对上市公司的收购上，也可以发生在非上市公司对上市公司的收购上，前提是收购方必须为股份公司。换股收购的关键是换股价格的确定，一般采取溢价方式。

换股收购的特点在于：不需要收购支付大量现金，不必考虑资金筹措和资金成本问题，不影响企业现金流，不会造成不必要的资金短缺；目标公司股东不失去股权，仍然可以保留他们的所有者权益，这容易使他们从心理上接受收购；无论是单纯换股，还是增发新股，被收购方的股东被吸纳成为新股东，收购方的股权比例也会发生变化，股权会更加分散，即大股东股权被稀释，股东权益被淡化。

3. 综合证券收购

综合证券收购指收购者以现金、股票、认股权证、可转换公司债券等多种支付方式组合购买目标公司股票完成收购的行为。综合证券收购形式多样，集中体现了现金、股票、债券等各形式的优点，可取长补短，以定制化的方案满足并购双方的需要。

综合证券收购的特点在于：可以避免支出更多的现金；可以防止控股权转移；可以通过认股权证、可转换债券等支付方式吸引更多资金，有利于收购的顺利完成。

(三) 善意并购、敌意并购

依据收购方和标的方的合作态度,即同意与否,并购可以分为善意并购和敌意并购。

1. 善意并购(友好并购)

善意并购指并购公司与标的公司通过友好协商确定并购诸项事宜的并购。善意并购有如下特点。

(1) 主动性。由于善意并购通常既是收购方的意愿,也为标的方所认同,所以主动性来自并购的双方。双方有主动追求利益一致的共识。

(2) 协商性。并购虽然是在并购双方共同意愿的基础上产生的,但双方都会有自己的利益所在,因此就并购的价格、条件等问题进行的磋商不仅会在并购前期进行,而且会贯穿整个并购过程的始终。

(3) 互利性。一旦并购完成,并购方将最大限度得到预期利益,从而实现并购前所设定的目标。标的方也能得到一定的利益和效益,如获得新技术使其产品能够更快地更新换代,从而在市场上具有竞争力,还能得到更广阔的市场空间和更充足的资金。

2. 敌意并购

敌意并购指并购方不顾标的方的意愿而采取的强行的、非协商的购买行为。敌意并购有如下特点。

(1) 隐蔽性。敌意并购在公司公开并购前要制定严密的并购实施计划并保密,以防股价突然上涨,增加并购成本。

(2) 突然性。并购方通常事先不和标的方协商,而是自行选择并购目标、制定并购计划,并利用适当的时机宣布并购,使标的方措手不及。

(3) 破坏性。敌意并购是在违背标的方意愿的情况下发生的,结果往往会使标的方资产被拆散重组,打乱其原有的经营计划与目标,而且可能打破标的方所在行业的均衡。

(四) 协议并购、要约并购、集中竞价并购

依据并购人获取股权方式的不同,并购可分为协议并购、要约并购和集中竞价并购(举牌收购)。

1. 协议并购

协议并购指并购者在证券交易所之外,以协商的方式与被并购公司的股东签订并购其股份的协议,从而达到控制该上市公司的目的。此种并购方式较为简单,也是目前我国上市公司并购中较多采用的方式。

2. 要约并购

要约是指并购方向目标公司的所有股东发出的公开通知,要约中标明并购方将以一定的价格在某一有效期之前买入全部或一定比例的目标公司的股票。依据并购者并购目标公司股份的数量,要约并购分为部分要约并购和全面要约并购。依据并购是否出于法律义务,要约并购可分为自愿要约并购和强制要约并购。要约并购主要发生在目标公司的股权相对分散、公司的控制权与股东相分离的情况下。要约并购最重要的特点是要约对象为全体股

东。要约并购的市场化程度高、透明度好，是英美等证券发达国家的主要并购方式。

3. 集中竞价并购(举牌收购)

集中竞价并购指并购方通过证券交易所或者其他竞价交易系统，采用集中竞价交易的方式，直接购买目标方发行在外的流通的股票，从而达到控制目标方的一种并购行为。

(五) 直接并购、间接并购

按照并购的程序不同，并购可分为直接并购和间接并购。

1. 直接并购(Direct Merger)

直接并购指由并购方向目标企业提出所有权要求，双方通过一定的程序进行磋商，共同商定完成并购的各项条件，在协议的条件下达到并购目标的行为。直接并购又可分为向前并购和反向并购。

(1) 向前并购：目标企业被买方收购后，买方为了存续企业，目标企业的独立法人地位不复存在，目标企业的资产和负债均由买方企业承担；

(2) 反向并购：目标企业为了存续企业，买方企业的法人地位消失，买方企业的资产和负债由目标企业承担。并购双方究竟谁存续、谁消失，主要取决于会计处理、企业商誉、税负水平等相关因素。

2. 间接并购(Indirect Merger)

间接并购指并购公司并不直接向目标公司提出并购要求，而是通过在证券市场上大量收购目标公司已发行的和流通的具有表决权的普通股票，从而达到控制该公司的目的的行为。间接并购通常是通过投资银行或其他中介机构进行并购交易的，可分为三角并购和反三角并购。

(1) 三角并购：并购企业首先设立一个子公司或控股公司，然后，再用子公司或控股公司来并购目标企业。此时，目标企业的股东不是并购企业的股东，因此并购企业对目标企业的债务不必承担责任，而由其子公司或控股公司负责。并购企业对子公司的投资是象征性的，资本可以很小。设立子公司完全是为了并购目标企业而不是经营。并购企业通常是股份有限公司，其股票和债券是适销的。采取三角并购，可以避免股东表决的繁杂手续，而母公司的董事会则有权决定子公司的并购事宜，简便易行，决策迅速。

(2) 反三角并购：并购企业首先设立一个全资子公司或控股公司，然后该子公司被目标企业并购，并购企业用其拥有子公司的股票或股份交换目标企业新发行的股票，同时，目标企业的股东获得现金或并购企业的股票，以交换目标企业的股票，其结果是目标企业成为并购企业的全资子公司或控股公司。

(六) 股权并购、资产并购

按照并购的标的不同，并购可分为股权并购和资产并购。

1. 股权并购

股权并购即购买目标公司的股份。以这种方式完成并购交易的方法被称为股票购买法(Purchase of Stock Method)。通常情况下，并购公司在购买目标公司的全部股票后，目标公司将不复存在，并成为并购公司的一部分，而并购方则承担了目标公司所有的资产和负债。

2. 资产并购

资产并购即并购公司购买目标公司的全部资产或特定的部分资产。以这种方式完成并购交易的方法被称为资产购买法(Purchase of Assets Method)。目标公司的全部资产被并购后，将导致目标公司自行解散；而在并购公司只愿意购买某些特定资产的情况下，目标公司在出售部分资产后仍保持独立的法人资格，但公司的规模缩小了。由于并购资产方式是一种资产买卖行为，因此，并购方通常并不承担目标公司的债务。

(七) 重组并购、整体并购、产业并购

根据并购的意图不同，可以将上市公司的并购重组分为重组并购(重组上市)、整体并购(整体上市)和产业并购，这是我国上市公司并购重组实务中最常用的分类方法。

1. 重组并购

重组并购是指将企业资产、业务和人员等要素进行重新组合，按照《公司法》和《证券法》的要求设立股份有限公司并发行新股上市交易的活动。根据我国的监管实践及《证券法》等相关法律法规的规定，拟上市企业完成上市，需要经过中国证监会的审核。在监管实践中，一方面我国 IPO 的审核周期存在不确定性，审核压力较大，大量企业上市的需求未能得到及时满足；另一方面部分上市公司经营不善，业绩增长乏力，市值较低，丧失了上市的意义。在这种情况下，重组上市是我国拟上市企业的一种较为常见的上市形式。

重组并购中，需要在两方面进行平衡：一是资产方(即拟上市企业，法律上体现为上市公司并购的资产)股东与上市公司股东的商业利益平衡，核心的商业安排在于交易完成后双方的持股比例；二是重组上市须通过监管的审核，一般情况下，监管机构需要关注拟上市资产的资产质量、业务合规性、盈利预测的合理性等。重组上市在监管审核过程中等同于IPO，拟上市企业面临着较高的规范成本；重组并购会使资产方股东的持股比例稀释，相关商业成本较高；由于"壳"上市公司市值普遍较高，客观要求拟上市企业利润体量较大，同时资产方股东和上市公司股东一般会就相关商业细节安排进行激烈的博弈，交易达成的不确定性较大，因此每年重组上市的案例数量并不多，但由于重组上市实现了"壳"上市公司的"乌鸦变凤凰"，且重组上市的交易金额一般较大，因此获得了较高的市场关注度。

2. 整体并购

一个股份公司想要上市必须达到一些硬性的会计指标，为了达到这个目的，股东一般会把一个大型的企业拆分为股份公司和母公司两部分，把优质的资产放在股份公司，一些和主业无关、质量不好的资产放在母公司。股份公司成功上市后再用得到的资金收购自己的母公司，这就是整体并购。整体上市与借壳交易的主要差别在于，整体上市交易前后上市公司的实际控制人不发生变化。与借壳上市相同，整体上市也是股东驱动的关联交易行为，把股东资产注入上市公司，从而增加上市公司的资产质量并提高股东的权益比例。整体上市可以实现大股东资产的证券化。

3. 产业并购

产业并购是指与上市公司主营业务相同或者相关的并购方对该上市公司实施的并购行

为。它分为纵向并购和横向并购。产业并购是从产业结构变化的角度来解释并购动因的。跟重组上市和整体上市相区别，产业并购有以下特点：首先，产业并购是以上市公司作为主体来并购的，推动并购的主体不再是股东；其次，产业并购是向独立的第三方进行市场化的并购，交易条件主要是通过市场化的博弈谈判确定的；再次，产业并购具备一定的产业扩张逻辑，比如横向扩张，增加规模和市场占有率，或者向上下游拓展延伸产业链，增强抗风险能力，或者基于研发、客户等进行相关多元化拓展。

(八) 战略并购、财务并购、其他并购

按照收购人获利模式的不同，并购可分为战略并购、财务并购和其他并购。

1. 战略并购(Strategic Merger)

战略并购指出于企业发展战略利益考虑，以获取经营协同效应为目标的并购。这类并购涉及协同效应和成长战略目标，意味着并购后企业的全部收益超过了并购前单独存在时两家企业的收益之和，可以表示为"$1+1>2$"。按照这种解释，企业的横向并购、纵向并购，为实现产品的市场占有率而发生的并购活动，均属于战略并购。

2. 财务并购(Financial Merger)

财务并购主要通过资本市场上交易的买卖价差来获得收益。这类并购的主要动机在于并购方相信目标企业的价格低于其资产的内在价值，或者通过对目标方的并购能够给自身带来税收优惠等相关利益。财务并购被认为不包含或不存在经营协同效应，它通常是一种机会交易，因此并不符合企业的发展计划。这类并购多以杠杆并购的形式实现。

3. 其他并购

这里的其他并购是指对除战略并购、财务并购动机之外的并购综合归类，但它更可能是出于财务协同效应的目的，或者是受减少税负的驱动，以及出于企业主要管理人员的利益(动机)。其他并购也涉及没有明显的经营协同效应，这与财务并购有某些相似之处。

(九) 杠杆并购、管理层并购

按照并购人融资方式的不同，并购可分为杠杆并购和管理层并购。

1. 杠杆并购(Leveraged Buyout)

杠杆并购指并购企业以目标企业的资产作为担保进行融资，并通过并购成功后出售目标企业的资产或依赖目标企业的收益来偿还债务的并购行为。在杠杆并购中，并购企业将目标企业作为融资的重要责任体，一旦并购成功，则完全由目标企业承担本金和利息的偿还义务，即通过并购后的经营产生效益或者出售企业资产来偿还相关债务。而如果并购失败，并购企业可能会面临灭顶之灾，风险是非常大的。

2. 管理层并购(Management Buyout)

管理层并购指企业管理人员在投资银行的帮助下，出资并购所经营或管理的企业或者子公司的行为。在这种并购过程中，管理人员通常只需要出一部分资金，而其他资金则由投资银行设法垫付。管理层并购具有以下特点：

(1) 企业管理人员对目标企业或者其子公司的生产经营情况非常熟悉，因此并购行为

对企业的生产经营不会产生太大的影响；

(2) 并购过程中投资银行发挥重要的作用，并且是并购行为的重要发起人；

(3) 并购行为通常和杠杆收购结合进行，有利于充分发挥管理人员熟悉目标企业的优势，减少并购成本；

(4) 并购成功后投资银行通常不干预企业的正常经营。

(十) 外资并购与海外并购

按照并购双方国别关系的不同，并购可分为外资并购和海外并购。

1. 外资并购

外资并购是指外国企业(不具备本国法人资格)通过一定的渠道，用现款、股票或债券来购买本国国内企业一定份额的股权或整个资产，进而达到对国内企业有控股权的目的的并购行为。

2. 海外并购

海外并购是指一国的跨国性企业，通过一定的渠道和支付手段，将另一国企业的一定份额的股权乃至整个资产全部购买下来。

典型案例

中石油的主动性要约收购

中国石油天然气股份有限公司(简称中石油)对旗下公司的私有化是我国出现最早的主动性要约收购。2005 年 10 月 31 日，中石油宣布了对旗下三家上市公司——辽河油田、锦州石化以及吉林化工进行私有化的计划，要约收购完成之后，三家上市公司将会终止上市地位。对国内资本市场而言，这是要约收购退市第一例。2005 年 12 月 15 日，锦州石化、辽河油田的要约期结束，中石油对这两家公司的要约收购完成，锦州石化和辽河油田退市。2006 年 2 月 12 日，中石油向吉林化工全体股东发出的全面收购要约期限届满，据登记公司统计，经确认已预受要约且未撤回的 A 股股份数共计 15 770.02 万股，占吉林化工流通 A 股的 78.85%，占其总股本的 4.43%。股份交割手续完成后，中国石油将合计持有吉林化工 3 462 113 253 股(含中石油已收购的 908 113 053 股 H 股)，占吉林化工总股本的 97.22%，超过吉林化工总股本的 90%。根据《公司法》和《证券法》规定，吉林化工的股权结构已不符合上市条件，将终止上市。中石油进行私有化的原因主要是出于资产整合的需要。早在 2000 年 4 月中石油在香港上市时，就曾承诺将在 3 年之内对旗下资产进行整合，避免旗下上市公司业务重叠、关联交易、同业竞争等。同时，此时市场股价普遍较低，未来对成品油定价机制改革会使吉林化工、锦州石化这些炼油企业业绩大幅提升，从而提高回购成本，因此，中石油选择尽早完成旗下子公司的私有化。之后，中石化也开始了旗下上市公司的私有化，将子公司镇海炼化(香港上市)、石油大明、齐鲁石化、扬子石化、中原油气通过要约收购而实现退市。

(资料来源：马晓军. 投资银行学理论与案例[M]. 北京：机械工业出版社，2011)

三、公司并购的动因

公司兼并与收购的动因较为复杂,往往难以区分,仅为某一单一的原因而进行的兼并与收购的并不常见,大多数兼并与收购有着多种动因。总的来说,其根本目的在于通过取得目标公司的经营控制权而最终获得利润;从企业的内在和外在方面看,追求高利润是其内在动机,市场竞争则是其外在的压力。具体地说,企业的并购动机主要包括以下几个方面。

(一) 追求经营协同效应

经营协同效应是指通过企业并购使企业生产经营活动效率提高所产生的效应。并购后企业的价值将大于并购前单个企业价值之和,整个经济的效率将由于这样的企业并购活动而得到提高。经营协同效应的产生主要来自于以下四个方面。

1. 经营达到规模经济

企业并购使几个规模小的企业组合成大型企业,分摊在单位产品上的管理费用、销售费用和研发费用等大大降低,从而可以有效地通过大规模生产来降低单位产品的成本,给企业带来更加可观的收益。规模经济还体现在通过企业并购从而扩大规模使其市场控制能力提高,包括对价格、生产技术、资金筹集、顾客行为等各方面的控制能力提高以及同政府部门关系的改善。追求规模经济在横向并购中体现得最为充分。

2. 实现经营优势互补

通过企业并购能够把企业的优势融合在一起,这些优势既包括原来各企业的技术、市场、专利、产品管理等方面的特长,也包括它们中较为优秀的企业文化。

3. 实现纵向一体化

将同一行业中处于不同发展阶段的企业合并在一起,可以获得各种不同发展水平的更有效的协同——纵向一体化。其原因是通过纵向联合可以避免联络费用、各种形式的讨价还价和机会主义行为。

4. 提高管理集中度

企业在并购后,必定要对新企业的整体资源进行整合,提高资源的利用效率,并建立新的组织结构和管理体系,加强管理的现代化和信息化,提高管理的能力,为企业带来规模效益。

(二) 获得财务协同效应

财务协同效应是指企业并购后,由于税法、会计处理惯例、证券市场投资理念和证券分析人士偏好等作用而产生的一种纯金钱方面的效应。它的作用主要表现在以下几点。

1. 实现合理避税的目的

这主要是通过两条途径实现的:一是可以通过调整内部转移价格控制利润水平,从而少缴企业所得税。所谓转移价格是指在跨国公司内部,在母公司与子公司、子公司与子公司之间,代销产品、提供商务、转让技术以及资金借贷时所确定的企业集团内部价格。二是可以利用税法中的亏损递延条款来达到避税目的，减少纳税负担。

2. 达到提高证券价格的目的

如果甲企业规模较大且市盈率较高，乙企业的市盈率较低，则甲企业并购乙企业以后，证券投资者通常会以甲企业的市盈率来确定并购后的新企业的市盈率。通过不断并购市盈率比自己低的企业，并购以后企业的证券价格就会上涨。

3. 提高企业的知名度

企业的并购行为能更好地吸引证券分析界和新闻界对它的关注、分析和报道，从而提高企业的知名度和影响力。同时，并购之后企业规模的扩大也更容易引起市场的关注。

(三) 实现企业战略目标

战略目标应是企业并购的主要考虑因素。只有当企业确定一定的战略目标时，并购才能给企业带来深远的影响。目标企业可能符合收购方的长远战略发展需要或者对收购方起着关键性的作用，战略性并购通常使并购方的整体盈利能力在短期内下降，具有较高的财务风险，可能承受来自证券市场的压力。但从长远看，其意义是深远的。

(四) 降低企业进入壁垒

企业在经营过程中不仅要面临本行业市场萎缩和竞争加剧的困境，而且要不断寻找新的发展机遇，将投资投向其他行业或新的市场。企业在进入新行业寻求发展的时候往往会面临很多障碍，如达到有效经营规模所需要的足额资金、技术、信息、专利，以及有效占领消费市场所需要的销售网络和销售渠道等。这些障碍很难由直接投资在短期内克服，而企业并购是实现行业扩张的有效途径，降低进入壁垒，并且成本相对较低。通过企业并购，并购方可以利用现成的原材料供应渠道、产品销售渠道，以及被并购企业的设备、厂房、人员和技术，能在较短的时间内使经营走向正轨。通过企业并购方式进入新行业或市场，还能避免直接投资带来的因市场能力增加而引起的行业内部供求关系平衡，从而减少了价格战的可能性。

(五) 利用经验曲线效应

经验曲线效应是指企业的单位生产成本随着生产经验的增多而有不断下降的趋势。由于经验是在企业的长期生产过程中形成和积累下来的，因此在企业和经验之间就形成了一种固有联系，而且这种经验也是其他企业通过复制、聘请其他企业雇员、购置新技术和新设备等手段所无法获得的。但若企业通过并购方式来进行扩张，就不仅可以获得原有企业的生产能力，还将获得原有企业的经验，因此，在企业需要发展壮大时，许多企业都采取了兼并与收购其他企业的扩张形式。

(六) 降低企业经营风险

企业生存在多变的市场环境中，其经营状况可能因为行业的兴衰、市场的变化以及企业自身的事件而面临诸多风险。企业可以通过并购降低这些风险：通过横向并购或纵向并购可以增强企业在行业内的竞争力，并随着规模扩大、市场占有率的提高和市场控制力的增强而降低经营风险。通过混合并购可以实现多元化经营，同时进军多个行业，降低行业兴衰对企业的影响。企业并购后，以前多个企业之间的外部市场交易转变成一个企业的内部交易，可以大大地降低交易费用，减少不确定性。同时，也能大大缩短投入产出的时间差。

(七) 降低交易费用和代理费用

在经济生活中存在着大量的交易费用(如寻求交易伙伴的费用、契约费用、讨价还价的费用等)，而这部分费用开支往往占很大比例。交易费用的大小与交易过程涉及的资产专用性、交易不确定性和交易发生的效率有关。在纵向一体化的企业并购中，对处于生产链上、下游的企业进行并购，在一定程度上可以减少交易成本，将企业的一部分外部交易内部化，从而大大节约了市场交易费用。

(八) 满足企业家的价值追求

在现代市场经济中，企业股东、经理及企业本身的目标往往是不一致的，股东的目标是股东收益或利润最大化，企业的目标是其价值的最大化，而经理追求的往往不是股东财富最大化或利润最大化，而是更注重谋求企业的快速扩张。因为只有企业快速扩张，经理才可以得到更高的收入、地位、在职消费和社会声誉，并购可以迅速扩大企业的规模，获得更高的增长率，并使经理获得更高的效用，所以企业董事会、经理层热衷于并购活动。

(九) 实现跨国经营

在经济全球化的过程中，企业不仅要面向国内市场，更要考虑国际市场，不仅要利用国内资源，更要借助国际资源，所以进行跨国经营是必然的趋势和最明智的选择。然而有些国家为了保护民族经济和国内市场，对外资企业进行各种各样的限制，对企业走向世界、跨国经营造成不利的影响。通过并购行为，企业可以绕开各种政策壁垒，直接进入国际市场，节约成本和缩短时间。

(十) 有效占有市场

市场占有理论认为，企业并购的主要原因是提高企业产品的市场占有率，从而提高企业对市场的控制能力。因为企业对市场控制能力的提高，可以提高其产品对市场的垄断程度。就企业并购的形式来说，不论是横向并购还是纵向并购，都会增强企业对市场的控制能力，从而获得更高的垄断利润。在横向并购中，因为是同行业的两个企业之间的并购，所以必然会导致竞争对手的减少，从而扩大市场占有率。而纵向并购则因控制了原料供应和产品销售渠道，所以能够有力地控制竞争对手的活动。

(十一) 从并购低价资产中谋利

并购者常常选择一些净资产较高，有发展潜力的，但目前价格被低估的企业实施并购。并购后，或者将企业进行重组，使其具有魅力后分割出售，或者卸掉原有的"包袱"，留下精干、效益好的部分进行整合后自己经营，以从中谋利。

美的电器收购小天鹅

美的电器(000527)为我国家电行业大型制造企业，主要从事家用及商用空调、冰箱及洗衣机的生产与销售，2007年"美的"品牌被评为中国最有价值品牌，以378.29亿元人民币的品牌价值位居第七位。

小天鹅(000418)主要生产经营洗衣机、空调、冰箱、洗碗机等家用、商用电器产品。2007年底，小天鹅的控股股东是江苏小天鹅集团有限公司。江苏小天鹅集团有限公司是无锡国联的全资子公司，持有小天鹅24.01%的股份。

2008年1月14日，小天鹅发布公告称，公司控股股东无锡国联拟将其持有的24.01%的股份，通过公开征集意向受让方的方式协议转让。受条件限制，仅美的电器与四川长虹最有可能入主小天鹅。四川长虹提出了互相持股，或是部分现金、部分持股的方案，但是都被小天鹅拒绝了。美的电器于2008年2月15日向无锡国联递交了受让要约书，并于2008年2月26日签署《股份转让协议》。根据协议安排，美的电器拟受让无锡国联持有的小天鹅87 673 341股股份，股份转让金额为人民币16.8亿元，转让股份达到小天鹅总股本的24.01%。

(资料来源：俞东林. 美的电器收购小天鹅案例分析[J]. 商场现代化，2008(21)：178-179)

问题

试结合上述案例分析美的电器收购小天鹅的类型以及并购动因。

四、投资银行在公司并购中的作用

企业并购是一项复杂的、专业性很强的工作，它涉及很多资产、财务、法律等方面的问题，如目标企业的搜寻及尽职调查，对目标企业的资产评估、财务审计、价格的确定、融资的安排、法律事宜的处理等。同时并购还涉及并购双方股东、债权人、员工及各级政府等方面的利益，处理好各方面的利益关系，也是并购成功的保障。此外，企业并购活动一般需要筹备相当长的时间，中间要撰写多种材料，这就需要工程技术、财务会计、法律等专业人员参加，尤其是涉及国有资产时还要经过各级管理机关层层审批。这一过程庞杂多变，需要有统一的规划设计、控制、协调、指导、操作。

因此，在企业并购实践中，投资银行可能担任并购企业的财务顾问或代理，也可能担任被并购企业的财务顾问或代理。在这两种不同的情况下由于委托人不同，投资银行的立场不同，因而其具体的业务(工作)内容也会有所差异。

投资银行在公司并购中有并购自营和并购代理两方面的作用。并购自营就是投资银行在公司并购中扮演产权投资角色；并购代理就是投资银行在公司并购中扮演顾问角色。随着投资银行专业化、规模化、国际化发展，投资银行在公司并购中扮演并购策划角色，担任财务顾问，体现了投资银行的专业特点。

(一) 作为买方代理筹划并购

投资银行是一种高度智慧型的产业,聚集着一大批投资专家,对宏观经济、行业发展、市场状况、公司概况进行跟踪分析和预测;同时拥有丰富的资讯来源,对哪些公司适合通过收购来实现发展,哪些公司又适合作为收购目标都非常清楚,一旦机会成熟便牵线搭桥,促成并购。并购部门(一般从属于公司金融部)专门从事并购业务。由于投资银行在信息并购技巧以及并购经验等方面具有优势,并购双方一般都会聘请投资银行来帮助策划、安排相关事宜。

当一家投资银行受聘成为并购方的财务顾问后,他所要进行的工作主要有:替并购方寻找适合的目标公司并加以分析;提出具体的收购建议,包括收购策略、收购的价格与非价格条款、收购的时间表和相关的财务安排等;和目标公司的董事或大股东接洽并商议收购条款;编制有关的并购公告,详述并购的相关事宜,同时准备一份寄给目标公司股东的函件,说明收购的原因、条件和接纳收购程序等;提出一个令人信服的、兼并方有足够财力去完成的收购计划。

投资银行在提出建议时,应该考虑的因素主要包括公司近期股价的表现、市盈率和股息率、私有化价格对公司资产净值的溢价或者折让水平、大股东发动公司私有化的动因及公司的前景等。其基础工作就是要做好法律和财务方面的尽职调查。

财务尽职调查内容包括企业基础调查、企业财务报表及重大财务事项、影响企业财务情况的内外部环境因素等三大方面。对上述三个方面的全面调查和分析,可以更加有效、清晰地反映并协助投资方理解目标企业的财务情况变化的原因以及未来的发展趋势。

法律尽职调查应该包括以下几个方面:

(1) 相关资产是否具有卖方赋有的价值;
(2) 买方对相关资产是否享有完整的权利;
(3) 相关资产有无价值降低的风险,特别是其中是否有法律纠纷;
(4) 有无对交易标的产生负面影响的义务,如税收义务;
(5) 隐藏或不可预见的义务,如环境、诉讼;
(6) 企业、资产控制关系的改变是否影响重要协议的签订或履行;
(7) 有无不竞争条款或对目标公司运营能力的其他限制;
(8) 重要协议的签订或履行;
(9) 主要协议中有无反对转让的条款;
(10) 有无其他法律障碍。

(二) 作为卖方代理实施反兼并措施

在并购交易中,目标公司为了防范和抵抗敌意收购公司的进攻往往请求投资银行设计出反兼并与反收购的策略来对付收购方,增加收购的成本和困难度。常见的措施有寻求股东支持、股份回购、诉诸法律、"白衣骑士"、"毒丸计划"和"驱鲨剂"等。

作为目标公司的代理或财务顾问,投资银行的工作主要包括:

(1) 如果是敌意的收购,公司的董事会制定出一套防范被收购的策略,例如,向公司的股东宣传公司的发展前景,争取大股东继续支持公司的董事和持有公司的股票等。

(2) 就收购方提出的收购建议，向公司的董事会和股东做出收购建议是否公平合理和应否接纳收购建议的意见。

(3) 编制有关文件和公告，包括新闻公告，说明董事会对建议的初步反应和他们对股东的意见。

(4) 协助目标公司董事会准备一份对收购建议的详细分析和他们的决定，寄给本公司的股东。

投资银行在进行上述工作时应考虑到以下方面的内容：

(1) 如果目标公司为上市公司，它的股价表现包括股价近期有没有异常的变动、股票的交易情况等。

(2) 市盈率。收购价的市盈率是否合理，这需要和市场上类似的公司相比较，同时亦应该考虑目标公司未来的发展前景。

(3) 股息率。收购价的股息率应与当时的市场上类似公司的股息率作比较。

(4) 公司的资产价值。收购价是高于还是低于公司的资产净值，公司资产净值的计算应包括有形资产和无形资产。

(5) 公司的发展潜力。收购价格是否反映了公司的前景，包括公司所处行业的前景、公司的竞争能力和公司管理层的素质等。

(三) 目标公司并购价格的确定

大多数情况下，并购交易的双方都会聘请投资银行作为各自的财务顾问和代理人就兼并条件进行谈判，以便最终确定一个公平合理的、双方都能接受的兼并合同。在恶意收购中，投资银行也会事先帮助收购方确定其收购出价，因为恶意兼并成功与否的一个重要条件就是收购方的出价。公司并购的价格，从本质上说，是买方愿意为之付出、卖方愿意为之出让的平衡价格。若收购出价太低，对目标公司股东没有吸引力，收购行为往往会失败；若出价太高，又会影响到收购方公司股东的利益。因此，聘请投资银行制定收购价格至关重要。

1. 收益法

公司价值评估中的收益法是指通过估算目标公司未来产生的预期收益的现值进而判断目标公司价值的方法，在此方法中通常利用资本化和折现的手段来得出评估结果。用收益法评估股权价值，基本的计算过程如下：

股东全部权益价值＝企业价值－付息债务

企业价值＝经营性资产价值＋溢余及非经营性资产价值

经营性资产价值＝未来收益期内各期收益的现值之和

未来收益期内各期收益的现值之和的计算公式为

$$V = \sum_{i=1}^{n} \frac{R_i}{(1-r)^i}$$

其中：R 代表净收益；n 代表收益期数；r 代表折现率。

假设目标公司每年增长的净现金流量如表 7-1 所示，从第五年开始，现金流量的固定增长率 $G = 8\%$。

表 7-1 净现金流量表 单位：百万元

年份	第一年	第二年	第三年	第四年	第五年
现金流量	7	10	12	14	16

经过估算，并购公司用于此项投资的资本成本为 16.25%，目标公司第五年底的期末价值为 $16 \times \dfrac{1+8\%}{16.25\%-8\%} = 209.25$（百万元），则目标公司的价值为

$$V = \frac{7}{1.1625} + \frac{10}{1.1625^2} + \frac{12}{1.1625^3} + \frac{14}{1.1625^4} + \frac{16}{1.1625^5} \approx 13.5 \text{（百万元）}$$

如果并购公司能以此价格或低于此价格并购该公司就比较合算。

在实务中，收益法多采用未来现金流折现模型。未来现金流折现模型是从公司价值创造角度进行评估的，认为公司的价值是公司未来创造的现金流量的现值。公司创造的现金流量包括股权投资者的现金流量、债权人的现金流量以及实体现金流量三种。评估公司价值时可以根据前两者评估出股权价值和债权价值，两者相加即可得到公司价值，也可直接以公司实体现金流量贴现得到企业价值。

使用收益法需要满足以下要求：评估对象经营时间较长且具有连续性，能在未来若干年内取得收益；评估对象的未来收益和风险能用货币来衡量。收益法的核心问题就是确定预期收益额、未来收益期和折现率三个基本参数。

2. 市场法(比较价值法)

市场法是指利用市场上相同或类似的资产的相近时期交易价格，通过比较分析来估算目标资产的价值。市场法有两种比较常用的方法，可比公司法和可比交易法。

(1) 可比公司法主要是通过对资本市场上存在的与标的公司处于相同或相似行业的上市公司进行财务或经营方面的数据分析，得出合适的价值比率，在与标的公司进行比较分析之后，得出标的公司的价值。价值比率通常包括盈利比率、资产比率、收入比率和其他特定比率。在选择、计算、应用价值比率时，应当考虑：选择的价值比率有利于合理确定评估对象的价值；计算价值比率的数据口径及计算方式一致；应用价值比率时对可比企业和被评估企业间的差异进行合理调整。

(2) 可比交易法则是通过分析与标的公司处于相同或相似行业的公司买卖、并购案例中存在的数据资料，得出合适的价值比率，在与标的公司进行比较分析后，得出标的公司的价值。

市场法的实质就是在市场上找出一个或几个与被评估公司相同或近似的参照企业，在分析、比较两者之间重要指标的基础上，修正、调整企业的市场价值，最后确定被评估企业的价值。市场法的基本公式可以表达为

$$V = N \times P_i$$

其中：N 代表比较实例价值；P_i 代表修正参数，$i = 1, 2, \cdots, n$。

用市场法评估企业价值时，需要考虑被评估企业相对于其他企业的财务状况和经营业绩。参照企业应当为曾被公开交易的企业，并且满足：经营业务范围相同或类似；面临相似的经济、环境和政治因素；能够被认为是合理的投资备选企业。

市场法是确定企业并购价格的所有方法中运用起来最简单的。该方法能够很快地估计出目标方的价值，尤其是当市场上有很多公开交易的可比公司时。然而，运用简单也可能

导致操纵和滥用。可比公司的选择应该充分考虑到目标方与其存在的不同之处，这一点需要准确的判断与丰富的经验。

3. 成本法(资产基础法)

企业价值评估中的成本法是指首先评估目标公司的重置成本，然后估算目标公司已存在的各种类型的贬值因素，包括实体性损耗、功能性损耗及经济性损耗等，通过将这些贬值因素从所估算的重置成本中扣除来得到目标公司的价值。成本法的基本公式为

$$V = N - M$$

其中：N 代表重置成本；M 代表价值减损。

由于成本法是从取得资产的角度来反映资产的价值，因此要求被评估资产必须处于继续使用的状态。而资产的继续使用不仅反映了资产在物理性条件下的存在，同时反映了资产在经济性条件下的存在，即资产能够继续使用并且在这种继续使用中能够为利益相关者带来一定的经济利益。因此，在使用成本法的时候，被评估资产应当处于继续使用状态或假定处于继续使用状态，被评估资产的实体特征、内部结构及其功能必须与假设的重置全新资产具有可比性。

4. 净资产账面价值法

账面价值是指资产负债表上总资产减去负债的剩余部分，即企业的净资产或所有者权益。使用净资产账面价值法对企业进行估值就是以会计的历史成本原则为计量依据估计企业价值。

我们知道，资产负债表集中反映了企业在特定时点的价值状况，资产负债表上企业的净资产就是企业的账面价值，它是采用净资产账面价值法估算企业价值的基础。考虑到账面价值难以全面充分体现企业的实际价值，因此，在实际应用中，一般都以目标公司的净资产为基础，根据目标企业的经营状况、所处行业、成长性、资产项目中各类资产所占比例、负债项目中各项负债所占比例等具体情况确定一定的调整系数，进而确定目标企业的价值。

目标企业的价值 = 目标企业净资产 × (1 + 调整系数) × 拟收购的股份比例
= 目标企业每股净资产 × (1 + 调整系数) × 拟收购的股份数量

由于净资产账面价值法是以目标企业在会计意义上的历史账面价值为主要依据估计目标企业实际价值的，受会计资料本身局限性的制约，具有时效性差、同其他同类企业缺乏可比性、容易忽视某些决定性因素等缺点。虽然加入调整系数力求使估计价值更为接近真实值，但这种方法一般只适用于有形资产庞大、流动资产所占比例大的目标企业。如果采用这种方法估计目标企业价值，则投资银行的主要作用就体现在确定合理的调整系数。

5. 实物期权法

实物期权(real options)的概念最初是由斯图尔特·迈尔斯(Stewart Myers)所提出，他指出一个投资方案其产生的现金流量所创造的利润，来自于目前所拥有的资产的使用，再加上一个对未来投资机会的选择。

实物期权不同于金融期权，主要针对一些具有不确定投资结果(表现为期权)的非金融资产，是该类资产定价的重要方法。实物期权的一般形式包括放弃期权、扩展期权、收缩期权、选择期权、转换期权、混合期权、可变成交价期权以及隐含波动率期权等。

期权价值评估法下，利用期权定价模型可以确定并购中隐含的期权价值，然后将其加

入到用传统方法计算的静态净现值中，即为目标企业的价值。

和资产净值法这种静态的定价方法相比，期权价值评估法考虑了目标企业所具有的各种机会与经营灵活性的价值，弥补了静态评估的缺陷。和现金流贴现法相比，现金流贴现法不考虑外在环境的变化对企业价值的影响，而实物期权法着重考察未来各种变化的价值，能够使并购方根据风险来选择机会，创造经营的灵活性。因此，从定价理念的角度看，实物期权是确定并购定价非常科学合理的方法。

在实际运用中，实物期权法并不是替代传统技术的全新框架，现金流贴现法与实物期权分析应视为具有互补性质的决策工具。前者更适合分析决策环境中并不复杂的项目，其预测在相对稳定的环境中更为可靠；后者更适合分析不确定环境中的负责项目，管理者可利用新信息，积极管理项目。

实物期权法应用的缺陷在于：其一，使用期权定价模型时，需要有一定的假设条件，事实上，很多经济活动的机会收益是否符合几何或对数布朗运动规律，有待继续研究；其二，实物期权法的计算结果因情况而异，因此其结果的确定性不足。因此，在并购实务中很少单独采用该方法，往往是在运用其他定价方法的基础上考虑并购期权的价值后，加以调整得出评估值。

(四) 协助买方筹集必要的资金

投资银行在作为收购方公司并购的财务顾问的同时，往往还作为其融资顾问，负责其资金的筹措，这在杠杆收购中表现得最为突出。

典型案例

中国员工反对阿波罗收购固铂轮胎

2013 年 6 月，印度轮胎制造商阿波罗宣布以 25 亿美元的价格收购美国的固铂轮胎，这也是轮胎业最大的收购案，合并后的阿波罗集团将成为世界第七大轮胎橡胶公司。但此次收购遇到了中美合资企业固铂成山(山东)轮胎有限公司(以下简称"固铂成山")工会及工人的强烈反对，5000 名固铂成山员工在 30 天的时间里举行了两次罢工，固铂成山工厂陷于停产状态。业内预计该收购或将延期。固铂成山是固铂轮胎在中国唯一的合资企业，其中固铂轮胎持股 51%、成山集团持股 49%。固铂成山合资七年，前四年累计税前利润 7724 万美元，后三年税前利润 21 773 万美元。

据了解，固铂成山工会及员工反对收购的理由有二：一是，因未收到固铂方面有关征询工会及员工意见的征询函，工会及员工认为美方无视中方员工的利益；其二，担心高杠杆收购后，将无法维持固铂成山的整体运营并保障员工的利益。阿波罗市值仅约 6 亿美元，却拿出 25 亿美元进行跨国收购。据阿波罗称，将全额举债并购固铂轮胎。其中，阿波罗向银行借款 4.5 亿美元，固铂轮胎通过自身发债和银行借款融资 21 亿美元。一旦交易完成，并购固铂轮胎将新增负债 19 亿美元，年融资成本在 1.5 亿美元～2 亿美元，但近五年来固铂轮胎年平均税前利润仅为 1 亿美元，未来将入不敷出。按照原定计划，阿波罗将于 2013 年下半年完成固铂轮胎的收购交割工作。

(资料来源：唐礼智，罗婧. 投资银行学[M]. 北京：清华大学出版社，2014)

第二节　公司并购的一般流程

公司并购的一般流程如图 7-4 所示。

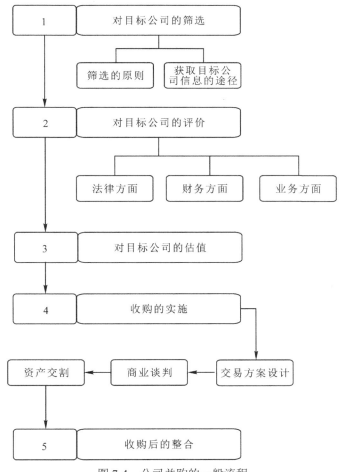

图 7-4　公司并购的一般流程

一、对目标公司的筛选

一般有两种方法来寻找合适的并购目标公司：一是结合目标公司的资产质量、规模和产品品牌、经济区位，以及与本企业在市场、地域和生产水平等方面进行比较，同时从可获得的信息渠道对目标企业进行可靠性分析，避免陷入并购陷阱；二是通过对企业信息数据的充分收集整理，利用静态分析、ROI 分析，以及 Logit 与 Probit 模型(二元选择模型)和BC(二元分类法)来最终确定目标企业。从筛选目标公司的角度来看，并购失败的原因主要有三个：目标企业选择错误，支付过多，整合不力。其中并购目标选择错误是最主要的原因。对目标公司的筛选和确定是影响企业并购重组成败的关键环节之一。

(一) 对目标公司筛选的原则

在企业并购中，不同的并购企业在选择目标企业时，由于各自所处的环境和条件不同，其目标企业的筛选原则有所不同。但从总体上分析，主要有以下几个基本原则：

(1) 服从于整体发展战略的原则，即并购的目标企业应符合并购企业的长期发展规划和发展战略；

(2) 追求规模经济的原则，即并购最终都会形成并购企业生产经营规模的扩大，使得并购企业单位产品生产成本得以降低；

(3) 报价有限的原则，即并购企业在选择目标企业时，如果其他条件相同，应首先考虑目标企业的出价；

(4) 讲求并购效果和效率的原则，即并购投入和产出的关系。

(二) 获取目标公司信息的途径

获取目标公司信息的途径主要包括：

(1) 利用本企业自身力量：通过企业的高级职员搜集目标公司信息，也可以在企业内部建立并购部门，负责专门的收购工作。

(2) 借助企业外部力量：利用专业中介机构为并购方选择目标企业出谋划策，如投资银行和商业银行等。

二、对目标公司的评价

并购方通过各种途径和渠道搜寻到候选目标公司后，需要对这些公司进行进一步的评价与筛选。一般情况下，并购交易前对目标公司的评价主要来自尽职调查。尽职调查是指中介机构在标的公司的配合下，对其进行深入的核查。尽职调查的主要目的是减少买方和卖方之间的信息不对称，判断标的公司质量，降低买方公司的收购风险，同时尽职调查还可以为标的公司指出存在的问题并提出整改办法，推动项目的进一步实施。尽职调查的结果是交易能否推动的重要依据，也是交易双方讨论确定标的资产估值和交易方案的基础。

通过尽职调查，并购方可以形成对目标公司的完整评价，主要包括对目标公司法律、财务和业务等方面的梳理。

(一) 法律方面

标的公司法律方面的评价应重点考察是否存在影响标的公司合法存续或正常经营的法律瑕疵、是否存在影响本次重组交易的法律障碍、拟交易的标的公司股权是否存在瑕疵或潜在纠纷等。

(1) 标的公司的设立及合法存续；

(2) 标的公司的股权结构；

(3) 标的公司的业务经营；

(4) 标的公司的资产状况；

(5) 标的公司的重大债券债务情况；

(6) 标的公司的独立性；

(7) 关联交易和同业竞争；

(8) 标的公司的法律纠纷情况。

(二) 财务方面

标的公司财务方面的评价重点考察并购标的公司的内部控制、财务制度、会计政策和会计估计，并在此基础上确认其财务报表的真实性和准确性。另外，通过对重要财务指标的趋势分析，确保标的公司财务预测的合理性和可实现性，为标的公司估值提供基础材料。

(1) 标的公司与财务相关的内部控制体系；

(2) 标的公司会计政策和会计估计的稳健性；

(3) 标的公司的主要财务指标；

(4) 标的公司的真实性及其价值；

(5) 标的公司的债务；

(6) 标的公司的薪酬政策；

(7) 标的公司的税务情况；

(8) 标的公司的营业收入；

(9) 标的公司的存货与营业资本；

(10) 标的公司的非经常性损失；

(11) 标的公司的关联交易及其披露；

(12) 标的公司的现金流。

(三) 业务方面

相比法律和财务方面的评价，业务方面的评价除关注标的公司存在的风险外，更注重挖掘标的公司是否存在改善经营、提升业绩的空间，是否能与并购方现有主营业务产生协同效应。

(1) 标的公司所处的宏观环境；

(2) 标的公司的市场情况；

(3) 标的公司竞争情况；

(4) 标的公司的业务流程；

(5) 标的公司的研发和技术水平；

(6) 标的公司的业绩情况。

三、对目标公司的估值

在企业并购过程中，投资银行所做的一项重要的工作就是帮助并购双方确定交易价格。企业并购交易价格的确定是企业并购中的核心环节之一。这个价格实际上是在并购方愿意支付的最高价和目标企业所能接受的最低价之间的一个交集，找到这个交易价格的过程也是体现投资银行作用与魅力的过程。

定价的方法有很多，且各有利弊，没有一套体系或方法能适用所有情况。每个方法和模型在企业并购中都有其特定的适用范围，而且其本身在特定的情况下有特定的应用。

(一) 影响并购交易价格的因素

企业并购的交易价格是对企业价值的直接反应，在很大程度上取决于对所并购企业的资产供求状况。当目标企业的资产有较多的需求者时，其交易的价格就会被抬高，当目标企业的资产或同类企业资产在产权交易市场上过剩时，其价格就会下跌。影响企业并购的交易价格的因素，除了目标企业本身的价值、市场供求状况外，还有供需双方在市场和并购中的地位、并购双方对资产收益的预期和对机会成本的比较，以及并购双方对未来经营风险的估计等因素。此外，目标企业人员的安排、债权债务的情况，以及目标企业提出的附加条款等，都可能影响到交易价格的确定。

(二) 评估目标企业价值的方法

并购交易中交易双方的谈判重点是交易价格，而交易价格确定的基础是对目标公司的估值。标的公司的估值水平不仅决定了并购方付出的成本和被并购方股东获得的收益，而且也会影响并购完成后的整合效果。

在我国的并购交易中，标的资产的估值多由第三方评估机构独立进行。最终定价则是在估值结果的基础上，综合对标的公司前期尽职调查的评价，由交易双方谈判协商最终确定。

(三) 确定交易价格的方法

因为影响交易价格的因素众多，除上述能够定量的因素外还有许多定性的因素。所以确定合适的交易价格是非常复杂的。并购双方应根据并购程序中的不同阶段来确定不同的交易价格。

(1) 确定基本的交易价格。基本的交易价格又称为底价，是在资产评估的基础上确定的价格，也是企业并购前的基本定价。对于经营状况较差的非连续经营的企业，其基本价格可按照下列公式计算：

$$被并购企业的基价 = 资产 \times 清算价格 - 负债$$

对于经营状况尚好，但实力不强的连续经营企业，其基本价格可按照下列公式计算：

$$被并购企业的基价 = 资产 \times 重置价格 - 负债$$

(2) 确定并购方出价的上限与下限。出价的上限为目标企业的预计价值，而出价的下限通常为目标企业的现行估价。一般来说，并购产生的协同效应越大，价格上下限的落差越大，谈判的余地越大，并购成交的可能性越高。

(3) 确定谈判价格。谈判价格是并购双方围绕基本价格所进行的判断。它根据被并购企业的资产状况、经营状况、稀缺程度、发展潜力，以及并购方的需求程度、市场竞争程度来确定浮动价格和浮动范围。

四、收购的实施

并购方通过对目标公司的筛选，寻找并锁定潜在标的进行尽职调查，在完成对目标公司评价和估值后，如果确定对目标公司进行收购，则进入收购实施的实质性阶段。收购的实施主要包括交易方案设计、商业谈判和资产交割三个主要阶段。

(一) 交易方案设计

并购交易方案是在平衡交易各方诉求的基础上，综合商业利益、政策监管等各方面因素后形成的。交易方案设计作为交易谈判的基础，贯穿于整个并购活动，其间，需要不断动态调整，并且直接决定了并购交易的成败。上市公司并购不仅是上市公司与交易对方(标的资产的股东，可能包括产业投资者和财务投资者)的博弈，而且包括对上市公司的控股股东、中小股东、债权人、监管机构等其他参与者的平衡。

交易方案所涉及的核心问题包括并购参与主体、交易价格、支付对价、业绩补偿和业绩奖励安排、过渡期安排等。

1. 参与主体

一般情况下，并购交易参与主体即交易双方，也就是并购方和被并购方的股东。但上市公司并购交易中参与主体可能更为复杂，因为上市公司在并购过程中会根据交易各方诉求、上市公司自身资金实力、风险承受能力、可动用的外部资源以及政策监管要求等综合考量，最终决定是通过上市公司直接进行并购还是借助外部力量(如控股股东或 PE 等)。

1) 上市公司直接收购标的公司

在标的资产规范性较好、盈利能力较强的情况下，上市公司可以通过股份支付、现金支付及股份和现金混合支付等方式直接收购标的公司股权，迅速提升上市公司经营规模和盈利能力，实现外延式增长。

2) 上市公司控股股东或实际控制人先行收购标的公司，分步实施并购

由于上市公司直接收购标的公司的并购时机较难把握，涉及发股购买资产的还需经由证监会相关部门审批，耗时较长，且直接收购可能会对上市公司造成一定的资金压力，因此在上市公司控股股东或实际控制人具备较强的资金和业务实力的情况下，可以分步实施并购，由上市公司控股股东或实际控制人先行收购并锁定目标公司，再择机注入上市公司。同时对于成长前景较好的但短期内盈利能力较弱或规范性尚待提高的资产，可以先由控股股东或实际控制人收购后进行培育，降低未来上市公司后续收购和整合的风险。

3) "上市公司＋PE"设立基金实施收购

《上市公司重大资产重组管理办法》第九条规定：鼓励依法设立的并购基金、股权投资基金、创业投资基金、产业投资基金等投资机构参与上市公司并购重组。

一般而言，"上市公司＋PE"设立基金主要有两种模式。一种是以上市公司为主导，上市公司或旗下的投资平台作为基金管理人或普通合伙人成为基金的核心管理者，外部 PE 投资机构以资金等形式参与；另外一种是以外部 PE 为主导，与上市公司无关的 PE 机构作为基金管理人或普通合伙人进行资源整合，上市公司作为有限合伙人出资投资项目。

"上市公司＋PE"设立的基金既有并购基金、产业投资基金，也有早期创业投资基金、夹层基金等，参与的上市公司大多集中于制造业、软件信息技术服务业、文娱消费、互联网等行业，具有产业整合和外延式扩展的并购需求。该模式下的基金可以围绕上市公司相关主业进行前瞻性投资，优先锁定具有良好成长性和发展前景的标的公司，在其培育成熟

后再由上市公司或其他第三方收购。

2. 交易价格

交易价格是交易双方博弈的核心环节，也是交易能否达成的最为关键的影响因素。交易价格的确定受标的公司自身评估水平、并购提供的支付工具作价水平等因素的影响，同时还存在并购溢价或者差异化定价等情形。

3. 支付对价

并购交易中的支付方式主要为现金支付、股份支付以及股份和现金混合支付等。从资金来源看，融资主要分为自有资金(现金)、股权融资(发行普通股、优先股)、债务融资(银行贷款、发行债券)等。

1) 自有资金支付

自有资金支付是并购中最为常见的支付方式。即企业用自有现金置换标的公司的资产或股权，以达到收购标的公司的部分股权或全部控制权的目的。用企业的自有资金支付全部并购对价主要发生在并购交易规模较小、收购方自有资金充裕、变现能力强的情况下。

(1) 优势：交易简单迅速，可有效缩短并购周期；与股份支付对价相比，现金支付可以保持收购方股权结构不变，防止股东权益被稀释；标的公司股东直接现金退出，降低其风险和不确定性。

(2) 劣势：现金支付减少了收购方的营运资金，增加了流动性压力；若收购方自有资金及变现能力有限，现金支付对价将限制其交易标的的规模和可选范围。

在很多并购交易中，尤其是上市公司收购标的公司时，上市公司均采用现金与股权相结合的支付方式。

2) 普通股支付

在我国上市公司并购重组中，上市公司通过发行股份方式支付并购对价是较为常见的。

(1) 优势：可使上市公司避免使用自有资金(现金)支付对价造成流动性压力。

(2) 劣势：会稀释上市公司原股东的股权比例，特别是会对控股股东的控制权造成一定的影响。另外由于二级市场的股票价格具有波动性，会影响交易双方的实际成本和收益。综上，上市公司可以采用发行股份支付、现金支付或两者相结合的方式购买标的资产，其现金一般来源于自有资金或者通过向特定对象发行股份募集的配套资金。

3) 优先股支付

上市公司可以公开或非公开发行优先股作为并购的支付方式，也可在发行优先股的同时募集配套资金。但以公开发行优先股作为支付手段仅可用于收购或吸收合并其他上市公司的情形。

优势：由于优先股不具有经营决策权，不会影响上市公司的股权结构，上市公司发行优先股作为支付方式，可以避免上市公司实际控制人控制权的稀释。同时优先股可按照交易需求嵌入个性化条款，比如回售条款和赎回条款，提高交易的灵活性，增加交易双方的谈判空间。

4) 并购贷款融资支付

并购贷款，即商业银行向并购方企业或并购方控股子公司发放的，用于支付并购股权对价款项的贷款。为并购交易提供信贷融资是国外商业银行常见的重要业务，商业银行在投资银行的牵头下加入银团贷款为并购交易提供融资，但目前国内的并购贷款还处于起步和发展阶段。

除商业银行外，其他政策性银行，比如国家开发银行、国家进出口银行等，也都配合国家"走出去"的策略，大力发展海外并购贷款以帮助国企、大型民企到海外并购战略资产。

5) 发行债券融资支付

随着我国债券市场的不断发展，发行债券融资用于并购交易也开始不断出现尝试和突破。主管部门对发行债券融资支付并购价款的发行不断开放，逐渐从私募发行到公募发行，从置换并购贷款到直接支付并购款项，从担保发行到纯信用发行。但从并购债的发行主体来看，仍以具备较强综合实力和较高行业地位的大型企业为主，更看重发行人的主体信用而非并购交易本身。除了上市公司作为主体发行债券融资支付外，目前市场上也出现了上市公司控股股东采用发行可交换债券方式融资支付并购款项的金融创新案例。

4. 业绩补偿和业绩奖励安排

业绩补偿和业绩奖励的对赌条款实质上是标的公司估值调整的方式，普遍存在于并购交易中。对赌安排产生的根源是标的公司未来盈利能力的不确定性，为了保证收购方的利益，同时对被并购方起到一定的激励作用，交易方案中通常会安排业绩补偿和业绩奖励条款。

上市公司并购重组的核心目的是收购优质资产，提高上市公司的盈利能力，从而为股东持续创造价值，因此标的公司未来能否实现预期的盈利水平是投资者和监管机构考察上市公司并购效果的最直接指标。当标的公司预期盈利水平的实现存在较高的不确定时，业绩补偿和业绩奖励安排可以督促并激励标的公司原股东和管理层在交易完成后继续勤勉尽责地履行其应尽的义务，保证标的公司持续盈利能力和业绩水平。

上市公司并购重组中，业绩补偿期限一般为交易实施完毕后的三年，对于标的资产估值作价较账面价值溢价过高的，视情况延长业绩补偿期限。在补偿主体方面，由于各利益主体享有的估值溢价不同，业绩承诺方通常由交易双方或标的公司内部协商确定。在补偿方式方面，主要为股份补偿、现金补偿、股份+现金补偿。在交易对方以股份方式进行业绩补偿的情况下，通常按照下列原则确定应当补偿股份的数量及期限。

1) 补偿股份数量的计算

(1) 采用收益现值法、假设开发法等基于未来收益预期的估值方法对拟购买资产进行评估或估值的，每年补偿的股份数量为

$$当期补偿金额 = \frac{截至当期期末累积承诺净利润数 - 截至当期期末累积实现净利润数}{补偿期限内各年的预期净利润数总和} \times$$

$$拟购买资产交易作价 - 累积已补偿金额$$

$$当期应补偿股份数量 = \frac{当期补偿金额}{本次股份的发行价格}$$

当期股份不足补偿的部分，应现金补偿。

(2) 采用现金流量法对拟购买资产进行评估或估值的，交易对方计算出现金流量对应

的税后净利润数，并据此计算补偿股份数量。此外，在补偿期限届满时，上市公司应当对拟购买资产进行减值测试，如果 $\dfrac{\text{期末减值额}}{\text{拟购买资产交易作价}} > \dfrac{\text{补偿期限内已补偿股份总数}}{\text{认购股份总数}}$ ，则交易对方需另行补偿股份，补偿的股份数量为

$$\text{当期应补偿股份数量} = \dfrac{\text{期末减值额}}{\text{每股发行价格}} - \text{补偿期限内已补偿股份总数}$$

(3) 采用市场法对拟购买资产进行评估或估值的，每年补偿的股份数量为

$$\text{当期应补偿股份数量} = \dfrac{\text{期末减值额}}{\text{每股发行价格}} - \text{补偿期限内已补偿股份总数}$$

当期股份不足补偿的部分，应现金补偿。

2) 补偿期限

业绩补偿期限一般为交易实施完毕后的三年，对于拟购买资产作价较账面值溢价过高的，视情况延长业绩补偿期限。

注：在采用收益现值法、现金流量法和市场法计算补偿的股份数量时，应遵照下列原则。

(1) 前述净利润数均应当以拟购买资产的扣除非经常性损益后的利润数确定。

(2) 前述减值额为拟购买资产交易作价减去期末拟购买资产评估值并扣除补偿期限内拟购买资产股东增资、减资、接受赠予以及利润分配的影响。会计师应当对减值测试出具专项审核意见，同时说明与本次评估选取重要参数的差异及合理性，上市公司董事会、独立董事及独立财务顾问应当对此发表意见。

(3) 在逐年补偿的情况下，在各年计算的补偿股份数量小于 0 时，按 0 取值，即已经补偿的股份不冲回。

(4) 拟购买资产为非股权资产的，补偿股份数量比照前述原则处理。

(5) 拟购买资产为房地产公司或房地产类资产的，上市公司董事会可以在补偿期限届满时，一次确定补偿股份数量，无需逐年计算。

5. 过渡期安排

在并购交易中，出让方与受让方签订股权转让协议或约定的交易基准日和正式办理交割日，该期间即为过渡期。在此期间，因交易双方不能立即完成标的资产的交割，为维持标的公司正常运营，防止出让方利用过渡期内尚存的实际控制权变相从标的公司获取不正当利益或者采取恶意行为侵害受让方权益，交易双方应做好过渡期安排，明确过渡期内交易双方的权利与义务。

为避免过渡期内的相关风险，受让方可以安排财务人员或管理人员提前进驻标的公司，参与标的公司的实际经营，尤其是涉及标的公司对外提供担保、投资，资产购买、处置等重大决策方面，需要出让方和受让方共同确认。同时，交易双方应针对资产完整性、人员和业务稳定性等相关事项提前做好约定。

(二) 商业谈判

商业谈判是交易双方在商业条款上的博弈，主要涉及交易价格和交易条件的确定，

包括交易价格、支付方式、支付期限、对赌条款、交割时间、并购后的整合安排、有关手续的办理与配合等问题。双方协商达成一致意见后，一般会签订框架协议或者并购意向书。经过对交易条款的进一步谈判修改后，交易双方会签订正式协议书，明确双方的权利与义务。

商业谈判是并购交易达成的必经之路，是交易双方互相博弈互相妥协的过程。谈判通常由投行等中介机构进行对接，中介机构在谈判前与交易双方进行必要的沟通，根据各方诉求全面判断各种可选择的方案和可能出现的结果。在此基础上，交易双方就商业条件进行全面磋商，达成阶段性的共识并形成相应备忘录巩固谈判结果。最终交易的达成需要综合平衡各方利益主体，只有在充分博弈基础上形成的交易条款才能保证稳定性。

(三) 资产交割

按照法律规定，交易双方经过商业谈判，签署并购交易的正式协议文件，并经各自的董事会、股东会或股东大会等内部审核后，如果上市公司涉及通过发行股份的方式来购买资产，还需经过中国证监会并购重组委审批和核准，在取得监管机构批准后，交易双方才可进行资产交割，办理工商登记变更手续，完成对标的公司的接管。

五、收购后的整合

(一) 并购后的整合及其风险

企业通过并购重组实现外部扩张是企业成长过程中的重要战略选择，并购后的整合直接决定了整个并购活动能否达到预期目标。公司并购重组整合的最终目标是提高公司的核心竞争力、提升企业价值，因而整合需要并购方和被并购方在发展战略、组织结构、财务、人力资源、企业文化等多方面的协调配合。

1. 发展战略整合及其风险

发展战略整合是企业并购整合能否取得成功的关键一环，只有战略整合有效进行，并购公司对标的公司的后续各项整合才能被有效贯彻。企业并购后，两个不同的公司主体成为一个新的公司主体，并购的双方必然会面临战略整合问题。并购整合的新战略要充分考虑并购后企业的长、短期目标，考虑发展条件、环境能否实现企业的核心能力和并购价值。并购企业战略整合关系到企业未来的成长方向，整合过程中会存在重大风险。

(1) 由于并购双方处于不同的环境、有不同的战略定位、有不同的企业优势，因此如何将并购双方的战略能力进行有效转移成为战略整合的风险点。

(2) 将并购双方的经营环境、战略目标、企业能力有机结合，确定新的战略目标、经营业务范围等，以实现企业的并购价值。

(3) 并购企业是否可以全面认识被并购企业的实际行业现状和自身经营状况，并将其纳入并购企业的未来发展战略体系中。如果不能正确选择并购行业或者不明确并购竞争力，则会制定出错误的并购战略，双方不能形成新的并购战略体系。

(4) 发展战略作为一个企业的基因，决定了企业的文化与方向，当并购重组后的收购方与标的公司无法在战略上真正协调一致时，并购整合将面临严重的风险。

2. 组织结构整合及其风险

组织结构整合是根据并购整合的战略方向，综合考虑企业内外部环境的变化，合理适时地完善或重建并购后新企业的组织架构，从而保证新企业在整合后拥有科学合理的组织架构和管理制度，最终实现并购双方的组织协同效应，减少企业过多的内部消耗，提高并购整合后企业的组织运行效率。组织结构整合的风险主要表现在如下方面。

(1) 双方企业的机构设置是否冗余，董事会、监事会和管理层是否有明确的权责区分，决策层能否将信息和命令传达给管理层，管理层能否在下达命令时受到相关内部控制约束。

(2) 并购双方整合后新公司的组织结构是否可以提高企业整体的运行效率，是否具有明确的权力和责任范围，是否形成相互制约、互相独立的治理结构，是否有内部审计委员会，内部审计开展情况如何。

(3) 财务控制模式采用集权制还是分权制。

(4) 并购方是否可控制被并购方的财务、投资、采购等管理制度，包括重大投资和重大对外担保等。

3. 财务整合及其风险

财务整合是指并购方对被并购方的财务制度体系、会计核算体系实施统一监管和监控。财务信息能够较为全面地反映企业生产经营状况，因此财务整合是并购企业获取被并购企业信息并对其管理施以有效控制的重要途径。财务整合的主要内容包括：财务管理目标整合、财务制度体系整合、会计核算体系整合、业绩考核体系整合、内部控制体系整合等。财务整合的风险主要表现在如下方面。

(1) 现金流风险与偿债风险。现金流是企业正常运行的命脉，企业采用现金方式支付并购交易对价时需要大量现金，如果企业无法控制现金流，维持较为安全的现金存储量，可能出现不能清偿到期债务或临时支付困难的问题。

(2) 财务制度的统一与运营风险。财务整合涉及并购双方企业的财务目标、财务核算制度、各类资源、负债、绩效考核等多种内容的整合，还包括对企业信息传递系统的整合。这些具体内容的整合影响面极广，可能直接影响其他整合或者企业的正常运转。

在并购后财务整合的过程中，收购方若突破了双方固有的财务限制，一味追求规模或业务范围的扩大，将导致严重的损失。

4. 人力资源整合及其风险

并购的过程是并购双方人力资源的重新组合过程，企业中的员工特别是被并购方的员工会因并购而产生较大的心理震荡并对其行为产生相应的影响。一个成功的企业并购应该使资源得到充分利用，而人力资源充分利用是靠并购中人力资源的整合来实现的。妥善安置遣散职工并给予恰当的补偿、合理安排留任职工职责规划、设置适当的激励措施和合理的薪酬待遇，可以调动劳动者的工作积极性和创造性，提高企业劳动生产效率，保证并购整合的稳定性。人力资源整合的风险主要表现在如下方面。

(1) 如何稳定企业原有员工和被并购企业员工以防止优秀核心技术人才流失。

(2) 是否能够构建员工心理契约，让员工了解认同企业文化和未来企业及自身成长走向。

(3) 是否有合理的权责分工和员工激励政策。

根据对众多并购重组整合案例的分析可以发现，不当的人力资源安排会阻碍公司并购后的业务发展，甚至当公司处于重要时间节点时，会错过重要的战略机遇期。

5. 企业文化整合及其风险

企业文化主要由企业最高目标或宗旨，企业长期形成的共同价值观、作风和行为规范及规章制度等构成，它是公司管理的主要内容，具有个性化、一贯性和隐含控制性等特征。当企业并购发生时，两个企业间广泛而深入的资源与结构重组必然触动两个不同企业文化的碰撞，如果两个企业的文化不能相容，则会使企业员工丧失文化的确定感，继而产生行为的模糊性和降低员工对企业的承诺，最终影响并购方实现并购的预期收益。

不同的并购方式所要求的文化整合模式是不同的，如果是纵向并购或混合并购，企业之间的经营业务以及相关理念的联系并不是很紧密，不要求高度统一的文化体系，可以存在独特的文化因素。但如果是横向并购，就要求双方在战略上实现互补匹配，因此对企业间文化的协同性有所要求。如果是跨国并购，还将涉及两个国家或者两个民族的文化、宗教背景差异，这种文化差异势必会造成企业经营理念、行为理念、价值观、工作方式、管理制度等方面的不同。

文化整合的风险来源于并购双方企业特有的文化差异以及双方企业对文化差异的容忍程度，文化整合的风险主要表现在如下方面。

(1) 由于并购双方不可能在企业设立环境、成长方式、领导人风格上处于完全一致的状态，因此可能产生管理人员与企业员工之间不能协调而产生管理失败的风险等。

(2) 每个企业对不同文化差异都有一定的包容程度，单一文化企业可能对文化差异的包容度较低，他们追求文化的统一性；多元文化企业对文化差异的包容度会高一些，他们更多的是追求多种文化的相互融合和碰撞。文化差异包容程度的不同也会导致并购整合失败。

(二) 并购整合风险的防范

并购后的整合是影响并购成败的重要因素，因此要防范并购整合风险，主要应从以下两个方面考虑。

1. 并购前充分考虑整合风险

并购后的整合虽然只是并购交易的环节之一，但却是时间最长、变量最多、与并购结果相关程度最高的环节。在并购前如果盲目乐观，轻视整合风险，高估并购的协同效应，可能会导致交易价格被不恰当地高估。因此，并购方在并购前应该保持审慎态度，客观判断并购后的协同效应，对并购整合后可能出现的情形进行深入分析，组织公司各部门对发展战略、组织结构、财务、人力资源、企业文化等多方面整合风险做好充分的准备和应对措施。

2. 并购后高效执行整合方案

并购方需要制定完整可行的并购整合方案，并由专业团队负责执行。在整合方案执行过程中，需要具备贯穿始终的清晰的整合战略，整合实施过快或过慢都可能导致整合失败。同时，需要关注并购后外部环境的变化，包括国内及国际政治环境的变化、宏观经济变化、产业环境变化、政策变化等，以防外部环境变化给整合带来不利影响。

典型案例

收购溢价和并购铁律

据统计，1997—2006 年，支付给上市公司的收购溢价，在美国平均为 30%，在欧洲平均为 28%。收购所支付的价格往往是收购过程中的关键所在，再好的企业，如果支付价格过高，也是不合适的，那么该如何确定并购中所能支付的最高价格呢？兼并所创造的价值，是否可以补偿甚至超过支付给目标公司股东的对价。

假设 B 公司收购 T 公司。两家公司在收购信息公布前的股价和净收入如表 7-2 所示。

表 7-2　B 公司和 T 公司的财务信息

	B 公司	T 公司
兼并信息发布前的股价/美元	30	22
净利润/百万美元	80	37.5
发行在外的股票/百万股	40	15
每股收益/美元	2	2.5
市盈率/%	15	8.8
市场价值/百万美元	1200	330

假定收购后的公司为 C，V_B、V_T、V_C 分别代表各家公司的股权价值，则

$$V_C = V_B + V_T + 协同效应 - 现金对价$$

若 P_T 代表支付给目标公司的收购价，那么，溢价 $= P_T - V_T$。

收购方的收益或者损失表示为

$$收购方的收益/损失 = V_C - V_B = V_T + 协同效应 - 现金对价$$
$$= 协同效应 - (现金对价 - V_T)$$
$$= 协同效应 - 溢价$$

因此，我们得到：收购方的收益＝协同效应－溢价，这一关系被称为"并购铁律"，即收购方的收益取决于收购后能够得到的协同效应与其支付的溢价。

如果把收购方支付的溢价看作是出售方的收益，那么，收购方的收益＋出售方收益＝协同效应，收购方和出售方的总收益来自于并购后的协同效应，支付溢价的多少，体现了收购方和出售方之间利益的分配，它来自于谈判的结果。

"并购铁律"还有另一种表示方法，根据收购方的收益＝协同效应－溢价，如果收购方必须保证收益为正，那么，协同效应必须大于所支付的溢价，也就是说在并购过程中，支付方所支付的溢价不得超过未来的协同效应，否则并购方就会承受亏损。

假设 B 公司支付给 T 公司的价格是每股 30.8 元(40%的溢价)，溢价金额是 132 百万美元(22 × 0.4 × 15)，假定协同效应的现值估计是 100 万美元，则

$$收购方的收益 = 协同效应 - 溢价 = 100 - (30.8 × 15 - 330) = -32(百万美元)$$

按每股计算，T 公司股东的收益为每股 $\dfrac{132}{15} = 8.8$(美元)(或者 40% × 22 美元)；B 公司股

东的损失为 $\frac{32}{40} = 0.8$(美元/股)。

如果 B 公司采用纯粹的换股方式收购，T 公司股东以每股 T 股票换得 1.026 67 股 B 公司股票，计算依据是 T 公司股票每股 22 美元，B 公司支付 40% 溢价，那么 T 公司股东应该得到 30.8 元/股(22 × 1.4)，而 B 公司股票价格为 30 元/股，因此 T 公司股东相当于以 1 股 T 公司股票换得 1.026 67 股(30.8/30)B 公司股票。

思考一下，T 公司目前获得的对价是否与全现金收购时的 30.8 美元/股相等？

解析：

不相等，因为股本稀释了，T 公司股东得到的是合并之后的公司的股票。我们用 P_C 代表 C 公司的股价，n 代表 B 公司原有的股份数，m 代表对 T 公司股东发行的股份数，那么，新公司的总股份数就等于 $n + m$。此时，C 公司的每股价值为

$$P_C = \frac{V_C}{n + m} = \frac{V_B + V_T + 协同效应 - 现金}{n + m}$$

代入 $n = 40$，$m = 1.026\ 67 \times 15 = 15.4$(百万股)，现金 $= 0$，协同收益维持不变，仍为 100 万美元，则

$$溢价 = P_T - V_T = 453.1 - 330 = 123.1(百万美元)$$

相应地，转换价值为 $\frac{453.1}{15} = 30.21$(美元/股)，B 公司支付 37.3% 的溢价。

T 公司股东的收益是 $\frac{453.1 - 330}{15} = \frac{123.1}{15} = 8.21$(美元/股)，B 公司股东的损失为 $\frac{23.1}{40} = 0.58$ 美元/股。

两相比较，换股收购时，B 公司支付的溢价有所减少，B 公司股东的损失也有所减少。

(资料来源：马晓军. 投资银行学理论与案例[M]. 北京：机械工业出版社，2011)

第三节 公司并购策略

一、杠杆收购的概念和特点

(一) 杠杆收购的概念

杠杆收购 (Leverage Buy-Out，LBO) 是指某一企业拟收购其他企业并进行结构调整和资产重组时，以被收购企业的资产和将来的收益能力作为抵押，通过大量举债筹资，向股东购买企业股权的行为。杠杆收购中的收购公司不必拥有巨额资金，只需以目标公司的资产及营运所得作为融资担保或还款来源，所贷得的金额即可兼并任何规模的公司，实现"以小博大"。杠杆收购在国外往往是由被收购公司发行大量的垃圾债券，成立一个股权高度集中、债务结构高杠杆性的新公司。在中国，由于垃圾债券尚未兴起，收购者大都是用被收购公司的股权作质押向银行借贷来完成杠杆收购。

杠杆收购的操作过程中的关键点有两个：其一是收购的模式；其二是融资结构。

收购模式：杠杆收购和传统负债收购不同，其特殊之处在于需要完成债务的转移，因为在收购时，负债主体并不是被收购方，而是收购主体。因此，在杠杆收购时，收购方并不直接去收购目标公司，而是会设立一家专门用于杠杆收购的特殊目的载体(Special Purpose Vehicle，SPV)，收购方控股SPV，然后，以SPV作为融资主体和并购主体去完成杠杆收购。进行这样结构处理的好处在于：便于风险控制，即使收购失败，风险不会向并购方扩散；通过这家SPV，可以顺利实现融资、合并、偿债这一系列过程。因此，杠杆收购是通过SPV实现间接收购而不是收购方直接去收购的，这是杠杆收购在结构方面的重要特点。

收购的方式是买下全部股权，由此实现被收购公司与SPV的合并，从而建立偿债主体，但偿债现金流来自于目标公司，而且目标公司的资产和未来现金流在收购完成前就会被设定抵押而成为偿债保证，见图7-5。

融资结构：LBO主要采用倒金字塔式的融资结构，见图7-6。最上层的是银行贷款，大概占60%，银行贷款具有最为优先的求偿权，现金流首先归还银行贷款，当然其利率相对较低。中间一层是垃圾债券(或称夹层债券)，约占收购资金的30%，夹层债券也可以再按照现金流的分配顺序继续细分，夹层债券的利率比较高，但是，其现金流的分配在银行贷款之后，因此具有较高的风险。最后一层是股权层，大概占10%，用于承担最后的风险、获得剩余求偿权。股权资本这部分的风险最大，但相应的可能收益也最高。

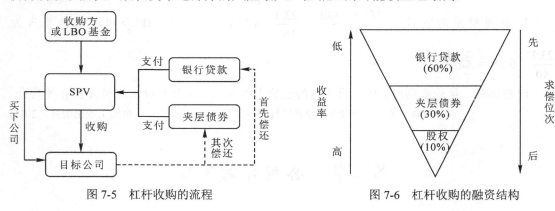

图7-5　杠杆收购的流程　　　　　　　图7-6　杠杆收购的融资结构

(二) 杠杆收购的特点

1. 高负债

杠杆收购中收购方的自有资金很少，一般占标的方股份购买价格的10%左右。一般而言，在收购所需全部资本构成中，杠杆收购以高负债取代股本在目标公司中的资产负债地位，一旦公司全部收益率低于所借资本的全部成本，公司将不得不考虑减少一些部门，或者变卖资产偿还债务。因此，杠杆收购的特点之一就是使标的方由一家财务较健康的公司变成一家高负债比率的公司。

2. 高风险

杠杆收购具有很高的风险性，杠杆收购所需要的大量资本是靠借贷得到的。在杠杆收购中，收购所需资金的构成一般为投资银行贷款占 60%，垃圾债券占 30%，收购方自有资金占 10%，并购后的公司面对极沉重的债务压力。一旦经济形势出现不利于公司发展的变化，收购公司的债务负担将进一步增加。

3. 高收益

对于提供贷款的金融机构来说，其可以从杠杆收购中获得更高的收益。同时，由于标的方的交易价格一般低于实际价格，因此收购方也可以获得额外的收益。不过，由于杠杆收购具有"债融资"的性质，债权人只要求偿还利息和本金，而不会分享利润，所以当杠杆收购完成后，如果企业的资产利润大于借款利息，收购方将获得高额收益。

4. 高难度

由于收购双方信息不对称，标的方的选择比较难以把握、资金来源有限、垃圾债券发行受阻、担保方式的可行性等原因，杠杆收购在具体操作中较为复杂。

二、杠杆收购的操作程序

每一例杠杆收购的操作程序都不一样，其中的典型步骤如下。

(一) 准备阶段

准备阶段又称为设计阶段，包括发起人的确定、杠杆收购方案的制定以及一些具体细节的规划。概括地说，在准备阶段的方案中，应包括选择目标公司，确立恰当的战略战术，确定收购中的交易价格，对目标公司中具有潜在利害关系和影响力的团体与个人进行公关，选择投标方式，草拟收购合同，合理安排各个收购环节的布局。收购方案的制定是整个收购工作的基础。

1. 选择发起人

通常发起人是公司的收购者，他们负责组织者并选择相关投资银行。有时投资银行和专门为收购而成立的"精品公司"也可能成为发起人。无论谁作为杠杆收购的发起人，能胜任该工作的企业必须具有相当强的筹资能力、扩充自有资金的实力、善于管理各类资金的能力，与融资机构有良好的关系，能够吸引、调动和激励被收购企业管理人员的兴趣、积极性和敬业精神，有很强的自律能力。

在发起人确定后，通常注册一家"虚拟公司"或"纸上公司"，并以此公司的名义举债，从目标公司股东手中收购股票。表面上这家虚拟公司是杠杆收购的主体，但实际上并非真正的发起人。特别是当买方由多个投资人组成，或者由管理者收购本公司的股票时，往往由一家有少量自有资金注册的公司出面，利用目标公司的资产做担保来贷款，不仅可以为融资提供方便，还能避免一些法律上的麻烦。

2. 选择目标公司

概括地说，目标公司一般具有以下特征：公司管理层有较高的管理能力，管理技能良好；公司经营比较稳定，经营计划和经营战略周全、合理；公司实际价值远高于账面价值，比如在遭遇经济萧条时，股票价格已不能真实反映企业的状况，有些企业的股价甚至已跌至账面价值以下，但实际价值却远高于账面价值；公司长期负债相对较少；公司的现金流量比较稳健；公司资产的变现能力强；产品或其经营受周期性需求的影响较少；市场占有率高。具备上述条件的公司极易成为市场上的被收购目标。总而言之，收购者看中的是有潜力的公司。

(二) 筹资阶段

在这个阶段，收购方通常需要为并购交易和并购后的整合筹集所需资金，而杠杆收购与一般收购最大的差异就是，它是通过大量的债务融资来完成的。按照求偿位次划分，融资的一般结构是桥式贷款、优先债务、次级债务(从属债券)和股权资本等。

(1) 桥式贷款(bridge loan)。在典型的杠杆收购中，收购方通常通过投资银行安排桥式贷款。桥式贷款期限很短，在收购过程中只起一个中介作用，由收购者日后发行垃圾债券或收购完成后出售部分资产、部门所得资金偿还。尽管如此，投资银行发放桥式贷款仍承担着巨大风险。为达成杠杆收购交易，策划收购的投资银行不惜代价发放单笔金额巨大的桥式贷款，这些占投资银行净资产较高比重的桥式贷款往往会使投资银行的业绩和财务表现出大起大落。桥式贷款的期限一般为 180 天，并可以根据收购者要求展期 180 天。桥式贷款利率的设计多采取爬升式，比如，第一季度利率为基准利率加 500 个基点，以后每个季度加 25 个基点。这种爬升式利率设计有效地加快了收购者的还款速度。投资银行在提供桥式贷款时先按 1%计收承诺费，然后按桥式贷款的实际支付金额，加收 1%左右的附加费用。

(2) 优先债务(senior debt)。优先债务(高级债务)即一级银行贷款，是杠杆收购融资结构中的上层融资工具，这种债务在融资结构中所占比例较高，20 世纪 80 年代时一般为 65%，后来由于杠杆收购的风险加大，到了 20 世纪 90 年代降为 50%。它的供资者多为商业银行。其他非银行金融机构如保险公司、商业金融公司等也经常介入。优先债务之所以冠名"优先"，在于其供资方所面临的风险最低，现金流优先偿还这部分债务，而且一旦公司破产清算，债权人对收购得来的资产享有优先求偿权。

(3) 次级债务(junior debt)。次级债务是指那些以夹层债券为表现形式的债务融资工具。如果公司清算，次级债务的求偿权位于一级贷款之后。从属债券包括高级从属债券和次级从属债券(高与低的区别是期限长短不同)等，它们是杠杆收购融资体系中内容形式最丰富的一族。从属债券既可以采用私募，也可以公开发售。私募常由少数投资机构如保险公司、养老基金会及其他投资者私下认购，由于所购债券期限长、流通性差，私募债券持有者一般会得到比公募债券持有者更高的利息。公开发行则通过高风险债券市场进行。在公开发行过程中，投资银行提供自始至终的服务。担任杠杆收购的策划者和发起人的投资银行往往又是从属债券的承销商。在公开发行下，投资银行在公开市场上担任做市商，可以使债券流通性较私募大大提高。

(4) 股权资本(equity)。股权资本证券是杠杆收购融资体系中居最底层的融资工具，因为股权资本证券的求偿权在夹层债券之后。股权资本证券包括优先股和普通股。普通股是整个融资体系中风险最高、潜在收益最大的一类证券。杠杆收购股权资本证券一般不向其他投资者直接出售，而只供应给在杠杆收购交易中发挥重要作用的金融机构或个人。因此，股权资本证券的供应者多为收购方的内部机构或人员，包括杠杆收购股权基金、投资银行以及目标公司高管人员。

筹资阶段是杠杆收购活动的重头戏，直接关系到杠杆收购的成败及风险、收益。银行根据目标公司的财务及经营状况进行信用分析并决定是否提供融资。收购者对所需资金来源进行合理安排，即杠杆结构的规划。杠杆收购的融资结构最后会演变为合并后的公司的资本结构，它对收购后公司价值能否在数年内迅速增加、股票能否顺利上市或转让有决定性的影响，因此该阶段至关重要。

(三) 执行阶段

执行阶段即购入阶段。收购者在筹得资金以后就要开始执行收购，对上市公司而言，收购者出价购进市场上流通的股份。这个阶段的主要任务是执行已经制定好的杠杆收购方案。在执行的过程中，有时要根据当时的客观环境做一些微调。收购完成后，上市公司由公众公司变为私人公司，即所谓的上市公司私有化。

(四) 转型阶段

如前所述，杠杆收购多半是由一个新注册的公司通过向各方融资来完成的。其中，投资银行为促使杠杆收购的迅速达成，还会向注册公司提供一种以投资银行自有资本支持的过渡性贷款。在收购完成后，这笔过渡性贷款一般需要立即偿还。偿还的办法就是转移，即安排原注册公司来消减债务，目标公司仍继续存在，构成一种反向合并，原债务也成为新公司负债的一部分。

合并后，目标公司即新公司以库存现金或出售资产来偿还原注册公司的部分债务，其余债务以优先债及从属债替换，并募集资金认购优先股及普通股。至此，目标公司的资本结构被改变，债务比例提高，与原注册公司的资本结构基本相同。从以上安排可以看出，收购完成后继续存在的公司仍要负担巨大的利息支出。因此，部分公司出于某些方面的考虑，会通过公开发行股票的方式来使已成为非上市公司的公司再次上市，即所谓的反向杠杆收购。

促使私有化公司再次上市成为公众公司的动机主要有以下三点：

(1) 使现有股东的股票能够变现；

(2) 通过公开筹集股款，降低杠杆比例，减少公司债务负担；

(3) 公司可以将此款用于资本支出，以增加公司的投资收益。

由于杠杆收购的目的并不仅在于通过改善经营功能来获利，而且高比例的负债以及由此带来的大量利息还迫使收购者急于获取现金还债以减轻债务负担，因此大多数杠杆收购完成后都有一个拆卖重组、再上市的过程。完成杠杆收购后，董事会将会针对目标企业的发展，制定出一系列的战略整合意见和一套行之有效的激励措施，进而优化目标企业的经营方式，控制其经营成本，同时对目标企业中存在的不良或低效率资产进行处置和剥离，改变目标企业的市场战略发展方案，最终增加目标企业的利润和现金流。也就是说，杠杆收购后应该对目标企业进行整改，重组生产设备，提高产品质量，同时降低目标企业的应收账款。使企业尽快增加现金流，偿还债务，最终创造企业价值。

经过目标企业一段时间的经营后，收购者预期股市会出现一个很好的时机，在那时，目标企业可实施增发，这部分股票增发的收入会被用来偿还企业债务。同时，随着目标企业的经营逐渐步入正轨，企业股票的溢价能够提升企业的市场价值。在目标企业上市交易一段时间后，收购方可通过公开市场卖出自己手中的股票，以实现最终目的。

完成这样一个程序一般需要 5 至 7 年，因此杠杆收购是一个中长期活动。在杠杆收购的过程中，投资者要接受在相当长的一段时间内不能收回自己的投资的情况，此外，他们还得为目标企业的发展出力，以此实现企业价值的创造。

三、杠杆收购的收益和风险

(一) 杠杆收购的收益

在杠杆收购中，收购者主要通过大量债务融资来收购公众公司的股票或资产，实现"空手套"的资本运作。由于债务资本在收购资金中占据较大比例，而债务成本比权益成本要低，充分利用债务融资可以增加股东财富。此外税法规定，一般债务利息允许在税前扣除，所以债务资本的高财务杠杆效益会带来大量的节税收益。总结起来，杠杆收购可带来财务杠杆收益和税收收益。财务杠杆收益是指企业大量运用资本成本率较低的债务资本所带来的收益，而税收收益是指债务利息抵税所带来的收益。下面以 A 企业为例分析杠杆收购的收益，见表 7-3。

表 7-3　A 企业财务数据

项　　目	杠杆收购前	杠杆收购后
年税前利润(EBIT)/万元	6500	6500
企业总资产额(TA)/万元	29 600	29 600
资产收益率(ROA)	22%	22%
名义负债成本(NDC)	8%	8%
实际负债成本(EDC)	6%	6%
权益成本(K)	12%	12%
负债权重(D)	40%	80%
所得税税率(T)	33%	33%

(1) 财务杠杆收益(非抵税负债成本节省收益)：

财务杠杆收益 = 杠杆收购后的无抵税企业价值 − 杠杆收购前的无抵税企业价值

$$= \frac{\text{EBIT} \times (1-T)}{\text{NDC} \times D_2 + K \times (1-D_2)} - \frac{\text{EBIT} \times (1-T)}{\text{NDC} \times D_1 + K \times (1-D_1)}$$

其中：D_2 为收购后负债权重；D_1 为收购前负债权重。将表 7-3 中的数据代入，可得企业的财务杠杆收益为 7613.6 万元。

(2) 税收收益(抵税债务成本节省收益)：

$$税收收益 = \frac{\text{EBIT} \times (1-T)}{\text{EDC} \times D_2 + K \times (1-D_2)} - \frac{\text{EBIT} \times (1-T)}{\text{EDC} \times D_1 + K \times (1-D_1)}$$

将表 7-3 中的数据代入，可得税收收益为 15 121.5 万元。

(3) 杠杆收购中的净杠杆收益率反应负债给股东带来的收益，净杠杆收益率：

$$净杠杆收益率(NLER) = \frac{D}{E} \times (ROA - K)$$

进而可以得到：

$$净杠杆收益 = \frac{ANLER \times TA \times (1 - D_2)}{K} - \frac{BNLER \times TA \times (1 - D_1)}{K}$$

其中：ANLER 为收购后净杠杆收益率；BNLER 为收购前净杠杆收益率。将表 7-3 中的数据代入，可得净杠杆收益为 9866.7 万元。

(4) 企业进行杠杆收购所带来的所有收益表现为杠杆收购的协同收益：

$$杠杆收购的协同收益 = 财务杠杆收益 + 税收收益 + 净杠杆收益$$
$$= 7613.6 + 15\ 121.5 + 9866.7$$
$$= 32\ 601.8\ (万元)$$

企业进行杠杆收购所带来的收益是巨大的。这也可以在一定程度上解释为什么一些企业热衷于联合风险基金、投资银行进行杠杆收购。

(二) 杠杆收购的风险

从有关杠杆收购的一般理论分析中我们了解到，杠杆收购的融资过程运用了财务杠杆原理，而财务杠杆是一把双刃剑，当资产收益率大于借入资金的利率时，增加财务杠杆可以大幅提高企业盈利；反之，如果企业经营不善，则会使企业净收益或每股盈余急剧减少，因此收购方一定不能忽视杠杆收购的风险性。具体来说，在杠杆收购实施准备阶段，主要存在法律风险、定价风险；在杠杆收购的实施过程中，主要存在融资风险、运作风险；在杠杆收购实施后，主要存在财务风险、经营风险等。

1. 在杠杆收购实施准备阶段的风险分析

1) 法律风险

我国企业实施杠杆收购的制度环境尚不成熟，从我国现有的有关法律法规条文来看，部分法律规范过于简略、宽泛且限制性条款较多，而有些方面处于无法可依的状态。在实际操作中，大多数想要实施杠杆收购的企业可引用的规定基本都是临时性、地方性、政策性的办法和条例，它们不具备立法权威性和统一适用性，这在一定程度上影响了杠杆收购的实施。具体到操作细节层面，如收购主体的设立、融资等环节，规定的操作性不强，限制性却较多。由于我国大部分的案例都集中体现为管理层收购，而我国相关法律中有关的条文则相对较少。

除了现有的法律法规不健全等客观困难，一些企业在实施杠杆收购的过程中也没有严格遵守现有的操作程序。正是因为上述法律风险的存在，我国企业在实施杠杆收购时，一方面由于法律法规不健全而存在大量规避法律的"灰色地带"；另一方面，企业由于缺乏法律法规的引导稍有不慎就会因"触雷"而不得不前功尽弃。这些都在无形中给杠杆收购的操作带来了难度，使得中国的杠杆收购、管理层收购更多只是"暗流涌动"，已经尝试操作杠杆收购的企业也大都较为低调。

2) 定价风险

在杠杆收购中，由于涉及目标企业资产或负债的全部或部分转移，需要对目标企业的资产、负债进行评估。对标的进行评估是双方能够成交的基础，也是双方谈判的焦点所在。

由于我国的资本市场的发展时间并不长，公开披露的会计信息和数据难以反映企业的真实价值和运营情况。而从资产清查来看，资产评估部门在有限的时间内不可能对被兼并企业进行彻底清查，导致评估结果存在一定的误差。同时，由于我国资产评估行业处于发展阶段，在评估的技术或手段上尚不成熟，这种误差可能更加明显。此外，资产评估部门也有可能在多方或自身利益的驱动下，出具虚假不实的评估报告。

我国企业在杠杆收购时通常会参照《上市公司收购管理办法》中有关协议收购和要约收购价格的规定：协议收购非流通股票价格不低于每股净资产，要约收购价格按照流通股价格。由于在我国实施杠杆收购的方式大部分是协议转让，在缺乏市场化定价机制的情况下，每股净资产就"自然而然"地成为交易定价的参照标准。

2. 在杠杆收购实施过程阶段的风险分析

1) 融资风险

由于杠杆收购所需的金额较大，这就需要有畅通、广泛的融资渠道。一是，目前国内银行和非银行金融机构尚不能对杠杆收购提供全面的融资支持；二是，我国杠杆收购的融资品种和工具少。

2) 运作风险

国外杠杆收购的具体运作一般都有大量中介机构的参与，由专业的投资银行、咨询机构、投资基金的咨询部门等来进行协调，由资产评估师、注册会计师、律师等来制定具体的收购策略、安排融资结构等。

目前国内运作杠杆收购的关键点主要包括收购主体搭建、融资方案、还款方案、股权定价标准及定价程序、享受地方政策、风险规避措施等，运作过程相当复杂，技术含量高，但是我国相关中介机构的发展却相对落后，成熟高水准的专业中介机构较少。

3. 在杠杆收购实施后的风险分析

1) 财务风险

杠杆收购中，企业为完成收购行为需要大量举债，而高额的债权性筹资将会增加股权投资者遭受潜在损失的风险。这种财务风险的决定因素包括用于收购的负债数额和将由收购方承担的目标企业的债务。另外，收购方还必须承担被收购企业无形资产所有权存在虚假的风险，以及被收购企业因担保抵押引起的财务风险。

2) 经营风险

经营风险是指企业未来经营收益及本身所固有的不确定性，即在没有负债时公司资产的风险。经营风险是由现代企业的本质决定的，市场有很大的不确定性，任何公司在做计划时都不可能确保自己的预期收益一定实现，如果达不到预期的资产收益率，企业就会出现投资损失。

在杠杆收购完成后的企业重组和经营改进过程中，企业管理者的作用非常重要。杠杆收购完成后，我们看到的是一个面临巨大财务风险的企业，企业管理者要想使企业的资本收益率大于贷款利率，使企业现金流量接济得上，就必须给企业注入新资源，对企业实施有效的重整。

典型案例

银隆新能源终于被格力电器收入麾下

在经历了被终止收购、反腐大剧等一系列事件后，银隆新能源股份有限公司(以下简称"银隆新能源")终于被格力电器收入麾下。2021 年 8 月 31 日，格力电器公告称，通过司法拍卖公开竞拍方式竞得银隆新能源 3.36 亿股股份，银隆新能源将成为其控股子公司。这意味着，格力电器终究还是实现了"造车梦"。不过，新能源车赛道愈加拥挤，格力电器想在众多竞争者中脱颖而出，需要面对的挑战非常大。

据格力电器在公告中披露的信息，广东省珠海市中级人民法院于 2021 年 8 月 30 日 10 时至 2021 年 8 月 31 日 10 时在京东网司法拍卖网络平台公开拍卖珠海市银隆投资控股集团有限责任公司(以下简称"银隆投资")、珠海厚铭投资有限公司(以下简称"厚铭投资")、珠海红恺软件科技有限公司(以下简称"红恺软件")持有的银隆新能源部分股权。

最终，格力电器以约 18.28 亿元的价格竞得银隆新能源 3.36 亿股股份，并与公司董事长董明珠签订了附生效条件的表决权委托协议，董明珠将其持有的银隆新能源 1.93 亿股股份对应的表决权委托公司行使。此次交易完成后，格力电器将合计控制银隆新能源 5.29 亿股股份对应的表决权，占银隆新能源总股本的 47.93%，银隆新能源将成为格力电器的控股子公司。由于董明珠担任格力电器董事长兼总裁，同时持有银隆新能源股份，根据《深圳证券交易所股票上市规则》的相关规定，本次交易构成关联交易。

格力电器和银隆新能源渊源已久。早在 2016 年 4 月，格力电器就发布公告称，正在筹划发行股份购买资产事项，交易标的为银隆新能源。同年 8 月，格力电器正式公布收购方案，拟向银隆新能源的全体股东发行股份，收购他们持有的银隆新能源合计 100%股权，收购价格大约在 130 亿元。

然而，当时格力电器百亿元收购银隆新能源的计划受到外界的大量质疑，深圳证券交易所还发出了重组问询函；还有消息称，在股东大会上，格力电器的很多中小股东都对这个收购方案投了反对票，公司内部没有达成一致意见。有参与过相关项目调研的公募人士表示，银隆新能源的技术并非主流，格力给予的 130 亿元估值过高，这个价格完全可以收购一些美股上市公司。于是，在宣布收购 7 个月后，格力电器终止了筹划发行股份购买资产事宜。

终止交易后，作为格力电器董事长的董明珠并没有放弃对新能源车的投资，而是以个人的名义入股银隆新能源，并成为该公司第二大股东。这几年，格力电器和银隆新能源不仅没有中断合作，还成立了合资公司。

工商资料显示，2019 年 8 月，珠海横琴格力华钛能源发展有限公司成立，由格力电器全资持有的珠海格力能源环境技术有限公司持股 51%，银隆新能源持股 24%，华泰慧能(北京)能源技术有限公司持股 25%。

同一时期，天眼查数据显示，格力电器联手株洲中车、银隆新能源等 5 家企业，共同投资设立了国创能源互联网创新中心(广东)有限公司，其中格力电器持股 75%，株洲中车持股 8%，银隆新能源持股 5%，董明珠担任法人。

从格力电器控股银隆新能源一事，以及过去几年双方的合作来看，格力电器从未放弃"造车梦"。格力电器相关负责人表示，控股银隆新能源有考虑到双方在储能相关的电器产品、汽车工业产品、精密模具、新能源等很多业务板块拥有协同空间。"整体上看，这是很有意义的投资，价格也很划算。"

上述负责人指出，格力电器可以通过公司治理、市场拓展、研发协同、供应链管理等领域多维度赋能银隆，提高它的产能利用率和产品竞争力；同时也可以通过银隆的纳米级钛酸锂技术和现有锂电池产能，快速切入锂电池行业抓机遇，推动银隆储能产品跟格力储能相关的电器产品、新能源等板块的协同应用，加速现有多元化业务发展，提高格力在电机、控制器等汽车核心零部件行业的市场份额。

至于新能源汽车市场，该负责人认为，未来发展前景广阔，也契合国家节能减排"双碳"的战略目标，不过格力电器控股银隆主要还是从协同发展的角度考虑的。

有产业观察人士分析道，格力电器多元化的大方向没错，因为家电行业的发展已经到了瓶颈期。"不过，今年很多企业都宣布造车，进军新能源车市场，包括一些互联网、地产等行业的大咖，且国内的新能源车巨头比比皆是，因此，对于格力电器来说，不管是从资本实力还是技术人才储备的角度来看，竞争压力都非常大。"

（资料来源：http://www.sc-rh.com/jiadian/20210831/400232064.html）

四、管理层收购

(一) 管理层收购的基本概念

管理层收购(Management Buy-Out，MBO)是指目标公司的管理层通过债务融资购买目标公司的股权或资产，从而改变目标公司的所有权结构，获得企业控制权的收购形式。管理层收购有两种方式：一种是公司管理层持有股份的绝对增加，即公司管理层以公司资产或未来收益作抵押融资，取得资金，再购买公司的股份。另一种是公司管理层所持股份的相对增加，即公司管理层对公司持有的股份保持不变，而公司降低其资本，相对增加公司管理层的持股比例，由此取得目标公司的控制权。管理层收购的目的是避免公司被收购，而由目标公司的管理层收购目标公司。

管理层收购最早出现在 20 世纪 80 年代美国兴起的杠杆收购浪潮中，之后被更多的国家所效仿和采用，并具有了一些新的特点。管理层收购实际上是杠杆收购的一种特殊形式，所以其操作程序基本与一般意义上的杠杆收购相同。

(二) 管理层收购的相关理论

1. 代理成本理论

詹森(Jensen)是代理成本理论的典型代表人物。代理成本理论认为，由于所有权与控制权的分离，在现代公司中管理者往往会利用各种优势追求个人利益最大化而非股东利益最大化，这种利益冲突导致了代理成本，出现了企业高现金流和低效投资并存的现象，企业资源被低效利用。管理层收购可有效降低这种代理成本，这是因为：管理层收购后，管理者拥有了公司的股权，使所有权与控制权合二为一，降低或消除了代理成本；管理层收购作为杠杆收购的一种特殊形式，一方面提高了企业负债率，债务利息支出的增加可以缩小管理层自由支配现金流量的空间，另一方面，债权比股权拥有更强的约束力，负债和破产压力也会迫使管理层努力工作，提高经营效率。

2. 防御剥夺说

防御剥夺说以阿尔钦(A. Alchain)等人发展起来的企业理论为理论基础。该学说认为，在企业中，管理层对企业的投资具有"唯一性"，管理层的收益强烈依赖于企业的整体绩效，因此其利益很容易被股东等其他利益主体剥夺。为防止自己的专用投资和利益被他人剥夺，管理层就有激励成为自己投资收益的完全获取者，管理层收购就成了实现这一目标的有效手段。该学说从管理层的角度对管理层收购的动机做出了解释，认为管理层收购是管理层明晰其投资收益的手段，是管理层为改变与贡献不相称的报酬体系而做出的安排，其后发生的绩效改善则是管理层得到与其贡献接近的强大股权激励的结果。

3. 避税理论

劳恩斯坦(Lowenstein)认为，管理层收购后的避税效应是管理层收购的强烈动机。由于大量使用杠杆负债，收购后的利息费用要比收购前多出很多，而利息费用是要从公司的税前利润中扣除的，因此可获得大量的避税效益。也就是说，管理层收购产生的绩效——包括利息支出和管理层的股权收益都来源于避税所得。

4. 管理机会主义和信息不对称理论

该理论认为，经理人之所以热衷于收购自己经营管理的公司，是因为他们对目标公司的内部信息了解程度更高，占有信息优势，如果他们认为企业价值在现有市场价格下被严重低估，则会产生收购企业的激励，即管理机会主义是建立在管理者和公众投资者的信息不对称的基础之上的。在此特性之下，如果收购所支付的费用低于购买价格与企业的内在价值之差额，则管理层就会获得收益，他们就有动力通过管理层收购获得公司所有权。

(三) 管理层收购的特点

由于管理层收购往往是通过杠杆收购的方式来完成的，管理层收购实际上是杠杆收购的一种特殊形式，所以管理层收购的很多特征、成功并购需要的许多条件以及操作程序与杠杆收购相同。在此，我们对管理层收购的一些特殊属性进行说明。

1. 收购主体的特定性

管理层收购与其他企业并购方式相比最大的区别在于，其收购主体是本企业管理层团队，他们通常投入一定资本先组建一个壳公司，由其作为收购的法律实体进行融资并完成收购。

2. 收购的对象是管理层所经营的公司

企业实施管理层收购的直接结果是，管理层的法律地位发生了变化，即管理层既具有管理层的身份，也具有了公司股东的身份，公司则由所有权与经营权相分离的现代企业制度转变成为二权合一的企业制度。

3. 收购所需资金主要通过融资来完成

在收购中，经理层自身提供的资金只能占总收购资金的很少一部分，大部分收购资金还要依靠外部融资，这就要求收购者具有较强的组织能力、资本运营能力，同时还需要中介机构、财务顾问等的协助来完成。

4. 管理层收购的整合特征明显

在管理层收购中，目标企业必须具有巨大的资产增值潜力或存在潜在的管理效率空间，这是管理层收购实施的经济基础与动力。收购完成后，管理层通过控制企业及随后的资产、业务重组与整合，达到减少代理成本、增加企业经营效率与收益、获得超额回报的目的。

典型案例

换股价格对双方股东利益的影响

设 A、B 两公司在并购前的有关数据见表 7-4。试分析以 35 元、45 元等不同的换股价格对双方股东利益的影响及均价格的决定。

表 7-4　A 公司和 B 公司数据

财务指标	A	B
税后利润留成/元	10 000 000	2 500 000
股本额/股	2 500 000	1 000 000
每股税后净利/元	4.0	2.50
每股价格/元	64.00	30.00
市盈率/倍	16	12

(1) A 公司以每 35 元的价格换一股 B 公司的股票的情况：

A 公司股票价格为 64 元，则换股比例为 35/64 = 0.547(股)。

在此比例下，A 公司要发行的新股数量为 0.547 × 1 000 000 = 547 000(股)；假设收购以后两公司的税后利润不变，则新公司每股税后利润的计算方法为

$$税后利润量 = 10\,000\,000 + 2\,500\,000 = 12\,500\,000\,(元)$$

$$股本总数 = 2\,500\,000 + 547\,000 = 3\,047\,000\,(股)$$

$$每股税后利润 = \frac{12\,500\,000}{3\,047\,000} = 4.10\,(元)$$

比较可以看出：

① 并购以后每股税后利润上升了 0.10 元，原 A 公司股东现在得益了。

② 原 B 公司的股东在并购后折算的每股税后利润为 0.547 × 4.10 = 2.24(元)，而原来的每股税后利润为 2.50 元，B 公司的股东现在吃亏了。

可见，在此方案下，原 A 公司股东的收益增加，B 公司股东的收益下降。

(2) 考虑到目标公司股东被收购的情绪，进一步将换股价格提高到每股 45 元的情况：

换股比例为 $\frac{45}{64} = 0.703$ (股)。

在此比例下 A 公司需要增发的新股数量为 0.703 × 1 000 000 = 703 000(股)。

若收购以后原来的税后利润仍不变，每股税后利润为 $\frac{12\,500\,000}{2\,500\,000 + 703\,000} = 3.90$ (元)。

比较可以看出：

① 并购以后每股税后利润下降了 0.10 元，原 A 公司股东吃亏了。

② 原 B 公司股东并购后折算的每股税后利润为 $0.703 \times 3.90 = 2.74$(元)，而原来的每股税后利润为 2.5 元，B 公司的股东现在每股利润增加了 0.24 元。

可见，在新的方案下，原 A 公司股东的收益下降，B 公司股东的收益增加。

(3) 对上述两个相反的结果作进一步分析：

在前面的换股价格下得到的 B 公司市盈率为 14 倍(35/2.5)，低于 A 公司市盈率(16 倍)，故 A 公司股东受益，B 公司股东的收益被稀释；在后面的换股价格下得到的 B 公司市盈率为 18(45/2.5)，高于 A 公司的市盈率，故 B 公司股东受益，A 公司股东的收益被稀释。

可以看出一个关于以换股价格计算的并购双方各自的市盈率问题只要按收购价格计算的被收购公司的市盈率高于收购方公司按市价计算的市盈率，收购方公司股东的收益就会被稀释；反之，被收购方公司股东的收益就会被稀释。

(4) 均衡换股价格的决定：

只有当以收购价格计算的被收购公司的市盈率与收购方公司按市价计算的市盈率相等时，收购方公司股东的收益才不会被稀释。那么，怎样的价格才能使双方的利益相等呢？在本案例中应作如下计算：

$$\frac{X}{2.5} = 16(倍)，X = 40(元)$$

在此换股价格下，A 公司需要发行的新股数量为

$$\frac{40}{64} \times 1\,000\,000 = 625\,000\,(股)$$

并购以后每股的税后利润为

$$\frac{12\,500\,000}{2\,500\,000 + 625\,000} = 4.00\,(元)$$

当收购价格为 40 元时，被收购公司与收购方公司利益相等，双方公司股东的收益均不会被稀释。

第四节　公司反并购策略

在恶意收购发生时，被收购方进入反收购，在反收购过程中，有一些重要的策略，被收购方可以根据自己的实际情况选择使用。反并购的措施有很多，具体可以分为预防性措施和主动性措施。

一、预防性措施

预防性措施指的是在对方采取恶意收购之前就已经采取的预防性反收购措施。

(一) "驱鲨剂条款"

"驱鲨剂条款"(shark repellants)是指为了防止公司被恶意收购而在公司章程中设立一些条款，通过这些条款来增加收购者获得公司控制权的难度。

"驱鲨剂条款"主要包括董事会轮选制、董事资格限制、绝对多数条款等防御措施。由于收购方收购公司，其目的在于获得公司的控制权。虽然从股份上说，获得具有多数投票权的股份就可以成为控股股东，但是，成为控股股东并不能保证就获得了公司的控制权，因为公司经营管理的重大决策都是由董事会做出的，只有有控制力公司的董事会，才真正地控制了公司。"驱鲨剂条款"就是通过事前召开股东大会，在公司章程中加入有利于现有控股方的条款而防止恶意收购。当然，可能部分条款在法律上有瑕疵，影响公平竞争的游戏规则，因此需要参考律师的意见。

1. 董事会轮选制

董事会轮选制也称分期分级董事会制度，是指公司章程规定每年只能改选部分董事，一般是 1/3 或 1/4，这样，并购方需要 2～3 年的时间才能控制董事会。在实施董事会轮选制情况下，收购者即使收购到了足够的股权，也无法对董事会做出实质性改组。

2. 董事资格限制

董事资格限制是指规定董事的任职条件，董事必须具备某些特定的条件才可以担任公司董事。通过公司董事资格的限制，同样可以阻挠收购方进入董事会。设置董事资格限制的本意在于防止能力较弱、品行不良的人进入董事会。但是，在预防反收购中，目标公司往往利用扩大董事资格的限制范围，限制外来股东进入董事会。

3. 绝对多数条款

绝对多数条款是指在公司章程中规定，公司进行并购、重大资产转让或者经营管理权的变更必须取得绝对多数股东同意才能进行，并且对该条款的修改也需要绝对多数的股东同意才能生效。绝对多数条款增加了公司控制权转移的难度，有助于防止损害本公司及股东利益的敌意收购。

(二) 内部协议

1. 金色降落伞计划

金色降落伞计划是公司给予高级管理层的一种补偿性条款。"金色"意味着管理层在此协议下将收到丰厚的补偿金。金色降落伞虽然也会提高收购方的收购成本，但这种成本的增加与其他方法相比是极其有限的。金色降落伞策略与其说是反收购，不如说是反收购一旦失败，经理人团队可以获得优厚补偿。本质上讲，这是无股权或者股权极少的管理层的反收购策略。

金色降落伞策略出现后，受到美国大公司经营者的普遍欢迎。据统计，在 20 世纪 80 年代，美国 500 家大公司中有一半以上的董事会通过了金色降落伞议案。我国上市公司金色降落伞计划的实施通常需要董事会及股东大会审议通过。

2. 银降落伞

银降落伞策略是保护公司的经理层、核心技术员工的策略。通常在公司章程中规定，由董事会做出决议，或让公司的经理层、核心技术员工与公司在合同中约定，公司的经理层、核心技术员工如果在敌意收购成功后被解雇或辞职，则可以领取巨额的数倍于任职期间薪酬总额的补偿金。因为公司的经理层、核心技术员工得到的补偿金较公司高管要少，所以把它比喻成银降落伞策略。

3. 锡降落伞

锡降落伞策略则是保护一般职员的策略。通常在公司章程中规定，由董事会做出决议，或在普通员工与公司签订的合同中约定，普通员工如果在敌意收购成功后被解雇或辞职，则可以得到巨额的数倍于任职期间薪酬总额的补偿金，因为普通员工领取的补偿金较经理层、核心技术员工要少，所以把它比喻成锡降落伞策略。

4. 毒丸计划

毒丸计划的正式名称为"股权摊薄反收购措施"。当上市公司面临收购威胁时，其董事会可以启动"股东权利计划"，向普通股股东发行优先股，一旦公司被收购，股东持有的优先股就可以转换为一定数额的公司股份。股本结构重组可以降低收购方的持股比例或表决权比例，或者增加收购成本以降低公司对收购人的吸引力，达到反收购的效果。目前，毒丸计划已发展到包括"股东权利计划""负债毒丸计划""人员毒丸计划"等。

毒丸计划通常涉及发行权益类证券，而A股上市公司发行权益类证券受到严格的限制，包括发行种类、发行对象、发行价格、发行条件、发行程序等方面。尽管成熟市场的毒丸计划在中国法律环境下作为反收购手段可行性不大，但是A股上市公司仍然可以通过增发股份，尤其是通过定向增发实现摊薄收购人持股比例的目的。比如，将发行对象锁定为公司控股股东或实际控制人及其关联方，或者实力雄厚的友好公司，若发行成功，将摊薄收购人持股比例。A股上市公司也可以实施发行股份购买资产，若交易对方为友好公司且交易金额很大，将引入友好公司作为主要股东，可以大比例摊薄收购人持股比例。

5. 相互持股

相互持股也称作交叉持股，指的是关联公司或友好公司之间相互持有对方股份，一旦其中一方遭到敌意收购威胁时，另一方即施以援手。

相互持股的优势在于成本低，而且行动便利，便于控制。但是相互持股可能带来公司治理方面的种种弊端，所以往往被各国法律所禁止。国内目前的法律并未禁止上市公司间相互持股，因此上市公司可以通过与比较信任的公司达成协议，相互持有对方股份，并确保在出现敌意收购时不会进行股权转让，以达到防御敌意收购的目的。

相互持股的不利之处在于：其一，公司治理方面的弊端会影响投资者对公司价值的判断，影响公司形象和股价表现；其二，相互持股一旦失败，收购方会一举两得，获得关系企业的股权。

6. 其他预防性安排

其他预防性安排包括双重股权(dual class share)和员工持股等。

双重股权是指在股份结构中安排两种股权，虽然都是普通股，但投票权不同。比如，谷歌原始股东和管理层持有的A股每股投票权是10票，而对公众发行的B股每股投票权是1票，这样谷歌原始股东和管理层就可以牢牢地掌握公司的控制权。但是双重持股的安排必须要有相应的法律允许才可以，目前在我国尚不能实现。

员工持股一方面可以形成对员工的激励机制，另一方面，在面临恶意收购时，可以控制一部分公司股权，增强公司控制权，提高恶意并购者的并购难度。员工持股可以由员工分散持股，也可以由基金会集中持有，后者更有利于防御恶意收购。同时，董事会中的职工董事也有助于抵御恶意收购。《公司法》规定，上市公司可设立职工董事会，职工董事会由职工代表大会选举产生，也就是说，不管职工股权比例大小，都会在董事会有一席之地，有的公司还会增加职工董事的比例，这样保证了原控股方增加在董事会中的话语权。

二、主动性措施

主动性措施是指当发生恶意收购时，目标公司临时组织的反收购措施，一般包括焦土战略、出售皇冠明珠、回购股份、绿色邮件、诉诸法律、寻找白衣骑士等。

(一) 焦土战略

焦土战略是一种目标公司"自残"的策略，主要包括加速还款、购买不必要的资产等，这些措施都在耗尽公司的现金资源。对收购方而言，一方面影响了目标公司的估价，使收购方的收购兴趣下降；另一方面，尤其对杠杆收购不利，因为现金流价值下降，导致收购时的融资变得困难、收购后的整合难度也加大。但是这些基于现金流而对收购方的干扰，从决定到实施往往需要一定的时间，因此，在面对速度较快的恶意收购时，难以奏效。

(二) 出售皇冠明珠

出售皇冠明珠就是将公司最有价值的一部分出售，从而使收购方失去收购的兴趣，目标公司一般会考虑将有价值的资产出售给关系企业，等收购风潮过去后，再行回购。也有直接在市场中公开出售的，但是，公开出售优良资产，容易使优质资产直接落入收购者手中，反而减少其收购成本，也有可能被其他竞争者购得，从而影响公司未来的发展。因此，皇冠明珠的出售一定要谨慎，以免对公司业务造成实质性的伤害。

(三) 回购股份

回购股份是指目标公司回购本公司的股份。在实践中，股份回购的运用不是十分广泛，因为股份回购会使目标公司产生过多的库存股票，进而影响公司筹集资金的能力。对目标公司而言，股份回购在很多情况下都可能增加公司的负债比例，增大财务风险，目标公司的财务状况是制约这一手段的最大因素。

宝丽来公司在应对迪士尼的敌意收购时就曾采用过股份回购的方式。在面对迪士尼的收购时，宝丽来宣布计划收回价值 11 亿美元的股票，宝丽来公司同时向一个私人投资团体出售大量股票来筹措股票回购的资金。在这两方面因素的共同作用下，私人团体持有的宝丽来公司股份由原来的 8.5%上升到 13%。宝丽来公司利用股票的出售和回购减少了市场上有可能落入攻击者手中的股票数量，同时将更多的股份交给了友好的投资者，这一双重影响使得迪士尼或者其他任何攻击者的收购变得困难。

(四) 绿色邮件

绿色邮件(green mail)是目标公司以一定的溢价购买收购方先前所持有的本公司的股票。绿色邮件是对收购方的妥协和贿赂。绿色邮件通常还包括一个大宗股票持有人在较长期限内不得持有目标公司股票的约定，一般为 5~10 年，此举保证了目标公司在一段时间内不会受到该袭击者的并购威胁。

绿色邮件的问题在于目标公司购回的公司股票，代价方面高于当初回购或者争购，收购方很快就实现了恶意收购的收益。也就是说，绿色邮件可能反而鼓励了公司袭击者去频繁地收购公司。

(五) 诉诸法律

诉诸法律是指通过发现敌意收购人或收购过程中存在的法律缺陷或不符合法律的情形，而向有关部门提起控告、申诉甚至向法院提起诉讼的手段而阻碍收购的方式。这是反收购战中常用的方式，可起到使收购人直接终止或中止收购行为或者提高收购价格的作用，至少能起到拖延敌意收购人收购进程的作用，从而为目标公司采用白衣骑士或其他反收购策略争取更多的时间。目标公司在采用这一手段时，应当注意调查、收集和保存足够的相关证据，同时还应考虑与白衣骑士等其他反收购策略配合使用。

(六) 寻找白衣骑士

白衣骑士是指目标公司为免遭敌意收购而自己寻找的善意收购者。为不使公司落入敌意收购者手中，目标公司可选择借助其他公司力量，以更优惠的条件达成善意收购。一般来讲，如果收购者出价较低，目标公司被拯救的希望就很大；若买方提供了很高的收购价，则充当白衣骑士的成本提高，公司获救的机会降低。

需要注意的是，白衣骑士的收购行为也是有限和有条件的，目标企业其实也是以自己的企业利益最大化为目标的，而且白衣骑士也并不是天使，其扮演白衣骑士同样也是出于企业自身利益的考虑，在协议不成的情况下也可能变成黑衣骑士，展开恶意收购。

典型案例

揭秘明星夫妇杠杆收购失败的原因

2017 年 11 月 9 日，证监会对上交所上市公司万家文化(目前已更名为祥源文化)，发出行政处罚及市场禁入事先告知书：万家文化、龙薇传媒等涉嫌信息披露违法违规案已调查完毕，依法拟对龙薇传媒、万家文化、黄某、赵某、孔某做出行政处罚和 5 年市场禁入。告知书显示，由赵某控股的龙薇传媒在自身境内资金准备不足，相关金融机构融资尚待审批，存在极大不确定性的情况下，以空壳公司收购上市公司，且贸然予以公告，对市场和投资者产生严重误导。

(1) 51 倍杠杆收购的算盘是怎么打的？

2016 年 12 月 23 日，万家文化的控股股东万好万家集团有限公司与龙薇传媒签订股份转让协议，向龙薇传媒转让其持有的 1.85 亿股万家文化无限售条件流通股。若本次交易完成，龙薇传媒将成为万家文化的控股股东，但最终失败。赵某是怎样打算用自有 6000 万资金，来买下总价为 30.599 亿元的 1.85 亿股呢？

(2) 收购前 1 个月成立公司，空壳收购误导投资者。

龙薇传媒 2016 年 11 月成立时，注册资本 200 万元，尚未实缴到位，未开展实际经营活动，总资产、净资产、营业收入、净利润都为零。

告知书称，龙薇传媒在此次收购前 1 个月成立，期间也未进行资金的充分筹备，在境内可支付资金有限、金融机构拟融入资金缺乏充分准备的情况下，采取高杠杆收购方式，签订股权转让协议。同时，在履行能力、履行结果不确切，收购行为真实性、准确性不能保证的情况下，龙薇传媒贸然公布收购信息。

(3) 信息披露存虚假记载和重大遗漏。

告知书称，2017 年 1 月 12 日，龙薇传媒通过万家文化公告披露对上交所问询函的回复中，关于筹资计划和安排的内容存在虚假记载、重大遗漏。

此外，龙薇传媒未及时披露与金融机构未达成融资合作的情况，对无法按期完成融资计划原因，以及关于积极促使本次控股权转让交易顺利完成的信息披露存在虚假记载、误导性陈述。

(4) 黄某、赵某被罚 60 万，禁止 5 年入市。

证监会认为，龙薇传媒的行为造成万家文化股价大幅波动，引起市场和媒体高度关注，严重影响了市场秩序，损害了中小投资者的信心，影响了市场的公平、公正、公开。

依据《证券法》，证监会拟决定对万家文化责令改正，给予警告，并处 60 万元罚款；对孔某给予警告，并处 30 万元罚款；对龙薇传媒责令改正，给予警告，并处 60 万元罚款；对黄某(龙薇传媒的代表)、赵某(龙薇传媒法定代表人)、赵某(代表龙薇传媒负责本次控股权收购事项)给予警告，并分别处以 30 万元罚款；对孔某(万家文化董事长)、黄某、赵某(龙薇传媒法定代表人)分别采取 5 年证券市场禁入措施。

根据《中华人民共和国行政处罚法》第三十二条、第四十二条及《中国证券监督管理委员会行政处罚听证规则》第二条规定，就证监会拟实施的行政处罚和市场禁入决定，当事人享有陈述、申辩及要求听证的权利。

(资料来源：https://m.weibo.cn/2656274875/4172884048520384)

第五节　我国并购业务的实践及发展

1990 年上海证券交易所和 1991 年深圳证券交易所的先后成立，标志着我国统一的证券市场开始形成。国有公司股份制改革的深化使我国的股份制公司和上市公司的数量急剧增长，证券市场容量迅速增大。随着西方并购理论的普及和公司自身资本以及产业整合的需要，我国上市公司的并购不断发展。

自全球掀起第五次并购浪潮以来，我国公司的并购也异常活跃，并逐渐走向高潮，这引起了广泛的关注。2002 年，我国的并购进入了业内人士所称的"并购元年"，规模之大，范围之广，远远超过了以前。经济全球化以及我国加入 WTO 的大背景也要求我国公司及时调整发展战略，加强内部机制，在更大的范围内实施合理化生产，降低生产成本，提高产品在国际上的竞争力和占有率。

一、中国上市公司并购的划分阶段

我国第一起上市公司并购案发生在 1993 年，当时深宝安收购同为上市公司的延中实业。被称为"宝延风波"。但在随后的 1993—1996 年，我国上市公司并购处于缓慢成长的自发阶段,四年仅发生了 14 起并购。直到 1997 年,上市公司并购活动才走上快车道,1997—2002 年,上市公司并购数量达到了 577 起,并且超过新股发行,成为证券市场最重要的资源配置工具。以后几年间,外资并购和跨国并购逐渐进入我国并购市场。根据我国上市公司并购在不同时期的发展特点,可以把我国上市公司并购的历史大致分为三个阶段。

(一) 探索阶段(1993—1998 年)

在探索阶段,统一的证券市场逐渐形成,上市公司的数量较少,国外的并购理论还没有普遍为人们所接受,公司也缺乏把并购作为战略手段的意识。由于国有股和公有性质的法人股的转让非常敏感,因此,上市公司并购的案例不多。1993 年 4 月 22 日,国务院颁布了《股票发行与交易管理暂行条例》,在第四章专门规定了上市公司收购。这个阶段的特点如下。

(1) 缺乏可操作性的法律制度,并购行为很不规范。

(2) 并购的支付手段主要是股权无偿划拨、现金支付和以资产换股权。

(3) 并购对象从二级市场流通股逐渐过渡到国有股和法人股。

(4) 并购的动机主要是获取上市公司的壳资源。

(二) 规范和发展阶段(1999—2005 年)

1999 年 7 月 1 日,《证券法》开始实施,针对上市公司并购问题,《证券法》专门在第四章对其进行了规定。《证券法》对上市公司并购起了很大的规范作用。2002 年 12 月 1 日,中国证监会发布的《上市公司收购管理办法》和《上市公司股东持股变动信息披露管理办法》施行。这两个办法与《证券法》一起构筑起我国较为完整的并购法律体系,这对优化上市公司资源配置,促进国民经济结构调整,改善上市公司法人治理结构起到积极的推动作用。从 2003 年开始,光大集团、青岛啤酒、海南航空、万科房地产、达能集团等众多企业频频成为新闻热点。自 2005 年 4 月启动股权分置改革以后,上市公司所有股份都可以逐步在二级市场流通,这将改变上市公司的股权结构。由于有了明确的法律依据,上市公司并购的数量大大增加。这个时期的特点如下。

(1) 并购动机不再限于获取壳资源,战略性并购不断涌现。

(2) 并购过程由于受到《证券法》等一系列并购法律制度的严格规制,不规范的现象大大减少。

(3) 越来越多的绩优公司成为并购的对象。

(4) 政府在并购中的地位有所下降,但依旧占据主导地位。

(5) 新的并购方式不断涌现, 通过收购母公司间接并购、司法拍卖、MBO 收购、吸收合并、整体上市、自然人收购上市公司等并购方式纷纷出现。

(三) 进一步规范及快速发展阶段(2006 年至今)

2006 年 1 月 1 日,2005 年修订的《公司法》《证券法》开始实施,而且国家制定并完善了《上市公司收购管理办法》等一系列规章制度,解决了并购重组的细则和法律授权的问题,使并购重组有法可依、有章可循,并增强了市场化约束机制,为上市公司的金融创新搭建了更为广阔的平台。在监管架构上,建立了各司其职、沟通互联、三点一线、快速反应的上市公司并购重组监管的辖区监管责任制；各证监局也普遍加强了对重组方的现场检查，收到了良好的效果。并购重组监管工作为并购市场的健康发展做出了巨大的贡献。

我国证券市场正处于从量的扩张向质的提升转变的关键时期。股权分置改革以后，市场环境的新变化和新趋势加大了证券市场监管难度，对证券市场监管水平提出了很高的要求。在这一背景下，2008年4月18日，中国证监会正式发布《上市公司重大资产重组管理办法》。

《上市公司重大资产重组管理办法》旨在为上市公司并购重组建立良好的法规和监管环境，通过完善交易决策和批准程序(独立董事把关、并购重组委审核等)、增加股份支付等必要的并购工具、强化中介机构作用和责任等措施，理顺并购重组的利益机制，鼓励与支持并购重组创新，促使交易各方形成正确的并购动机，确立诚信的重组理念，逐步培育以市场化的实质性重组为主、以产业整合为特征的战略性并购重组新格局。

二、中国上市公司并购的基本特点

(一) 政府在上市公司并购中占绝对主导地位

我国许多上市公司的主要发起人是国有企业，这导致上市公司的第一大股东是国有企业。由于政企职能不分，政府就通过控制作为上市公司第一大股东的国有企业来控制上市公司，从而在上市公司并购中占有绝对主导地位。政府控制上市公司并购，造成许多不利影响，如下所述。

(1) 使得上市公司并购带有浓厚的地方保护主义或行业保护主义色彩。上市公司并购不是为了最大程度地实现社会利益，而是为了地方利益或者部门利益。各级政府利益常常成为延缓或阻碍并购的决定因素，使资本市场缺乏应有的公平和效率。

(2) 政府在上市公司并购中经常采用优势公司并购亏损公司的战略，使得优势公司不仅承担沉重负债，还要承担沉重的社会包袱。这种行为严重违背了市场规律，削弱了优势公司的竞争力。

(3) 政府充当上市公司并购活动主体，不但使得市场机制难以发挥作用，公司目标和利益无法表达，还导致一些政府腐败行为的发生。

(二) 上市公司并购的投机性较强

根据经济学的解释，追求"规模效应"是公司并购重组发生的重要原因之一。公司可以通过兼并对工厂的资产进行补充和调整，充分利用生产能力，使公司有更大的能力控制它的成本、技术、资金，降低经营风险，提高公司生存和发展能力。

但在我国，许多上市公司并购重组并不是为了资产正常组合的需要，而是出于短期的投机性目的。有些公司是为了享受国家和地方鼓励并购的信贷和税收优惠政策，或是为了达到配股资格；还有一些公司是为了避免掉入亏损的行列，以并购重组获得虚假利润，以此来保住上市公司的壳资源。

此外，在我国存在大量盲目并购的现象。许多公司并不对目标公司的业务能力、盈利能力加以考察就匆忙实施并购，并购后又不及时对目标公司进行整合重组，使被收购公司不能发挥其对收购公司潜在的贡献，造成了生产力的闲置浪费、盈利下降等规模不经济的效果。据不完全统计，我国公司实施并购重组之后价值得到提升的比率不足 10%，多数公司在并购重组之后的业绩没有得到明显的提高，或者说并购重组当年会有暂时的改善，但随后几年就会逐渐下滑，长期绩效并无改善。这些投机性并购带来了以下一系列的负面影响。

(1) 严重损害中小股东的利益。

(2) 损害了企业整合的功能。

(3) 耗尽了上市公司的壳资源，使其融资能力每况愈下。

(三) 获取壳资源一直是并购的主题

我国公司上市制度一直存在着制度性的缺陷：国有企业通过剥离重组的方式优先上市，不能给所有公司以公平的待遇。因而，非公有制公司只能通过买壳的方式实现上市，有的上市公司经营业绩不佳，发展前景堪忧，已经丧失了资本市场融资的功能，但却有着上市资格；许多欲在资本市场上融资却苦于没有渠道的收购公司便开始了运作，以取得上市公司的地位，形成了"买壳""保壳"等我国资本市场特有的现象。

据调查，我国 1999—2006 年所发生的并购案中，有超过 60% 的公司存在着或多或少的"壳动机"。特别是，当我们观察并购事件在每年度各月份的分布情况，就可以发现，年末的并购重组数量明要要比年内的其他月份多出许多，其原因就是公司为了保住上市公司的资格而进行的资产注入等活动增多了。

(四) 协议收购非流通股的方式占主导地位

要约收购非流通股是西方证券市场的主要并购方式，而在我国，占据主导地位的并购方式是协议收购非流通股。原因有两个：第一，我国上市公司股权由于历史的原因，被分割成国有股、法人股和社会流通股，国有股和法人股占到股权结构的 2/3，但又不能在证券市场流通。通过要约收购控制占股权比例 1/3 的流通股，无法实现对上市公司的收购。第二，《证券法》规定每收购流通股的 5% 就要公告一次，这无疑会增加市场的投机行为，人为抬高流通股的股价，从而使要约收购流通股的成本增加。

我国上市公司十几年的并购发展取得了许多成就，对我国股票市场的发展、上市公司的发展都做出了很大的贡献。上市公司的并购行为培育了日渐成熟的并购市场，并使并购成为整个资本市场中资源重新配置的重要方式。但是，由于体制、监管、经验等方面的原因，我国上市公司并购带来许多局限性和不足，虚假重组和二级市场上借并购肆意炒作的事件时有发生。我国上市公司并购行为还有待进一步完善和规范。

课程思政

厚植优势、准握潮流，中国企业"海外扩张"打造经济新版图

2017 年 6 月，历时近 2 年、涉资 430 亿美元(折合人民币 2924 亿元)，号称中国历史上最大规模的并购案——中国化工集团公司收购瑞士先正达集团终于尘埃落定。尽管在收购过程中，中国化工所遭遇的反对与质疑声从未停歇，但历经九个多月艰苦而漫长的谈判与

交流后，双方的握手言和还是为本次收购画上了一个圆满句号。作为本次收购的标的，先正达是一家具有 259 年历史的老牌企业，其总部位于瑞士巴塞尔，是全球第一大农药、第三大种子的高科技公司，在农化领域与德国的拜耳、巴斯夫，美国的陶氏、孟山都、杜邦并称为化工界六巨头。由于我国人口众多，且国内种子和农药企业规模小、实力弱、技术含量低，难以参与国际竞争，先正达则拥有先进的生物育种技术，在传统育种杂交水稻和杂交小麦等主要粮食作物上处于领先地位。因此，本次天价收购也被看作是维护国家粮食安全的一部分。

一个民族要走在时代前列，就一刻不能没有战略思维。研判中国企业在新一轮并购浪潮中的战略特点和发展趋势，充分认识企业实施兼并重组是经济转型的驱动力，站在国家战略层面而言，是解决当前结构问题的治本之策、是市场竞争规律的客观要求、是再造经济优势的必由之路、是企业制度创新的有效途径。

在全面建设社会主义现代化国家的新征程上，每个人都是重要的参与者、推动者和受益者，中国经济行稳致远发展需要每个人的想象力、创造力和执行力。我们必须坚持以习近平新时代中国特色社会主义思想为指导，观察时代、把握时代、引领时代，才能赢得优势、赢得主动、赢得未来。

本 章 小 结

本章主要介绍了并购与重组的概念、分类和动因，公司并购的一般流程，公司并购策略和反并购策略等。

并购重组分为并购与重组两部分。由于形成资产重组的大多数原因是并购，所以经常将其作为组合概念使用。需要说明的是，能构成资产重组的经济行为并不局限于并购，例如股权转让、资产剥离、所拥有股权出售、资产置换等也可能形成并购重组。对并购重组来说，并购是方式和手段，达到资产的重组及优化配置是目的。

企业并购是一项复杂的、专业性很强的工作，它涉及很多资产、财务、法律等方面的问题，如目标企业的搜寻及尽职调查，对目标企业的资产评估、财务审计、价格的确定、融资的安排、法律事宜的处理等。同时并购还涉及并购双方股东、债权人、员工及各级政府等方面的利益，处理好各方面的利益关系，也是并购成功的保障。此外，企业并购活动一般需要筹备相当长的时间，中间要撰写多种材料，这就需要工程技术、财务会计、法律等专业人员参加，尤其是涉及国有资产时还要经过各级管理机关层层审批。这一过程庞杂且多变，需要有统一的规划设计、控制、协调、指导和具体操作。

 **案例阅读**

阿里巴巴并购饿了么

（一）并购双方基本情况

1. 阿里巴巴集团概述

并购方阿里巴巴集团创建于 1998 年年底，总部设在中国杭州，并在海外设立美国硅谷、伦敦等分支机构。阿里巴巴集团是 B2B 电子商务的著名品牌，是目前全国最大且世界领先的电子商务企业。阿里巴巴于 2014 年 9 月 19 日在纽约证券交易所正式上市。在 2016 年 10 月的阿里巴巴云栖大会上，阿里巴巴第一次提出了"新零售"这个概念，并对外宣告此计划。

2. 上海拉扎斯信息科技有限公司(饿了么)概述

被并购方上海拉扎斯信息科技有限公司(饿了么)，是 2008 年创立的本地生活平台，主营在线外卖、新零售、即时配送和餐饮供应链等业务。饿了么拥有高效完整的物流配送体系和数字化餐饮系统，以"Everything 30 min"为使命，致力于用科技打造本地生活服务 O2O 平台。饿了么在外卖配送方面，推动了中国餐饮的数字化进程，改变了人们传统的就餐方式，大大推进了餐饮业和物流业的发展。在全国范围内，饿了么已覆盖 2000 个城市，加盟餐厅 130 万家，用户量达 2.6 亿和超过 300 万名的骑手。2017 年 8 月 24 日，饿了么正式宣布合并百度外卖。

(二) 并购动机

1. 新零售计划开展的需要

"线上线下和物流结合在一起，才会产生新零售。"而阿里巴巴作为一个 B2B 的电子商务企业，具有丰富的线上经验，却缺乏线下的经验。在线下这一区域，可以说是一个全新的领域，也是空白的领域。如果自己白手起家，从头搭建整个线下体系，其缺乏相关经验、技术以及人脉，是不理智的商业决策。而饿了么刚好有着完善的物流配送体系，是一个发展成熟的 O2O 企业，刚好满足了阿里巴巴发展线下业务的需要。饿了么有几百万的专职和兼职骑手，通过与阿里巴巴合作，能够使自己的业务不再局限于外卖行业，而能够与阿里巴巴共享资源和途径。通过饿了么线下配送平台和阿里巴巴线上购物平台，如淘宝、支付宝等相结合，打通了线上和线下之间的屏障。

2. 带来协同效应的需要

阿里巴巴并购饿了么，可以形成协同效应，可以帮助形成"1+1>2"的效应。通过内外部协同相结合的方式，两家企业可以减少运营成本费用，增加利润，并购方可以给被并购方提供资金促其开拓发展。从两者共同的角度来看，阿里巴巴副总裁王磊、原阿里巴巴健康 CEO 出任饿了么 CEO 能够实现两者技术、管理、资源的融合，能够优势互补，弥补缺陷，同时也在品牌效应、技术、企业文化等方面实现协同，为两者带来规模经济效益，为新零售计划的开展提供了经济力量支持。

3. 制衡竞争对手的需要

目前线下 O2O 龙头企业仅饿了么以及美团两家独大。腾讯优先选择了美团，如果阿里巴巴想要拓展线下业务，那么阿里巴巴的选择仅剩下饿了么。从阿里巴巴的角度来看，阿里巴巴需要制衡的竞争对手是百度、腾讯等。饿了么的业务正好符合阿里巴巴蚂蚁金服的业务发展战略需要，阿里巴巴收购饿了么，也许未来支付宝以及淘宝里的口碑就可以直接和饿了么相接，使得阿里巴巴能够利用蚂蚁金服重新冲刺本地生活服务这一块领域。

(三) 并购风险

1. 企业整合风险

总的来说，企业并购后整合的效果对于企业并购最终是否成功起着决定性的作用。因为阿里巴巴和饿了么虽然同属于网络行业，但是两者的业务却是截然不同的。前者是线上 B2B 电子商务企业，后者是线下 O2O 订餐平台，如果两者合并的话，必然存在企业整合风险。这里的整合，不仅仅是资源整理这样一个单方面的过程，同时也包括一个文化整合的过程。阿里巴巴想要对本地生活市场进一步整合，根据相关新闻讯息，知道阿里巴巴本地生活服务公司将由饿了么和口碑两大业务合并组成。而在未来，阿里巴巴存在着一个愿景，那就是使本地生活服务公司与阿里巴巴生态内原有各个板块产生更大的协同效应。但两个企业之间整合方面就存在两个方面的难题：第一是饿了么和口碑的整合；第二是饿了么和阿里巴巴的整合。

2. 支付风险

阿里巴巴成功以 95 亿美元的现金对价形式实现对饿了么的并购，对饿了么完成全资收购。这次收购被称为互联网史上最大的现金收购案。而此前阿里巴巴收购优酷土豆、万达电影的金额分别为 45 亿美元和 46.8 亿美元。华联股份披露了相关细节，其对饿了么进行估值，企业价值约为 90.53 亿美元，低于阿里巴巴投入的总现金金额。阿里巴巴此次采用巨额全现金的对价形式收购饿了么。阿里巴巴这样做虽然可以迅速达到并购的目的，且现金对价形式不同于负债类融资和股权类融资，其具有防止股权过度分散的优势，也一定程度上避免了举债的金融杠杆风险，但一定程度上会影响企业的正常经营，因为需要其在短时间内迅速支付大数量金额，那么企业的资金链也有断裂的可能性。除此之外，企业可能会产生过度交易的不良后果。

3. 独立性风险

饿了么可能丧失独立性。阿里巴巴通过全资收购饿了么，其实也是全资控股了饿了么，成为绝对的大股东，并宣布阿里巴巴集团副总裁王磊担任饿了么 CEO。这跟并购之时，阿里巴巴说的"坚持饿了么独立运营的原则不变，饿了么将保持独立品牌、独立运营"相矛盾。饿了么虽然被阿里巴巴并购之后能够获得大力的资金支持，但其独立性的削弱，意味着其要成为阿里巴巴手下的一颗棋子，一颗布局本地生活服务市场的棋子。饿了么丧失独立性之后，公司的业务和战略将会被颠覆，以原本的外卖配送业务为主或许会成为阿里巴巴布局本地生活服务市场的一个辅助工具。

(四) 结论

互联网企业的并购行为对自身企业的未来发展起着至关重要的作用。对于并购方来说，应该考虑并购对企业流动性的影响，对企业财务状况是否会带来不利影响。公司应该提前做好财务规划和预测，提前防范此过程中的财务风险。应提前考虑并购的必要性及合理性，要记住并购要服务于公司的总体发展目标，并购是为了形成协同效应及达成规模经济效益，而不是单纯为了抗衡竞争对手而进行盲目并购。并购的过程中，要考虑对价金额及对价形式是否最优，制定合理的资本结构，降低融资风险，保障企业流动性偿债能力。在并购以后不可忽视资源整合和文化整合风险，加强协同效应以实现规模经济效益。

(资料来源：陈洳璠. 阿里巴巴并购饿了么案例分析——互联网企业并购动机与财务风险分析[J]. 中国市场，2020(21)：92+94)

 问题

试结合本案例，分析企业并购的一般动机有哪些，在企业并购过程中有哪些风险因素需要关注。

复习思考题

一、名词解释

合并 收购 重组 杠杆收购 协同效应 要约收购 协议收购 驱鲨剂条款 金色降落伞计划 毒丸计划

二、判断题

1. 重大资产重组主要针对上市公司而言。 （ ）

2. 投资银行可能担任并购企业的财务顾问或代理，也可能担任被并购企业的财务顾问或代理。 （ ）

3. 对目标公司的筛选和确定是影响企业并购重组能否成功的关键环节之一。 （ ）

4. 管理层收购实际上是杠杆收购的一种特殊形式。 （ ）

5. 公司"出售皇冠明珠"是一种主动性的反并购策略。 （ ）

三、简答题

1. 公司并购的动因有哪些？

2. 简述公司并购的一般程序。

3. 简述投资银行在并购中的功能和作用。

4. 公司反并购策略有哪几种？

四、论述题

1. 试述公司管理层收购的相关理论。

2. 试述公司杠杆收购的一般程序及步骤。

第八章 资产证券化

【学习目标】

掌握资产证券化的含义、特点；重点掌握资产证券化的操作流程、资产证券化的相关理论、资产证券化的主要类型；了解我国资产证券化的实践。

案例导入

浅析美国次贷危机

美国次贷危机(subprime crisis)又称为次级房贷危机，也译为次债危机。它是指一场发生在美国，因次级抵押贷款机构破产、投资基金被迫关闭、股市剧烈震荡引起的金融风暴。它致使全球主要金融市场出现流动性不足危机。从 2006 年春季开始逐步显现，美国次级抵押贷款市场通常采用固定利率和浮动利率相结合的还款方式，即购房者在购房后头几年以固定利率偿还贷款，其后以浮动利率偿还贷款。在 2006 年之前的 5 年里，由于美国住房市场持续繁荣，加上前几年美国利率水平较低，美国的次级抵押贷款市场迅速发展。随着美国住房市场的降温尤其是短期利率的提高，次级抵押贷款的还款利率也大幅上升，购房者的还贷负担大为加重。同时，住房市场的持续降温也使购房者出售住房或者通过抵押住房再融资变得困难。这种局面直接导致大批次级抵押贷款的借款人不能按期偿还贷款，进而引发"次贷危机"。

美国次贷危机事件的原因分析：

(1) 美联储的低利率货币政策以及房地产泡沫的破灭。为了应对网络泡沫的破灭和"9.11"恐怖袭击对美国经济的冲击，刺激经济增长，美联储前主席格林斯潘连续 13 次降息，低利率的政策极大地促进了美国房地产业的发展，在拉动经济发展的同时，也为危机的形成埋下了伏笔。随着美国经济的复苏，为了防止经济过热，美联储又先后 17 次加息，引起房地产泡沫的破灭，次贷危机从而发生。

(2) 放贷机构和投资者"见利忘险"，忽视风险管理。由于次级抵押贷款的利率比一般贷款利率高 2%～3%，在巨大的利润面前，放贷部门以及次级债投资者们"见利忘险"，大量发放次级贷款及大量持有次级债。当危机发生时，难免遭受巨额损失甚至破产。

(3) 贷款证券化等金融创新引起风险的传递和扩大。通过贷款证券化，放贷部门将贷款的风险转移出去，同时回收的资金继续用于放贷，使得放贷规模不断扩大。金融创新创造了大量以次级抵押贷款为基础的衍生产品以及以这些衍生产品为基础的"再衍生"产品，这些衍生产品渗透到金融市场的各个角落，风险也得以传递和扩大——次级抵押贷款市场的异动将引起整个金融市场的动荡。

(4) 信用评级机构严重失职。在这次危机中,美国标准普尔公司(以下简称"标准普尔")、穆迪投资服务公司(以下简称"穆迪")等信用评级公司从一开始就认定次级抵押债和普通抵押债券同等风险,并给予最高的信用评级。投资者出于对这些机构评级的信赖,放心地大量购买了此类债券。但当次贷危机开始显现时,2007 年 7 月,这些评级机构又将几乎所有次级抵押债券的信用等级调低。这样的行为直接引起了市场的极度恐慌,导致了全球性的流动性不足。

(5) 金融业严重缺乏监管,引诱普通百姓通过借贷超前消费、入市投机。新自由主义的一个重要内容是解除管制,其中包括金融管制。自 20 世纪 80 年代初里根政府执政以后,美国一直通过制定和修改法律,放宽对金融业的限制,推进金融自由化和所谓的金融创新。例如,1982 年,美国国会通过《加恩-圣杰曼储蓄机构法》,给与储蓄机构与银行相似的业务范围,但却不受美联储的管制。根据该法,储蓄机构可以购买商业票据和公司债券,发放商业抵押贷款和消费贷款,甚至购买垃圾债券。

(资料来源:http://www.yjbys.com/edu/weijiguanli/312361.html)

第一节　资产证券化的基本概念

一、资产证券化的含义

资产证券化是指以基础资产未来所产生的现金流为偿付支持,通过结构化设计进行信用增级,在此基础上发行资产支持证券的过程。

广义的资产证券化是指某一资产或资产组合采取证券资产这一价值形态的资产运营方式,它包括以下四类:

(1) 实体资产证券化:实体资产向证券资产的转换,是以实物资产和无形资产为基础发行证券并上市的过程。

(2) 信贷资产证券化:将一组流动性较差信贷资产,如银行的贷款、企业的应收账款,经过重组形成资产池,使这组资产所产生的现金流收益比较稳定并且预计今后仍将稳定,再配以相应的信用担保,在此基础上把这组资产所产生的未来现金流的收益权转变为可以在金融市场上流动、信用等级较高的债券型证券进行发行的过程。

(3) 证券资产证券化:证券资产的再证券化过程,就是将证券或证券组合作为基础资产,再以其产生的现金流或与现金流相关的变量为基础发行证券。

(4) 现金资产证券化:现金的持有者通过投资将现金转化成证券的过程。

狭义的资产证券化是指信贷资产证券化。按照被证券化资产种类的不同,信贷资产证券化可分为住房抵押贷款支持的证券化和资产支持的证券化。

二、资产证券化的特点

资产证券化融资方式是一种构思巧妙、方式灵活的全新融资方式,与股票、债券、贷款等传统融资方式相比，具有自己鲜明的特点。

首先，从信用评估基础来看，资产证券化是对传统信用交易基础的革命。它把信用保证具体落实在信用因素中最客观的部分，完成了从整体信用基础向资产信用基础的转化。不管是间接融资还是传统的证券融资，都是关注借款或发行证券时的资产、负债、利润及现金流量等构成的整体信用，而对某些特定资产的质量关注较小。而资产证券化的融资方式是只对产生未来收入的部分资产作为发行资产支持证券时的信用评估基础，资产本身的偿付能力与原始权益人的资信水平比较彻底地分割了。作为一种资产收入导向性的融资方式，投资者主要依据特定资产的质量、未来现金收入流的可靠性和稳定性以及交易结构的严谨性和有效性，来决定是否购买资产支撑证券，而不是权益人的资信水平。

其次，资产证券化是一种结构性的融资方式。其核心是设立一个严谨有效的交易结构。这一交易结构保证破产隔离的实现，把资产的偿付能力与原始权益人的资信能力分割开来，并确保融资活动能够享受政府提供的税收优惠，还使原始权益人能租用金融担保公司的信用级别，改善资产支持证券的发行条件。

最后，资产证券化是一种表外的融资方式。根据美国财务会计准则第 125 号《转让和经营金融资产及债务清理的会计处理》，鉴于被证券化资产已经以真实出售的文件过户给了特殊目的载体，原始权益人将证券化资产从其资产负债表上剔除并确认收益和损失。

三、资产证券化的操作流程

一般来说，一个完整的资产证券化融资过程的主要参与者有发起人、投资者、特设信托机构、承销商、投资银行、信用增级机构或担保机构、资信评级机构、托管人及律师等。通常来讲，资产证券化的基本运作程序主要有以下几个步骤，如图 8-1 所示。

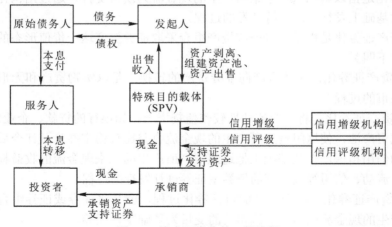

图 8-1　资产证券化的一般流程

(一) 重组现金流，构造证券化资产

发起人根据自身的资产证券化融资要求，确定资产证券化目标，对自己拥有的能够产生未来现金收入流的信贷资产进行清理、估算和考核，根据历史经验数据对整个组合的现金流的平均水平有一个基本判断，决定借款人信用、抵押担保贷款的抵押价值等并将应收和可预见现金流资产进行组合，对现金流的重组可按贷款的期限结构、本金和利息的重新安排或风

险的重新分配等进行，根据证券化目标确定资产数，最后将这些资产汇集形成一个资产池。

(二) 组建特设信托机构，实现真实出售，达到破产隔离

特设信托机构是一个以资产证券化为唯一目的的、独立的信托实体，有时也可以由发起人设立，注册后的特设信托机构的活动受法律的严格限制，其资本化程度很低，资金全部来源于发行证券的收入。特设信托机构是实现资产转化成证券的"介质"，是实现破产隔离的重要手段。

(三) 完善交易结构，进行信用增级

为完善资产证券化的交易结构，特设机构要完成与发起人指定的资产池服务公司签订贷款服务合同、与发起人一起确定托管银行并签订托管合同、与银行达成必要时提供流动性支持的周转协议、与券商达成承销协议等一系列的程序。同时，特设信托机构对证券化资产进行一定风险分析后，就必须对一定的资产集合进行风险结构的重组，并通过额外的现金流来源对可预见的损失进行弥补，以降低可预见的信用风险，提高资产支持证券的信用等级。

(四) 资产证券化的信用评级

资产支持证券的评级为投资者提供证券选择的依据，因而构成资产证券化的又一重要环节。评级由国际资本市场上广大投资者承认的独立私营评级机构进行，评级考虑因素不包括由利率变动等因素导致的市场风险，而主要考虑资产的信用风险。

(五) 安排证券销售，向发起人支付

在信用提高和评级结果向投资者公布之后，由承销商负责向投资者销售资产支持证券，销售的方式可采用包销或代销。特设信托机构从承销商处获取证券发行收入后，按约定的购买价格，把发行收入的大部分支付给发起人。至此，发起人的筹资目的已经达到。

(六) 挂牌上市交易及到期支付

资产支持证券发行完毕到证券交易所申请挂牌上市，金融机构的信贷资产在该过程完成交换。但资产证券化的工作并没有全部完成。发起人要指定一个资产池管理公司或亲自对资产池进行管理，负责收取、记录由资产池产生的现金收入，并将这些收款全部存入托管行的收款专户。

图 8-1 中的相关概念解释如下：

1. 借款人

与贷款方相对，借款人是指贷款或收益权等基础资产原始权益人的债务人。资产证券化主要是贷款发起人用既有或新发放的贷款作为基础资产去融资。从借款人角度看，贷款方的资产就是借款人的负债。在贷款证券化中，通常涉及对债务人的通知、债务人抵消权和抗辩权的保护等问题。

2. 发起人(Originator 或 Sponsor)

发起人指的是出售资产用于证券化的人，既可以是资产的原始权益人(Originator)，如

贷款银行、租赁公司，也可以是从原始权益人处购买应收款汇集成一个资产池，并再次出售的人(Sponsor)，如投资银行。不少商业银行、储蓄机构金融公司、设备租赁公司、工业企业、保险公司和证券公司都曾做过发起人，进行过证券化。一般而言，发起人要保证对应收款具有合法的权利，并保存有较完整的债权债务合同和较为详细的有关合同履行状况的资料。证券化过程中，发起人的关键职责包括以下几点：

(1) 确定计划管理人/财务顾问，完成内部核准、审批程序。

(2) 在计划管理人/财务顾问的帮助下，选择其他中介机构。

(3) 积极寻找资产证券化的第三方保证担保的担保人。

(4) 协助计划管理人/财务顾问进行尽职调查，确认最终的资产证券化方案。

3. 特殊目的载体(SPV)

为了将资产信用和发起人整体信用分开，发起人一般不作为直接的发行主体，而是专门为资产证券化运作设立一个进行破产隔离的特殊目的载体(SPV)，作为单独设立的一个发行主体。SPV 介于发起人与投资者之间，是实质上的证券发行人。一般而言，为了实现资产证券化的资产信用融资，避免发起人和 SPV 的破产风险危及资产，确保投资者的合法权益，SPV 应以"真实出售"(True Sale)的方式从发起人处购买资产，同时，SPV 自身构建"破产隔离"(Bankruptcy Remote)载体。在法律形式上，出于破产、税收、会计和证券法等方面的考虑，SPV 常常采取公司、合伙或信托等形式。资产证券化的一个重要的创新或特征就在于风险隔离，通过利用 SPV 把资产的风险转移出来并实现和发起人本身风险的隔离，以此发行的证券仅依赖资产的信用而非发起人的信用。

4. 服务人(Servicer)

服务人是证券化资产的管理者，肩负着资产证券化交易从证券开始发行到资产全部处置完毕整个期间的管理。服务人的主要工作是收取基础资产产生的本金和利息现金流，负责相应的监理、保管，将收取的这些资产到期本息交给受托人，对过期欠账进行催收，确保资金及时、足额到位，向受托人和投资人提供有关出售或者作为抵押的特定资产组合的定期财务报告(包括收支资金来源、应支付费用、纳税情况等必要信息)。由于发起人拥有现成的资产信息等系统以及相应的客户关系，负责证券化资产出售后继续管理资产的服务商，通常由发起人担任，或者由其附属公司担当。

5. 承销商(Underwriter)

在资产支持证券发行中，投资银行一般作为包销商或者代理人来促销证券，保证证券发行成功。通常投资银行会充任财务顾问，以设计发行方案来确保发行机构符合法律、规章、财会、税务的要求，还要与信用增级机构、信用评级机构以及受托管理人进行合作。

典型案例

解读珠海高速公路资产证券化之谜

(一) 项目背景及概况

20 世纪 90 年代左右，国内经济发展要求加快交通基础设施建设，但财政资金相对紧张；同时国内资本市场尚处于起步阶段，金融市场上资金紧缺，很难满足基础设施建设需要的巨额资金。基于此，珠海市政府大胆引进外资，通过在美国证券市场发行资产支持证券的方式来筹集建设资金。这样的融资模式是很大胆的创新，最后取得了成功：既解决了当时国内资金缺乏的问题，又节省了借款利息，降低了项目建设成本。项目在全球最大的资本市场——美国证券市场进行融资，即为离岸资产证券化。

广深珠高速公路于 1987 年 4 月部分项目开工建设，1994 年 1 月部分路段试通车，1997 年 7 月全线正式通车。项目资金的筹措采用了类似 BOT 的融资模式，但又存在较大的差别，实质为 TOT 模式。TOT 模式即移交—经营—移交，是国际上较为流行的一种项目融资方式，通常是指政府部门或国有企业将建设好的项目的一定期限的产权或经营权，有偿转让给投资人，由其进行运营管理，投资人在约定的期限内通过经营收回全部投资并得到合理的回报，双方合约期满之后，投资人再将该项目交还政府部门或原企业的一种融资方式。广深珠高速公路项目建设资金全部由外方股东解决，政府未投入资金，但政府在公司派出了产权代表，并通过协商占有公司 50% 的股份。

1996 年 8 月，珠海市人民政府在开曼群岛注册了珠海高速公司，珠海高速公司以当地机动车管理费及外地过往机动车所缴纳的过路费作为基础资产，根据美国证券法律 144A 规则发行了总额为 2 亿美元的资产支持证券。发行的债券分为两部分：一部分是年利率为 9.125% 的 10 年期优先级债券，发行量为 8500 万美元；另一部分为年利率为 11.5% 的 12 年期的次级债券，发行量为 11 500 万美元。该债券的募集资金成本低于当时的银行贷款利率。证券的基本情况如表 8-1 所示。

表 8-1　证券的基本情况

证券名称	珠海高速收入债券
发行人	珠海高速公路有限公司
资产出售人	珠海道路桥梁管理公司
服务商	珠海高速公路有限公司
主承销商	摩根士丹利添惠
发行证券	年利率 9.125% 的 10 年期优先级债券，发行额 8500 万美元；年利率 11.5% 的 12 年期次级债券，发行额为 11 500 万美元
支持资产	过路费、过桥费、珠海机动车注册费、非珠海机动车过境费
评级机构	标准普尔和穆迪
信用评级	BBB/Baa3，BB/Ba1

(二) 离案资产证券化运作过程

1. 确定证券化资产并组建资产池

高速公路项目所属的资产能在未来一定时期内带来稳定可靠的现金收入，未来收益稳定且价值高，但受各种条件限制，无法直接融资。珠海市政府根据融资需求聘请中介机构对资产证券化产品存续期限内的高速公路特许经营权进行金额评估，用以明确基础资产范围，组建基础资产池。

2. 设立 SPV

成功组建珠海高速公司是本项目的基本条件和关键因素，珠海高速公司的收入全部来自资产支持证券的募集资金。为降低资产证券化的成本，珠海高速公司设在免税国家(开曼群岛)。

3. 真实出售及破产隔离

珠海高速公司成立后,与珠海市政府签订 15 年的特许经营权,并以 2 万美元买下了 15 年的特许经营权,实现了资产的真实出售。资产支持证券不再受珠海市政府信用风险的影响,一旦珠海市政府破产,资产池不算入清算范围。

4. 信用增级

为吸引投资者,珠海高速公司采用了内部和外部增级措施:一是设计了优先、次级债券的结构,次级债券利率高,相应地承担的风险较大,缓冲了高级债券的风险压力;二是建立储备金账户,澳门珠海集团为该债券提供了 5000 万美元的备用信用证担保。

5. 信用评级

标准普尔和穆迪分别对优先级和次级债券进行了评级。优先级债券和次级债券信用级别分别为 Baa3 和 Ba1,满足发行要求。

6. 向发起人支付资产购买价款

摩根士丹利公司作为承销商承销债券。投资者将购买债券的款项存入珠海高速公司指定的银行账户。珠海高速公司收到债券投资款后按资产买卖合同签订的购买价格向珠海市政府支付购买特许经营权的价款。

7. 管理资产池

珠海市政府或由珠海高速公司与珠海市政府指定的服务公司(摩根士丹利公司)对资产池进行管理,负责收取、记录由资产池产生的全部收入,并把收入款项全部存入受托管理银行的收款专户。

8. 清偿证券

到还本付息日,受托管理银行将积累金拨入付款账户,向投资者付息还本。待债券到期后,向聘用的各类机构支付专业服务费。资产池产生的收入若在还本付息和支付各项服务费之后有剩余,将全部退还给珠海市政府。

广深珠高速公路项目 ABS 融资过程如图 8-2 所示。

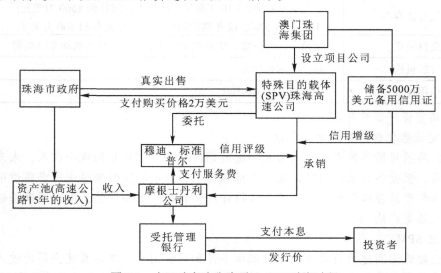

图 8-2 广深珠高速公路项目 ABS 融资过程

（三）小结

高速公路是拉动经济发展的重要基础设施，但高速公路总投资大，我国各级政府的财力无法满足快速建设高速公路的需求，2004 年后公私合营方式成为除政府直接投资建设外建设高速公路的重要方式，2014 年后采用 PPP 模式建设高速公路成为热潮。但民营企业缺乏参与高速公路 PPP 项目的融资和资金退出渠道，参与度不高，资产证券化能增加民间资本参与项目的热情。目前高速公路 PPP 项目均未成功发行 ABS，但广深珠高速公路 ABS 项目作为我国真正意义上第一例 PPP 资产证券化项目，具有较好的借鉴意义。国内高速公路 PPP 项目资产证券化目前虽存在特许经营权转让等问题，但其具有较为广阔的市场前景。

（资料来源：https://mp.weixin.qq.com/s/Kf4FfaybdOz4_RpAZyIHFw）

第二节　资产证券化理论

一、资产证券化的核心原理

资产证券化的核心原理是指被证券化资产(或基础资产)的现金流分析原理。资产证券化是以可预期的现金流为支持而发行证券进行融资的过程。可预期的现金流是进行证券化的先决条件，而不管这种现金流是由哪种资产产生的。证券化表面上是以资产为支持，但实际上是以资产所产生的现金流为支持的。可预期的现金流是资产证券化的基础。换句话说，资产证券化所"证券化"的不是资产本身，而是资产所产生的现金流。

二、资产证券化的基本原理

资产证券化的三大基本原理分别是"资产重组原理""风险隔离原理"和"信用增级原理"，这三个基本原理其实是对基础资产现金流的进一步分析，是资产证券化核心原理的深入。

资产重组原理的核心思想是通过资产的重新组合，实现资产收益的重新分割和重组，着重从资产收益的角度来进一步分析现金流；而风险隔离原理着重从资产风险的角度来进一步分析现金流，是关于资产风险重新分割和重组的原理；信用增级原理则是从信用的角度来考察现金流，即如何通过各种信用增级方式来保证和提高整个证券资产的信用级别。

任何一项成功的资产证券化，必须要对基础资产进行成功的重组以组成资产池，并实现资产池和其他资产的风险隔离，同时，还必须对资产池进行信用增级。

（一）资产重组原理

资产重组是资产的所有者或支配者为实现发行证券的目标，根据资产重组原理，运用一定的方式与手段，对其资产进行重新配置与组合的行为。资产的原始权益人对自己所拥有的能够产生未来现金流的资产进行组合，形成资产池。资产重组原理的一个重要内容是资产的选择。

资产证券化融资所需要的资产是特定的，是从原始权益人的全部资产中"剥离"出来的部分特定资产。该基础资产的范围可能不仅限于一家企业的资产，而可以将许多不同地域、不同企业的资产组合为一个证券化资产池。

(二) 风险隔离原理

风险隔离原理的核心内容是在资产证券化中，如何通过基础资产的风险和其他资产(主要是基础资产原始所有人的其他资产)风险的隔离，提高资本运营的效率，从而给资产证券化各参与方带来收益。

风险隔离主要以"真实销售"或"信托"方式实现。风险隔离从两方面提高了资产运营的效率：首先，通过风险隔离，把基础资产原始所有人不愿或不能承担的风险转移到愿意而且能够承担的人那里去；其次，证券的投资者能够只承担他们所愿意承担的风险，而不必是资产原始所有人面临的所有风险。

风险隔离机制是资产证券化交易所特有的技术，它使基础资产原始所有人的其他资产风险、破产风险等与证券化交易隔离开来，风险也不会"传染"给资产支持证券持有者，资产的卖方对已出售资产没有追索权，在卖方与证券发行人和投资者之间构筑一道坚实的"防火墙"。证券化交易的风险与资产原始所有者的风险无关，而只与证券化资产本身相关。

(三) 信用增级原理

为了吸引更多的投资者并降低发行成本，利用"信用增级原理"来提高资产支持证券的信用等级是资产证券化的一个重要特征。信用增级原理则是从信用的角度来考察现金流，即如何通过各种信用增级方式来保证和提高整个证券资产的信用级别。

信用增级的手段有很多种，主要可以分为外部信用增级和内部信用增级。外部信用增级主要由第三方提供信用支持，内部信用增级主要由资产证券化交易结构的自身设计来完成。

外部增级的方式主要包括第三方购买次级证券(或者由委托人自身持有次级证券)、第三方收购剩余的证券化基础资产、发起人为其出售的基础资产提供一定比例的赎回担保、发起人承诺替换一定比例的违约基础资产、银行出具的不可撤销担保信用证、金融保险。

内部信用增级主要有优先/次级证券结构(即 A/B 证券结构)、超额抵押、设立储备金账户、利差账户等。内部信用增级成本来自内部。

第三节　资产证券化的主要类型

一、根据基础资产分类

根据证券化的基础资产不同，可以将资产证券化分为不动产证券化、应收账款证券化、信贷资产证券化等类别。

不动产证券化是指在事实和法律上均不可移动的物权。其具体范围包括土地、建筑物和添附于土地和建筑物上的定着物等。除了物理上的不可移动性外，不动产最主要的特征是其数量上的稀缺性和价值上的依附性。不动产证券化的主要特征包括权利的集合性、权利的流通性、主体的特殊性、可靠的现金流支持及破产隔离制度等。

应收账款证券化是一种既能充分发挥应收账款的促销作用，又能控制和降低应收账款成本的管理办法。证券化的实质是融资者将被证券化的金融资产的未来现金流量收益权转让给投资者，而金融资产的所有权可以转让也可以不转让。在国际上，证券化的应收账款已经覆盖了汽车应收款、信用卡应收款、租赁应收款、航空应收款、高速公路收费等极为广泛的领域。应收账款证券化较常规的应收账款管理方式有着许多优势，主要体现在优良的筹资方式、可以降低管理成本，减少交易成本，有利于优化财务结构。

信贷资产证券化是将原本不流通的金融资产转换成为可流通资本市场证券的过程。它的形式、种类很多，其中抵押贷款证券是证券化的最普遍形式，即把欠流动性但有未来现金流的信贷资产(如银行的贷款、企业的应收账款等)经过重组形成资产池，并以此为基础发行证券。从广义上来讲，信贷资产证券化是指以信贷资产作为基础资产的证券化，包括住房抵押贷款、汽车贷款、消费信贷、信用卡账款、企业贷款等信贷资产的证券化；而国开行所讲的信贷资产证券化，是一个狭义的概念，即针对企业贷款的证券化。信贷证券化的过程可以描述为：银行将贷款进行组合打包，并切割为证券出售。这样，通过贷款的组合能有效分散单个贷款的特定风险；将贷款包拆细为标准化的证券，提高了资产的流动性；通过对资产支持证券的结构划分，能满足不同的投资需求。

二、根据资产证券化的地域分类

根据资产证券化发起人、发行人和投资者所属地域不同，可将资产证券化分为境内资产证券化和离岸资产证券化。国内融资方通过在国外的特殊目的机构或结构化投资机构在国际市场上以资产证券化的方式向国外投资者融资称为离岸资产证券化；融资方通过境内SPV 在境内市场融资则称为境内资产证券化。

三、根据证券化产品的属性分类

根据证券化产品的属性不同，可将资产证券化分为股权型证券化、债券型证券化和混合型证券化。资产证券化发行的产品可以是股票、债券，也可以是两者组合形成的混合证券。

四、根据贷款发起人和交易发起人的关系划分

根据贷款发起人和交易发起人的关系不同，可将资产证券化分为发起型证券化和载体型证券化。在一项具体的资产证券化交易中，贷款发起人与交易发起人的角色可能重合也可能分离。当贷款发起人同时又是证券化交易的发起人时，即由原始权益人自身来构造交易结构、设立 SPV 并发行证券、完整参与整个证券化过程，这被称为发起型证券化。如果贷款发起人只发起贷款，然后将这些资产出售给专门从事证券化交易的证券化载体，由后者构架证券化交易，则被称为载体型证券化。

五、根据证券化载体在性质上的差异划分

根据证券载体性质的不同，可将资产证券化分为政府信用型证券化和私人信用型证券化。私人信用型证券化的载体是专门购买和收集基础资产并以自己的名义将其以证券形式出售的融资机构，一般是大银行、抵押贷款银行或者证券公司的分支机构。而政府信用型

证券化则是指由政府信用机构直接购买合规抵押贷款并以此为支持发行的证券。其中，政府信用机构并不一定是政府机构，也可以是政府特许成立的企业等机构。

六、根据交易结构划分

从本质上讲，资产证券化只有三种基本的交易结构：过手证券、资产抵押证券和转付证券。过手证券，是指将基础资产产生的现金流直接转移给投资者，基础资产的所有权随证券的出售直接转给投资者。证券出售后资产池就从发行人的资产负债表移除，不再作为其资产，所发行的证券也不列为发行人的负债。资产抵押证券，是指以整个资产池为抵押担保发行证券，发行人仍然对基础资产拥有所有权。资产抵押证券作为债务出现在发行人的资产负债表中，其实质是一种债权凭证。转付证券，在基础资产所有权上与资产抵押证券类似，但在现金流支付上与过手证券类似。

第四节　资产证券化的国内外实践

一、美国资产证券化实践情况

美国是全世界资产证券化发展最早、市场规模最大的国家，品种主要包括住房抵押贷款支持证券(MBS)、资产支持证券(ABS)、担保债务凭证(CDO)和资产支持商业票据(ABCP)。20 世纪 60 年代出现以住房抵押贷款为基础资产的资产证券化，由于储贷危机及获得美国三家政府机构的担保，信用等级获得提升，等同于美国国债，因此迅速得到发展。后面以信用卡贷款、学生贷款、贸易应收款等其他资产作为基础资产的证券化产品陆续出现。到了 20 世纪 90 年代，二次证券化产品 CDS(信用违约互换)相继出现。

住房抵押贷款支持证券基础资产(包括居民抵押贷款和商业住房抵押贷款)，偿付来源是住房抵押贷款而产生的利息收入。联邦国民抵押贷款协会、政府国民抵押贷款协会以及联邦房贷贷款公司的成立，使得其进入了快速发展阶段。次贷危机前，美国住房抵押贷款支持证券市场规模为国债的 1.6 倍，达到 9.2 万亿美元，次贷危机后出现了明显萎缩，余额为 8.5 万亿美元。

20 世纪 80 年代后，资产证券化市场开始逐步走向完善，各个领域的资产支持证券开始涌现出来。1985 年，世界首支 ABS 由美国佩里斯金融租赁公司发起并发行成功。基础资产池慢慢拓展到汽车贷款、学生贷款、信用卡贷款、设备租赁款、贸易应收款和税收留置权等。而整个 ABS 市场的规模也从最开始的 12 亿美元增加到金融危机后的 1.2 万亿美元。

担保债务凭证以证券化产品(如 MBS 和 ABS)作为基础资产进行再证券化。与 MBS 和 ABS 不同的是，它以管理资产负债表进行套利需求。CDO 出现于 20 世纪 90 年代，最开始只有 29 亿美元，到了次贷危机前，规模膨胀到 1.4 万亿美元。然而重复的证券化拉长了整个证券化的链条，导致了信息不对称，并且基础资产往往是低质量的，加剧了违约风险。

资产支持商业票据通过将基础资产出售给 SPV，在资本市场发行商业票据。与传统 SPV 不一样的是，ABCP 基础资产可以分为单一卖方和多卖方，前者指的是基础资产来自同一个发起人，为同一类型的资产，例如汽车贷款、学生贷款等；后者指的是，基础资产来自多个发起人，且为多个类型的资产，发起人一般为大型银行。ABCP 市场规模从 2004 年的 6000多亿美元增加到 2007 年的 1.2 万亿美元，然而次贷危机后，截至 2013 年萎缩到 2500 亿美元。

二、欧洲资产证券化实践情况

欧洲的资产证券化开始于英国，1987 年第一笔居民住房抵押贷款的产生成为资产证券化的开端。与美国所不同的是市场品种除了常见的 MBS、ABS、CDO，还有两种特殊的证券化产品：整体业务证券化(WBS)和中小企业贷款证券化(SMESEC)。SMESEC 是基础资产为中小企业贷款，以未来产生的现金流作为偿付来源的资产证券化；WBS 是以企业在未来某项业务产生的现金流作为偿付来源的资产证券化。整体业务证券化与一般的证券化不一样，没有进行破产隔离，偿付来源仅依靠项目未来产生的现金流，因此可以理解为一种公司债券，但期限比较长，能达到 20～30 年。中小企业由于规模、信用的限制往往需要多次、高频率的借贷，而中小企业贷款证券化恰好满足了这一需求。

三、日本资产证券化实践情况

亚洲的资产证券化市场发展程度相较于欧美整体比较落后，目前发展最完善、规模最大的是日本。亚洲金融危机之前日本开始出现资产证券化的萌芽，然而由于主管机构限制严厉，再加上市场其他配套措施也不完善，因此发展极为缓慢。但金融危机之后，资产证券化得到快速发展。原因是一方面市场上资金紧缺，对资产证券化的需求增加；另一方面政府推出《特殊目的公司法》与《资产流动化法》，为资产证券化在日本的进一步发展建立了充分的法律保障。日本的资产证券化产品包括 MBS、ABS、CDO，但是与美国资产证券化发展的顺序不一样，最开始是 ABS，然后是 CDO，最后是 MBS。虽然 MBS 最晚才开始发展，但发展速度很快，已经是整个市场上最重要的分支。目前，日本资产证券化主要基础资产包括住房抵押贷款、汽车贷款、消费贷款等 9 种，在数量上不及美国资产证券化市场，但富有自己的特色，REITs 产品规模已经做到整个证券化市场的 70%。

四、我国资产证券化实践情况

相较于美、欧、日等发达国家与地区，我国对资产证券化的引介、探索和常规化发展过程显得较为滞后。1992 年海南省三亚市开发建设总公司成功发行的地产投资证券被认为是我国开始尝试资产证券化的标志。自"三亚地产投资证券"发行至今，我国资产证券化的实践历经探索、试点、暂停与重启以及常规化发展四个阶段。

(一) 探索阶段(2005 年之前)

1992 年三亚市发行的"地产投资证券"和 1996 年珠海市在开曼群岛发行的离岸市场资产担保债券是这一阶段最早的探索和实践。在实践积极探索的同时，政府也以开放的态度支持资产证券化的探索和发展。1997 年，中国人民银行先后颁布《特种金融债券托管回购办法》和《特种金融债券托管回购办法实施细则(试行)》，使得不良资产支持债券的登记、托管和发行成为可能。2000 年，中国人民银行先后批准建设银行、工商银行作为住房贷款证券化的先行试点单位。2001 年 10 月 1 日，《信托法》的正式颁布为资产证券化采取信托方式(SPT，Special Purpose Trust)提供了基础性的法律保障。

(二) 试点阶段(2005—2008 年)

试点阶段，我国信贷资产证券化和企业资产证券化试点工作齐头并进，协调发展。"边试点，边总结，边立法"是这一阶段的显著特征。2005 年 4 月，《信贷资产证券化试点管理办法》的颁布实施意味着我国信贷资产证券化试点工作正式启动。此后的 2007 年 4 月，国务院决定扩大信贷资产证券化的试点工作，资产证券化扩容，基础资产延伸到不良信贷资产领域，当年发行规模达到 178.08 亿元，同时试点发起机构也扩大到政策性银行、国有商业银行、股份制商业银行等金融机构。2008 年，受全球金融危机影响，信贷资产证券化发展脚步放缓，但总体规模仍然达到了 302.01 亿元。自 2005 年 4 月试点开始至 2008 年底，我国共有 11 家境内金融机构在银行间债券市场先后试点成功发行了 16 单总计 619.84 亿元的信贷资产支持证券。2005—2008 年，中国人民银行、财政部、银监会、国家税务总局、住建部等单位相继颁布了与信贷资产证券化有关的会计处理、税收政策、信息披露、信用评级、抵押登记、托管、结算等方面的法律规范，为信贷资产证券化的优化、发展提供了较为完备的制度和规则保障。2005 年 8 月，证监会在前期以证券公司专项资产管理计划为载体的企业资产证券化业务进行研究论证的基础上，正式启动证券公司企业资产证券化业务的试点，并于 2006 年 6 月颁布了《关于证券公司开展资产证券化业务试点有关问题的通知(征求意见稿)》(以下简称《通知》)，允许已经通过创新试点评审并具有证券资产管理业务资格的证券公司开展资产证券化试点，并首次明确企业资产证券化的特殊目的载体必须是证券公司发起设立的专项资产管理计划(专项计划)或者中国证监会认可的其他特殊目的载体，基础资产应当为能够产生未来现金流的可以合法转让的财产权利，明确将鼓励证券公司对五类基础资产进行证券化。总体而言，《通知》为我国企业资产证券化的试点和运行确定了具体的流程和基础性的交易结构模式，起到了一定的规范作用。需要指出的是，由于证监会只允许以企业资产收益权和债权作为基础资产发行证券化产品，而且实行严格的审批制度，导致发行周期长，过程烦琐，因此产品发行规模较小。

(三) 暂停与重启阶段(2009—2012 年)

2008 年，始于美国次贷危机的全球性金融危机爆发，有观点认为以资产证券化为代表的影子银行的过度衍生和扩张是危机发生的罪魁祸首。监管机构出于防范较大金融风险的审慎性考虑，逐步放缓了产品的发行节奏，并于 2008 年底暂停了信贷资产证券化的试点工作。2011 年 4 月 13 日，证监会出具了《关于核准中信证券股份有限公司设立远东二期专项资产管理计划的批复》(证监许可〔2011〕545 号)，重启对企业资产证券化项目的审批。2012 年 5 月，国务院决定重启信贷资产证券化试点，同时，中国人民银行、银监会、财政部联合下发《关于进一步扩大信贷资产证券化试点有关事项的通知》(银发〔2012〕127 号)，正式开启了第二轮的试点工作。第二轮试点作出了"风险自留""双评级"制度以及限定"购买上限"等三项创新型举措，上述三点创新是从防范不恰当地运用资产证券化工具可能带来的风险的角度作出的规定，也是及时吸取美国次贷危机经验教训所作出的重要规范。2012 年 8

月 3 日，银行间交易商协会发布了《银行间债券市场非金融企业资产支持票据指引》，意味着一种新型的资产支持证券——资产支持票据(ABN)业务正式批准运行。2012 年 10 月，保监会推出了《关于保险资金投资有关金融产品的通知》，进一步扩大了资产支持证券的销售渠道。

(四) 常规化发展阶段(2013 年至今)

2013 年开始，中国的经济增速逐渐放缓，为了盘活存量金融资产，支持小微企业发展和促进经济结构调整，国务院于 2013 年 7 月发布了《关于金融支持经济结构调整和转型升级的指导意见》，作出了逐步推进信贷资产证券化常规发展的决定。此后，银监会和中国人民银行先后发布通知和规定，将信贷资产证券化产品发行的审批制改为备案制，银行发行信贷资产证券化产品的流程从"双审批"转变为先从银监会取得发行资格，而后在中国人民银行注册额度，最后可自主选择在银行间债券市场或证券交易所发行证券。随着主管机构一系列规范的颁布，信贷资产证券化的发起人日益多元化，基础资产种类更加丰富，发行市场逐渐扩展，发行结构和发行程序更加优化、便捷，推动了信贷资产证券化的常规化发展。2014 年 1 月，证监会对之前颁布的《证券公司资产证券化业务管理规定》进行修订，并发布一系列配套规则和指引，进一步细化和规范了企业资产证券化业务的开展，自此企业资产证券化业务由试点转向常规化发展阶段。特别是 2015 年以来，我国资产证券化市场发展显著提速，根据相关机构数据统计，2015 年全国发行资产证券化产品共计 1386 只，总金额 5930.39 亿元，同比增长 79%；市场存量为 7178.89 亿元，同比增长 128%。伴随着资产证券化备案制、注册制落地，国务院常务会议确定 5000 亿元信贷资产证券化试点扩容及监管机构进一步加强信息披露和信用评级监管等利好消息的推动下，市场发行逐步常态化，市场参与主体类型更加多样，规模持续增长，基础资产类别不断丰富，交易结构设计更加优化，发行效率大幅度提升。

🔔 课程思政

坚持金融创新发展理念，助力绿色低碳经济崛起

近年来，国内绿色债券发展非常迅速，相比传统债券，绿色债券的用途指向绿色项目，具有成本低、效率高、单一募集体量大的优势。2021 年 2 月 9 日，中国银行间市场交易商协会在中国人民银行的指导下，在原有绿色债券体系下创新推出了碳中和债。它作为绿债的一个创新品种，主要指募集资金专项用于具有碳减排效益的绿色项目债务融资工具。与一般绿色债券相比，具有资金用途更为聚焦、环境效益可量化、存续期信息披露更为精细三大特点。碳中和债专项用于清洁能源、清洁交通、绿色建筑、碳汇林业等具有碳减排效益的绿色项目，并由专业第三方机构对碳减排等环境效益进行量化评估测算，发行后存续内持续披露项目进展情况及碳减排效益实现情况等。

上海申能融资租赁有限公司注重金融技术创新，助力绿色金融发展，创造性研发金融产品——绿色资产支持商业票据(碳中和债)，并因此荣获了"2020 年度上海金融创新成果奖"二等奖。资产支持商业票据(ABCP)产品对于具有稳定现金流并希望降低融资成本的企业具有较高的普适性与典型性，便于实体企业复制，有利于快速推广。作为全国首批、上

海首单的碳中和 ABCP，对于绿色金融的发展起到了明显的推进作用，社会效应显著，具有较高的创新性和实效性。上海申能融资租赁坚持并践行创新发展、绿色发展的理念，创新资产证券化产品，助力绿色低碳经济发展，在追求公司自身发展的过程中，积极承担社会责任，这种可贵的精神值得我们学习。

本 章 小 结

本章主要介绍了资产证券化的含义、特点及基本操作流程，资产证券化的基本原理、资产证券化的主要类型及我国资产证券化的实践。

资产证券化是指以基础资产未来所产生的现金流为偿付支持，通过结构化设计进行信用增级，在此基础上发行资产支持证券的过程。

资产证券化的操作流程主要包括：重组现金流，构造证券化资产；组建特设信托机构，实现真实出售；达到破产隔离；完善交易结构，进行信用增级；资产证券化的信用评级；安排证券销售，向发起人支付；挂牌上市交易及到期支付等步骤。

资产证券化主要包括：一个核心原理(基础资产的现金流分析原理)和三个基本原理(资产重组原理、风险隔离原理、信用增级原理)。

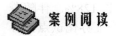 案例阅读

浅析资产证券化的利与弊

我国的资产证券化开始于 2005 年，至今已有 17 年的发展历史。随着中国证券业的健康发展，近年来我国证券公司资产证券化率规模持续走高。2020 年 12 月，我国证券公司资产证券化率产品规模达 18 307 亿，较 2019 年同期增加 4027 亿，同比增长 28.2%。资产证券化是一种被广泛运用的金融创新工具，它具有转移和分散风险以及扩大流动性的功能，通过它可以衍生出风险证券化的一系列产品。那么，资产证券化作为一种金融工具，又具有哪些利与弊呢？

一、资产证券化的利

(一) 对金融市场的正面影响

(1) 资产证券化为金融市场提供了一类新的重要的金融产品，即资产支持证券。资产证券化作为一种新的金融产品，它不是基于发行者的信用，而是基于某一资产池所产生的收益或者现金流，而这种现金流是稳定而且大体确定的。从这个意义上说，资产支持证券的风险要比股票小得多，因为股票的未来收益依股份公司经营情况而定，而股份公司的经营状况具有很大的不确定性。债券的收益率较低，但相对来说风险也较低，是一种低风险低收益的金融品种。如果说这两者是两个极端，那么资产支持证券正好是介于两者之间的一种金融产品，它属于固定收益类产品。

(2) 资产证券化有利于促进金融市场各个子市场之间的相互联通。资产证券化的开展，对于金融市场各个子市场之间的相互联通和协调发展，起到了十分重要的作用。

(3) 资产证券化的开展有利于金融市场的制度建设。资产证券化和金融市场制度建设是相互制约、相互促进的关系。

(二) 对资产证券化的发起人的积极影响

(1) 增强资产流动性。资产证券化使个别缺乏流动性的资产转化为可在资本市场交易、流动性高的金融商品。发起人可以通过资产证券化来补充资金，进行其他投资。

(2) 获得低成本投资。资产证券化相当于银行或者其他筹资的成本要低很多，因为资产证券化发行的证券具有更高的信用等级，而且信用等级越高，付出的利息就越低，所以能够降低投资成本。

(3) 减少风险资产。资产证券化有助于发起者的各种财务比率，满足风险资本指标的要求，提高资本的使用效率，从而使风险资产从资产负债表中剔除。

(4) 便于进行资产负债管理。资产证券化为发起者提供了更为灵活的财务管理模式。对于发起者来说，能够获得精确、有效的资产与负债的匹配，从而更好地进行资产负债管理。

二、资产证券化的弊

(一) 扩大金融体系的道德风险

风险资源分散加剧了金融体系中的道德风险。从美国 2008 年次贷危机的爆发和演变过程中可以看出，各微观主体显示出了极强的道德风险，归根结底就是因为金融贷款机构认为，初始借款人的信用风险可以通过不断地证券化给转移出去，从而将贷款风险转嫁给购买资产证券化的终端投资者。

(二) 形成巨大的资产价格泡沫

随着以抵押贷款为基础的资产证券化的发售，抵押贷款机构获得了大量的流动性，这也使得抵押贷款机构提供贷款的能力大大增强，大量的信贷资金就会流入住房抵押贷款市场，引起房地产价格的不断上涨，从而形成巨大的资产价格泡沫。

(三) 进一步放大经济周期的波动幅度

如在次贷危机前，随着房价的上涨，扩大流动性的功能为房地产市场提供了大量的资金，导致房地产市场出现价格泡沫，并因此引起经济过热。当银行意识到经济过热导致通胀抬头时就会采取紧缩政策，由此刺破价格泡沫。房价的下跌将会导致主要以房产为基础资产的证券化的价格和评级下降，与此同时市场中又出现了争先恐后的抛售现象，这就又导致证券化的价格和评级下调。

三、结语

目前，中国还没有如美国那样，在金融领域实行全面证券化，但是大门已经打开，国际金融资本已经开始大举进入中国，而资本都是逐利而行的，它们必将一如既往，在获得利润后转身离去，实际上，国际金融资本已经在中国房地产市场上斩获了一波丰厚的财富。

因此，未来对于资产证券化这一金融工具的推进与运用，应该采取更加稳健和谨慎的态度，推进我国金融改革的稳步前行，避免资本市场出现波动与风险。

(资料来源：https://baijiahao.baidu.com/s?id=1700240212924551984&wfr=spider&for=pc)

 问题

1. 结合案例，分析未来我国资产证券化发展中需要注意的问题。

2. 分析如何克服资产证券化带来的不利影响。

复习思考题

一、名词解释

资产证券化　资产重组原理　风险隔离原理　信用增级原理

二、单项选择题

1. 狭义的资产证券化是指(　　)证券化。

A. 实体资产　　　B. 信贷资产　　　C. 证券资产　　　D. 现金资产

2. 不属于资产证券化业务参与主体的是(　　)。

A. 原始受益人　　B. 证券业协会　　C. 管理人　　　D. 托管人

3. 在资产证券化的操作流程中，应该首先进行的是(　　)。

A. 重组现金流，构造证券化资产　　B. 组建特设信托机构

C. 信用增级　　　　　　　　　　　D. 信用评级

4. 资产证券化的三大基本原理分别是"(　　)原理"、"风险隔离原理"和"信用增级原理"。

A. 资产重组　　　B. 资产隔离　　　C. 资产评级　　　D. 资产剥离

5. 根据证券化产品的(　　)不同，可将资产证券化分为股权型证券化、债券型证券化和混合型证券化。

A. 基础资产　　　B. 金融属性　　　C. 地域属性　　　D. 载体属性

三、判断题(正确的打"√"，错误的打"×")

1. 广义的资产证券化是指信贷资产证券化。按照被证券化资产种类的不同，信贷资产证券化可分为住房抵押贷款支持的证券化和资产支持的证券化。　　　　　　　( )

2. 根据资产证券化发起人、发行人和投资者所属地域不同，可将资产证券化分为境内资产证券化和离岸资产证券化。　　　　　　　　　　　　　　　　( )

3. 我国资产证券化的实践历经探索、试点、暂停与重启以及常规化发展四个阶段。

( )

四、简答题

1. 简述资产证券化的含义及其特征。

2. 简述资产证券化的基本操作程序。

3. 资产证券化的核心原理是什么？

4. 简述资产证券化的基本原理。

5. 资产证券化的主要类型有哪些？

五、论述题

分析我国资产证券化的发展历程。

第九章　债券的发行与承销

【学习目标】

了解并掌握债券的定义、特点及分类；掌握国债、企业债、金融债券的发行与承销程序；了解世界主要国家及我国的债券交易市场。

案例导入

泉州银行发行金融债，助力小微企业发展

自 2018 年以来，宏观政策对小微金融的支持力度不断加大，监管层也针对性放松小微金融债发行条件，使得小微金融债融资规模快速增长，逐渐成为商业银行常态化的融资渠道。2019 年 6 月 26 日召开的国务院常务会议，在部署支持小微企业融资时提出，2019 年金融机构发行小微企业金融债券规模要大幅超过 2018 年，力争达到 1800 亿元以上。数据显示，2019 年全年小微金融债发行规模达到 2048 亿元，超额完成国务院常务会议提出的"力争达到 1800 亿元以上"既定目标。在 2020 年疫情影响下，央行和银保监会多次强调加大银行小微金融债发行力度，以引导银行增强对小微企业的金融支持。

近年来，泉州银行持续调整优化资产负债结构：资产端持续压缩非标投资规模，适当增加利率债投资，资产流动性有所改善；负债端压降同业负债融入及同业存单发行规模，积极拓展稳定的存款来源以优化负债结构。随着高流动资产占比提升以及对同业负债依赖度下降，该行流动性有所改善，也推动了小微金融债发行。

泉州银行表示，发行小微金融债旨在响应国务院常务会议关于支持金融机构发行 3000 亿元小微金融债券的号召，贯彻落实泉州市委市政府"六稳""六保"工作部署，全力支持小微企业复工复产，债券募集资金将全部用于发放小微企业贷款，重点向新冠肺炎疫情防控领域及受疫情影响较大的小微企业发放贷款。

为服务疫情防控和经济社会稳定发展大局，2020 年 7 月 15 日，泉州银行成功发行 10 亿元 3 年期小微金融债。发行利率 3.48%，低于全国市场同期同评级金融机构发行利率水平，创下福建省 AA+评级商业银行金融债券发行历史新低。这是泉州银行自 2012 年作为福建省首家地方法人银行获准发行小微金融债以来，第四次发行小微金融债，累计融资规模达 50 亿元，全部用于支持小微企业发展。

从泉州银行的实践可以看出，中小银行发行小微金融债应进一步贯彻落实党中央、国务院的重大决策部署，夯实自身资本实力，加强自身经营与管理，从而多举措拓宽低成本资金来源，推动信贷产品创新，优化信贷服务，加大对实体经济尤其是民营、小微企业及

制造业等领域的信贷投放力度，助力赢取疫情防控和经济社会发展"双胜利"。

（资料来源：https://www.sohu.com/a/415776454_530801）

第一节　债券的定义、特点及主要类型

一、债券的定义

债券是政府、金融机构、工商企业等机构直接向社会借债筹措资金时，向投资者发行，并且承诺按一定利率支付利息并按约定条件偿还本金的债权债务凭证。债券的本质是债的证明书，具有法律效力。债券购买者与发行者之间是一种债权债务关系，债券发行人即债务人，投资者(或债券持有人)即债权人。

二、债券的主要特点

(一) 偿还性

债券一般都规定有偿还期限，发行人必须按约定条件偿还本金并支付利息。

(二) 流通性

债券一般都可以在流通市场上自由转让。由于债券品种和规模巨大，债券市场一般都具有很好的流动性。有些国家的债券市场比股票市场要发达得多，其流动性就更好。许多机构投资者和企业往往将短期债券作为其既能获得收益又能保持资产流动性的一种选择，这足以说明债券具有良好的流动性。

(三) 安全性

与股票相比，债券通常规定有固定的利率，与企业绩效没有直接联系，收益比较稳定，风险较小。此外，在企业破产时，债券持有者享有优先于股票持有者对企业剩余资产的索取权。大多数债券的票面利率在发行时就加以确定，不受市场利率波动的影响，其价格变动的范围是有限的。少数债券有时也实行浮动利率，但一般都规定一个最低的保护利率，以避免投资者在市场利率下降时遭受损失。此外，债券发行前一般都要进行信用等级评估，其风险状况较为明朗，投资者可以根据债券信用状况选择债券投资品种。还有许多企业发行的是抵押债券或第三者担保债券，其本息的支付较有保证。因此，从总体上看，进行债券投资是比较安全的。

(四) 收益性

收益性是指债券能为投资者带来一定的收入。这种收入主要表现为利息，即债权投资的报酬。债券由于其多数具有固定利率而拥有较稳定的收益。在实际经济活动中，债券收益可以表现为两种：一种是债权人将债券一直保持至期满日为止，这样，在债券期限内，

债权人可以按约定的条件分期分次取得利息或者到期一次取得利息。另一种是债权人在债券期满之前将债券转让，这样，他有可能获得超过购入时债券价格的价差。理论上讲，如果利率水平一直不变，这一价差就是其持有债券这段时间的利息收益转让形式。但是，由于市场利率会不断变化，债券在市场上的转让价格将随市场利率的升降而上下波动。由于债券的票面利率是相对固定的，一般当利率下跌时，债券的市场价格便上涨；当利率上升时，债券的市场价格则下落。所以，债券持有者能否获得转让价差以及转让价差的多少，要视市场情况而定。一般情况下，除国债以外的其他债券都有比银行存款高的利率，有些级别较低的债券的利率就更高。市场利率波动引起的债券价格变动可以使债券投资获得巨大的收益。不少投资银行通过债券投资获得了巨额利润。

三、债券的主要类型

(一) 按发行主体分类

根据债券发行主体不同，债券可分为政府债券、金融债券和公司债券三类。

政府债券是指由中央政府、地方政府等政府机构发行的债券。中央政府发行的债券也就是国库发行的债券，称为国债。它由政府财政作担保，基本不存在违约风险，其主要用途是解决由政府投资的公共设施或重点建设项目的资金需要和弥补国家财政赤字。有些国家把政府担保的债券也划归为政府债券体系，称为政府保证债券。

金融债券是银行或非银行的金融机构发行的债券。金融机构一般有雄厚的资金实力，信用度较高，因此，金融债券往往也有良好的信誉。金融机构发行债券主要是为了某种特殊用途而筹资，或者是为了改变自身的资产负债结构。金融债券的期限以中期较为多见。

公司债券，是公司依照法定程序发行、并约定在一定期限内还本付息的有价证券。公司债券是指公司企业为满足经营的需要而发行的债券。公司的经营风险比较大，所发债券的期限也比较长，因此其利率相对较高。公司债券主要有财产抵押债券、抵押信托债券、设备抵押债券、信用债券、收益债券、担保债券、参与式债券、可转换债券等类型。我国的企业债券本质上也属于公司债券，只是因为管理属性的不同而存在区别。某些地方政府以地方投资公司的名义发行的一些地方建设债券，其名义上属于公司债券，而实质上是地方政府担保的市政债券。在国外，银行等金融机构发行的债券也属于公司债券，因为这些金融机构本身就是公司型的企业组织。

截至2020年12月，我国在沪深交易所的债券发行人数量为4686家，其中上海证券交易所有3689家，深圳证券交易所有997家。2012—2020年中国沪深交易所发行企业债的企业数量如图9-1所示。

中国人民银行公布的金融市场运行情况如图9-2所示，2014—2020年我国债券发行总量呈上升趋势，2015年至2019年，增速逐渐下降，但在2020年上半年经济萎靡时发行量增速反弹。随着经济的快速恢复，债券市场2020年债券发行量同比增长不少。

据中国人民银行统计数据，2020年全年我国共发行各类债券56.94万亿元人民币，同比增长约26%。

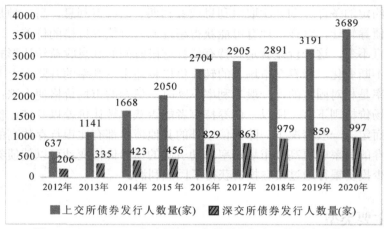

图 9-1　2012—2020 年中国沪深交易所发行企业债的企业数量

(数据来源：中国国债登记结算有限责任公司)

图 9-2　2014—2020 年中国债券市场所有债券发行量及增长情况

(数据来源：中国国债登记结算有限责任公司)

从我国 2020 年债券发行的结构来看，所有债券品种中，金融债券的发行量占比最大，2020 全年共发行了 29.15 万亿元，占比约为 51.20%；其次是公司信用类债券，2020 年全年共发行了 14.20 万亿元，占比为 24.94%；再者是政府债券，2020 年共发行 13.53 万亿元，占比约为 23.76%；国际机构债券的发行量占比最少，为 554 亿元，占比仅为 0.10%。

(二) 按付息方式分类

根据债券发行条款中是否规定在约定期限向债券持有人支付利息，债券可分为贴现债券、附息债券和息票累积债券三类。

贴现债券又被称为"贴水债券"，是指在票面上不规定利率，发行时按某一折扣率，以低于票面金额的价格发行，发行价与票面金额之差额相当于预先支付的利息，到期时按面额偿还本金的债券。

附息债券是指在债券券面上附有息票的债券，或是按照债券票面载明的利率及支付方式支付利息的债券。附息债券合约中明确规定，在债券存续期内，对持有人定期支付利息(通常每半年或每年支付一次)。按照计息方式的不同，这类债券还可细分为固定利率债券和浮动利率债券，有些付息债券可以根据合约条款推迟支付定期利率，被称为缓息债券。

息票累积债券与附息债券相似，这类债券也规定了票面利率，但是，债券持有人必须在债券到期时一次性获得还本付息，存续期间没有利息支付。

(三) 按募集方式分类

根据债券募集方式的不同，债券可分为公募债券和私募债券两类。

公募债券是指发行人向不特定的社会公众投资者公开发行的债券。公募债券的发行量大，持有人数众多，可以在公开的证券市场上市交易，流动性好。

私募债券是指向特定的投资者发行的债券。私募债券的发行对象一般是特定的机构投资者。2011 年 4 月 29 日，中国银行间市场交易商协会制定的《银行间债券市场非金融企业债务融资工具非公开定向发行规则》正式发布实施，我国非金融企业已可以发行私募债券。

(四) 按担保性质分类

根据债券的担保性质不同，债券可分为有担保债券和无担保债券。

担保债券是由另一实体担保债务责任的债券。担保债券的安全性取决于担保者履行担保条款的财务能力，以及发行人的财务能力。担保条款可能要求担保者保证利息的支付或本金的支付。如果发生发行人没有足够的现金流支付其债务的情况，即使是优先的法律地位也不能保证债券持有者避免财务损失。担保债券主要包括抵押债券、质押债券、保证债券等。

抵押债券以不动产作为担保，又被称为"不动产抵押债券"，是指以土地、房屋等不动产作抵押品而发行的一种债券。若债券到期不能偿还，持券人可依法处理抵押品受偿。质押债券以动产或权利作担保，通常以股票、债券或其他证券为担保。发行人主要是控股公司，用作质押的证券可以是它持有的子公司的股票或债券、其他公司的股票或债券，也可以是公司自身的股票或债券。质押的证券一般应以信托形式过户给独立的中介机构，在约定的条件下，中介机构代全体债权人行使对质押证券的处置权。保证债券以第三人作为担保，担保人或担保全部本息，或仅担保利息。担保人一般是发行人以外的其他人，如政府、信誉好的银行或举债公司的母公司等。一般公司债券大多为担保债券。

无担保债券也被称为"信用债券"，仅凭发行人的信用而发行，不提供任何抵押品或担保人而发行的债券。由于无抵押担保，所以债券的发行主体须具有较好的声誉，并且必须遵守一系列的规定和限制，以提高债券的可靠性。国债、金融债券、信用良好的公司发行的公司债券，大多为信用债券。

(五) 按债券形态分类

根据债券的形态不同，债券可分为实物债券、凭证式债券和记账式债券三类。

实物债券是一种具有标准格式实物券面的债券。在标准格式的债券券面上，一般印有债券面额、债券利率、债券期限、债券发行人全称、还本付息方式等各种债券票面要素。

有时债券利率、债券期限等要素也可以通过公告向社会公布，而不在债券券面上注明。无记名国债属于实物债券，其主要特点是不记名、不挂失、可上市流通。

凭证式债券的形式是债权人认购债券的一种收款凭证，而不是债券发行人制定的标准格式的债券。其主要特点是可记名、可挂失、不能上市流通，可以到原购买网点提前兑取。

记账式债券是没有实物形态的债券，利用证券账户通过电脑系统完成债券发行、交易及兑付的全过程。其主要特点是可以记名、挂失，安全性较高，发行时间短，发行效率高，交易手续简便，成本低，交易安全。

第二节　债券发行的一般程序

一、发行合同书

发行合同书也称信托契据，是说明公司债券持有人和发行债券公司双方权益的法律文件，由受托管理人(通常是银行)代表债券持有人来监督合同书中各条款的履行。

债券发行合同书一般很长，其中各种限制性条款占很大篇幅。对于有限责任公司来说，一旦资不抵债而发生违约时，债权人的利益会受损害，这些限制性条款就是用来设法保护债权人利益的，它一般可分成否定性条款和肯定性条款。

(1) 否定性条款。否定性条款是指不允许或限制股东做某些事情的规定。最一般的限制性条款是有关债券清偿的条款，例如支付利息和偿还基金，只要公司不能按期支付利息或偿还基金，债券持有人有权要求发行公司立即偿还全部债务。典型的限制性条款包括对追加债务、分红派息、营运资金水平与债务比率、使用固定资产抵押、变卖或购置固定资产、租赁、工资以及投资方向等都可能作出不同程度的限制。这些限制实际上是对发行公司设置最高限。有些债券还包括所谓"交叉违约"条款，该条款规定，对于有多笔债务的公司，只要对其中一笔违约，则认为公司对全部债务违约。

(2) 肯定性条款。肯定性条款是指对发行公司应该履行某些责任的规定，如要求营运资金、权益资本达到一定水平以上。这些肯定性条款可以理解为对发行公司设置最低限。

无论是肯定性条款还是否定性条款，公司都必须严格遵守，否则可能导致"违约"。但在违约的情况下，债权人并不总是急于追回全部债务，一般情况下会设法由债券受托管理人找出变通办法，要求公司改善经营管理，迫使公司破产清算一般是债权人的最后手段，因为破产清算对于债权人通常并不是最有利的。

二、债券信用评级

债券信用评级是以企业或经济主体发行的有价债券为对象进行的信用评级。债券信用评级大多是企业债券信用评级，是对具有独立法人资格企业所发行某一特定债券，按期还本付息的可靠程度进行评估，并标示其信用程度的等级。这种信用评级，是为投资者购买债券和证券市场债券的流通转让活动提供信息服务。国家财政发行的国库券和国家银行发行的金融债券，由于有政府的保证，因此不参加债券信用评级。地方政府或非国家银行金融机构发行的某些有价证券，则有必要进行评级。

（一）债券信用评级的原因

1. 方便投资者进行债券投资决策

投资者购买债券是要承担一定风险的。如果发行者到期不能偿还本息，投资者就会蒙受损失，这种风险称为信用风险。债券的信用风险因发行后偿还能力不同而有所差异，对广大投资者尤其是中小投资者来说，事先了解债券的信用等级是非常重要的。由于受到时间、知识和信息的限制，无法对众多债券进行分析和选择，因此需要专业机构对准备发行的债券还本付息的可靠程度，进行客观、公正和权威的评定，也就是进行债券信用评级，以方便投资者决策。

2. 减少信誉高的发行人的筹资成本

一般来说，资信等级越高的债券，越容易得到投资者的信任，能够以较低的利率出售；而资信等级低的债券，风险较大，只能以较高的利率发行。

（二）债券信用的等级标准

根据债券信用等级的不同，通常可将其分为 A 级债券、B 级债券、C 级债券和 D 级债券四种类型。

A 级债券是最高级别的债券，其特点是：本金和收益的安全性最大；它们受经济形势影响的程度较小；它们的收益水平较低，筹资成本也低。

对于 A 级债券来说，利率的变化比经济状况的变化更为重要。因此，人们一般把 A 级债券称为信誉良好的"金边债券"，对特别注重利息收入的投资者或保值者是较好的选择。

B 级债券是主要针对那些熟练的证券投资者的，因为这些投资者不情愿只购买收益较低的 A 级债券，而甘愿冒一定风险购买收益较高的 B 级债券。B 级债券的特点是：债券的安全性、稳定性以及利息收益会受到经济中不稳定因素的影响；经济形势的变化对这类债券的价值影响很大；投资者冒一定风险，但收益水平较高，筹资成本与费用也较高。因此，对 B 级债券的投资，投资者必须具有选择与管理证券的良好能力。对愿意承担一定风险，又想取得较高收益的投资者来说，　B 级债券是较好的选择。

C 级和 D 级债券是投机性或赌博性的债券。从正常投资角度来看，没有多大的经济意义，但对于敢于承担风险，试图从差价变动中取得巨大收益的投资者来说，C 级和 D 级债券也是一种可供选择的投资对象。

（三）信用评级机构

目前，国际上公认的最具权威性的信用评级机构主要有标准普尔和穆迪。上述两家公司负责评级的债券很广泛，包括地方政府债券、公司债券、外国债券等，由于它们拥有详尽的资料，采用先进科学的分析技术，又有丰富的实践经验和大量专门人才，因此它们所做出的信用评级具有很高的权威性。标准普尔信用等级标准从高到低可划分为：AAA 级、AA 级、A 级、BBB 级、BB 级、B 级、CCC 级、CC 级、C 级和 D 级，如表 9-1 所示。穆迪信用等级标准从高到低可划分为：Aaa 级、Aa 级、A 级、Baa 级、Ba 级、B 级、Caa 级、

Ca级、C级。两家机构信用等级划分大同小异。前四个级别债券信誉高，风险小，是"投资级债券"；从第五级开始的债券信誉低，是"投机级债券"，如表9-2所示。

表9-1　标准普尔信用等级标准

评级等级	评级符号	评 级 说 明
投资级别	AAA	偿还债务能力极强，为标准普尔授予的最高评级级别
	AA	偿还债务能力很强
	A	偿还债务能力强，但略微易受外在环境及经济状况变动等不利因素的影响
	BBB	具有适当偿债能力，但还债能力较可能因不利经济状况而减弱。其中，"BBB-"为市场参与者认为的最低投资级评级
投机级别	BB	相对于其他投机级别评级，违约的风险更低。但持续存在的重大不稳定因素，或不利的商业、金融、经济状况，可能导致发债人没有足够能力偿还债务。其中，"BB+"为市场参与者认为的最高投机级评级
	B	违约可能性较"BB"级高，发债人目前仍有能力偿还债务，但不利的商业、金融、经济条件可能削弱发债人偿还债务的能力和意愿
	CCC	目前有可能违约，发债人能否履行财务承诺将取决于商业、金融、经济条件是否有利。当遭遇不利的商业、金融或经济环境时，发债人可能会违约
	CC	违约的可能性高。违约尚未发生，但预计会实际发生
	C	目前违约的可能性高，且最终违约追偿比率预计会低于其他更高评级的债务
	D	该类债券属违约性质，一般指债务人未能按期还本付息

注：从AA至CCC级，每个级别都可添加"+"或"-"来显示信用高低程度。例如，在AA序列中，信用级别由高到低依次为AA+、AA、AA-。

表9-2　穆迪信用等级标准

评级等级	评级符号	评定等级	评 级 说 明
投资级别	Aaa	优等	信用质量最高，信用风险最低；利息支付有充足保证，本金安全；为还本付息提供保证的因素即使变化，也是可预见的；发行地位稳固
	Aa(Aa1, Aa2, Aa3)	高级	信用质量很高，有较低的信用风险；本金利息安全，但利润保证不如Aaa级；债券充足，为还本付息提供保证的因素波动比A级债券大
	A(A1, A2, A3)	中上级	投资品质优良；本金利息安全，但有可能在未来某个时候还本付息的能力会下降
	Baa(Baa1, Baa2, Baa3)	中级	保证程度一般；利息支付和本金安全现在有保证，但在相当长远的一段时间内具有不可靠性；缺乏优良的投资品质

评级等级	评级符号	评定等级	评 级 说 明
投机级别	Ba(Ba1, Ba2, Ba3)	具有投机性质的因素	不能保证将来的良好状况；还本付息的保证有限，一旦经济情况发生变化，还本付息能力将削弱；具有不稳定的特征
	B(B1, B2, B3)	缺少理想投资的品质	还本付息能力差，该类发行人债务人或贷款项目流量不足，违约可能性和损失的严重程度较大
	Caa(Caa1, Caa2, Caa3)	劣质债券	有可能违约，或现在就存在危及本息安全的因素
	Ca	高度投机性	经常违约，或有其他明显的缺点
	C	最低等级评级	前途无望，不能用来做真正的投资

标准普尔和穆迪都是独立的私人企业，不受政府的控制，也独立于证券交易所和证券公司。它们所做出的信用评级不具有向投资者推荐这些债券的含义，只是供投资者决策时参考，因此，它们对投资者负有道义上的义务，但并不承担任何法律上的责任。

大公国际主体信用等级符号及定义适用于受评主体评级以及短期债项和长期债项评级中的受评主体评级业务，是对受评主体违约风险的评价。其等级划分为三等九级，符号表示分别为 AAA、AA、A、BBB、BB、B、CCC、CC、C，其中除 AAA 级、CCC 级(含)以下等级外，每一个信用等级可用"+"或"−"符号进行微调，表示略高或略低于本等级。主体信用等级符号及含义如表 9-3 所示。

表 9-3　大公国际信用等级标准

信用等级	特　　　点
AAA	偿还债务的能力极强，基本不受不利经济环境的影响，违约风险极低
AA	偿还债务的能力很强，受不利经济环境的影响不大，违约风险很低
A	偿还债务能力较强，较易受不利经济环境的影响，违约风险较低
BBB	偿还债务能力一般，受不利经济环境影响较大，违约风险一般
BB	偿还债务能力较弱，受不利经济环境影响很大，有较高违约风险
B	偿还债务的能力较大地依赖于良好的经济环境，违约风险很高
CCC	偿还债务的能力极度依赖于良好的经济环境，违约风险极高
CC	在破产或重组时可获得的保护较小，基本不能保证偿还债务
C	不能偿还债务

三、债券的偿还

债券的偿还一般可分为定期偿还和任意偿还两种方式。前者比较简单，而后者可能分成两种形式：

(一) 定期偿还

定期偿还是在经过一定宽限期后，每过半年或 1 年偿还一定金额的本金，到期时还清余额。

这一般适用于发行数量巨大、偿还期限长的债券，但国债和金融债券一般不使用该方法。定期偿还具体有两种方法，一是以抽签方式确定并按票面价格偿还；二是从二级市场上以市场价格购回债券。为增加债券信用和吸引力，有的公司还建立偿还基金用于债券的定期偿还。

(二) 任意偿还

任意偿还是债券发行一段时间(称为保护期)以后，发行人可以任意偿还债券的一部分或全部，具体操作可根据早赎或以新偿旧条款，也可在二级市场上买回予以注销。投资银行往往是具体偿还方式的设计者和操作者，在债券偿还的过程中，投资银行有时也为发行者代理本金发还。

第三节　国债的发行与承销

一、我国国债的发行方式

我国国债的发行方式主要包括行政分配、定向发售、承购包销和招标发行。

(一) 行政分配

行政分配方式即依靠行政手段发行国债。该发行方式始于 20 世纪 80 年代初经济体制的转轨时期，市场体系尚未建立。发行对象为企事业单位、城乡居民及各专业银行。首先由财政部将发行总额按行政隶属关系逐级分配到各地区、各单位，各地区、各单位用预算外资金或企业税后留利认购，分配给个人的认购任务一般直接从工资中代扣代缴。由各级银行及其分支机构办理收、交款手续，并在规定期限内逐级上划款项，最后由中国人民银行汇总后与财政部结算。

这种方法主要应用于恢复举债的 1981—1990 年。当时市场经济不发达、居民缺乏金融投资意识。通过广泛动员人民群众的爱国热情，采取必要的行政手段，集中一部分资金用于国家重点建设，有着一定的积极作用。但是，如果将这种行政摊派方式作为国债发行的长期手段，则与国债本身的属性相违背，也会给国债政策的长期运用带来消极影响。从我国实践来看，随着这种方式的沿用，到了 20 世纪 80 年代中后期，人们对它的抵触情绪越来越大。将这种摊派购买的国债称为强制国债或准强制国债。行政分配的发行方式造成国债发行周期长、成本高、效率低下，限制了国债发行规模的扩大，影响了国债的信誉和形象。

(二) 定向发售

定向发售方式是指向养老保险基金、待业保险基金等特定机构发行国债的方式，主要用于国家重点建设债券、财政国债、特种国债等品种。

(三) 承购包销

承购包销方式始于 20 世纪 90 年代初，它是在我国的国债二级市场的试点取得成功后的产物。承购包销方式主要用于不可流通的凭证式国债，它是由各地的国债承销机构组成承销团，并通过合同确定国债发行人和承销商之间的权利和义务的；同时，发行条件由发行人和承销商经过协商确定，因而是带有一定市场因素的国债发行方式。

随着 1988 年开放国债流通转让市场的试点成功，以及 1990 年上海证券交易所的成立、国债交易全国性市场的逐步形成和发展，流通国债的种类有所增加，投资者的金融意识有了增强，为国债的承购包销创造了一定的条件。1991 年的国债发行采取了由中央承购包销、地方承购包销和行政分配同时进行的方式，全年以承购包销方式发行的国债占国债发行总额的 65%，改变了以往单一的行政分配方式。1993 年国债一级自营商制度确立之后，国债开始形成通过国债一级自营商组成国债承销团，直接向财政部承购包销的发行渠道。随着国债一级自营商数量的逐年增加，国债由国债一级自营商承购包销一度成为国债发行的主要方式。

承购包销方式运用经济手段保证了国债的顺利发行，扩大了国债的发行规模。与行政分配方式相比，它减少了发行环节，提高了发行效率，降低了发行成本，同时也缓解了地方财政的推销压力。

（四）招标发行

招标发行方式是财政部在国债发行中采用的一种发行方式，即财政部对发行的国债先进行招标，由国债承销商进行投标，随后由国债承销商通过证券交易所将国债分销给投资者。根据发行对象的不同，招标发行又可分为缴款期招标、价格招标、收益率招标三种形式，其中价格招标主要用于贴现国债的发行，收益率招标主要用于付息国债的发行。

1995 年 8 月，财政部对 1995 年一年期记账式国债首次进行招标方式发行。这次一年期记账式国债计划发行 100 亿元，全国 50 家国债一级自营商按照发行实施办法规定的基本承销数量承销，然后在义务认购份额以上承销的，采取竞争性投标方式，标的为缴款期，按照缴款期谁早谁优先的原则募入，直到募满 30 亿元为止。1996 年，我国借鉴国际资本市场中"美国式""荷兰式"的规则，分别以收益率、发售价格和缴款期为标的，组织国债一级自营商等金融中介机构，进行了八次招标发行。一年下来，初步形成了"基数承购、差额招标、竞争定价、余额分销"的发行模式，1997 年与 1996 年相比，以竞标产生国债票面利率的市场化步伐有所退步，但竞标方式在国债市场规范发展中日益成熟，这主要表现为以招标方式发行的国债利率已逐步与市场接轨。

国债招标方式通常有两种：美国式招标和荷兰式招标。美国式招标(多种价格招标)：在标的为利率时，全场加权平均中标利率为当期国债的票面利率，各中标机构依各自及全场加权平均中标利率折算承销价格；在标的为价格时，各中标机构按各自加权平均中标价格承销当期国债。荷兰式招标(单一价格招标)：在标的为利率时，最高中标利率为当期国债的票面利率；在标的为利差时，最高中标利差为当期国债的基本利差；在标的为价格时，最低中标价格为当期国债的承销价格。

我国在这两种招标方式的基础上，对国债招标规则进行了调整，记账式国债招标方式在原先单一的"荷兰式"招标的基础上增添了"美国式"招标方式。招标方式的市场化将使国债发行市场趋于理性，国债发行利率将进一步贴近市场的变化。长期以来，我国国债发行一直沿用"荷兰式"的招标方式，而"美国式"招标方式出现后，风险将由市场交易主体各自承担，这将迫使国债承销团成员的行为更加趋于理性。

2014—2019 年我国国债发行规模及增长情况如图 9-3 所示。

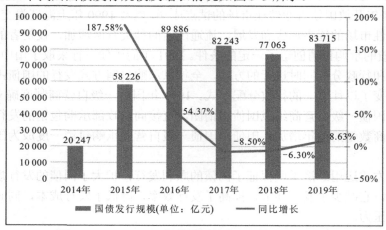

图 9-3　2014—2019 年我国国债发行规模及增长情况

(数据来源：中国国债登记结算有限责任公司)

二、我国国债的承销

(一) 记账式国债的承销程序

1. 交易所市场发行国债的分销

(1) 场内挂牌分销的程序：承销商将其包销的国债托管在一个自营账户中；证券交易所为每个承销商确定当期国债各自的承销代码；在此后发行期中的任何交易时间内，承销商按自己的意愿确定挂牌卖出国债的数量和价格，进行分销；投资者在买入债券时，可免缴佣金，证券交易所也不向代理机构收取经手费用，客户认购的国债自动过户至客户的账户内，认购款于当日划入清算账户；发行结束后，承销商在规定的缴款日前如期将发行款一次性划入财政部在中国人民银行的指定账户内，托管账户中分销的国债余额转为由承销商持有；财政部将国债发行手续费拨付至各承销商的指定银行账户。

(2) 场外分销的程序：发行期内，承销商通常在场外确定分销商或客户，并在当期国债的上市交易日前向证券交易所申请办理非交易过户；证券交易所根据承销商的要求，将国债过户至分销商或客户的账户内。国债认购款的支付时间和方式由买卖双方在场外协商确定。

2. 银行间债券市场发行国债的分销

中央国债登记结算有限责任公司规定：承销人应办理债券分销手续，并与分销认购人签订分销认购协议；分销认购人应是全国银行间债券市场参与者，并已在中债登开立债券托管账户；由承销人根据协议，填制债券发行分销过户指令一览表，加盖预留印章、填写分销密押后传真至中债登，同时将原件寄至中债登。中债登确认无误后，根据一览表中的过户指令办理分销过户；中债登利用中央债券簿记系统中的交易过户功能，办理承销商与分销认购人之间的分销债券过户。过户后，承销商和分销认购人可以从联网终端输出"非交易过户通知单"，过户原因注明为"分销过户"；在发行过程中，承销人的分销总额以其承销总额为限。如发生超卖，不予过户。

(二) 储蓄式国债的承销程序

储蓄式国债是一种不可上市流通的储蓄型债券，主要由银行承销，各地财政部门和各国债一级自营商也可参与发行。承销商在分得所承销的国债后，通过各自的代理网点发售。发售采取向购买人开具凭证式国债收款凭证的方式，发售数量不能突破所承销的国债量。由于储蓄式国债采用"随买随卖"、利率按实际持有天数分档计付的交易方式，因而在收款凭证中除了注明投资者身份外，还需注明购买日期、期限、到期利率等内容。

储蓄式国债的发行期限一般较长，所以发行款采取分次缴款办法，国债发行手续费也由财政部分次拨付。各经办单位对在发行期内已交款但未售完及购买者提前兑取的储蓄式国债，仍可在原额度内继续发售，继续发售的储蓄式国债仍按面值售出。

为了便于掌握发行进度，担任储蓄式国债发行任务的各个系统一般每月要汇总本系统内的累计发行数额，上报财政部及中国人民银行。

储蓄式国债(电子记账)品种实行电话复核查询下的二级托管体制。一级托管是指中央国债登记结算有限责任公司为承办银行开立的代理总账户，总量记载投资人在该承办银行托管的国债债权，中央国债登记结算有限责任公司对一级托管账户的真实性、准确性、完整性和安全性负责。二级托管是指承办银行为投资人开立的国债托管账户，记载投资人通过该承办银行购买的国债，承办银行对二级托管账户的真实性、准确性、完整性和安全性负责。

储蓄式国债(电子记账)品种与以往发行的凭证式国债有以下不同之处：

(1) 申请购买手续不同。投资者购买储蓄式国债，可持现金直接购买；投资者购买储蓄式国债(电子记账)品种，需开立债券账户和资金账户后购买。

(2) 债权记录方式不同。储蓄式国债债权采取填制"中华人民共和国凭证式国债收款凭证"的形式记录，由各承销团成员分支机构进行管理；凭证式国债(电子记账)品种债权采取二级托管体制，由各承办银行总行和中央国债登记结算有限责任公司以电子记账方式记录管理。

(3) 承办机构不同。储蓄式国债由各类商业银行和邮政储蓄机构组成的储蓄式国债承销团成员的营业网点销售；储蓄式国债(电子记账)品种由经财政部审核批准的中国工商银行、中国农业银行、中国银行和中国建设银行已经开通相应系统的营业网点销售。

(4) 到期兑付方式不同。储蓄式国债到期后，需由投资者前往承销机构网点办理兑付事宜，逾期不加计利息；储蓄式国债(电子记账)品种到期后，承办银行自动将投资者应得的本金和利息转入其资金账户，转入资金账户的本息资金作为居民存款由承办银行按活期存款利率计付利息。

第四节　金融债券的发行与承销

一、金融债券的发行主体及资格

所谓金融债券，是指商业银行、国家开发银行、中国进出口银行和中国农业发展银行等政策性银行及非银行金融机构，为了募集资金而直接在银行间债券市场发行的，在一定期限内按照约定还本付息的债券，包括：普通金融债券、次级债券、商业银行混合资本债券和证券公司短期融资券等。金融债券的发行机构主要包括政策性银行、商业银行、企业集团财务公司、金融租赁公司及其他金融机构等。

(一) 政策性银行

我国的政策性银行包括国家开发银行、中国进出口银行、中国农业发展银行。政策性银行发行金融债券，应按年向中国人民银行报送金融债券发行申请，经中国人民银行批准后发行金融债券。

(二) 商业银行

商业银行发行金融债券应具备以下条件：

(1) 具有良好的公司治理机制。

(2) 核心资本充足率不低于 4%。

(3) 最近三年连续盈利。

(4) 贷款损失准备计提充足。

(5) 风险监管指标符合监管机构的有关规定。

(6) 最近三年没有重大违法、违规行为。

(7) 中国人民银行要求的其他条件。

(三) 企业集团财务公司

根据中国人民银行 2005 年 4 月 27 日发布的《全国银行间债券市场金融债券发行管理办法》和中国银监会 2007 年发布的《中国银监会关于企业集团财务公司发行金融债券有关问题的通知》的规定，企业集团财务公司发行金融债券，应当具备以下条件：

(1) 具有良好的公司治理结构、完善的投资决策机制、健全有效的内部管理和风险控制制度及相应的管理信息系统。

(2) 具有从事金融债券发行的合格专业人员。

(3) 依法合规经营，符合中国银监会有关审慎监管的要求，风险监管指标符合监管机构的有关规定。

(4) 财务公司已发行、尚未兑付的金融债券总额不得超过其净资产总额的 100%，发行金融债券后，资本充足率不低于 10%。

(5) 财务公司设立 1 年以上，经营状况良好，申请前一年利润率不低于行业平均水平，且有稳定的盈利预期。

(6) 申请前一年，不良资产率低于行业平均水平，资产损失准备拨备充足。

(7) 申请前一年，注册资本金不低于 3 亿元人民币，净资产不低于行业平均水平。

(8) 近三年无重大违法违规记录。

(9) 无到期不能支付债务。

(10) 中国人民银行和中国银监会规定的其他条件。

（四）金融租赁公司、汽车金融公司和消费金融公司

中国人民银行和中国银监会于 2009 年 8 月 18 日发布的〔2009〕第 14 号公告规定，金融租赁公司和汽车金融公司发行金融债券的，应当具备以下条件：

(1) 具有良好的公司治理结构和完善的内部控制体系。

(2) 具有从事金融债券发行和管理的合格专业人员。

(3) 金融租赁公司注册资本金不低于 5 亿元人民币或等值的自由兑换货币，汽车金融公司注册资本金不低于 8 亿元人民币或等值的自由兑换货币。

(4) 资产质量良好，最近一年不良资产率低于行业平均水平，资产损失准备计提充足。

(5) 无到期不能支付债券。

(6) 经自查，净资产不低于行业平均水平。

(7) 经营状况良好，最近三年连续盈利，最近一年利润率不低于行业平均水平，且有稳定的盈利预期。

(8) 最近三年平均可分配利率足以支付所发行金融债券一年的利息。

(9) 风险监管指标达到监管要求。

(10) 最近三年没有重大违法、违规行为。

(11) 中国人民银行和中国银监会要求的其他条件。

金融租赁公司和汽车金融公司发行金融债券后，资本充足率不低于 8%。

（五）其他金融机构

其他金融机构发行金融债券应具备的条件由中国人民银行另行规定。

二、金融债券的发行与承销的一般程序

（一）准备和申请阶段

银行等金融机构就发行金融债券的有关事项进行调查、研究、论证，进行可行性分析和有关文件的制作，并向中国人民银行提出申请。

（二）委托承销和发布公告阶段

发行申请获得批准之后，发行人首先与承销商签署承销协议书，就发行承销的有关事项订立合法性契约，然后通过新闻媒介发布与金融债券发行有关的信息通告，如"发债说明书""发债公告书"，详细说明发行人的基本情况、发债目的、发行数额、发行方式、债券类型、期限和利率、认购对象、认购办法、认购和交款的地址等事项。

（三）发售和收款阶段

承销商(或承销团)通过发售网点发售金融债券，收缴债款，并及时统计发债进度。

（四）发债资金结算及入账阶段

在承销期满时，承销商将发债资金划入发行人账户。但在承购包销场合，承销商在签

署承销协议书后，就已将发债资金划给发行人，所以，不必在债券发售完毕后再与发行人进行结算。

2014—2019 年我国金融债券发行规模及增长情况如图 9-4 所示。

图 9-4　2014—2019 年我国金融债券发行规模及增长情况

(数据来源：中国国债登记结算有限责任公司)

典型案例

华夏银行抓准时机用债券深耕绿色金融

(一) 案例介绍

2020 年 4 月 15 日，华夏银行股份有限公司 2020 年第一期绿色金融债券"20 华夏银行绿色金融 01"成功发行，发行规模 100 亿元，债券期限为 3 年，票面利率 2.08%，创商业银行金融债有史以来最低利率，此债券获得 2.91 倍超额认购。此次绿色金融债券发行，是华夏银行推进绿色金融战略的又一举措，将有助于华夏银行绿色金融特色业务的深化发展。

(二) 案例解析

1. 发行条件：华夏银行扎实打造绿色金融产品链，为绿色金融债发行创造条件

近年来，伴随国家对绿色发展、环保发展的重视，华夏银行不断加大专项产品研发，成为助力"污染防治攻坚战"的排头兵，开发了合同能源管理融资、排污权抵押贷款融资、特许经营权质押融资、光伏贷等一系列专属产品；该行绿色资产占比持续提升，"绿筑美丽华夏"的绿色金融特色品牌获得市场认可。所以在绿色债券筹备阶段，华夏银行绿色金融项目储备丰富，储备金额远超拟发行金额，项目类别涉及节能、污染防治、资源节约与循环利用、清洁交通和清洁能源五大类。扎实的绿色金融工作基础，使得华夏银行 2020 年首期绿色金融债获得了投资者和发行中介机构的一致好评。

2. 发行保障：发挥国际特色、携手国外认证机构，提高绿色债券发行效率

国际合作是华夏银行绿色金融业务的一大特色，与世行的合作不仅使得该行积累了国际合作经验，更使华夏银行坚定地找到了绿色金融发展的切入口。此次，华夏银行邀请到了绿色债券原则、社会责任债券原则及可持续发展债券指引(SBG)的制定方国际资本市场协

会(ICMA)在大中华地区鉴证机构中唯一会员——安永作为专业第三方认证机构，对这期绿色金融债开展了发行前鉴证，并出具了发行前鉴证报告。这有利于为国内绿色项目引进低成本长期限的外币资金，并且扎实的债券发行准备工作，获得了监管部门的高度认可，促进了债券发行的审核通过。

3. 资金投向：集中绿色环保项目落实政策要求，把握市场机遇推动低利率发行

华夏银行 2020 年首期金融债募集资金使用情况如表 9-4 所示。

表 9-4　华夏银行 2020 年首期金融债募集资金使用情况

项目类别	拟授信金额/万元	项目数量/个	典型项目及其意义
污染防治	222 000	3	某污水处理厂项目分两期建设，合计日处理污水 10 万吨，出水水质达到地表水准Ⅳ类水质标准；该项目建设能切实改善周边水环境质量，对促进区域经济和环保协调发展具有重要的意义
资源节约与循环利用	398 935	10	某生活垃圾焚烧发电项目新建一台日处理垃圾 1000 吨的循环流化床焚烧锅炉，配套 1 台 25 MW 汽轮发电机组；集中解决生活垃圾污染严重问题，有利于提升城市形象，同时提高集中供电能力和能源综合利用率，符合国家固废循环利用的产业政策和节能减排政策
清洁交通	230 000	3	某市轨道交通 4 号线工程项目线路全长 30.135 km，均为地下线，共设车站 26 座，其中与轨道交通线换乘站 11 座，与规划城际线换乘站 1 座；该工程将促进该市合理布局的形成，改善该市土地利用格局和城市空间结构，对于该市发展将起到重要的战略意义
清洁能源	582 159	11	某 225 MW 风力发电清洁能源项目，拟安装 75 台单机容量为 3 MW 风电机组，总装机 225 MW；该工程年上网电量为 796 229.15 MW·h，每年可为国家节约标准煤约 25 万吨，相应每年可减少多种有害气体和废气排放；对缓解当前的能源危机和环境压力都有着重要的意义
总计	1 433 094	27	—

从表 9-4 可以看出，"20 华夏银行绿色金融 01"备投的 27 个绿色项目涉及污染防治、资源节约与循环利用、清洁交通和清洁能源四大类环境效益突出的一级项目，这符合我国政府愈来愈重视、支持绿色金融和可持续生态发展监管趋势，满足了当下"加大金融创新、融资服务力度，开展特色业务支持企业复工、经济转型升级"的市场需求，有利于该行绿色金融债在货币政策灵活适度环境下赢得投资者青睐；加上此前绿色金融债发行的比较少、投资者参与的也不多，这有利于该行在绿色金融债发行规模不断扩大、投资者越来越关注绿色债券的背景下，抢先制定相对较低的票面利率，引发关注，刺激市场投资需求，促进债券认购流通。

4. 发行影响：推进华夏银行业务升级，打造绿色金融新名片，助力三大攻坚战

作为国内第一个采用世行新环境社会管理框架的机构，华夏银行表示，将以此次绿色金融债发行为契机，继续发挥该行在环境社会风险管理方面的优势，重点关注节能环保、生态治理、新能源、绿色交通、绿色消费等领域，以更高标准开展项目管理，并不断探索优化绿色金融债项目环境社会风险管理机制，提高风险识别和防范能力；稳步推进"绿色

华夏"业务的特色经营，把打造绿色金融特色业务作为战略重点之一，助力国家打好污染防治攻坚战。

(资料来源：https://mp.weixin.qq.com/s/KHv-aaHM_djRi2NAf0pb6Q)

 问题

作为银行投行业务的创新工具，绿色债券业务有哪些优势？

<h2 align="center">第五节　公司债券的发行与承销</h2>

一、公司债券的发行主体及资格

公司债券是公司筹集资金解决资金短缺的一种重要方式，指根据《公司法》设立的公司依法发行的约定在一定期限内还本付息的有价证券，一般期限较长。债券持有人是公司的债权人，有权按期取得利息，收回本金，但无权参与公司的经营管理。发行公司债券募集的资金使用周期较长，资金使用自由，而且购买债券的投资者不能参与企业的经营，所以许多公司都愿意通过发行公司债券进行融资。公司债券融资的不足之处在于公司债券的风险较大，且为增强债券对投资者的吸引力，债券的利息一般都高于银行贷款利率，故发行成本较高，债券发行后的还本付息对公司也构成一定的财务负担。

公司债券的发行主体一般须具有独立法人资格的股份有限公司或有限责任公司。

公司发行债券的目的主要是筹集资金。公司筹集资金的途径很多，除了发行股票筹措自有资金、向银行借款取得债务资金、发行商业票据获得短期资金，还可以通过发行公司债券获得长期债务资金。最后选取何种筹资途径，取决于发行主体对各种利弊权衡的结果。而公司选取债券筹资的一个重要原因是通过筹资达到调节负债规模，实现最佳的资本结构。

按照现代公司财务理论，公司可以通过改变负债与资本的比例，使公司的融资成本降低，从而提高公司的价值。通过公司债券这一工具，如改变公司债券的发行规模、期限、种类等，可以有效地实现上述目的。

各国一般都设置法律规定了公司债券的发行资格，其主要的限制体现在公司的净资产规模、盈利水平、偿债能力和发行规模等方面。如《证券法》规定，发行公司债券，必须符合下列条件：

(1) 股份有限公司的净资产额不低于人民币 3000 万元，有限责任公司的净资产额不低于人民币 6000 万元；

(2) 累计债券总额不超过公司净资产额的 40%；

(3) 最近 3 年平均可分配利润足以支付公司债券 1 年的利息；

(4) 筹集的资金用途符合国家产业政策；

(5) 债券的利率不得超过国务院限定利率的水平；

(6) 国务院规定的其他条件。

就整个公司债券发行市场主体而言，除债券发行主体以外，还有发行者、投资者、中介机构和管理者，四种主体在债券发行市场扮演的角色各不相同。

二、公司债券发行和承销的一般程序

(一) 公司债券发行的申请与审批

上市公司发行公司债券应由公司董事会制订方案，由股东大会对发行债券的数量、向公司股东配售的安排、债券期限、募集资金的用途、决议的有效期、对董事会的授权等事项做出决议。发行公司债券，须由保荐人按照中国证监会的有关规定编制和报送募集说明书和发行申请文件，并向中国证监会申报。保荐人应当对债券募集说明书的内容进行尽职调查，并由相关责任人签字，确认不存在虚假记载、误导性陈述或者重大遗漏，并声明承担相应的法律责任。债券募集说明书所引用的审计报告、资产评估报告、资信评级报告，应当由有资格的证券服务机构出具，并由至少两名有从业资格的人员签署。法律意见书须由律师事务所出具，并由至少两名经办律师签署。中国证监会在收到申请文件后，须在五个工作日内决定是否受理；受理后，要对申请文件进行初审；再由发行审核委员会按照中国证监会规定的特别程序审核申请文件；然后做出核准或者不予核准的决定。

(二) 聘请债券评级机构对债券进行信用评级

按照规定，发行债券都要聘请有资格的评级机构评出债券的信用等级。我国目前有资格的债券评级机构主要有大公国际资信评估有限公司、联合资信评估有限公司、东方金诚国际信用评估有限公司、中诚信国际信用评级有限责任公司、上海新世纪资信评估投资服务有限公司、中债资信评估有限责任公司等。

(三) 发布公告

公司债券发行主管部门对债券发行申请做出批复后，主承销人应当至少在发行前 10 日将发行公告登于公司债券发行主管部门指定的报纸上。发行公告有效期为 60 天。发行公告失效后，债券发行需立即停止。

(四) 公司债券发行

公司债券可以申请一次核准，分期发行。自中国证监会核准发行之日起，公司应在 6 个月内首期发行，剩余数量应当在 24 个月内发行完毕。超过核准文件限定的时效未发行的，须重新经中国证监会核准后方可发行。公司债券的首期发行数量应当不少于总发行数量的 50%，剩余各期发行的数量由公司自行确定，每期发行完毕后 5 个工作日内报中国证监会备案。

承销人代理公司发行债券，可采取代销、余额包销或全额包销方式。

以代销方式发行债券的，承销人不承担发行风险，在发行期内将所收债券款按约定日期划付给发行人，在发行期结束后承销人将未售出债券全部退还给发行人。

以余额包销方式发行债券的，承销人承担债券发行的部分风险，在规定的发售期结束后，承销人将未售出的债券全部买入。

以全额包销方式发行债券的，承销人承担债券发行的全部风险，无论债券销售情况如何，承销人都应在债券公开发行后的约定时间将债券全部买入，并同时将债券款全额划付发行人。

（五）提交债券发行报告

发行人应在债券发行结束后 10 个工作日内向主承销人提供债券资金到位验资报告和承销费用决算报告。主承销人应当在每次承销结束后 15 个工作日内向公司债券发行主管部门上报债券资金到位验资报告和承销工作报告，承销工作报告应详细说明承销协议、承销团协议的执行情况以及承销费用决算情况。

（六）记账式债券实行债权登记托管的分级管理

中央登记公司为总登记处和总托管人，并直接办理金融证券机构和基金认购的债券的登记托管；承销人为分登记处和二级托管人，办理其他机构及个人认购的债券的登记托管。债券发行结束，中央登记公司与发行人完成债券登记总额、实收资金总额之间的核对并确认其一致性后，债权登记生效，中央登记公司向发行人出具债权确认书。

公司债券发行及承销的一般程序如图 9-5 所示。

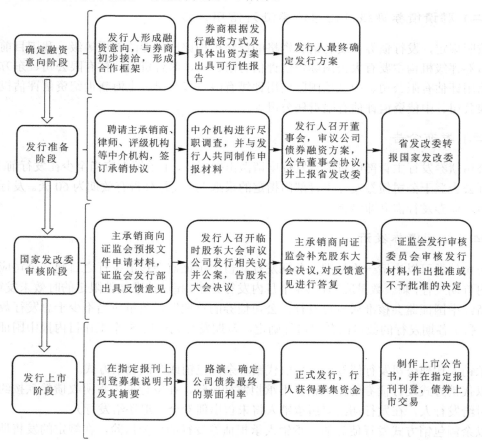

图 9-5　公司债券发行及承销的一般程序

第六节　企业债券的发行与承销

一、企业债券的发行主体和资格

我国的企业债券是指在中华人民共和国境内具有法人资格的企业在境内依照法定程序发行的，约定在一定期限内还本付息的有价证券。金融债券和外币债券除外。企业债券代表着发债企业和投资者之间的债权债务关系。企业债券持有人有权按照约定取得利息收回本金，但是无权参与企业的经营管理。企业债的实际发债主体为中央政府部门所属机构、国有独资企业或国有控股企业等大型国有机构，而且均有大型银行、大型国有集团等对债券进行担保。由此可知，我国的企业债券实质具有很高的信用级别，属于具有"国家信用"的准政府债券。

相对于公司债，企业债的发行要求更加严格，必须经国家发改委交国务院审批。根据《企业债券管理条例》《国家发展改革委关于进一步改进和加强企业债券管理工作的通知》和《国家发展改革委关于下达 2007 年第一批企业债券发行规模及发行核准有关问题的通知》的规定，发行企业债券，必须符合下列条件：

(1) 所筹资金用途符合国家产业政策和行业发展规划。

(2) 净资产规模达到规定的要求。

(3) 经济效益良好，近 3 个会计年度连续盈利。

(4) 现金流状况良好，具有较强的到期偿债能力。

(5) 近三年没有违法和重大违规行为。

(6) 前一次发行的企业债券已足额募集。

(7) 已经发行的企业债券没有延迟支付本息的情形。

(8) 企业发行债券余额未超过其净资产的 40%；用于固定资产投资项目的，累计发行额不得超过该项目总投资的 20%(目前执行 30%)。

(9) 符合国家发展改革委根据国家产业政策、行业发展规划和宏观调控需要确定的企业债券重点支持行业、最低净资产规模，以及发债规模的上、下限。

(10) 符合相关法律法规的规定。

投资者即债券的认购者，是资金的供给者，是债权债务关系中的债权人。投资者可以是个人、企业、金融机构和政府机构。

中介机构主要指为债券发行提供服务的机构，一般包括承销商、担保人、会计师、律师、资信评估机构等。中介机构在债券发行市场上负责从发行开始到发行完毕的所有手续和为公开信息披露而制定有关文件。

管理者即对债券发行市场进行监督管理的政府机构，主要负责监督管理债券的发行、承销以及买卖等经营行为，以维护证券市场的正常秩序。

二、企业债券发行和承销的一般程序

企业债发行程序与公司债发行程序不同，企业债的发行并没有相应明确的规章指引作为参照。通常情况下经由国家发改委财政金融司审查批准后，由承销券商负责发行。企业债的发行方式多样，大规模企业债的发行通常仅针对机构投资者，相对较小规模的企业债发行通常通过网上发行和网下发行相结合的方式进行。另外，企业债的发行登记机关也区别于公司债的发行登记机关，通常为中央国债公司。企业债的发行基本可以分为四个阶段，即确定融资意向阶段，发行准备阶段、国家发改委审核阶段以及发行上市阶段。

(一) 确定融资意向阶段

首先，发行人形成发债意愿并与发改部门预沟通，提交发行人本次债券发行的申请报告。其次，发行人组织召开股东大会，形成董事会决议，制定债券发行章程，并出具发行企业债券可行性研究报告，报告应包括但不限于债券资金用途、发行风险说明、偿债能力分析等内容。接着，发行人做好企业债券发行的担保工作，按照《担保法》的有关规定，聘请其他独立经济法人依法进行担保，并按照规定格式以书面形式出具担保函。最后，发行人及其担保人应提供最近三年财务报表(包括资产负债表、利润和利润分配表、现金流量表)，并且经具有从业资格的会计师事务所进行审计，发行人还需聘请有资格的信用评级机构对其发行的企业债券进行信用评级，企业债券发行申请材料由具有从业资格的律师事务所进行资格审查和提供法律认证。

(二) 发行准备阶段

在企业债券发行准备阶段，应组建承销团，企业债券由具有承销资格的证券经营机构承销，企业不得自行销售企业债券。主承销商由企业自主选择。需要组织承销团的，由主承销商组织承销团。承销商承销企业债券，可以采取代销、余额包销或全额包销方式，承销方式由发行人和主承销商协商确定。主承销商协助制作完成债券申报材料，并报送省发改委，由省发改委转报国家发改委。

(三) 国家发改委审核阶段

国家发展改革委受理企业发债申请后，依据法律法规及有关文件规定，对申请材料进行审核。符合发债条件、申请材料齐全的直接予以核准。申请材料存在不足或需要补充有关材料的，应及时向发行人和主承销商提出反馈意见。发行人及主承销商根据反馈意见对申请材料进行补充、修改和完善，重要问题应出具文件进行说明。发行人及主承销商根据国家发展改革委提出的反馈意见，对企业债券发行方案及申报材料进行修改和调整，并出具文件进行说明。国家发展改革委分别会签中国人民银行、中国证监会后，印发企业债券发行批准文件，并抄送各营业网点所在地省级发展改革部门等有关单位。

(四) 发行上市阶段

发行人应当通过指定媒体，在债券发行首日 3 日前公告企业债券发行公告或公司债券募集说明书。发行公告和募集说明书应当真实、准确、完整，不得有虚假记载、误导性陈述或者重大遗漏；承销团做好债券销售市场宣传工作，推广债券的发行和认购工作；在企业债券发行过程中，各承销商面向社会公开零售企业债券的所有营业网点及每个营业网点的承销份额；发行人应当及时了解承销工作进度和发行销售情况；承销团销售债券募集到的资金应划付到发行人专门的资金账户；发行人根据债券的发行情况对募集资金相关情况进行查验。

　　企业债券发行及承销的一般程序如图 9-6 所示。若企业债同时也向社会公众投资者发行，则通常情况下采用与公司债基本一致的发行程序，即网上发行和网下发行同时进行的方式。

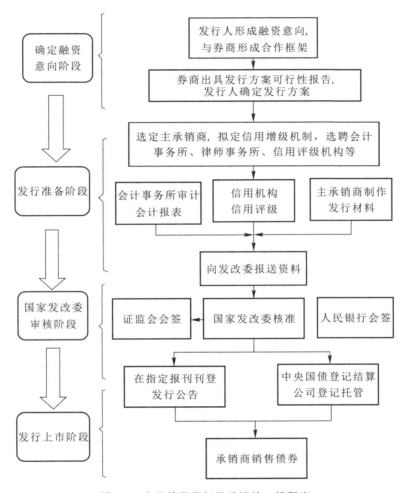

图 9-6　企业债券发行及承销的一般程序

第七节　世界主要国家及我国的债券交易市场

一、债券交易市场概述

　　所谓债券交易，就是债券的买卖、转让和流通，而由此形成的市场就叫作债券交易市场，也称二级市场。相对应的债券发行市场又被称为一级市场。根据市场组织形式，债券交易市场分为场内交易市场和场外交易市场。

(一) 场内交易市场

场内交易市场即我们所说的证券交易所,它是专门进行证券买卖的场所,如我国的上海证券交易所和深圳证券交易所。交易所作为债券交易的组织者,本身不参加债券的买卖和价格的决定,只是为债券买卖双方创造条件,提供服务,并进行监管。这种市场组织形式是债券交易市场最规范的形式。它具有集中固定的交易场所和交易时间,严密的组织和管理规则,完善的交易设备以及较高的操作效率,并采用公开竞价方式进行交易。市场中债券交易的参与者根据证券交易所的类型而又有所不同。

会员制证券交易所是不以营利为目的,由会员自治自律、互相约束,参与经营的会员可以参加股票交易中的股票买卖与交割的交易所,是我国的主要形式。该市场中债券交易的参与者为债券经纪商和债券交易商。债券经纪商和债券交易商必须在学历、年龄、经历、信誉、经验以及资产保证等方面符合一定的条件,并经申请批准后,才能获取会员资格。债券经纪商是债券交易厅里的主要成员,他们在交易厅里代理客户买卖债券,从中赚取佣金,不承担风险。债券交易商在交易厅内为自己买卖债券,赚取买卖之间的价差,承担交易风险,盈亏自负。

公司制证券交易所是以营利为目的,提供交易场所和服务人员,以便利券商的交易与交割的证券交易所。该市场中债券交易的参与者为债券经纪人和营业员。在我国,债券的场内交易市场包括上海证券交易所和深圳证券交易所,其参与主体包括保险公司、证券公司、基金管理公司、信托投资公司、财务公司和个人投资者。在交易所交易的债券品种有国债、公司债、企业债、私募债和资产支持债券。

(二) 场外交易市场

场外交易市场也叫柜台交易市场或店头交易市场,是在证券交易所以外进行证券交易的市场,主要指证券经营机构专设的进行债券买卖的证券柜台。在柜台交易市场中,证券经营机构既是交易的组织者,又是交易的参与者。场外交易市场上交易的大多数债券都是没有在交易所挂牌上市的债券,但也包括一部分上市债券,这部分上市债券之所以到场外交易,是为了免交给经纪人的佣金,减少交易成本。场外市场债券交易的参与者包括债券经纪商、债券经纪人,以及债券的普通卖方和买方。

广义上,场外交易市场还包括银行间交易市场,以及一些机构投资者通过电话、电脑等通信手段形成的市场等。在我国,全国银行间债券市场是依托于中国外汇交易中心暨全国银行间同业拆借中心(简称“同业中心”)和中央国债登记结算有限责任公司(简称“中央登记公司”)的交易市场,为商业银行、农村信用联社、保险公司、证券公司等金融机构提供债券现券买卖和回购交易的市场。主要交易品种包括央行票据、国债、金融债、公司债、信贷资产、商业票据及熊猫债。自1997年6月成立以来已成为我国债券交易市场的主体。大部分的记账式国债、政策性金融债券都在该市场发行并上市交易。

2009年1月19日,中国证监会宣布开展上市商业银行在证券交易所参与债券交易的试点,内地已上市的商业银行,经银监会核准后可向证券交易所申请从事债券交易,商业银行可在证券交易所固定收益平台从事国债、企业债、公司债等债券品种的现券交易,还可从事经相关监管部门批准的其他品种交易。上市商业银行进入交易所债券市场从事企业债、公司债等债券品种的交易，有利于拓宽直接融资的渠道，扩大债券融资的规模，有助于建立金融市场统一的价格基准，为建立全国统一的债券市场创造条件。

二、美国债券交易市场

相较中国债券市场，美国债券交易市场起步更早、规模更大、投资者群体更丰富，与全球市场的联动性也更强。因此，研究美国债券交易市场的发展历程，对于我们厘清债券市场的一般发展规律、看清未来发展方向有较大启发。美国拥有全世界规模最大、流动性最强的债券市场。根据美国证券行业和金融市场协会(SIFMA)的统计，截至 2020 年底，美国债券交易市场存量达到 50.14 万亿美元，在全球债券市场中的占比超过 30%。同时，美国债券市场还具备如下特点：一是基础产品和衍生产品种类丰富，包括国债、市政债券、住房抵押债券、公司债券、货币市场工具、资产抵押债券、利率互换、信用违约互换等；二是投资者群体多元化，有银行、保险、共同基金、养老金、对冲基金、个人投资者等；三是基础设施和服务机构生态丰富，涵盖监管机构、自律组织、市场化交易平台、做市商、托管清算后台等，各司其职。罗马建成非一日之功，美国债券市场的发展大体上经历了五个主要阶段。

(一) 交易所阶段(1940 年以前)

全球债券市场最初起源于战争时期的政府债务，美国债券市场形成于独立战争时期，战争经费通过发行短期债券(如信用券、公债券和国库券等)进行筹集，这些债券的发行催生了早期的债券交易市场。战争结束后，政府发债数量减少，企业发展迅速，特别是进入工业化大发展后，随着产业升级和公司化改革，企业融资中直接融资的比例越来越高，股票与债券成为最重要的资金来源。在最初阶段，美国债券市场以交易所(纽约证券交易所)为主，当时的股票、债券均通过商业银行发行与交易，银行、保险是最主要的投资者群体。

(二) 场外交易兴起阶段(1940—1970 年)

二战时，为应对战时的资金需求，美国国债发行量激增，战后国债发行量有所下降，但市政债券、公司债券发行量持续稳定增长。在这一阶段，美国债券市场有以下几个特征：一是战后重建阶段，受经济利好驱动，公司债券规模在 1945 年至 1965 年间增长了 1.83 倍，超过股票发行量增长幅度；二是从债券市场持有者看，商业银行的持有比例达 40% 以上，仍是债券市场的主导力量；三是伴随着债券发行规模的增加，债券市场的做市商逐渐崛起，批发—零售市场的格局初见雏形，到 20 世纪 60 年代，美国债券场外交易(OTC)市场共有17 家做市机构；四是较多大型投资机构尤其是养老基金的进入增加了场外交易的需求，同时推进了做市商机制的发展。

(三) 以做市商为核心的市场格局形成(1970—1990 年)

在"婴儿潮"、石油危机、企业兼并潮和利率市场化的影响下，美国债券市场诞生了更多类型的债券品种——抵押贷款支持证券(1970 年)、抵押担保债券(1983 年)、资产支持证券(1985 年)及债务抵押债券(1987 年),债券品种的多元化使得场内交易的模式不能满足债券交易的需求。从投资者结构来看,这一时期,更多长尾且风格较激进的投资者进入了市场,如共同基金、养老金和对冲基金等,需求端的增加带动债券市场进一步增长。与此同时,多样化的投资者结构要求更高效的交易机制,投资者对交易透明度及债券流动性的要求从根本上促进了场外市场做市商和经纪商制度的诞生与发展。这一时期的做市商和经纪商以声讯(voice)方式服务客户,建立了以邮件、电话、传真等方式服务客户的模式。

(四) 多层次资本市场生态逐渐丰富(1990—2008 年)

20 世纪 90 年代至 2008 年全球金融危机发生之前,是美国债券市场发展较快的一个时期。这一时期呈现如下几个特点:一是金融创新日益活跃,抵押贷款债券、资产支持债券和其他结构债券日益兴起并逐渐成为市场新宠;二是信用债券的占比逐渐上升,"垃圾债券"的大量发行增加了企业债券的吸引力,政府债券发行量虽持续增加,所占比重却日益下降;三是电子交易方式逐渐兴起,做市商、经纪商和第三方交易平台纷纷通过自建交易系统和交易平台的方式服务客户,服务效率和信息透明度大大提升;四是场外交易的地位进一步强化,场内交易的份额已经降至不到 1%,大量交易围绕做市商—经纪商完成,交易平台百花齐放,但由于场外交易的隐秘性和分散性特征,市场的整体成交数据难以实现全口径统计。

(五) 监管趋严下的多层次资本市场(2008 年至今)

2008 年全球金融危机中暴露出的监管缺位、市场过度自由化及场外市场信息不透明等问题,对美国金融监管理念产生了重要影响。金融危机后,美国加强了对债券市场的立法、功能监管和自律管理,强化了对发行人、中介机构、交易平台、托管结算等机构的监管和信息披露要求。2009 年之后,由于量化宽松政策的实行,公司债规模增速明显回升。截至2020 年末,美国债券和国债余额分别为 50.14 万亿美元和 20.37 万亿美元,债券余额分别是中国(全球第二大市场)和日本(全球第三大市场)的 2.88 倍和 4.76 倍,国债余额则分别是中国和日本的 6.49 倍和 2.07 倍。当前,美国债券市场实行以立法为基础,发行市场多头管理,交易市场统一监管,发行和交易环节由市场机构自主选择,托管结算集中统一的监管体制。首先,在发行监管层面,美国证券发行均采取注册制,国债、市政债券及银行发行的债券属于豁免证券,无须注册。其次,在交易监管层面,美国债券交易市场属自由市场,但功能监管仍在该市场发挥作用——由美国证券交易委员会(SEC)集中监管,美国金融业监管局(FINRA)在 SEC 的领导下发挥自律管理职能。再次,在基础设施监管层面,美国全国证券清算公司(NSCC)和固定收益清算公司(FICC)负责清算,并接受 SEC 的监管;登记、托管、结算则是由美国证券存托与清算公司(DTCC)负责。最后,在交易服务机构层面,近年来,诸多电子交易服务平台逐渐涌现,为强化市场规范管理,SEC 将提供与交易所类似交易服务的机构统称为另类交易系统(ATS),并建立相应管理规则,SEC 和 FINRA 负责对 ATS进行管理。

三、日本债券交易市场

自 20 世纪 60 年代起步至今,日本债券交易市场已发展成为全球第三大债券交易市场。

相较于西方金融体系，日本金融体系具有典型的东亚经济体特征，呈现出以银行为主体、以作为间接融资的补充为定位、以政策管制为抓手的早期特征，发展轨迹和路径与我国债券市场的早期特征较为相似。因此，日本债券交易市场的发展历程可为我国债券市场发展提供借鉴。日本债券交易市场大体经历了如下几个发展阶段。

(一) 作为间接融资的一种补充(二战结束至 1973 年)

二战结束后，日本债券市场在很长一段时间内都未发展起来。1965 年是标志性时间点，当年的经济衰退使得政府启动了国债发行，银行和证券公司组成的承销团开始进行债券承销、投资，多数将债券买入并持有到期。这一阶段，日本的公司债券市场处于非常严格的管控中。具体来说，证券发行由银行、证券公司共同构成的发行委员会来确定发行人、发行利率和发行金额等要素，而发行委员会成员的构成则以银行为主体，公司债券的承销机构和投资机构也以银行为主。可以看出，在这一时期的日本债券市场中，银行占据绝对主导地位，公司债券更像是贷款等间接融资手段的一种补充。

(二) 利率逐步市场化和市场逐步开放(1974—1999 年)

在利率市场化和金融对外开放的双重驱动下，这一阶段的日本债券市场发展较快：一是 1973 年日元汇率由固定汇率制变为浮动汇率制后，债券发行利率也随之进行了市场化改革；二是 1975 年国债的大量发行、二级市场流通限制的放开，为债券市场的自由化、国际化奠定了基础；三是 1980 年新外汇法颁布，日本债券市场向外资机构全面开放；四是 1985 年建立东京证券交易所国债期货市场，完善了一系列交易机制，市场流动性得到提升；五是做市商—经纪商机制等海外实践经验被引入日本市场，促进了市场体制机制的完善。在这一阶段，日本公司债券市场比较显著的变化包括：一是建立债券市场做市商制度并持续改进和完善；二是逐步解除公司债券发行标准中关于净资产、股息率、净资产倍率、自有资本比率等 6 项标准，并从事实上取消了决定统一发行条件的发行委员会；三是推出债券借贷等衍生交易方式，增强二级市场的活跃性和流动性。应当指出，这一阶段日本市场的开放在一定程度上源自外界的推动。20 世纪 70 年代开始的日美贸易摩擦，美国凭借政治、经济、军事的多重优势向日本提出了开放市场、解除管制的诉求。为应对外界压力，也为内部发展寻找新动力，日本政府出台了一系列政策，如修改外汇法、提高对外投资比例、放松对资本流出的限制，促进了其债券市场的对外开放进程。

(三) "东京金融大爆炸"下的开放和发展(2000—2011 年)

在全球金融自由化的思潮下，日本从 1998 年启动了名为"东京金融大爆炸"(Tokyo Big Bang)的金融自由化改革方案，进一步助推了日本的国际经贸发展和金融交易自由化。借助这一阶段的跃升，日本金融市场最终发展成为一个自由、成熟的市场。从产品类型来看，日本债券市场种类繁多，可以分为公共债券、企业债券和外债三个大类，每一大类项下又可以细分为许多具有不同用途、不同交易方式的债券；从交易机制来看，日本政府通过丰富债券种类、优化国债期限结构等方式，极大地提高了其债券市场的市场化程度。进入 20 世纪 90 年代中后期，随着日本经济泡沫破灭，日本债券对境外机构的吸引力有所下降，境外机构持有比例开始降低。形势倒逼日本继续进行一系列改革，不断降低境外机构参与门槛，并从 1999 年到 2004 年先后多次推出多项针对境外投资者的税收优惠。到 2008 年，境外机构持有日本债券的比例上升至 11%左右，其后也一直保持在这一水平。

(四) 企业债改革和东京机构债券市场阶段(2011 年至今)

2011 年，东京交易所成立东京机构债券市场，标志着日本企业债市场化改革进一步提速。该市场定位于服务专业机构投资者，基于相关法律框架，以信息披露主义和形式审核为主要管理手段，高度简化债券的上市发行程序和信息披露要求，各类管制门槛极低。自建立以来，东京机构债券市场很快就吸引了来自全世界的各类发行人和投资者，市场发行主体、发行品种丰富多元，发行规模和交易规模屡创新高。日本债券市场发展走过了一条不断丰富发行主体、发行品种、发行方式，不断放松管制，走向注册发行的道路，在许多方面均能够找到与我国债券市场发展轨迹相似的印记。略有不同的是，日本金融市场一直采用统一监管模式，1997 年日本创设金融厅独立行使统一的金融监管权。正是在金融厅设立后，监管理念才逐步向事后监管的市场化监管理念转变，推动了日本债券市场管制的进一步解除。经过几十年的发展，日本债券市场日臻成熟，但是仍然存在一些不足。首先，相比于日本经济体的体量而言，日本债券市场国债占比较高，支持企业融资的公司债券发行规模依然较小，发展存在结构性问题及深度不足问题；其次，从发行主体来看，沿袭日本经济体以大企业、大财阀为主的特征，公司债券市场的发行人多为评级较高的企业，发行人多样性上严重不足；再次，从二级市场来看，日本债券投资者投资结构单一且呈现分化交易特征，普通公司债券由银行、保险(含养老金)、家庭等部门持有，而境外投资者、对冲基金等更多持有日本国债，对公司债券的持有率较低；最后，日本境内债券市场和离岸市场相比存在较大差距，无论是在品种创新、发行规模上，还是在交易活跃度上，境内市场都远不如离岸市场。

四、欧洲债券交易市场

欧洲债券交易市场包括以当地货币为本位的债券和以美元债券为主的欧洲离岸债券市场。它产生于 20 世纪 60 年代初，1961 年 2 月 1 日在卢森堡发行了第一笔欧洲货币。70 年代后，各国对中长期资金的需求急剧增加，以债券形式出现的借贷活动日趋频繁，欧洲债券交易市场蓬勃发展。

(一) 欧洲债券的种类

欧洲债券主要包括以下几种类别：
(1) 普通固定利率债券，其特点是债券发行时，利率和到期日已作明确规定；
(2) 浮动利率债券，其特点是利率可以调整，多为半年调整一次，以 6 个月期的伦敦银行同业拆放利率或美国商业银行优惠放款利率为准，加上一定的附加利息；
(3) 可转换债券，其特点是购买者可按发行时规定的兑换价格，把它换成相应数量的股票；

(4) 授权证债券，其特点是购买者可获得一种权利(而非责任)，并据此按协定条件购买某些其他资产，类似对有关资产的买入期权;

(5) 合成债券，它具有固定利率债券和利率互换合同的特点。

(二) 欧洲债券市场的特点

欧洲债券是一种新型的国际债券，它是一种境外债券，像欧洲货币不在该种货币发行国国内交易一样，也不在面值货币国家债券市场上发行。

(1) 债券的发行者、债券面值和债券发行地点分属于不同的国家。例如 A 国的机构在 B 国和 C 国的债券市场上以 D 国货币为面值发行的债券，即为欧洲债券。这个债券的主要发行人是各国政府、大跨国公司或大商人银行。

(2) 债券发行方式以辛迪加为主。债券的发行方式，一般由一家大专业银行或大商人银行或投资银行牵头，联合十几家或数十家不同国家的大银行代为发行，大部分债券是由这些银行买进，然后转到销售证券的二级市场或本国市场卖出。

(3) 高度自由。债券发行一般不需经过有关国家政府的批准，不受各国金融法规的约束，所以比较自由灵活。

(4) 不影响发行地国家的货币流通。发行债券所筹措的是欧洲货币资金，而非发行地国家的货币资金，故这个债券的发行，对债券发行地国家的货币资金流动影响不太大。

(5) 货币选择性强。发行欧洲债券，既可在世界范围内筹资，也可安排在许多国家出售，还可以任意选择发行市场和债券面值货币，筹资潜力很大。如借款人可以根据各种货币的汇率、利率和其他需要，选择发行欧洲美元、英镑、法郎、日元等任何一种或几种货币的债券，投资者亦可选择购买任何一种债券。

(6) 债券的发行条件比较优惠。其利息通常免除所得税或者不预先扣除借款国家的税款。此外，它的不记名的发行方式还可使投资者逃避国内所得税。因此，该债券对投资者极具吸引力，也使筹资者得以较低的利息成本筹到资金。

(7) 安全性较高，流动性强。欧洲债券市场的主要借款人是跨国公司、各国政府和国际组织。这些借款机构资信较高，故对投资者来说比较安全。同时该市场是一个有效的和极富有活力的二级市场，持券人可转让债券取得现金。

(8) 市场反应灵敏，交易成本低。欧洲债券市场拥有欧洲清算系统和赛德尔清算系统，从而使该市场能够准确、迅速、及时地提供国际资本市场现时的资金供求和利率汇率的动向，缩小债券交割时间，减少交割手续。世界各地的交易者可据此快速进行交易，极大地降低了交易成本。

(9) 金融创新持续不断。欧洲债券市场是最具活力的市场之一，它可以根据供求情况，不断推出新的产品或组合产品，并以此把国际股票市场、票据市场、外汇市场和黄金市场紧密地联系在一起，有力地推动了国际金融一体化与世界经济一体化。

(三) 欧洲债券市场的构成

1. 欧洲美元债券市场

欧洲美元债券是指在美国境外发行的以美元为面额的债券。欧洲美元债券在欧洲债券中所占的比例最大。欧洲美元债券市场不受美国政府的控制和监督，是一个完全自由的市场。欧洲美元债券的发行主要受汇率、利率等经济因素的影响。欧洲美元债券没有发行额和标准的限制，只需根据各国交易所上市规定，编制发行说明书等书面资料。和美国的国内债券相比，欧洲美元债券具有发行手续简便、发行数额较大的优点。欧洲美元债券的发行由世界各国知名的公司组成大规模的辛迪加认购团完成，因而较容易在世界各地筹措资金。

2. 欧洲日元债券市场

欧洲日元债券是指在日本境外发行的以日元为面额的债券。欧洲日元债券的发行不需经过层层机构的审批，但需得到日本大藏省的批准。发行日元欧洲债券不必准备大量的文件，发行费用也较低。

欧洲日元债券的主要特点是债券发行额较大，一般每笔发行额都在 200 亿日元以上；欧洲债券大多与互换业务相结合，筹资者首先发行利率较低的日元债券，然后将其调换成美元浮动利率债券，从而以较低的利率获得美元资金。

20 世纪 80 年代以来，欧洲日元债券增长较快，在欧洲债券总额中的比例日益提高。欧洲日元债券不断增长的原因除了日本经济实力强、日元一直比较坚挺、日本国际贸易大量顺差、投资欧洲日元债券可获利外，还在于日本政府为了使日元国际化，使日元在国际结算和国际融资方面发挥更大的作用，从 1984 年开始，对非居民发行欧洲日元债券放宽了限制：扩大发行机构，将发行机构由原来的国际机构、外国政府扩大到外国地方政府和民间机构；放宽了发行条件，将发行公募债券的信用资格由 AAA 级降到 AA 级；放宽了数量限制，在发行数量上，取消了对发行笔数和每笔金额的限制；扩大主办银行的范围，除了日本的证券公司外，其他外国公司可以担任发行债券的主办机构。

五、我国债券交易市场

中国债券市场的发展从本质上讲是伴随着改革的需要，逐渐发展起来的。主要经历了以下发展阶段。

(一) 前市场时期(1949—1981 年)

我国债券发行的历史比较早，但是债券的产生只是债券市场产生和发展的必要条件。1950 年 1 月 5 日，由陈云主张，中央人民政府批准的"人民胜利折实公债"是新中国成立后发行的第一笔公债。这次发行虽然是一次有益的尝试，但主要是为了解决财政赤字的通胀问题。因此，并不存在催生债券市场产生的条件。20 世纪 50 年代后期到改革开放前，由于特殊的历史原因，我国曾经历了一段"既无外债，也无内债"的历史。既然没有内外债，也就自然不存在债券市场了。

纵观这一时期，我国面临的状况是只有债券，没有市场。造成这种状况的原因主要是计划经济的制度思路和我国当时的现实情况都没有为债券市场的产生提供必要的条件。

(二) 第一时期：场外柜台交易为主(1981—1991 年)

改革开放后，我国债券市场才真正产生和发展起来。第一时期为场外柜台交易为主的时期，可划分为两个阶段。

第一阶段：(1981—1986 年)非公开交易时期。标志是 1981 年发行了 48.66 亿元国库券，发行目的是当时中央政府意识到必须用中央银行融资以外的方式来最大限度地降低预算赤字的通货膨胀影响。同时，1982 年初首次批准有限制的发行企业债券，发行目的是 20 世纪 80 年代初的金融改革使得企业尤其是国有部门以外的企业，越来越难以从银行获得贷款来满足自己的资金需求。这个时期的所有债券都不允许公开转让，但是非公开的以流通变现为目的的自发交易在各地开始私下展开了。

第二阶段：(1986—1991 年)柜台交易时期。1985 年，银行和非银行金融机构获准发行金融债券。1986 年，中国人民银行加强管制，要求企业债券发行必须通过中央银行批准。同年，在沈阳率先成立了官方批准的柜台交易市场，允许企业债券交易。1988 年前后，为应对各方面改革和建设的资金需求，政府除国库券外，还发行了 5 个品种的国债，分别是：1987 年由中央银行代理财政部发行国家重点工程建设债券，目的是压缩预算外固定资产投资规模，调整投资结构；1988 年由财政部开始发行的财政债券，目的是弥补财政赤字；1988 年由财政部发行的国家建设债券，目的是筹措国家重点建设资金；1989—1991 年发行的特种债和 1989—1990 年发行的保值公债。其中，后两种国债的数量有限，存续期较短。同时，为了使先后发行的大规模国债能够得到流通变现，1988 年 4 月和 6 月，国家先后批准了 61 个城市进行国债流通转让试点，并于 1991 年初，将国债流通转让范围扩大到全国地市级以上城市和地区所在的县级市(西藏除外)，全面开放国债转让市场。至此，我国债券的柜台交易市场正式形成。

纵观这一阶段，我国债券市场品种以国债和企业债(包括金融债)为主，发行目的是弥补财政赤字、筹集建设资金和解决改革中的微观问题，而并不是从发展中国债券市场的宏观视角出发的。发行主体主要是以财政部为单一主体，即使是发行企业债券也需要央行核准，银行担保，实质上仍是公债性质。发行方式上并不是市场发行，而是摊派分配为主。从债券市场的统一性来看，并没有建立全国统一的市场，而是债券经营机构各自为战的松散结构。因此，这一阶段是我国债券市场发展的婴儿期，市场发展的推动力并不是战略性的，而更多体现的是战术上的需要和发展的偶然性。

(三) 第二时期：以交易所交易为主(1991—1997 年)

1991 年，随着交易所的成立，债券的交易重心逐渐向交易所转移。同时，交易方式开始发生变化。1991 年，财政部第一次组织国债发行的承销和包销，债券发行的市场化进程开始启动，但此时的发行利率仍为行政确定。1994 年，随着金融体制改革的深化，我国建立了专门的政策性银行，实行政策性业务与商业性业务分离，而金融债券开始专由政策性银行发行，从此政策性金融债步入历史舞台。1995 年，国债招标发行试点获得成功，自此国债发行利率开始实行市场化，这标志着中国债券发行的市场化正式开始。从交易方式上，上海和深圳证券交易所先后开办了国债现券交易、国债期货和回购交易，以及企业债现货交易。这极大丰富了我国债券市场的交易品种和交易方式。从监管结构上，建立了中国证券监管管理委员会，中国国债协会及中国证券业协会两家自律监管机构。从基础设施建设上，建立了全国性的国债登记托管机构和交易所电子交易系统。

纵观这一阶段，我国债券市场的发展更加具有组织性、法制化、正规化。交易品种得到丰富，交易方式不断创新，发行仍然以宏观经济管理目的为驱动，当时的交易主体却主要以微观目的为驱动，因此产生了不少问题，比如银行通过融资融券业务而"超额融资"以满足自己的融资需求，再如银行信贷资金以各种方式流入股票市场，助长股市泡沫，加剧股市震荡，增加了金融系统的风险。这一阶段的我国债券市场的发展特点可以总结为"微观主体十分积极，宏观监管没有跟上"。这也是市场发展自发性发展、缺乏战略指导和整体设计所导致的。

(四) 第三时期：以银行间市场交易为主(1997 年至今)

正是为了解决交易所市场发展产生的问题，1997 年 6 月，人民银行要求各商业银行一律停止在交易所进行债券交易，改为在全国同业拆借中心进行债券交易，这标志着银行间债券市场的形成。从银行间债券市场建立伊始，我国充分吸取了以往债券市场发展的经验和教训，在建立之初就在法律制度层面进行规划，先后公布了《银行间债券回购业务暂行规定》《银行间债券交易规则》《银行间债券交易结算规则》和《政策性银行金融债发行管理暂行规定》，并于 2000 年在对原有规定修改和完善的基础上出台了《全国银行间债券市场债券交易管理办法》，使得银行间市场的发展得到了充分的制度保障。

2002 年是我国债券市场发展史上值得记住的一年，在这一年，我国债券市场的交易主体得到丰富，市场统一性得到加强，债券发展方向得到明确，债券市场体系基本确立。在交易主体方面，将银行间债券市场准入制度由核准制改为备案制，先后扩充了非金融机构法人和个人(通过间接方式)。在市场统一性方面，当年首次实现跨市场同时发行国债，使得债券品种开始能够在多个市场发行流通。并允许商业银行承办记账式国债柜台业务，从而联通了银行间债券市场和柜台债券市场。允许保险公司、基金公司、证券公司等非银行金融机构在银行间债券市场和交易所债券市场交易，从而联通了这两个债券市场。至此，我国统一的、多层次的、以银行间市场为主的债券市场体系基本形成。

2002 年以后，债券市场的发展主要表现为债券品种的不断丰富，尤其是企业债品种的不断完备。2002 年，在吸取 1996 年发行中央银行融资券成功经验的基础上，央行适时推出了央行票据，并使之成为公开市场业务的有效工具之一。2004 年，兴业银行首发 30 亿元金融次级债，开辟了银行次级债的投资品种，并为商业银行补充附属资本增加了渠道。2005 年 5 月，短期融资券试水，并且在发审上实行注册制，这为企业债的市场化发行奠定了基础。2006 年 2 月，资产支持证券获准发行，结构性债券诞生。2007 年 9 月，15 500 亿特别国债获批通过，其中 2000 亿元国债通过银行间债券市场向公众发行，这一举措不但为国有资产的管理和重组奠定了基础，而且极大增加了公开市场业务所能利用的合规工具。同年 10 月，第一只公司债面世交易所市场。2008 年 4 月，中期票据出世，其吸取了短期融资券的经验，实行注册制，在期限上丰富了企业债券品种。2009 年 4 月，由财政部代发的第一只地方政府债问世，填补了我国地方公债的空白。2009 年 11 月，我国第一只中小非金融企业集合票据正式发行成功。集合票据仍采用注册制，在银行间债券市场公开发行。这一集合债务工具进一步完整了企业债品种。

纵观这一时期，在正确的发展战略指导下，我国债券市场的品种得到丰富，规模得到有效增加，债券市场体系也基本完整地得到确立。

课程思政

坚定不移跟党走，共谱债券市场辉煌

国债，又称国家公债，是国家以其信用为基础，按照债券的一般原则，通过向社会筹集资金所形成的债权债务关系。国债是由国家发行的债券，是中央政府为筹集财政资金而发行的一种政府债券，是中央政府向投资者出具的、承诺在一定时期支付利息和到期偿还本金的债权债务凭证，由于国债的发行主体是国家，所以它具有最高的信用度，被公认为是最安全的投资工具。

中国最早是从清朝末期开始发行国内公债并大量举借丧权辱国的外债。由中国共产党领导的红色政权在新民主主义革命时期也曾多次发行公债，如 1932 年江西中央革命根据地曾分 2 期发行总额为 180 万元的"革命战争短期公债"。新中国成立后，中国国债发行可分为三个阶段：第一阶段是新中国刚刚建立的 1950 年，当时为了保证仍在进行的革命战争的供给和恢复国民经济，发行了总价值约为 302 亿元的"人民胜利折实公债"。第二阶段是1954—1958 年，为了进行社会主义经济建设，分 5 次发行了总额为 35.46 亿元的"国家经济建设公债"。第三阶段是 1979 年以后，为了克服财政困难和筹集重点建设资金，中国从1981 年起重新开始发行国债。截止到 1995 年，累计发行国库券、国家重点建设债券、财政债券、特种债券、定向债券、保值债券、转换债券等内债达 3300 亿元。

正是因为中国共产党的正确领导，中华民族迎来了从站起来、富起来到强起来的伟大飞跃，国债所发挥的作用也跟随时代的潮流发生转变。展望未来，在以习近平同志为核心的党中央的坚强领导下，我们一定会延续辉煌，创造出一个又一个人间奇迹。

本 章 小 结

本章主要介绍了债券的定义、特点及主要类型，债券发行的一般程序，国债、金融债券、公司债券、企业债券的发行与承销，世界主要国家及我国的债券交易市场等。

债券是政府、金融机构、工商企业等机构直接向社会借债筹措资金时，向投资者发行，并且承诺按一定利率支付利息并按约定条件偿还本金的债权债务凭证。债券的主要特点是偿还性、流通性、安全性及收益性。

根据债券发行主体不同，债券可分为政府债券、金融债券和公司债券三类；根据债券发行条款中是否规定在约定期限向债券持有人支付利息，债券可分为贴现债券、附息债券和息票累积债券三类；根据债券募集方式的不同，债券可分为公募债券和私募债券两类；根据债券的担保性质不同，债券可分为有担保债券和无担保债券；根据债券的形态不同，债券可分为实物债券、凭证式债券和记账式债券三类。

我国的国债发行方式主要包括行政分配、定向发售、承购包销和招标发行。

公司债券发行和承销的一般程序主要包括：公司债券发行的申请与审批；聘请债券评级机构对债券进行信用评级；发布公告；公司债券发行；提交债券发行报告；记账式债券实行债权登记托管的分级管理。

**案例阅读**

中国地方政府专项债券发行案例——深圳市(本级)轨道交通专项债券(一期)

一、案例概况

2017年6月，财政部发布《关于试点发展项目收益与融资自求平衡的地方政府专项债券品种的通知》，鼓励地方政府自主探索实现项目收益与融资自求平衡的专项债券新品种，打造"中国版市政项目收益债"。这也是继土地储备专项债券和收费公路专项债券管理办法实施以来，中国地方政府项目收益专项债券发展的重大制度突破。

2017年12月11日，深圳市通过深圳证券交易所政府债券发行系统，成功招标发行轨道交通专项债券，即深圳市(本级)轨道交通专项债券(一期)("深圳轨道专项债")。这是财政部发布相关试点通知后，全国首例项目融资与收益自求平衡的地方政府专项债券新品种。

根据《2017年深圳市(本级)轨道交通专项债券(一期)信息披露文件》，本项目计划发行六期，累计发行规模200亿元人民币，首期发行20亿元人民币，期限为5年，票面利率为3.82%，信用评级为AAA级，全部用于深圳市轨道交通14号线建设。

债券基本信息见表9-5。

表9-5　债券基本信息

债券名称	2017年深圳市(本级)轨道交通专项债券(一期) ——2017年深圳市政府专项债券(一期)		
计划发行规模	20亿元	实际发行规模	20亿元
发行期限	5年期	票面利率	3.82%
发行价格	100元	付息频率	12月/次
付息日	每年12月12日	到期日	2022年12月12日

二、项目基本信息

深圳市城市轨道交通14号线为快车线，是深圳东部交通线网的重要组成部分。该线路将覆盖深圳东部地区南北向交通需求走廊，是联系深圳中心区与东部组团的轨道交通快线，是支撑深圳东部发展轴的轨道交通骨干线，是支持深圳东进战略实施的重要交通保障。

(一)项目投资规模与融资方案

深圳轨道交通14号线项目本体工程估算总投资395.43亿元。该项目于2018年正式投入建设，建设周期为5年，预计于2023年1月1日正式投入运营。项目建设及运营采用公司化经营的总体思路，由深圳市地铁集团有限公司负责具体实施，代政府发挥城市轨道交通建设中的主导作用。深圳市地方政府难以承担该建设项目全部投资资金。为降低资金成本，减轻财务负担，提高资金流动性，保障项目现金流最大化，最终决定从财政预算中安排195.43亿资金作为项目资本金，占总投资的49.4%，剩余200亿元资金缺口采用发行项目收益专项债券筹集。该项目分年度发行六期项目收益专项债，以满足项目建设的资金需求。

深圳市轨道交通14号线专项债券发行计划见表9-6。

表9-6　深圳市轨道交通14号线专项债券发行计划

债券	发行时间	金额/万元	期限	还款方式
一期	2017 年	200 000	5 年	一次还本
二期	2018 年	300 000	5 年	一次还本
三期	2019 年	400 000	5 年	一次还本
四期	2020 年	400 000	7 年	一次还本
五期	2021 年	400 000	7 年	一次还本
六期	2022 年	300 000	7 年	一次还本

（二）项目收益预测

深圳市轨道交通 14 号线的运营收入主要为票务收入，按照 14 号线预计客流量与单位票价计算得出。根据深圳地铁运营情况，预计 14 号线站内资源开发收入为地铁票务收入的 15%，这一比例与北京、上海、广州等一线城市地铁运营的站内资源开发收入占比相当。

深圳轨道交通 14 号线地铁运营收入预测见表 9-7。

表9-7　深圳轨道交通 14 号线地铁运营收入预测

年　　份	票务收入/万元	站内资源开发收入/万元
2023 年	45 058	6758
2024 年	67 587	10 138
2025 年	90 116	13 517
2026 年	100 389	15 058
2027 年	110 663	16 599
2028 年	120 936	18 140
2029 年	131 210	19 681
2030 年	141 483	21 222
2031 年	151 757	22 763
2032 年	162 030	24 304

轨道交通项目建设不仅能够有效地改善沿线区域的交通情况，还可以提高沿线土地的商业价值。深圳市采用"地铁+物业"的运作模式，地铁车站从单一交通功能向多功能发展。深圳把地铁开发与上盖建筑的商业开发相结合，利用轨道交通站周围地块进行住宅、商业、娱乐、办公等多种设施的开发，形成综合功能区，以增加地铁运营后的收入。

深圳轨道交通 14 号线物业销售收入预测见表 9-8。

表9-8　深圳轨道交通 14 号线物业销售收入预测

年　　份	2023 年	2024 年	2025 年	2026 年
销售物业收入/万元	1 075 453	1 411 292	2 622 640	1 248 224
杂项税/万元	−10 407	−14 169	−23 927	−13 252
合计/万元	1 065 046	1 397 123	2 598 713	1 234 972

深圳轨道交通 14 号线项目以地铁运营及物业开发相应收入作为还本付息基础。除此之外，该项目还存在其他收入来源，可进一步保障项目还本付息的能力。首先，该项目可通过出让沿线土地获得增值收益，完善项目偿债能力。其次，深圳市政府相关部门正在研究地铁运营补贴机制，出台后，地铁项目将获得一定规模的运营补贴，以改善运营状况。此外，在项目推进过程中，深圳地铁还有权限根据项目实施情况安排项目资本金比例，以确保专项债券按时还本付息。

经评估测算，该项目本期债券到期时(2022 年)，在偿还到期债券本息后，该项目现金结余 47.22 亿元，在本期债券存续期内，该项目现金流入能完全覆盖当年到期债券还本付息金额。在该项目拟发行的最后一期专项债券到期年份(2029 年)，在偿付到期债券本息后，债券仍有现金结余 61.53 亿元，预计项目资金覆盖率为 1.31 倍，保障程度较高。在计划发行的专项债券存续期内，项目资金平衡情况较好。

专项债券存续期内项目现金流模拟测算结果见表 9-9。

表 9-9 专项债券存续期内项目现金流模拟测算结果

债券存续期	项目资本金流入/亿元	地铁运营		物业开发		债务收入/亿元	债券发行费用/亿元	债券还本付息合计/亿元	当年项目现金净流入/亿元	期末项目类即现今结存额/亿元
		现金流入合计/亿元	现金流出合计/亿元	现金流入合计/亿元	现金流出合计/亿元					
2017 年	0.00	0.00	0.00	0.00	0.00	20.00	0.02	0.00	19.98	19.98
2018 年	50.08	0.00	99.20	0.00	0.03	30.00	0.03	0.80	−19.98	0.00
2019 年	39.23	0.00	77.16	0.00	0.03	40.00	0.04	2.00	0.00	0.00
2020 年	38.85	0.00	75.18	0.00	0.03	40.00	0.04	3.60	0.00	0.00
2021 年	45.62	0.00	73.20	0.00	7.18	40.00	0.04	5.20	0.00	0.00
2022 年	21.65	0.00	52.08	98.44	23.96	30.00	0.03	26.80	47.22	47.22
2023 年	0.00	5.18	10.02	139.99	71.83	0.00	0.00	37.20	26.12	73.34
2024 年	0.00	7.77	10.49	121.15	66.45	0.00	0.00	46.00	5.98	79.32
2025 年	0.00	10.36	10.96	151.36	53.27	0.00	0.00	4.40	93.09	172.41
2026 年	0.00	11.54	11.40	124.82	117.92	0.00	0.00	4.40	2.65	175.06
2027 年	0.00	12.73	11.84	0.00	0.00	0.00	0.00	44.40	−43.51	131.55
2028 年	0.00	13.91	12.28	0.00	0.00	0.00	0.00	42.80	−41.17	90.37
2029 年	0.00	15.09	12.73	0.00	0.00	0.00	0.00	31.20	−28.84	61.53
合计	195.43	76.59	456.54	635.76	340.70	200	0.20	248.80	61.53	—

三、市场响应情况

深圳轨道交通 14 号线项目专项债融资首期债券实际发行总额为 20 亿元，市场认购非常活跃，承销团成员投标倍率达 4.38，远超常规情况下的 1.5~2 倍。最终利率也以招标时价位最低点 3.82 % 中标，紧贴 5 年期国债收益率。本次发行商业银行积极认购 19.7 亿元，发行券商共中标 3000 万元。本项目由上海新世纪资信评估投资服务有限公司出具了编号为新世纪债评〔2017〕011197 的《2017 年深圳市(本级)轨道交通专项债券(一期)——2017 年深圳市政府专项债券(一期)信用评级报告》，本次发行的债券级别为 AAA。从发行利率、投标倍率、信用评级等方面均可见本次新型项目收益专项债券受到投资者的热烈追捧，获得市场的高度认可。

四、案例实践亮点与经验总结

(一) 挖掘和配套潜在相关收入，助力实现收益与融资自求平衡

案例中依靠票务收入及站内资源开发收入远无法覆盖债券还本付息。为实现收益与融资自求平衡，该项目实行"地铁+物业"开发模式，充分挖掘项目潜在盈利点，在常规性收入的基础上增加物业开发收入，极大程度补充项目现金流入，助力项目整体实现存续期内资金平衡。

(二) 探索设立专业机构参与项目实施

深圳市地铁集团有限公司作为项目实施方参与本项目，代替政府承担项目实施管理机构专项管理工作。地铁集团以其完善的组织机构、专业的项目开发经验和物业开发经验，保障项目后续投资建设顺利开展。

(三) 发行流程严谨规范，项目信息公开透明

深圳轨道交通专项债券发行工作始终坚持法治化、市场化发展方向，通过充分信息披露、引入第三方专业中介组织等创新举措吸引更多社会投资者。深圳市在借鉴已出台的专项债券管理办法的基础上结合本地实际情况，针对性地提出新型项目收益专项债券的管理办法(即《深圳市轨道交通专项债管理办法》)，用以规范和完善轨道交通专项债券的发行与管理，保障新型债券规范化发展。

(四) 积极引入中介机构，协助完善发展流程

2017 年，深圳市(本级)轨道交通专项债券(一期)发行首次实现第三方专业机构"三个"参与，即项目平衡方案、审计报告和法律意见书首次邀请独立的第三方机构参与，从而提高了政府的公信力，避免"自说自话"。深圳市政府同时在深交所网站首次公开披露会计师事务所项目审计评估意见，首次公开披露律师事务所法律意见书，接受投资者监督。

(五) 投资主体多元化，增强专项债券投资属性

券商和个人投资者积极参与到了 2017 年深圳市(本级)轨道交通专项债券(一期)的发行认购过程。4426 名个人投资者参与网上分销，最终成交额达到 1493.7 万元。通过丰富投资者群体，增强了地方政府债券投资属性，避免专项债券认购过分集中于商业银行，有助于分散地方政府专项债务风险。

(资料来源：毛捷，徐军伟，《专项债券融资经典案例分析》，人大财税研究所公众号，
2022 年 3 月 11 日. https://mp.weixin.qq.com/s/7QySLsfShAD1FyPWKPV8ZA)

 问题

试结合案例，分析影响债券发行的主要因素有哪些，在我国地方政府债券发行过程中应该注意哪些方面的问题。

复习思考题

一、名词解释

债券　国债　公司债券　金融债券　企业债券　行政分配　定向发售　承购　包销　招标发行　债券信用评级　债券交易市场

二、单项选择题

1. 债券的主要特征包括偿还性、收益性、流通性和(　　)。
A. 安全性　　　　B. 风险性　　　　C. 稳定性　　　　　　D. 不确定性
2. 根据债券(　　)的不同，债券可分为公募债券和私募债券。
A. 发行主体　　B. 担保性质　　C. 形态　　　　　　D. 募集方式
3. 根据债券的(　　)不同，债券可分为政府债券、金融债券和公司债券。
A. 发行主体　　B. 担保性质　　C. 形态　　　　　　D. 募集方式
4. 金融债券的发行主体是(　　)。
A. 政策性银行　　B. 商业银行　　C. 企业集团财务公司　D. 以上都对
5. 根据市场组织形式不同，债券交易市场分为(　　)。
A. 场内交易市场和场外交易市场　　B. 一级市场和二级市场
C. 发行市场和转让市场　　　　　　D. 国内债券市场和国际债券市场

三、判断题(正确的打"√"，错误的打"×")

1. 我国的国债发行方式主要包括行政分配、定向发售、承购包销和招标发行。(　　)
2. 公开招标方式是指向养老保险基金、待业保险基金等特定机构发行国债的方式，主要用于国家重点建设债券、财政国债、特种国债等品种。　　　　　　　　　　(　　)
3. 企业债的发行基本可以分为三个阶段，即发行前准备阶段、发行阶段以及过户登记阶段。　　　　　　　　　　　　　　　　　　　　　　　　　　　　　　(　　)
4. 场内交易市场也叫柜台交易市场或店头交易市场，是在证券交易所以外进行证券交易的市场，主要指证券经营机构专设的进行债券买卖的证券柜台。　　　　　(　　)

四、简答题

1. 简述债券的概念及其特征。
2. 简述债券发行的一般程序。
3. 简述国债的发行程序。
4. 简述金融债券及其发行的基本程序。
5. 什么是企业债券？发行企业债券的程序是什么？
6. 比较并分析其他国家与我国债券交易市场的异同点。

五、分析思考题

比较国债、金融债券、公司债券与企业债券发行主体及资格的异同点。

第十章　投资银行资产管理业务

【学习目标】

了解资产管理业务的概念和发展历程；掌握资产管理业务的分类及特点，并熟悉资产管理业务的操作流程和投资策略。

案例导入

2021 年中国银行业理财业务发展稳中向好

随着中国过去几年资本市场的发展，资产管理机构管理的规模体量也越来越大。许多基金经理都已经开始管理几百亿的规模体量。不过，这个体量和海外资产管理公司相比，依然还有很大的发展空间。

2021 年 9 月 8 日，中国银行业协会发布《2021 中国银行业理财业务发展报告》。报告指出，2020 年全年理财产品累计募集资金 124.56 万亿元，存续规模超过 25.86 万亿元，净值型产品存续余额占比增长 22.06%，理财公司的发展方向和路径也更加明晰。在监管趋严、行业加速转型的大背景下，银行理财业坚守"受人之托，代客理财"的初心，监管政策持续完善，产品规模稳定增长，产品丰富性程度进一步提高，净值化转型程度进一步提高。

2020 年，为引导银行及理财公司稳健开展理财业务，促进资管机构公平竞争，以及资管行业的健康有序发展，监管部门先后出台了《标准化票据管理办法》《标准化债权类资产认定规则》和《中国人民银行金融消费者权益保护实施办法》等办法细则。同时，考虑到疫情影响，监管部门将"资管新规"过渡期延长至 2021 年底。

截至 2020 年底，全国共有 331 家银行、19 家理财公司有存续的非保本理财产品，存续余额 25.86 万亿元，同比增长 6.90%，其中，理财公司存续余额为 6.67 万亿元。从新发产品情况来看，开放式产品募集资金占比较高，封闭式理财产品的平均期限进一步增加。从资金运用情况来看，债券仍是理财产品重点配置的资产之一，在非保本理财资金投资各类资产中占比最高，达到 64.26%。从净值化转型成果来看，净值型产品的存续规模及占比实现了快速增长，2020 年末净值型理财产品存续规模 17.4 万亿元，同比增长 59.07%。

(资料来源：中国银行业理财业务发展报告(2021). https://mp.weixin.qq.com/s/s9G43cqGebv8WeAJ9BJUTQ)

第一节　投资银行资产管理业务概述及发展

一、资产管理业务概述

投资银行的资产管理业务，是在传统型和创新型业务的基础上发展起来的引申业务，它通过向客户提供投资咨询服务、投资组合服务等实现客户资产增值，从而收取一定的费用或佣金。资产管理业务是资本市场业务的一个重要组成部分，而且越来越成为投资银行业务中不可分割的一部分。资产管理业务是在投资银行的传统业务的基础上发展起来的新型业务，是投资银行接受客户委托，在严格遵循客户委托意愿的前提下，对客户的资产进行有效的管理与运营，在保全客户委托资产的基础上，实现其资产增值的新型证券业务。在成熟的证券市场上，投资者愿意委托专业人员管理自己的资产，以避免因专业知识或投资经验不足而可能引起的风险，因此资产管理业务对整个证券市场有一定的稳定作用。目前，资产管理业务已经成为投资银行业务中与证券承销、自营、经纪业务并列的核心业务之一。

要了解资产管理业务在投资银行中的内涵，必须厘清两个关系：一是资产管理业务与投资银行的关系，二是资产管理业务在国内外的差异。对于前者，资产管理是指金融中介机构接受客户的委托，在客户授权的范围内、在全球资本市场范围内对委托资产进行以保值、增值为目的的金融业务。从资产管理的工具及管理主体来看，广义的资产管理工具包括长期合约性储蓄工具、公众理财产品和个性化理财产品三大类，国外担当最终资产管理人的机构主要包括保险公司、商业银行、投资公司、投资顾问公司、综合性券商等，但是由于部分的资产管理机构更倾向于把资金交给其他资产管理人管理，而投资银行基于自身的信息、资源优势，可以接受其他资产管理机构的委托管理，从而投资银行几乎涉及对所有资产管理工具的使用，因此，资产管理业务是投资银行的其中一个业务，同时投资银行也可以作为其他资产管理公司的委托管理方。对于后者，根据 2003 年 12 月 18 日中国证监会令第 17 号《证券公司客户资产管理业务试行办法》(以下简称《试行办法》)规定，我国的资产管理业务是指证券公司作为资产管理人，依照有关法律法规及《试行办法》的规定与客户签订资产管理合同，根据资产管理合同约定的方式、条件、要求及限制，对客户资产进行经营运作，为客户提供证券及其他金融产品的投资管理服务的行为。

二、资产管理业务的发展

(一) 国外投资银行资产管理业务的发展

在 2008 年的金融危机之前，以美国为代表的现代投资银行体系中，投资银行常常是一个大的金融集团，通过设立共同基金、保险公司等进行资产管理。以美国为代表的现代资产管理行业模式中，共同基金处于核心地位。国际性投资银行都自己设立基金，通过基金形式实现资产管理。随着市场走向成熟，资产管理业务在投资银行业务中的地位也不断地攀升。多数投资银行都在内部设有资产管理部，或通过设立资产管理子公司来进行具体的资产管理业务。

2008 年 5 月，贝尔斯登接受摩根大通收购协议。9 月，雷曼宣布破产，美林被美国银行收购，摩根士丹利和高盛转型为商业银行。美国五大投资银行在不到半年时间相继被收购、破产或转型，引发了全球金融危机，重创各国经济，也将美国投资银行业推上了风口浪尖。2010 年 7 月，美国国会最终通过《金融监管改革法案》。9 月，巴塞尔银行监管委员会通过《巴塞尔协议Ⅲ》，原有独立的投资银行体系宣告终结。

从美国主要投行资产管理业务的变迁可以看出投行资产管理业务的发展历史和趋势。

1. 摩根士丹利

摩根士丹利(Morgan Stanley)，财经界俗称"大摩"，是一家成立于美国纽约的国际金融服务公司，提供包括证券、资产管理、企业合并重组和信用卡等多种金融服务，在全球 27 个国家的 600 多个城市设有代表处，雇员总数达 5 万多人。摩根士丹利原是摩根大通中的投资部门，1933 年美国经历了"大萧条"以后，国会通过《格拉斯-斯蒂格尔法案》，禁止公司同时提供商业银行与投资银行服务，于是，摩根士丹利作为一家投资银行于 1935 年 9 月 16 日在纽约成立，而 J. P. 摩根则转为一家纯商业银行。公司在 20 世纪 70 年代迅速扩张，雇员从 250 多人迅速增长到超过 1700 人，并开始在全球范围内发展业务，进入 90 年代，摩根士丹利进一步扩张，于 1995 年收购了一家资产管理公司，1997 年又兼并了西尔斯公司下设的投资银行添惠公司(Dean Witter)，并更名为摩根士丹利添惠公司，旨在加强个人资产管理业务。添惠公司在全美拥有 361 个办事处和 8500 多名专业经纪人，摩根士丹利与其合并后，将带来规模可观的个人资产管理业务的目标客户，并提升个人资产管理服务能力，使公司资产管理业务迅速增长。2001 年公司改回原先的名字摩根士丹利。

在 2008 年的金融危机中，摩根士丹利转型为"银行控股公司"，直接接受美联储的监管。

2. 美林

美林公司(Merrill Lynch & Co.)创办于 1914 年，是世界最大的金融管理咨询公司之一，几乎涉及了金融领域的方方面面，遍布信用卡、汽车贷款、债券和股票承销、并购咨询和资产管理各个方面。

美林公司于 1976 年成立资产管理子公司，同时经营个人及机构的资产管理业务先后推出现金管理账户、货币市场基金以及财务基金等金融创新产品，以便更有效地进行资产管理。货币市场基金以短期公司债券为主要投资对象，在获得短期金融市场收益的同时，还可以进行自由流通。财务基金作为美林的新产品将保险推销员、银行、律师或注册会计师所完成的服务综合在一起，并免费向客户提供理财咨询建议。1997 年 3 月，美林将原来的私人客户部分成美国私人客户部、国际私人客户部和资产管理部，以加强个人资产管理业务。1996 年和 1997 年，美林分别兼并了 Hotchkis & Wiley 公司与总部在英国的 Mercury 资产管理公司。使美林集团管理下的资产规模在 1997 年达到 4460 亿美元，超过了摩根士丹利添惠公司，其资产管理业务达到世界水平。

2008 年，美林公司受次贷危机影响亏损严重，被美国银行收购。

3. 高盛

高盛(Goldman Sachs)是全世界历史最悠久及规模最大的投资银行之一，总部设在纽约，并在东京、伦敦和香港设有分部，在 23 个国家拥有 41 个办事处，向全球多行业客户提供广泛的投资、咨询和金融服务。

高盛成立于 1869 年，由一位从事企业商业票据生意的德国裔犹太移民 Marcus Goldman 建立。在 19 世纪 90 年代到第一次世界大战期间，高盛的投资银行业务开始形成，但与商业银行没有区分。20 世纪初。股票包销包括首次公开募股业务使高盛成为真正的投资银行，高盛公司将私人理财作为其资金管理的一个重心，其特色在于专门和一些有钱的个人和家庭打交道，个人客户投资必须在 500 万美元以上。1996 年高盛收购了英国 CIN 基金管理公司，其中一共管理了 250 亿美元的养老金，随后管理着 50 亿美元的自由资产管理公司也加盟了高盛。在 2008 年的金融危机中，高盛由独立投资银行模式转型为接受美联储监管的银行控股公司。

通过美林、摩根士丹利、高盛三大投资银行在资产管理业务上的角逐清晰地表明：资产管理业务已经成为决定投资银行核心竞争力的一个重要因素。

(二) 国内投资银行资产管理业务的发展

我国投资银行资产管理业务发展时间短，仍处于早期发展阶段。

回顾过去，中国资产管理业务的发展大致经历了以下几个阶段。

1993—1995 年，这段时间是我国投资银行资产管理业务的萌芽阶段。这一时期我国股票市场大规模扩容，股市兴盛，一些证券公司为了吸引个人投资者买卖股票，推出咨询和代客理财的业务，吸引了一部分资金充裕的个人参加。这一阶段，投资银行资产管理的规模很小，服务对象主要是个人投资者，此时资产管理的概念还没有普及，资产管理也只能算作附加服务。

1996—2001 年，这是我国投资银行资产管理业务正式形成的阶段，资产管理业务快速发展，规模增长很大。股票市场出现了很长一段时间的牛市阶段，投资者空前高涨的投资热情为投资银行资产管理业务的大规模扩张奠定了十分有利的基础。到了 2000 年，超过 20% 的上市公司参与了投资银行的资产管理，多数受托规模达到 20 亿元～30 亿元，有的甚至高达 300 亿元。值得一提的是，1998 年，许多基金公司开始依照 1997 年颁布的《证券投资基金管理办法》成立，它们具有投资门槛低、银行发行渠道广泛以及相对于储蓄有较高的收益率等特点，这些对于广大中小投资者来说有更强大的吸引力。但是，1998 年至 2001 年这几年间它们还没有出现与证券公司的资产管理业务的利益纠纷，后来随着中小投资者数量的增长和投资银行资产管理的市场开拓，这个问题愈发显现出来。

2002—2004 年，股票市场持续走低，一些投资银行的资产管理业务因为违规操作，到期无法偿还本金并支付承诺的保底收益而相继爆出亏损丑闻。也是在这一时期，证监会下发了一系列文件，对于投资银行的资产管理业务做出全面规范。这有利于规范投资银行客户资产管理业务的运行，对拓展投资银行业务范围、推进投资银行的业务创新发挥了积极作用，也为下一阶段资产管理的复兴打下了基础。

2005 年以后，投资银行的资产管理业务欣欣向荣。2005 年和 2006 年，投资银行资产管理业务主要集中在委托理财的清理与规范，创新类和规范类投资银行的集合理财业务全面展开。2009 年 9 月初，证监会开始放松对投资银行集合理财产品存续期和对成立两年以上的投资银行的规模的限制，新成立的集合理财产品可以不设立存续期以及规模上限，证券公司可以自主选择是否有存续期。宽松的政策给投资银行在资产管理业务方面带来了更大的发挥空间。

2012 年 5 月，证监会发布了《关于推进证券公司改革开放、创新发展的思路与措施》，在提高投资银行理财类产品创新能力，加快新业务新产品创新进程，放宽业务范围和投资方式限制，推动营业部组织创新，鼓励证券公司发行上市和并购重组等方面推出新举措。鼓励投资银行对传统业务进行延伸，加快开辟新的业务领域，使经纪业务、投行业务、资产管理业务、自营业务的业务边界向大经纪、大投行、全资产管理、多元投资交易扩展。最终实现了投资银行从传统单一的业务模式向全能综合业务模式的转变，这次创新帮助证券公司提高了对理财类产品的创新能力，投资范围的扩大、产品分级的设定、更低的投资门槛等因素都有利于投资银行的资产管理业务做大做强。

2012 年 10 月 18 日，证监会出台了一系列有关资产管理的法规和条文，进一步放宽了资产管理的投资范围和运作方式。针对单一客户的定向资产管理业务，允许投资者与证券公司自愿协商，双方自行约定投资范围，针对客户特定目的的资产管理业务而言，允许投资银行设立综合性的集合资产管理计划。这一规定使得投资银行资产管理业务与信托公司信托业务高度重合。除此之外，证监会还允许期货公司、保险公司等金融机构进入资产管理市场开展具有资产管理性质的业务，证券、保险、信托、银行四大金融行业在资产管理市场上实现了真正的混业经营，标志着我国金融理财市场"大资管时代"的来临。

2013—2015 年，"大资管"快速发展，同期，技术创新对资产管理行业影响很大。该阶段，资产管理行业呈现出爆发式增长，其动能主要来自于制度变革和技术创新。逐步打破牌照垄断，释放了行业活力，互联网的深度介入则减少了信息不对称，降低了交易成本，又拓宽了各类金融中介可能服务群体的深度和广度。但快速发展过程中产生的风险因素不断积累的问题在这个阶段也不容忽视。

2016 年以来，我国投资银行资产管理业务进入转型发展阶段，监管部门调整监管思路，强调去杠杆、防风险，并颁布了一系列文件，对资产管理产品的监管标准进行了统一，着重解决了资产管理业务存在的监管套利、多层嵌套、刚性兑付等问题，引导资产管理业务回归本源。尤其对通道业务，证监会提出许多监管措施。2016 年 6 月，证监会下发了《证券公司风险控制指标管理办法》及配套措施，对通道业务开始计提资本，抑制通道业务规模。2017 年，证监会在例行发布会上首次使用了"全面禁止"一词，对于通道业务的态度发生了根本性转变。2018 年 10 月，证监会出台《证券期货经营机构私募资产管理业务管理办法》以及《证券期货经营机构私募资产管理计划运作管理规定》，上述两份文件对非标准化资产管理业务中的债权类资产投资、统一杠杆水平、产品净值化管理等项目提出了一系列监管要求。金融机构从此不得成为提供通道业务的主体公司。

近年来，随着证监会全面推动资产管理业务"去通道"化，在严格的监管压力下，我国资产管理行业监管逐步趋于统一，且机制愈发严格。尽管投资银行资产管理业务的规模不断压缩，但收入情况则呈现企稳回升态势，至 2020 年年底，我国证券公司资产管理规模达到 8.55 万亿元，较 2019 年下降 21%，已连续 16 个季度下滑。其中定向资产管理业务规模较 2019 年下降 29.4% 至 5.92 万亿元，集合资管的规模保持平稳，为 2.09 万亿元，通道业务自 2016 年以来规模持续萎缩，而具有主动管理特征的集合计划规模则相对平稳。

第二节　投资银行资产管理业务的分类及特点

一、投资银行资产管理业务的分类

(一) 国外投资银行资产管理业务的分类

资产管理业务在不同的国家因各国金融法律框架的不同差别较大，可以从资产管理业务工具不同、受托资产形态不同、投资者的投资意愿不同、客户的类型和利益分配机制不同等角度，对其进行分类。

资产管理业务的工具非常丰富，包括单位信托、共同基金、对冲基金、私人金融服务和私募股权投资基金等等。一般来讲，这些资产管理工具可以分成三种类型：一是长期合约型的储蓄工具，主要包括养老金和投资保险产品；二是面对公众销售的理财产品，例如共同基金；三是针对高净值客户的私人理财产品，例如对冲基金、独立理财账户和私人银行等。

按照受托资产形态的差异，我们可以将资产管理业务分为货币资金管理、有价证券管理、各类基金管理、其他资产管理四种类型。其中，货币资金管理业务的受托资产是货币资金，主要的投资方向包括股票、债券和其他金融衍生产品，利益分配方式为提取管理费用或利润分成。有价证券管理业务的受托资产为股票、债券等有价证券，资产管理人将受托资产在二级市场操作以实现资产的增值，利益分配的方式通常是向委托人提供保底收益加上利润分成，或者向委托人收取固定的管理费用。各类基金种类繁杂，例如投资基金、养老基金、保险基金等。投资银行可作为基金的发起人，负责基金的募集并安排投资事宜，除此之外，还受托管理其他基金，从中赚取管理费用。其他资产管理以各种固定资产、不动产等为委托资产，资产受托人通过将资产再投资以及抵押融资等方式实现资产的升值，利益分配方式主要是向委托人提供保底收益。

根据投资者的投资意愿，资产管理业务可分为增值账户理财和特别账户理财两种类型。前者指投资者的主要投资意愿是实现资产的增值；后者指投资者因其他目的委托资产管理业务。

此外，资产管理业务在发展的过程中，根据服务方式的不同和收益方式的不同，产生了不同的基本类型。

1. 根据服务方式进行分类

根据对客户服务方式的不同，可以将资产管理业务分为集合型资产管理和个体型资产管理。投资银行集合型资产管理业务的特点是积聚众多投资者的托管资产汇集成大笔资金，再投向指定的金融产品，如股票、债券、基金等。与之对应的是，个体型资产管理业务是投资银行针对大宗客户开展的专业一对一委托理财服务，其服务目标包括财力雄厚的个人投资者、机构投资者以及一些公益基金等。一对一的服务形式使得资产管理人可以更大程度满足客户的个性化投资需求，提供更为优质的服务。

需要注意的是，集合型资产管理业务的操作模式类似于基金，但与基金又有所不同，具体表现在以下几个方面。一是二者的定位不同。基金具有公募性质，是面向大众的理财产品；而集合资产管理业务的目标群体则是中高端客户，具有一定的私募性质，是增值型的理财顾问服务。二是二者的产品投资比例不同。基金普遍设置持仓下限；而集合资产管理的投资范围可以为零。三是集合资产管理可以投资的产品范围更加广泛。四是二者的业绩提成激励方式不同。基金多收取固定的管理费；而集合资产管理则更多选择业绩报酬提成方式，可以更好地激励管理人员追求高收益(见表 10-1)。

表 10-1　基金和集合资产管理业务不同点比较

比较项目	基　　金	集合资产管理业务
定位	面向大众，具有公募性质	目标客户为中高端人群，有一定私募性质
产品投资比例	一般有持仓下限，例如股票型基金下限为 60%	未设置投资下限，最低可以为零
投资范围	对债券、股票等资产配置有比例限制	可选择投资范围更广，且没有投资比例限制
业绩报酬提取	固定的管理费	可在满足一定收益率条件下提取一定比例业绩报酬

在实际操作中，具体采取的是什么样的资产管理方式，需要投资银行根据客户的委托资产规模、投资需求并结合自身业务开展的状况以及市场的整体形势来决定。在时机合适时，投资银行还可以引导客户在集合资产管理和个体资产管理之间转换。例如，当资产管理人员发现有一部分客户的投资意向、风险偏好等特点相似时，可以专门为这部分客户设计一款集合资产管理计划，以便发挥规模优势，节约管理成本。同样地，当集合资产管理计划中的某些投资者资金雄厚，占据较大份额，且投资理念与其他投资者不完全一致时，也可以考虑将其委托资产的管理方式转换为个体型资产管理，以便提供更符合其要求的服务。在不同资产管理方式之间灵活转换，有助于提高客户满意度，加强对风险的控制程度，提升资产管理水平，最终达到提高委托资产的收益的目标。

2. 根据收益方式进行分类

根据收益方式的不同，可以将资产管理业务分为完全代理型和风险共担型两个类型。完全代理型资产管理业务的特点是委托资产管理人只负责对委托资产的管理与运作，并不对委托人资产的收益做出保证，委托资产的收益和损失完全由投资者承担。风险共担型资产管理业务的特点是委托资产管理人根据证券市场的平均收益率并且结合自身的资产管理水平和风险承受能力对委托人资产的年收益率做出适当的许诺，资产管理人运用委托资产投资产生的超出保证收益率部分的收益将由受托人单独享有或与委托人共同分享。

完全代理型资产管理业务体现出高风险高收益的原则，投资者承担的风险较大，同时作为回报，享受到的收益也会更高，而资产管理人则收益稳定，也不必承担投资风险。在此类型的资产管理业务中，能够激励资产管理人提供优质服务的是良好的口碑，因为投资人在选择资产管理人的时候，主要以其过往的投资业绩作为参考标准。在风险共担型资产管理业务中，双方一起承担风险、享受收益，这种模式有着更科学的约束和激励机制。

两种委托理财业务中，委托双方的利益分配机制决定了不同的风险收益关系，但在实际情况下，两种模式并不能够截然分开，在一定程度中也可以共用。比如说，在完全代理型资产管理业务中，资产管理人主要通过向托管人收取固定的管理费用来获取稳定收益，但是为了提高管理人的积极性，起到更好的激励效果，一些投资银行试图在略微降低管理费率的前提下，允许管理人提取一定比例的业绩提成，但最终的目标依然是管理人的年度收益率水平基本保持稳定。向客户承诺一定收益率的做法在国外的资产管理业务中比较常见，但是在我国的资产管理业务中是被明令禁止的。《证券公司监督管理条例》规定，证券公司从事证券资产管理业务，不得向客户做出保证其资产本金不受损失或者保证其取得最低收益的承诺。

在风险共担的运作机制下，管理人会尽可能地提高委托资产的经营效率，以实现投资者与自身收益的最大化；另外，开展风险共担型资产管理有助于自身实力较强、投资技巧成熟的投资银行在市场竞争中确立优势地位。但同时也应该注意到，开展风险共担型资产管理业务对投资银行的经营规模与投资技巧的要求高，具有较大的风险。

在投资银行资产管理业务的实际开展过程中，以上四种资产管理类型并非完全独立，而是通过两两组合形成不同的类型：集合型+完全代理型，个体型+完全代理型，集合型+风险共担型，个体型+风险共担型。投资银行可依据客户的资金量、风险偏好以及市场行情来选择不同的业务类型。

(二) 我国投资银行资产管理业务的分类

根据中国证监会的分类规定，我国投资银行可以开展的资产管理业务主要分为定向资产管理业务、集合资产管理业务和专项资产管理业务三类。

1. 定向资产管理业务

定向资产管理业务是指证券公司接受单一客户的委托，为其提供资产管理的服务。客户可以是自然人、法人或者依法成立的其他组织，委托资产可以是现金债券、资产支持证券、证券投资基金、股票、金融衍生产品或者中国证监会允许的其他金融资产。证券公司在办理定向资产管理业务时，接受单个客户的资产净值不得低于人民币 100 万元。因为定向资产管理实行一对一的服务，所以可以针对客户的个性化需要提出更有针对性的理财方案。

定向资产管理业务是证券公司传统业务之一。2012 年，由于监管政策的放松，证券公司定向资产管理业务增长迅速，从 2011 年年底的 1300 亿元骤升至逾 10 000 亿元，这主要得益于证券公司创新的通道类业务。目前，定向资产管理业务主要包括银证信类、票据类、特定收益权类、委托贷款类以及银行间市场类等。证券公司定向资产管理业务结合了银行、券商、信托、保险等多种金融机构的优势，通过有效的金融创新，实现金融服务于实体经济的目标。

图 10-1 是一款常见的银证信类定向业务的操作流程图。由图可知，该流程为证券公司接受委托人的委托，将资金投资于信托计划，信托计划投资于特定信贷项目(即图中的"借款人")，并在信贷资产到期后，将相关收益分配给证券公司，证券公司再将相关收益分配给委托人。在委托人将资金委托给证券公司以及证券公司将收益分配给委托人的环节中，

资产将受到托管银行的监管。

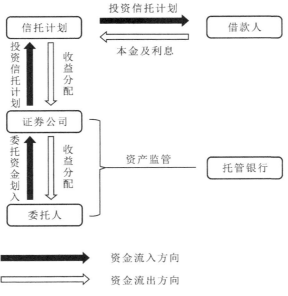

图 10-1　银证信定向业务流程图

　　在实际操作过程中，委托人的资金大多来自于银行的自有资金或者理财资金。这实现了银行信贷资产由表内转到表外，增加了银行的中间业务收入，也增加了证券公司资产管理业务规模，扩大了收入来源。银证信合作业务反映了合作方的现实需求，对实体经济、银行、证券公司、信托公司以及投资者都具有积极意义。目前此类业务风险总体可控，但也存在一定的问题和风险，需要加以规范。

2. 集合资产管理业务

　　集合资产管理业务是指证券公司为多个客户办理统一账户的资产管理。为办理集合资产管理业务，证券公司要设立集合资产管理计划，与客户签订集合资产管理合同，将客户的资产交由具有客户交易结算资金法人存管业务资格的商业银行或者中国证监会认可的其他机构进行托管，通过专门账户为客户提供资产管理服务。证券公司办理集合资产管理业务，只能接受货币资金形式的资产。集合资产管理计划应当面向合格投资者推广，合格投资者累计不得超过 200 人。合格投资者是指具备相应风险识别能力和承担所投资集合资产管理计划风险能力的单位或个人，个人或者家庭金融资产合计不低于 100 万元人民币，公司、企业等机构净资产不低于 1000 万元人民币。

　　根据相关规定，集合资产管理计划可分为限定性集合资产管理计划和非限定性集合资产管理计划。

　　限定性集合资产管理计划资产应当主要用于投资国家重点建设债券、债券型证券投资基金、在证券交易所上市的企业债券以及其他信用度高且流动性强的固定收益类金融产品，其中投资于业绩优良、成长性高流动性强的股票等权益类证券以及股票型证券投资基金的资产，应当遵循分散投资风险的原则，不得超过该计划资产净值的 20%。

　　而非限定性集合资产管理计划的投资范围由集合资产管理合同约定，不受上述规定限制。在实践中，非限定性集合资产管理计划的投资范围包括中国证监会批准成立发行的各类开放式证券投资基金(包含 ETF、LOF、QDII 等)、封闭式证券投资基金、股票(包括新股申购和配售等)、现金类资产(包括银行存款、货币市场基金、央行票据、到期日在一年以内的政府债券等)、固定收益类资产(包括国债、企业债、公司债、可转换债券)以及中国证监会允许投资的其他金融工具。

3. 专项资产管理业务

专项资产管理业务是指投资银行为客户实现特定目的的专项资产管理业务。投资银行开展专项资产管理业务，应当签订专项资产管理合同，针对客户的特殊要求和资产的具体情况，设定特定投资目标，通过专门账户为客户提供资产管理服务。定向资产管理与专项资产管理的区别在于，定向资产管理只接受单一客户的委托，而专项资产管理业务的目的通常比较特殊，且业务参与者可以是多人。例如，单一客户将现金或有价证券委托给证券公司进行管理，此为定向资产管理业务；若有特殊需求的客户将其指定资产委托给证券公司发行资产证券化产品并进行管理，此为专项资产管理业务。

2013 年，监管层放宽了专项资产管理计划的审批，证券公司可以通过设立专项计划发行资产支持证券，证券公司的专项资产管理计划的投资范围扩张，这极大地拓宽了证券公司的发展空间，大幅促进了证券公司业务开展和产品设计差异化，使证券公司能充分利用现有托管市值、客户资产等资源。

所谓资产证券化业务，是指以特定基础资产或资产组合所产生的现金流为偿付支持，通过结构化方式进行信用增级，在此基础上发行资产支持证券的业务活动。证券公司通过设立特殊目的载体开展资产证券化业务。企业应收款、信贷资产、信托受益权、基础设施收益权等财产权利，商业票据、债券、股票等有价证券，商业物业等不动产财产等均可作为资产证券化的基础资产。目前，市场上的资产证券化产品快速增长，资产池主要集中在水电气资产，路桥收费和公共基础设施资产，市政工程(特别是在回款期的 BT 项目)资产，商业物业的租赁资产，企业的大额应收账款、金融资产、租赁资产等。

二、投资银行资产管理业务的特点

如今，资产管理公司及各种金融机构的资产管理业务盛行，投资银行的资产管理业务在这种竞争环境下仍然拥有自己的一席之地，可见与其他可以开展资产管理业务的金融机构相比，投资银行一定有自己独特的优势。

(一) 受托资产的多样性

一般情况下，基金公司所接受的委托资产只能是现金资产，而投资银行资产管理业务的受托资产具有多样化的特点，不仅有现金资产，还有包括股票、债券及其他有价证券在内的其他形式的资产，随着现代投资银行资产管理业务范围的越来越广，一些固定资产和不动产甚至也包括在内。

(二) 投资操作的自主性

在资产管理业务中，投资银行具有较大的自主性，这表现在受托人在经营管理受托资产时不受委托人的干预，可以根据客户主张的收益分配方式以及其他的要求灵活调整操作模式。但是，对于其他一些信息不向社会公众披露的其他类型的资产管理，如私募基金等，委托人在一定程度上可以干预管理人的投资决策，对其他委托资产进行动态监控等。

(三) 信息披露的非透明化

除了公募基金需要向社会定期进行信息披露之外，投资银行的资产管理考虑到对受托资产的保密原则，同时也因为不同合同的利益分配条款可能存在差异，并不会对相关信息进行完全透明化的披露，而多是通过一对一的方式与客户沟通。

(四) 资产管理的个性化

投资银行针对不同委托人及其委托资产做出有针对性的资产管理计划。根据委托人的风险偏好以及委托人的投资期限，收益率期望目标等，投资银行可以将受托人细分为不同类别的投资群体，设计出相应的投资方案，或者提供定向资产管理服务等。

(五) 业务开展的复合度高

投资银行的资产管理业务与本公司其他业务之间紧密关联，投资银行从其他业务中积累的经验、信息及资源在客户来源、资金投向、运作经验等方面为资产管理业务的顺利开展提供了资源和便利。另外，投资银行研究咨询部门为资产管理业务提供了良好的支撑和服务功能，使资产管理业务可以更好地控制风险，提高收益。投资银行各项业务之间的相互关联，使得投资银行的资产管理业务与其他机构的资产管理业务相比具有较大的规模经济优势。

另一方面，成功的资产管理可以建立投资银行与客户之间的良好关系，对于公司进行自我宣传、树立品牌有积极作用，进而有助于带动投资银行其他业务，如承销、经纪业务的发展。正因为如此，委托管理资产规模的大小已成为评价投资银行实力和信誉的重要指标。

鉴于以上各项优势，国际上很多投资银行都把发展资产管理业务提升到战略高度，很多国际大型投资银行都设立有专门的个人和机构资产管理部门，而资产管理业务也不负所托，对投资银行业务的利润贡献能力不断提高。

第三节　投资银行资产管理业务的操作步骤及投资策略

一、投资银行资产管理业务的操作步骤

(一) 审查申请

审查申请是投资银行资产管理业务的第一个环节，在这一环节中，投资银行要对客户的申请和资格进行审查，要求客户提供相应的文件，并结合有关的法律限制决定是否接受其委托。除自然人外，委托人也可以是机构。个人委托人应具有完全的民事行为能力，机构委托人必须合法设立并在有效存续期内，对其所委托的资产具有合法所有权，一般还必须达到受托人要求的一定数额。一些按照法规规定不得走入证券市场的资金不得用于资产委托管理。

(二) 签订协议

经审查资格合格后，投资银行将与客户签订资产委托管理协议。双方在协议中将对委托资金的数额、委托期限、收益分配、双方权利义务等做出具体规定。

(三) 管理运作

在客户委托的资产到位后，投资银行便开始依照协议规定运作托管资产。一般情况下，投资银行都通过建立专门的附属机构来管理投资者委托的资产。此外，在投资银行进行资产管理的过程中，还应该做到专户管理、单独核算，不得挪用客户资金，不得骗取客户收益。同时，投资银行还应该遵守法律法规的相关限制，防范投资风险。

(四) 返本付酬

这是资产管理业务的最后环节，委托期满后，资产管理人按照资产委托管理协议条例，在扣除受托人应得的管理费和报酬后，将本金和收益返还给委托人。如果在委托期内因为资产管理人发生了重大状况，导致无法继续履行合约规定的义务时，从保护委托人利益的角度出发，委托人有权要求更换管理人。原则上新的资产管理人应该无条件地承担原管理人的义务，将委托理财契约执行到底。一般来说，契约条款修改的主要原因是国家政策和市场环境发生重大变化使得部分契约条款无法执行。当出现以下情况之一时，资产委托人从保护自身利益的角度出发可以与资产管理人提前解除委托管理关系：

(1) 委托资产出现严重亏损(具体比例由双方协商确定)；

(2) 资产管理人出现解散、依法被撤销、破产等不可抗力情况；

(3) 资产管理人被证券监管部门撤销委托理财业务资格；

(4) 资产管理人严重违反资产管理契约。

二、投资银行资产管理业务的投资策略

投资银行资产管理业务的投资管理策略按其风格可分成被动的和积极的两种类型。我国的投资银行资产管理主要投资于股票和债券，下文主要对股票和债券的被动的和积极的投资管理策略进行分析。

(一) 被动的和积极的股票投资管理策略

投资银行资产管理对股票市场的投资是通过分散投资于不同的股票构造投资组合来实现的。因此股票的投资管理策略即是股票投资组合的管理策略。

1. 被动的股票投资组合管理策略

被动的股票投资组合管理策略是构造投资组合，以复制某一具体指数的绩效，使投资组合的收益率在整个期间内跟踪某一指数的收益率，这种策略又被称为指数化，相应的管理模式被称为指数化投资管理。以被动管理策略构造投资组合的目的不是超过目标指数，而是降低跟踪目标——指数的跟踪误差，使投资组合的绩效和目标指数相称。对投资组合管理人的要求，就是构造一个紧密跟踪某一具体股票指数(称之为基准指数)的投资组合，

如果试图使股票组合的绩效超越所选择的指数，就违反了该投资组合的被动前提，投资组合管理人即使获得较高的收益，也违反了委托人所要求的被动投资管理策略。

实施被动的股票投资组合管理策略的困难在于，由于不可避免地出现现金流入和流出以及公司的合并与破产，从而在构造了指数化投资组合后，就需要买卖证券，这意味着在整个期间容易出现跟踪误差。另外，即使指数基金一般试图减少周转交易和相应的交易费用，它们仍必须因上述原因进行再平衡，这意味着指数化投资管理的长期收益绩效将落后于基准指数。当然，投资组合收益率较大地或实质性地偏离于指数收益率，就应加以关注。

实施被动的股票投资组合管理策略的优点在于：其成本比积极的管理策略低，并且由于是采取紧密跟踪指数的策略，业绩较为稳定。

构造被动的指数化投资组合的基本方法有三种：完全复制法、抽样法和程序法。

(1) 完全复制法：按在指数中的权重购买所有构成指数的股票。这种方法有助于保证紧密地跟踪指数，但并不一定是最佳方法。首先，这种方法必须购买大量不同种类的股票，增加交易成本，从而降低投资绩效；其次，当许多企业在一年内多次派发少量股利时，股利的再投资也将导致较高的佣金支出。

(2) 抽样法：投资组合管理者仅仅购买组成指数的股票中具有代表性的样本股票。对具有较大指数权重的股票，按其权重同时购买一些较小权重的股票，以使投资组合的整体特征如 β 系数(该系数反映投资组合对未来市场变化的敏感度)、行业分布和股利收益率等接近于目标指数。运用抽样法投资组合的收益率几乎肯定比不上完全复制跟踪指数的方法，因此若要选用抽样法，必须先权衡它的缺点和优点。缺点是存在跟踪误差；优点是管理起来更容易，管理费用、交易成本更低。

(3) 程序法：此方法并不根据行业或股票特征获得样本，而是运用程序法(也称二次项最优法)，将价格变化的历史信息和股票之间的相关性输入计算机程序，以确定对指数的跟踪误差最小化的投资组合。这种方法的缺点是依赖于价格变化和相关性的历史数据，如果这些因素在跟踪期间发生变化，那么该投资组合会呈现非常大的跟踪误差。

2. 积极的股票投资组合管理策略

积极的股票投资组合管理策略是管理者试图超过一个经风险调整后的被动基准投资组合的绩效。基准投资组合(有时又被称为标准组合)是一种被动投资组合，其平均特征值(包括 β 系数、股利收益率、行业权数和企业规模等因素)与委托人风险——收益目标相对应。

积极的投资组合管理的目标是使一个投资组合所获得的收益率超过一个被动基准投资组合的收益率。这两种收益率都经过交易成本扣除和风险因素调整。积极的资产管理者与其委托人要解决一个重要的问题，即选择一个合适的基准(有时称之为"正常"投资组合)。该基准应体现委托人投资组合战略的一般特性。如果客户指定投资于低市盈率小型股票来构造积极组合，那么就不应该把该组合的业绩和整个股市指数相比，而应该和以小盘低市盈率股票为基础构建的基准组合相比来衡量其业绩。

实施积极的股票投资组合管理策略必须克服两个困难。首先，较高的交易成本，实施积极的投资组合管理策略的交易费用往往比被动的策略要高，如果每年业务成本达到投资组合资产的 1.5%，那么仅仅为了维持住被动基准的收益率，该积极投资组合就必须获得比被动基准高出 1.5%的收益率。其次，积极投资组合一般比被动基准具有较高的风险。如果采用大规模投资于某一板块的股票的策略，那么积极投资组合的风险将超过其被动基准。这样，积极投资组合的收益率将必须超过其基准，以作为对所冒风险的补偿。

积极股票投资组合管理策略成功的关键是，要成为积极投资管理领域的专家。市场在变化，能带来较高收益的投资目标也经常变化，但成功的积极投资策略要求在市场出现恐慌情绪时，保持投资原则和镇静，因为频繁交易会增加交易费用，降低利润。

实施积极的股票投资组合管理策略，通常使用以下四种方法来增加积极投资组合的价值，使其收益高于基准组合：

(1) 对证券市场进行预测，对不同投资对象的风险和溢价进行估计，使投资管理在不同证券如债券、股票和短期货币工具间进行转换。

(2) 将投资管理在股票市场中不同行业板块(如商业板块、高科技板块以及房地产板块等)、不同股本特征(如大盘股、小盘股、流通股所占总股本比例的高低)、不同企业特征(如绩优公司、高成长型公司)以及不同股权部分(如国家股、法人股、流通股、优先股以及转配股等)的股票间进行转移，在股价大幅上升前提前买入。

(3) 选择市场定价过低的股票，低买高卖。

(4) 如果投资管理构建全球性投资组合，可以通过经济分析，确定不同国家的股票市场价格水平是过低还是过高。如果价格水平过低，则在全球性投资组合中加大该国的投资权重，使投资权重高于全球基准投资组合中该国股票所占的权重；如果价格水平过高，则采取相反的行动。积极的股票投资组合管理策略也可解出马科维茨的有效边界最优解，此最优解的求解中运用了管理者对收益率、风险和相关性的预期值，可以根据结果选择最优风险—收益权衡的投资组合。

(二) 被动的和积极的债券投资组合管理策略

1. 被动的债券投资组合管理策略

被动的债券投资组合管理策略有三种具体实施策略：一是买入持有；二是指数化策略；三是构建免疫资产组合。

(1) 买入持有：管理者根据目标选择一个债券组合，应客户的要求持有这些债券至到期日。这是一种将债券买入后一直持有到债券期满为止的投资策略。当然，在购买以前需要对各种债券进行评估选择。按照风险低、收益高的原则选取优质债券进行投资，到期按预定利率获得收益。这种投资方法既安全，又能获得稳定的收益。在有效市场中，这是一种普遍的投资策略；在非有效市场中，这种投资方式对于难以迅速获得信息、投资分析能力差甚至没有投资分析能力的投资者特别适用。

(2) 指数化策略：与被动的股票投资组合管理策略相类似，该策略的目标是构造一个债券组合，使它的绩效等于某种债券指数，也就是说组合投资者建立的组合与某种债券市场指数的绩效相符。组合管理者不是根据与指数相对比的风险和收益进行判断的，而是看该组合是否能紧紧地跟住指数。具体地说，通过检查跟踪误差，即债券组合的收益率与债券市场指数收益率之差，来评价被动债券组合管理的绩效。使用指数化策略的关键是恰当选择要跟踪的债券指数，它直接决定债券组合的风险——收益结果。

(3) 构建免疫资产组合：这是一种利用利率的价格风险与再投资收益的风险反向变动

的特点，构建起能够避免利率波动而将未来收益锁定的债券组合。其具体构建方法就是要找到一组债券投资组合，它的预期持有期限应该与组合中各债券按现值计算的平均期限相同。在这样一个债券组合中，当市场利率下降的时候，利息收入的再投资收益会下降，但债券的价格会上升，从而可以在数量上抵消利息收益下降的影响；相反，当市场利率上升的时候，债券的价格会下降，但债券利息收入的再投资收益会上升，从而可以在数量上抵消债券价格下降的影响。从理论上说，这种投资策略可以使投资者高枕无忧。

2. 积极的债券投资组合管理策略

积极的债券投资组合管理策略应用以下五种具体策略来构造积极债券投资组合，即利率预期、估价分析、信用分析、收益率差分析和债券互换。

(1) 利率预期：利率预期可能是最有风险的主动债券管理策略，因为它是基于对未来利率的不确定性进行预测的管理策略，所以承担的风险也相对较大。其基本思想是当预期利率上升时保护资本，当预期利率下降时获得资本收益，当预期利率上升时缩短组合的持续期，当预期利率下降导致预期收益率下降时，延长组合的持续期。

(2) 估价分析：通过对债券的价值进行分析，并将其应有的价值和当前市场价格作比较，以确定哪些债券被低估，哪些债券被高估。根据对特征成本的确定，买入估价低的债券，卖出估价高的债券。

(3) 信用分析：信用分析是通过对债券的详细分析，预期它违约拒付风险的变化，也就是说对债券信用等级的变化进行预期。使用信用分析作为组合管理战略，必须在评级机构公布之前对债券信用等级的变化做出预期，购买预期升级的债券，卖出或不买要降级的债券。

(4) 收益率差分析：债券市场中不同品种债券的收益率之间存在一定的关系，例如，高等级与低等级的公司债券的收益率差应保持在合理的范围内。这种策略要求对市场上各种债券收益率之间的关系进行分析，当不正常关系发生时，进行各种互换。

(5) 债券互换：债券互换是结清当前的头寸，同时购买另一种有相似特征的可能提高收益率的债券。实施债券互换可以提高当前和到期收益率，并且能利用利率的变换或收益率差的重新排列，提高债券组合的质量或进行合理避税。债券互换的主要做法有纯收益率提高互换、替代互换和税收互换等。

对于被动的和积极的投资管理策略，应该说明的是，在投资管理的实际操作中完全实施被动策略的管理者并不多见，大部分投资管理实施的是介于被动和积极之间的或积极的管理策略。

 **课程思政**

国有资产管理改革 挺起大国经济脊梁

1988 年，国务院决定成立国家国有资产管理局，以行使对中华人民共和国境内外全部国有资产的管理职能。1993 年 11 月，中共中央十四届三中全会做出《中共中央关于建立社会主义市场经济体制若干问题的决定》，明确对国有资产实行国家统一所有、政府分级监管、企业自主经营的体制。这意味着在政企分开之外，首次提出了政资分开的概念。

1993 年以后，深圳、上海等地开始进行国有资产管理体制的探索。1998 年国务院机构改革过程中，国家国有资产管理局归口财政部管理。2001 年 2 月，国家经贸委下属九个国家局被撤销。

2002 年 11 月，中共十六大宣布"在坚持国家所有的前提下，充分发挥中央和地方两个积极性。国家要制定法律法规，建立中央政府和地方政府分别代表国家履行出资人职责，享有所有者权益，权利、义务和责任相统一，管资产和管人、管事相结合的国有资产管理体制。"

十六大报告关于国有资产管理体制的论述意味着新中国成立以来一直实行的国有资产"国家统一所有，地方分级管理"的模式将被"国家所有，分级行使产权"的模式取代。这样，地方政府在坚持"国家所有"的前提下，将享有完整的出资人权益，将有可能自行决定这部分资产的拍卖、转让等事宜，事实上也就相当于拥有了属于自己的那部分产权。由于地方政府对自身辖下的企业更加了解，利益关系也变得更为紧密，国有企业改制的推进亦减少了阻力。

本 章 小 结

投资银行的资产管理业务，是指投资银行作为资产管理人，依照相关法律法规，在严格遵循客户委托意愿的前提下，接受客户合法资产的委托，与客户签订资产管理合同，根据合同约定的方式、条件以及要求，在证券市场上对委托资产进行经营管理，以实现资产的保值增值的一项金融服务，体现了资产所有者和投资银行之间的委托——代理关系。

我国投资银行资产管理业务发展时间段，仍处于早期发展阶段。

国外投资银行按不同划分方法可将资产管理业务分为不同的多种类型：根据对客户服务方式的不同，可以将资产管理业务分为集合型资产管理和个体型资产管理；根据收益方式的不同，可以将资产管理业务分为完全代理型和风险共担型两个类型。

根据中国证监会的分类规定，我国投资银行可以开展的资产管理业务主要分为定向资产管理业务、集合资产管理业务和专项资产管理业务三类。资产管理业务的特点是受托资产的多样性，投资操作的自主性，信息披露的非透明化，资产管理的个性化，业务开展的复合度高等。

投资银行资产管理业务的操作步骤可分为审查申请、签订协议、管理运作和返本付酬四个环节。投资管理策略按其风格可分成被动的和积极的两种类型。我国的投资银行资产管理主要投资于股票和债券。

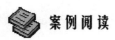 **案例阅读**

资产管理行业转型 回归服务实体经济

2018 年 4 月 27 日，中国人民银行、中国银行保险监督管理委员会、中国证券监督管理委员会、国家外汇管理局联合印发《关于规范金融机构资产管理业务的指导意见》(以下简称"资管新规")，从投资范围、杠杆约束、信息披露等多个方面做出要求，旨在防范金融风险、增强金融服务实体经济的能力，最大限度消除监管套利空间和推动金融供给侧结构性改革。历经 3 年多过渡期，"资管新规"在 2022 年正式开始落地实施。经过了先破后立的过程，资管行业在新的一年重新出发，在新的监管要求下如何转型，实现高质量发展？

一、回归服务实体经济"初心"

"资管新规"的主要思路是统一监管标准、防控金融风险、有序规范创新。在 3 年多的过渡期中，要说影响最大的行业，不能不提信托业。在 3 年多的过渡期中，信托业经历了"浴火重生"的过程。在相关监管部门的指导下，信托业"两压一降"见成效。据监管机构发布的最新数据，当前投向金融机构的信托规模较 2017 年末的高点(4.11 万亿元)已压缩过半，截至 2021 年三季度末，投向金融机构的资金信托余额为 1.90 万亿元。资金空转现象明显减少，也减少了资金链条过长隐匿的风险。

2022 年是"资管新规"正式实施的第一年，信托公司在推进业务和服务转型过程中，应加深业务所在行业和产业的理解和研究；转变以债权融资为主的经营模式，从"重资产"向"重服务"转化；改变管理和服务方式，从"高风险暴露"向"低风险运营"转变。在信托行业房地产信托、通道类信托、融资类信托规模持续压降的背景下，信托业需要持续推进业务转型发展。

资产管理业务可以向"绿色资管"持续转型升级。"绿色资管"是践行国家"双碳"目标的重要举措，也是资产管理业务服务绿色低碳经济发展的时代要求。面对国家能源结构转型的新旧动能转换关键时期，资产管理业务应整合金融资源，有效发挥资本作为生产要素的积极作用，大力发展绿色信贷、绿色债券、绿色基金、绿色保险和绿色信托，聚焦绿色产业链供应链，创新推进绿色低碳金融产品和服务开发，提升"绿色资管"供给侧的服务能力和水平。

对于券商的资产管理业务来说，我国券商起步相对较晚。在起步阶段，通道业务确实占了很大的比重。"资管新规"发布后，通道类业务快速压降，券商资产管理业务规模显著下降。经过几年的调整，券商的资产管理业务规模已经止跌回升。更重要的是，投研、产品、销售等核心能力都有了显著提升，券商的资产管理业务逐步回归了主动管理的主赛道。随着"资管新规"落地，券商的资产管理业务开启了高质量发展的新时代。

未来资产管理业务将更加突出对实体经济的服务。资产管理业务和资管机构将更主动融入国民经济和社会发展大局，提升对实体经济的服务能力。

二、促进理财行业转型发展

"资管新规"的核心内容包括净值化管理、打破刚性兑付、消除多层嵌套和通道、规范资金池、限制杠杆水平、提高资本和风险准备金要求、第三方独立托管、提高投资者门槛等。"资管新规"的出台，促进了我国理财行业转型发展。

回顾"资管新规"出台后行业转型发展的历程，3 年多来理财业务经历了脱胎换骨的变化：一是巨大规模的净值化改造。彻底告别资金池与刚性兑付，期限错配、高杠杆与多层嵌套。二是理财业务已经成为商业银行零售业务的核心板块。超过 8100 万持有理财产品的客户，形成了商业银行零售业务的核心客群。三是理财行业经受住了过渡期多重整改考验。保持总量平稳增长，对实体经济和资本市场发挥着增量支撑作用。四是理财公司作为新型金融机构，确立了市场地位。理财公司在理财总量中的占比超过 80%，在整个资产管理业务市场中，成为公募基金、信托后第三大子类。

经过转型，理财市场中净值化产品去年已经达到了85%以上，为未来整体的中国财富管理市场健康发展提供了很好的支持。"资管新规"让银行理财的产品结构发生改变，净值型理财产品占比持续提升。在资产结构上，投资资产标准化程度持续提升。在期限结构上，长期限产品发行力度稳步提高。未来，现金管理类理财产品、"固收+"理财产品将成为市场主流，权益类产品的占比也将稳步上升。

要加强数字化等能力建设，赋能业务。数字化已经成为领先资管机构的重要战略支柱，券商的资产管理业务需积极拥抱数字化，在营销、投研、风控合规、运营提升等领域落实数字化举措，将科技作为资产管理业务核心竞争力之一，发挥金融科技在投资研究、客户服务以及管理运营等方面的积极作用，提高投研前瞻性。

（资料来源：https://www.163.com/dy/article/GUT35E7J0519QIKK.html）

 问题

请结合案例，分析资产管理行业转型后将从哪些方面更好地服务实体经济。

复习思考题

一、名词解释

资产管理　集合资产管理业务　完全代理型资产管理业务　被动的股票投资组合

二、判断题(正确的打"√"，错误的打"×")

1. 资产管理业务实质上体现了一种信托关系。　　　　　　　　　　　（　　）

2. 资产管理可以涵盖一切形式的资产，包括现金资产、证券资产、股权资产、债权资产和实物资产。　　　　　　　　　　　　　　　　　　　　　　　　　（　　）

3. 在资产管理业务中由于采取了个性化的管理，信息披露的要求不高。　（　　）

4. 资产管理业务是其他各项业务的总龙头。　　　　　　　　　　　　（　　）

三、简答题

1. 试比较国内外资产管理业务的异同。

2. 简述资产管理业务的分类和内容。

3. 简述资产管理业务的操作步骤。

第十一章　投资银行的风险管理

【学习目标】

了解投资银行所面临的风险并理解风险管理对于投资银行的意义；重点掌握风险的分类及特点，并熟悉风险管理的流程以及风险管理模型。

案例导入

巴林银行倒闭案

1763 年，弗朗西斯巴林爵士在伦敦创建了巴林银行，由于经营灵活变通、富于创新，巴林银行很快就在国际金融领域获得了巨大的成功。1803 年，美国从法国手中购买路易斯安那州时，所用资金就出自巴林银行。1886 年，巴林银行发行"吉尼士"证券，购买者手持申请表如潮水一样涌进银行，后来不得不动用警力维持秩序，很多人排队几个小时后，买下少量股票，待第二天抛出时，股票价格已上涨了一倍。20 世纪初，巴林银行荣幸地获得了一位特殊的客户——英国王室，从此便奠定了巴林银行显赫地位的基础。之后，巴林银行进一步拓展公司财务业务，获利甚丰。1989 年 7 月 10 日，尼克理森正式到巴林银行工作。90 年代，巴林银行开始向海外发展，在新兴市场开展广泛的投资活动。1994 年，巴林银行先后在中国、印度、巴基斯坦及南非等地开设办事处，业务网点遍布亚洲及拉美新兴国家和地区，当年，巴林银行的税前利润高达 15 亿美元，其核心资本在全球 1000 家大银行中排名第 489 位。

巴林银行在欧洲乃至全球金融界有着巨大的影响力，辉煌的经营业绩令其他金融机构难以望其项背，但谁也未曾预料到它会毁在一个叫尼克·理森的普通证券交易员手里。尼克·理森于 1989 年加盟巴林银行，1992 年被派往新加坡，成为巴林银行新加坡期货公司总经理。1994 年下半年，年仅 28 岁的理森在未经授权的情况下，以银行的名义认购了总价 70 亿美元的日本股票指数期货，并以买空的做法在日本期货市场买进了价值 200 亿美元的短期利率债券。如果这几笔交易成功，理森将会从中获得巨大的收益，但阪神地震后，日本债券市场一直下跌，造成了巴林银行的损失。据不完全统计，巴林银行因此而损失 10 多亿美元。这一数字已经超过了该行当时 8.6 亿美元的总价值，资不抵债，因此巴林银行不得不宣布倒闭。1995 年 2 月 27 日，英国中央银行宣布，英国商业投资银行——巴林银行因经营失误而倒闭。消息传出，立即在亚洲、欧洲和美洲地区的金融界引起一连串强烈的波动。东京股市英镑对马克的汇率跌至近两年最低点，伦敦股市也出现暴跌，纽约道琼斯指数下降了 29 个百分点。这家有着 233 年历史，在英国曾发挥过重要作用的银行换了新主。同年 3 月 2 日，警方将理森拘捕。

　　一个职员竟能在短期内毁灭一家老牌银行，究其各种复杂原因，其中，不恰当地利用期货"杠杆效应"，并知错不改，以赌博的方式对待期货，是造成这一"奇迹"的关键。而银行内部职员的巨大错误没能引起银行高层的注意和及时阻止，不禁让人们怀疑银行内部经营管理的有效性。多种诱因共同作用，导致巴林银行走向灭亡。

(资料来源：https://www.jinchutou.com/p-53089331.html)

第一节　投资银行风险的含义及类型

一、投资银行风险的概述

　　风险是指由于事物的各种不确定的因素而引发的结果的不确定性。投资银行的风险就是指由于不可控因素或随机因素的影响，投资银行可能会遭受实际投资收益与预期收益相偏离的结果。投资风险一般具有可预测性差、可补偿性差、风险存在期长、造成的损失和影响大、不同项目的风险差异大、多种风险因素同时并存、相互交叉组合作用的特点。

　　因此，对于所有金融机构的经营管理而言，风险管理都是一个非常重要的课题，尤其对于投资银行业的经营管理而言，更是永恒的主题，这是由其自身的业务特点决定的。无论是传统的证券承销、证券交易等业务，还是创新的并购重组、风险投资、信贷资产证券化等业务，都伴随着风险。一般来说，收益越高的业务所伴随的风险也越高。不同于商业银行，投资银行没有存贷款业务，也就没有相对稳定的收益和利润来源，为了获取较高的收益，它必须勇于开拓具有较高风险的各项业务。但是，高风险并不能确保高收益，所以，投资银行业务管理的轴心就不是资产负债比例管理，而是风险与收益的对应管理：在收益性、安全性、流动性三者协调统一的基础上，合理开展低、中、高不同风险程度的业务，尽可能以最小的综合风险来获取最大的收益。

　　投资银行的风险因素多，关系复杂，要想有力地控制投资银行的风险，首先必须弄清投资银行的各种风险的关系以及各种风险的特点。

二、投资银行风险的分类

　　投资银行风险按照不同的标准可以划分为不同的类型(见图 11-1)。根据马柯维茨和夏普的现代投资理论可将投资银行风险分为系统性风险和非系统性风险。系统性风险又称为宏观风险，主要是由于全局性的共同因素变动所引起的收益的变动，其特点是波及整个市场或绝大多数投资产品，例如政策风险、市场风险、经济周期风险等。系统性风险不能简单通过组合投资相互抵消或消除，只能通过金融衍生品进行管理。非系统性风险又被称为非市场风险或可分散风险，它是由投资银行内部因素的影响所引起的，主要指投资银行在经营过程中，由于决策失误、经营不善、违规操作等一些原因导致金融资产损失的可能性。投资银行可以通过设立合理的规则、分散投资来降低非系统性风险。非系统性风险主要包括操作风险、法律风险、信用风险、流动性风险、资本风险、制度风险等。

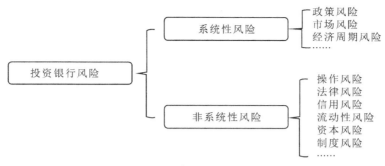

图 11-1　投资银行风险分类图

（一）系统性风险

1. 政策风险

政策风险是指因国家政策的变动造成市场环境的急速变化从而对投资银行的正常经营和管理所造成的风险。各投资银行均存在政策风险，如美国联邦储备局的加息，就使世界各地的证券公司承受因政策性变动而导致的压力。资本市场是市场经济发展的必然产物，而投资银行是基于资本市场的发展而产生的，它与资本市场乃至整个市场经济休戚相关，因而受国家经济政策影响较大。所以，投资银行的从业人员，尤其是管理者，必须熟悉国家最新的政治经济形势，了解国家最新的宏微观经济动态，预测国家或其他经济管理部门有可能制定的一些影响投资银行的政策，才能使投资银行不至于因为运作滞后于政策而招来巨大的风险。

2. 市场风险

市场风险是金融体系中最常见的风险之一，它是指一个或多个市场的价格、利率、汇率、波动率、相关性或其他市场因素水平的变化，导致投资银行发生损失或不能获得预期收益的可能性。根据这些市场变量的不同，市场风险又可以细分为利率风险、汇率风险、市场发育程度风险和资本市场容量风险等。

（1）利率风险：利率风险指利率变动致使证券供求关系失衡，从而导致证券价格波动而造成投资银行发生损失的可能性。

（2）汇率风险：汇率风险是指由于外汇价格变化而对投资银行的经营造成损失的可能性。投资银行在外汇买卖业务、承销以外币面值发行的证券业务以及外汇库存保值等方面要承担汇率风险。

（3）市场发育程度风险：市场发育程度风险是指资本市场的监管程序和投资者的成熟程度对投资银行业务可能带来的损失。

（4）资本市场容量风险：资本市场容量是指由居民储蓄总额、可供投资的渠道以及投资者的偏好所形成的投资证券的最大资金量。资本市场容量风险是指投资证券最大资金量的变化引起投资银行业务损失的可能性。测算资本市场容量对投资银行业务有指导作用，尤其是在证券发行和交易方面。

3. 经济周期风险

经济周期风险是指市场经济内生的自发性调节作用会使宏观经济表现出繁荣、衰退、萧条、繁荣的周期性波动，这种波动首先反映金融市场的价格、利率、汇率等信号上，进而影响金融市场上投资银行的经营活动。因此，投资银行也要根据经济的周期性来调节自己的业务结构和投资组合。

(二) 非系统性风险

1. 操作风险

操作风险是指金融机构由于内部控制机制或者信息系统失灵而造成意外损失的风险。这种风险主要是由人为错误、系统失灵、操作程序的设计或应用发生错误、控制不当等原因引起的，它主要由财务风险、决策风险、人事管理风险以及信息系统风险构成。

(1) 财务风险：财务风险是指财务管理上的"漏洞"、财务处理的差错以及财务人员的蓄意违规使投资银行遭受损失的可能性。

(2) 决策风险：决策风险是指由于决策者的决策失误而造成投资银行损失的可能性。投资银行的决策是对未来经营活动的抉择，是根据对整个宏微观经济环境的分析和对经营结果的预测得出的结论，难免由于个人主观认识、占有资料不充分、分析和判断的经验不足等原因造成预测与未来实际状况的偏差。

(3) 人事管理风险：人事管理风险是指在人事管理方面的失误而导致投资银行损失的可能性。人事管理风险可以说是一种体制风险，投资银行内部管理体制越不健全，人事管理风险越大，对投资银行的业绩甚至生存的潜在威胁性越大。

(4) 信息系统风险：信息系统风险指的是计算机信息与决策系统风险。随着信息技术在金融领域的广泛应用，在投资银行信息与决策系统中，各营业部局域网子系统或通信子系统等，都存在系统数据的可靠程度问题、信号传递的及时程度问题、决策模型的完善程度问题及网络系统的安全问题等。

2. 法律风险

法律风险是指来自交易一方不能对另一方履行合约的可能性。引起法律风险可能是因为合约根本无从执行，或是合约一方超越法定权限作为的行为。法律风险包括合约潜在的非法性以及对手无权签订合同的可能性。法律风险往往和信用风险直接相关。

3. 信用风险

信用风险是指合同的一方不能正常履行合约而造成损失的风险，又称为违约风险。投资银行签订贷款协议、场外交易合同和授权时，将面临信用风险。通过风险管理控制以及要求交易对手保持足够的抵押品、支付保证金和在合同中规定净额结算条款等程序，以最大限度地降低信用风险。

4. 流动性风险

流动性风险又称变现能力风险，是指投资银行的流动比率过低，且由于金融资产流动性的不确定性变动无法偿还债务或维持经营周转而遭受经济损失的可能性。流动性是描述投资银行对金融资产迅速变现及获得资金的能力，投资银行变现和筹资能力越强，且成本越低，则流动性越好，与流动性密切相关的就是资金数量、变现成本、变现时间。投资银行一般高负债经营，资产结构要求具有高流动性，且不宜过多持有如长期投资等流动性较差的资产，以免陷入兑付危机。

5. 资本风险

资本风险是指投资银行的资本充足率风险，若资本充足率不足，则导致经济损失；若资本充足率过高，则投资理念保守，容易丧失投资机会，经营难以获利。资本是否充足，对投资银行的正常经营有着非常重要的影响，它是投资银行存在的基础，资本充足不仅可以增强承担经营风险的能力、补偿发生的损失，同时有利于投资银行筹集扩展业务所需要的资金，提高同业中的竞争实力。由于资本风险对于投资银行的重要性，世界各国证券监管当局非常重视投资银行资本充足性管理。

6. 制度风险

制度风险是指由于投资银行治理结构与组织结构等制度性因素的不合理所导致的风险，也是破坏性最强大的风险。投资银行在公司治理与组织结构等制度层面的缺陷是其他风险爆发的主要诱因，它导致投资银行对其他风险管理效率的降低，造成投资银行蒙受重大损失，因此，投资银行应当持续改善其经营组织结构、治理结构和风险管理架构。

第二节　投资银行风险管理的理论基础和方法

一、风险管理的理论基础

(一) 资产组合理论

资产组合理论亦称"资产结构理论"，是投资银行资产管理理论的一种。该理论认为：投资银行资产应在尽量多样化的前提下，根据其收益与风险等因素的不同，决定其资产持有形式，做最适宜的资产组合。如：任何证券组合都可被看作是一组由可能得到的收益组成的集合，其中每一收益都与未来的某种状态相对应，任何资产结构都能表示为一个由其中的各种资产在不同状态下所得到的收益组成的矩阵。进行资产选择决策，须把那些具有决定影响的变量筛选出来，通过预测和估算，估算出某一资产结构组合的结果。资产组合理论源于 J. 托宾的资产选择理论。尚停留在比较抽象的理论分析上，其实践的具体含义与要求比较模糊，仅提供了一种新的分析思路。

投资者或"证券组合"管理者的主要意图，是尽可能建立起一个有效组合。那就是在市场上为数众多的证券中，选择若干证券进行组合，以求得单位风险水平上的收益最高，或单位收益水平上风险最小。

(二) 资本资产定价理论

资本资产定价模型(简称 CAPM)是由美国学者夏普、林特尔、特里诺和莫辛等人于 1964 年在资产组合理论和资本市场理论的基础上发展起来的，主要研究证券市场中资产的预期收益率与风险资产之间的关系，以及均衡价格是如何形成的，是现代金融市场价格理论的支柱，广泛应用于投资决策和公司理财领域。

资本资产定价模型假设所有投资者都按马克维茨的资产选择理论进行投资，对期望收益、方差和协方差等的估计完全相同，投资人可以自由借贷。基于这样的假设，资本资产定价模型研究的重点在于探求风险资产收益与风险的数量关系，即为了补偿某一特定程度的风险，投资者应该获得多少的报酬率。该理论提出以 β 系数作为在市场资产组合中比较不同证券风险属性的统一指标，反映资产对市场组合风险作用的大小。

(三) 套利定价理论

套利定价理论(Arbitrage Pricing Theory，APT) 是 CAPM 的拓展，由 APT 给出的定价模型与 CAPM 一样，都是均衡状态下的模型，不同的是 APT 的基础是多因素模型。

套利定价理论认为，套利行为是现代有效率市场(即市场均衡价格)形成的一个决定因素。如果市场未达到均衡状态的话，市场上就会存在无风险套利机会。并且用多个因素来解释风险资产收益，并根据无套利原则，得到风险资产均衡收益与多个因素之间存在(近似的)线性关系。而前面的 CAPM 模型预测所有证券的收益率都与唯一的公共因子(市场证券组合)的收益率存在着线性关系。

(四) 现代风险管理理论

20 世纪 90 年代后，几起严重的金融危机使金融业更加注重金融风险，一些大的国际银行开始研究和建立自己的内部风险管理测量和资本配置模型。另外，随着世界各国金融机构对金融风险的重视，其对金融风险管理及其技术、软件的需求日益增长，出现了一大批专门提供风险管理服务的咨询公司和电脑软件公司，推动了风险管理技术和软件的不断更新和发展。现代风险管理理论主要分为市场风险管理和信用风险管理。

二、风险管理的流程

(一) 风险识别

风险识别是风险管理人员运用有关的知识和方法，系统、全面和连续地发现投资活动所面临的风险的来源、确定风险发生的条件、描述风险的特征并评价风险影响的过程。风险识别是风险管理中首要也是最重要的一步，只有全面而准确地判断风险的来源才能进行正确的风险决策和风险控制。

风险识别的内容包括识别投资银行的外部环境和自身经营管理的运作环境。投资银行的外部环境主要包括宏观经济政策、国家对投资银行的监管和调控目标的改变，投资银行参与市场竞争的优势的增减以及投资银行客户的财务状况，受经济政策的影响程度，等等。自身经营管理问题主要是指投资银行自身物质资产的安全性，投资银行工作人员的自身素质、风险管理意识、廉洁性以及对改善财务报表的分析。财务分析也是投资银行风险管理的主要手段，它通过评估投资银行过去的经营业绩，就目前的财务状况进行分析，对资产的流动性、赢利性进行检验，以此来确定当前投资银行可能面临的风险。进行财务分析可采用的方法主要有比较分析法、趋势分析法、比率分析法等。

投资风险的识别具有以下几个特点：

(1) 投资风险的识别是一项复杂的系统工程。由于风险的无处不在，无时不有，这决定了投资过程中的风险都属于风险识别的范围。同时，为了准确、全面地发现和识别风险，需要风险管理部门和生产部门、财务部门等方面密切配合。

（2）投资风险识别是一个连续的过程。一般来说，投资活动及其所处的环境随时都处在不断的变化中，所以，根据投资活动的变化适时、定期进行风险识别，才能连续不间断地识别各种风险。

（3）投资风险识别是一个长期过程。投资风险是客观存在的，它的发生是一个渐变的过程，所以在投资风险发展、变化的过程中，风险管理人员需要进行大量的跟踪、调查。对投资风险的识别不能偶尔为之，更不能一蹴而就。

（4）投资风险识别的目的是衡量和应对风险。投资风险识别是否全面、准确，直接影响风险管理工作的质量，进而影响风险管理的成果。识别风险的目的是为衡量风险和应对风险提供方向和依据。

风险识别一方面可以通过感性认识和历史经验来判断，另一方面也可通过对各种客观的资料和风险事故的记录来分析，归纳和整理，以及必要的专家访问，从而找出各种明显和潜在的风险及其损失规律。因为风险具有可变性，因而风险识别是一项持续性和系统性的工作，要求风险管理者密切注意原有风险的变化，并随时发现新的风险。

（二）风险分析和评估

风险分析是风险识别的细化工作，要深入全面地分析可能导致风险的直接风险因素和各种间接风险因素。风险评估是指管理者具体预计风险因素发生的概率，对于投资银行可能造成损失和收益的大小，进而尽可能定量地确定投资银行的风险程度。

与风险识别和风险分析进行定性分析不同，风险评估主要进行定量分析。在这个过程中，有三个要求：

（1）尽可能进行全面的分析，如果有任何一项可能的风险被忽略，那么整个风险管理都是不完善的。

（2）一定要遵循动态原则，投资银行必须随时收集资料，广泛收集各个方面的最新资料、行业动态，要充分应用指标体系，并力求全面罗列投资银行各项资产以参与分析，以把握变化多端的经营环境。

（3）在投资银行风险管理中，各个部门要通力合作。

风险评估主要有两个目的，预测风险结果和分析风险的概率。

（三）风险控制

风险控制是风险管理者采取各种措施和方法，消灭或减少风险事件发生的各种可能性，或减少风险事件发生时造成的损失。包括分散、对冲、保险等多种处理方式。投资银行需要综合考虑客户或自身所面临的风险性质、风险大小、风险承受能力和风险管理水平等多种因素，在此基础上选择合适的管理策略进行风险处理。

（四）风险决策

风险决策是由投资银行管理者在风险分析和评估的基础上做出的，是风险控制的基础，它是在综合考虑风险和赢利的前提下，投资银行管理者根据其风险偏好，选择风险承担的决策过程。风险决策首先要依据公司的经营目标确定决策目标，然后再用概率理论、决策树等方法提供两个或两个以上的方案，组合优化方案。

三、风险管理的基本策略

随着经济全球化和金融自由化的发展、金融创新的日新月异以及金融机构的全能化趋势，经济主体特别是金融机构所处的风险环境日益复杂，对风险管理的要求也越来越高。投资银行应该根据客户或自身所承受风险的不同类型和不同特点采取相应的风险管理策略。简单地讲，风险管理的基本过程包括风险识别、风险分析和评估、风险控制以及风险决策。投资银行进行风险管理的主要任务就是综合考虑客户或自身所面临的风险性质、风险大小、风险承受能力和风险管理水平等因素，在此基础上选择合适的管理策略进行风险处理。风险管理策略主要包括以下三种：分散、对冲和保险。

(一) 分散策略

"不要将所有的鸡蛋都放在一个篮子里"，这一古老的投资格言说明了人们在很早以前就懂得通过多样化投资来分散风险。尽管历史悠久且思维朴素，但风险分散仍是有效且相对简单的风险管理手段。1952 年，马科维茨的资产组合理论赋予了这个古老的投资策略以现代金融的含义和数学的解释。

对于由相对独立的多种资产构成的资产组合，只要组成资产的个数足够多，非系统风险就可以通过分散化的投资完全消除。从理论上讲，这种可以通过多样化投资消除的非系统风险在理性的资本市场定价中没有相应的风险回报，因此证券投资者必须通过多样化投资来分散风险，否则将承担无谓的风险。但在实践上，投资者特别是中小投资者要将有限的投资分散到众多证券品种上意味着要承担较高的交易费用，对他们来讲并不现实。而通过购买证券投资基金来分散风险是中小投资者可行的选择。分散风险也是信用风险管理的重要手段，尤其是在传统风险管理模型中缺乏有效对冲信用风险手段的情况下，更应该严格遵守分散授信这一信贷原则。但在实践上，信息不对称等因素往往迫使商业银行更多地将贷款集中于自己熟悉的有限的客户和区域以及自己比较了解和擅长的行业和领域，分散投资原则很难得到很好贯彻，这也就是所谓的信用悖论。

(二) 对冲策略

通过多样化投资分散风险只能消除非系统风险而无法规避组合的系统风险。而对冲策略可以完全或部分地规避组合所面临的市场风险和信用风险，使组合估价不受或少受市场波动的影响。所谓的对冲也称套期保值，是指针对一资产组合所面临的金融风险，利用特定的金融工具构造相反的头寸，以减少或消除组合的金融风险的过程。这里所说的"金融工具"可以是股票和债券等原生金融工具，但更多采用的是衍生金融工具如远期、期货、期权和互换。随着金融工程技术的发展，风险对冲已经可以根据投资者的风险承受能力和需要，通过对冲比率的调节将风险降低到投资者所希望的水平上。

在进行对冲时，首先，测量组合的风险状况；其次，在确定组合风险暴露的基础上，根据交易者和金融机构自身的竞争优势和风险偏好，确定合理的对冲目标；再次，根据对冲目标，选择对冲策略，如 Delta 对冲、Gamma 对冲或其他类型的风险对冲；最后，根据不同的对冲策略选择或构造一种或几种合适的金融工具实现对冲目标。在选择对冲目标、对冲策略和选择或构造对冲工具时，应考虑对冲成本，并对最终效果进行评价。

(三) 保险策略

保险策略是指通过购买某种金融工具或采取其他合法的经济措施将风险转移给其他经济主体承担。与对冲策略一样，保险策略也可以用于系统性风险的管理，但这两种风险管理策略存在着本质上的区别：对冲是企业通过放弃潜在的收益降低可能的损失，而保险策略则是通过支付一定的保险费用，在保存潜在收益的情况下降低损失。最常见的保险形式有一般保险、期权和担保。一般保险就是投保人以缴纳保险费为代价将特定风险转嫁给保险公司。但这里的"特定风险"一般只局限于财产险和责任险等纯粹风险，但并不是所有的风险都可以通过一般保险规避。

事实上，有些风险是无法回避也不能转移的，如经济主体的主营业务风险。对于这类风险，只能是在企业层面上积极管理，这也就是通常所说的风险保留。采用风险保留进行风险管理时首先要准备合理水平的风险资本金以抵御和吸收风险。而这里风险资本金水平是否"合理"又取决于风险度量的"准确"。其次，经济主体在风险保留时应在交易价格上加入适度的风险溢酬，即以风险回报的方式获得承担风险的价格补偿。比如，对于保险公司和出售期权或提供担保的金融机构来讲，它们进行风险管理的关键就在于进行合理的风险定价：定价过低将使自己所承担的风险难以获得足够的风险溢酬，定价过高则会使自己的业务失去竞争力。最后，对整个过程进行评估与调整，从而提高风险管理的有效性。

第三节　投资银行的风险管理模型

一、VaR 模型

(一) 认识 VaR

VaR 最早由 J. P. 摩根于 1994 年提出。由于传统的风险管理技术都只能在特定范围内使用或只适应特定的金融工具，难以综合反映风险承担情况，而 VaR 模型是一种用数据反映和说明整个金融机构和投资组合所承担的由各种因素引起的全部市场风险的办法，是金融界对市场风险进行综合度量的工具，因此在众多风险管理理论模型中，VaR 运用最为广泛。

风险价值(Value at Risk，VaR)，也叫涉险价值或在险价值，比较规范的定义是，在正常的市场条件和给定的置信水平(通常是95%或99%)上，在特定的一段时期内，某一投资组合预期可能发生的最大损失；或者说，在正常的市场条件和给定的时间段内，该投资组合发生 VaR 值损失的概率仅仅是给定的概率水平(置信水平)。其精确度取决于以下一系列假定条件：

从统计学的角度来看，VaR 实际上是投资组合回报分布的一个百分位数，从这个意义上理解，它和回报的期望值在原理上是一样的。正如投资组合回报的期望值实际上是对投资回报分布的第 50 个百分位数的预测值一样，在 99% 的置信水平上，VaR 实际上就是对投资回报分布的第 99 个百分位数(较低一侧)的预测值，如图 11-2 所示。

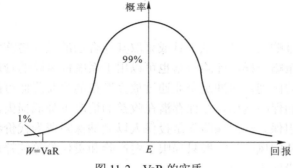

图 11-2　VaR 的实质

图 11-2 中，E 点表示回报的期望值，即回报分布的第 50 个百分位数，W 表示回报分布在较低一侧的第 99 个百分位数，这个 W 就是该组合在 99% 置信水平上的 VaR 值，表示该组合在一天之内损失到 W 水平的可能性为 1%，或者说 100 天内出现损失状况 W 的天数为一天。此外，需要注意的是，有时 VaR 被定义为期望值 E 与临界值 W 的差额，即 VaR = $W - E$，但这对于 VaR 本质的理解并不影响。

(二) VaR 的参数选择

要想确定一个金融机构或资产组合的 VaR 值或者建立 VaR 的模型，首先必须确定以下四个系数：

(1) 持有期限(或目标期限)。它是指衡量回报波动性和关联性的时间单位，也是取得观察数据的频率，持有期限应该根据组合调整的速度来具体确定。调整速度快的组合应选用较短的期限，如有些银行拥有的交易频繁的头寸，比如 1 天；调整相对较慢的组合可以选用一个月甚至更长的期限，如某些基金较长时期拥有的头寸。在既定的观察期间内，选定的持有期限越长，在观察期间内所得的数据越少，进而会对 VaR 模型对投资组合风险反映的质量有较大的影响。

(2) 观察期间。它是对给定持有期限的回报的波动性和关联性考察的整体时间长度。观察期间的选择要在历史数据的可能性和市场发生结构性变化的危险之间进行权衡，以尽可能地接近现实和预测的情况。一般来说，为避免商业循环等周期性变化的影响，历史数据越长越好，但是时间越长，收购兼并等市场结构性变化的可能性越大，历史数据反而越来越难以反映当下及未来的情况。

(3) 置信水平。置信水平也叫置信度，它代表测量的可信程度，或者说是市场正常波动的度量，通常为 95% 或 99%。如果置信水平为 99%，就表示市场波动发生在具有 99% 置信度区间内，该测量具有 99% 的可信程度。如果置信水平过低，损失超过 VaR 值的极端事件发生的概率就会很高，使得 VaR 值失去意义。置信水平过高，超过 VaR 值的极端事件发生的概率可以降低，但统计样本中反映极端事件的数据也越来越少，这会使得对 VaR 值估计的准确性下降。VaR 的准确性和模型的有效性可以通过返回检验来检验。置信水平决定了返回检验的频率。例如，对于日回报率的 VaR 值，95% 的置信水平意味着每 20 个营业日进行一次返回检验，99% 的置信水平返回检验的频率是 100 个营业日一次。

(4) 概率密度函数。它是金融机构或资产组合在既定的持有期限内的回报的概率分布。如果能够拥有或根据历史数据直接估算出投资组合中所有金融工具的收益的概率分布和整个组合收益的概率分布，那么相应的 VaR 值也就相当容易推算出来。但是，要获得所有金融工具的收益分布并不是容易的，所以投资组合收益分布的推算就成为整个 VaR 法中最重要也最困难的步骤。目前解决的办法就是将这些金融工具的收益转化为若干风险因子的收益，这些风险因子能够影响组合收益的各种市场因素，如利率、汇率、股票价格、商品价格等基础性金融变量的波动率及这些变量之间的相关性。然后把投资组合转化为风险因子的函数，再通过各种统计方法得到这些风险因子收益的概率分布，在此基础上得到整个组合收益的概率分布，最终求解出 VaR 的估计值。

(三) VaR 的简单计算

1. 单一资产 VaR 的计算方法

如单一资产的价值为 S，持有期限为 T，要求的置信水平为 $X\%$，那么单一资产的风险价值可以简单地表示为

$$\text{VaR} = -S\sigma_{\text{day}}\overline{N}(1 - X\%)\sqrt{T}$$

其中：$\overline{N}(\cdot)$ 为标准正态分布累计函数 $N(\cdot)$ 的逆函数；σ_{day} 为资产收益率的日波动率。对于较长的时间度量，应考虑对资产价值的漂移加以修正，如果漂移率为 μ，则上式修正为

$$\text{VaR} = S\left[\mu T - \sigma_{\text{day}}\overline{N}(1 - X\%)\sqrt{T}\right]$$

2. 资产组合(线性) VaR 的计算方法

假设资产组合由 M 个资产构成，第 i 个资产的价值为 α_i，波动率为 σ_i，而第 i 个资产和第 j 个资产之间的相关系数为 ρ_{ij}，则该资产组合的风险价值为

$$\text{VaR} = -\sigma_{\text{p}}\overline{N}(1 - X\%)\sqrt{T} = -\overline{N}(1 - X\%)\sqrt{T}\sqrt{\sum_{i=1}^{M}\sum_{j=1}^{M}\alpha_i\alpha_j\sigma_i\sigma_j\rho_{ij}}$$

其中：σ_{p} 是整个投资组合收益的标准差；σ_i、σ_j 为风险因子 i、j 的标准差。

表 11-1 反映了在不同的置信水平，有不同的偏离均值的标准差数。

表 11-1 置信水平与均值离差之间的关系

置信水平/%	偏离均值的标准差数
99	2.326 342
98	2.053 748
97	1.880 790
96	1.750 686
95	1.644 853
90	1.281 551

(四) VaR 的计算方法

目前，推算组合风险因子收益分布的方法主要有三种，分别为历史模拟法、方差—协

方差法和蒙特卡罗模拟法。

1. 历史模拟法

历史模拟法直接根据风险因子收益的历史数据来模拟投资组合的未来损益分布，利用分位数给出一定置信度下的 VaR 的估计值。主要的计算步骤如下：

(1) 建立价格映射，即首先识别出基础的风险因子，收集风险因子适当时期的历史数据(具有代表性的是 3～5 年的日数据)，并用风险因子表示出资产组合中各个金融资产的盯市价值。

(2) 根据风险因子过去 $N+1$ 个时期的价格时间序列，计算风险因子过去 $N+1$ 个时期价格水平的实际变化(得到 N 个变化水平)。假定未来的价格变化与过去完全相似，即过去 $N+1$ 个时期价格的 N 个变化在未来都可能出现，由此结合市场因子的当前价格水平可以直接模拟风险因子未来一段时期的 N 种可能的价格水平。

(3) 运用资产定价公式，并根据模拟出的风险因子未来的 N 种可能价格水平，求出证券组合的 N 种未来盯市价值，并与当前风险因子的资产组合价值比较，符合证券组合未来的 N 个潜在损益，即损益分布。

(4) 根据上述求解的损益分布，通过分位数求出给定置信水平下的 VaR。

历史模拟法有很多优点：

(1) 模型简单直观，容易实施。

(2) 它是一种非参数法，不需要假定风险因子变化的统计分布，可以有效地处理非对称和"厚尾"问题。

(3) 不需要市场的动态模型，也无须估计波动性和相关性等参数，避免了模型风险。

(4) 它是全值估计法，可以较好地处理非线性、市场激烈波动的情况。

但历史模拟法也受到很多批评：

(1) 历史模拟法假定风险因子的未来变化与历史变化完全一样，服从独立同分布，概率密度函数不随时间明显变化，这与现实的市场变化存在偏差。

(2) 历史模拟法需要大量的历史数据，通常认为至少需要 1500 个样本数据，一方面现实的金融市场很难满足这一数据要求，另一方面太长的历史数据包含过多的历史信息而无法反映未来情况，可能违背独立同分布的假定。

(3) 历史模拟法还存在着计算所得的 VaR 波动性过大，难以进行灵敏度分析和对计算能力要求较高等缺陷。

2. 方差—协方差法

方差—协方差法是基于收益服从正态分布的假设，然后通过历史数据来估计该风险因子收益分布的参数值如方差、相关系数等，进而根据下列公式整理出整个投资组合收益分布的特征值。

$$\text{VaR} = K(\alpha)\sigma_\text{p} = K(\alpha)\sqrt{\sum_{i=1}^{l}\sum_{j=1}^{l} x_i x_j \sigma_i \sigma_j \rho_{ij}}$$

式中：σ_p 是整个投资组合收益的标准差；σ_i、σ_j 为风险因子 i、j 的标准差；ρ_{ij} 是相关系数；$x_i(x_j)$ 是整个投资新组合对风险因子 $i(j)$ 变化的敏感度，有时也称为 Delta。在正态分布的假设下，x_i 是组合中每个金融工具对风险因子 i 的 Delta 之和。因此，与历史模拟方法不同，组合中每个金融工具的价值必须分解为只取决于单个风险因子的标准头寸。

方差—协方差法是一个部分估值模型，即只考虑风险因子对整个组合价值的一阶线性影响，而不考虑非线性影响(如期权和债券的凸性)的估值模型。而对于历史模拟法，由于风险因子的历史收益本身已经全面地包含了风险因子之间的线性和非线性关系，不需要估计因子之间的相关系数和协方差，也无须对组合收益分布或风险因子的分布作出特定的假设。因此，该模型是一个完全估值模型。

目前方差—协方差法已经得到广泛应用，但其缺点是由于实际收益率分布的不对称以及厚尾现象的存在，从而低估了金融风险的 VaR 值。

3. 蒙特卡洛模拟法

蒙特卡洛模拟法是一种随机模拟方法，是以概率和统计理论方法为基础的一种计算方法。其基本思路是先建立一个概率模型或随机过程，使它的参数等于问题的解，然后通过对模型或过程的观察计算所求参数的统计特征，最后给出所求问题的近似值，解的精度可以用估计值的标准误差表示。其基本步骤如下：

(1) 针对现实问题建立一个简单且便于实现的概率统计模型，使所求的解恰好是所建立模型的概率分布或其某个数字特征，比如是某个事件的概率或者是该模型的期望值。

(2) 对模型中的随机变量建立抽样方法，在计算机上进行模拟试验，抽取足够的随机数，并对相关的事件进行统计。

(3) 对模拟结果加以分析，给出所求解的估计及其方差的估计，必要时改进模型以提高估计精度和模拟计算的效率。

作为 VaR 的计算方法之一，蒙特卡洛模拟法与历史模拟法非常相似，其区别在于前者是利用统计学的方法来估计历史市场因子的参数，然后再模拟市场因子的未来变化情形；而历史模拟法则是直接根据历史数据来模拟市场因子的未来变化情形。蒙特卡洛模拟法的优点在于它并未受到某些问题的限制，如金融工具复杂的类型、金融时间序列的非线性以及"厚尾"问题等，从而能够更好地解决非线性的问题，并且随着计算机技术的发展，蒙特卡洛方法以其估算精确的优点而越来越成为计算 VaR 值的首选方法。但它也存在一定的缺点，除了计算量过大以外，该方法还需要对金融产品的价格波动进行假设，从而存在明显的模型误差。

(五) VaR 的优点和局限性

1. VaR 的优点

(1) VaR 适用面广，不仅适用于衡量包括利率风险、外汇风险、股价风险、商品价格风险和衍生金融工具风险在内的各种市场风险，还适用于不同金融工具构成的投资组合的市场风险和不同业务部门的总体市场风险。

(2) VaR 有利于比较不同业务部门之间风险大小，有利于进行基于风险调整的绩效评估、资本配置和风险限额设置等。

(3) VaR 是基于资产组合层面上的风险度量工具，充分考虑了不同资产价格之间的相关性，体现了资产组合分散化对降低风险的作用。

(4) VaR 可以度量资产集中度风险，对此集中度进行总量控制提供依据，有利于经济主体的决策高层对整个企业风险情况的判断，也有助于监管部门的监管。

(5) VaR 可以提前计量风险，不像传统风险测量方法只能事后计算风险的大小。

2. VaR 的局限性

(1) 市场收益并不总是正态分布的。VaR 计算中的一个中心假设是市场收益回报为统计学意义上的正态分布，然而现实中这一假设难以实现。

(2) 资产组合是非线性的，收益波动率并不总是一个常数。大部分 VaR 的计算都假定资产组合的价值变动与市场价格变化是严格成比例的，但是如果组合中包含金融衍生产品，则不成立。风险管理者也无法完全依靠历史的平均波动幅度来预测未来的走向，而现代金融机构经常会使用许多衍生产品套期保值。

(3) VaR 对数据的要求比较严格，对于那些交易频繁、市场流动性好的资产，市场数据容易获得的金融工具的风险衡量效果比较显著。同时 VaR 对历史数据的依赖性较强，但未来并不总能重复历史。

(4) VaR 主要适用于正常条件下的对于市场风险的衡量，不能适用于在极端市场条件下的情况。所以压力测试是对 VaR 方法的重要补充。

(5) 按照风险管理理论 3P 理论，风险的转移或对冲风险付出的代价(price)、风险的偏好(preference)、风险概率(probability)三个因素共同决定现代金融风险管理框架，但在 VaR 管理体系下受到重视的只是概率因素。

(6) 使用 VaR 方法还存在模型风险，因为有三种不同的获得风险因子收益分布的方法，对同一资产可能得出不同的 VaR 值，使其可靠性难以把握。

(六) 对 VaR 模型的补充

因为 VaR 存在一定的局限性，单凭历史数据或假定的统计参数和分布建立的统计预测模型不能够对风险管理者或投资者的风险策略提供完全准确可靠的依据、参考，所以需要其他方法来弥补 VaR 的不足。下面简单介绍一下压力测试、情景分析、返回检验三种补充方法。

1. 压力测试

由于 VaR 对商业银行市场风险度量的有效性是建立在市场正常运行的前提条件下的，如果市场出现异常变化或极端情况，VaR 就难以事前测算风险值了，这是 VaR 的缺陷。而压力测试是用于弥补 VaR 这一缺陷的重要工具。所谓压力测试，是指将整个金融机构或投资组合置于某一特定的主观设想的极端市场情况下，然后测试该投资组合或金融机构在这些关键市场变量突变的情况下的表现状况，以此来判断金融机构或投资组合承受意外风险的能力。

相对于其他市场风险衡量方法而言，压力测试具有它自己的优点。因为压力测试对象的选择是建立在主观基础上的，测试者自行决定市场变量及其测试幅度，所以可以模拟市场因素任何幅度的变动。另外，由于压力测试不需要明确给出发生某一类事件的可能性大小，因而没有必要对每一种变化确定一个概率，相对较少涉及复杂的数学知识，简单明了，非常适合交流。但它也使风险决策者面对众多的压力测试结果难以分清主次，因而它只是对 VaR 的一种补充，并不能替代 VaR。特别是在新兴市场国家中，压力测试更能体现出其真正的价值。

2. 情景分析

压力测试只是对市场中的一个或相关的一组变量在短期内的异常变化进行假设分析，而情景分析恰恰弥补了这一缺陷，它不仅着眼于特定市场因素的波动导致的直接影响，而且还从战略的角度分析在特定的背景下、特定的时间段内发生的系列偶然事件对商业银行的直接和间接影响，其假设是更为广泛的，包括政治、经济、军事和自然灾害在内的投资环境，从而帮助银行对其长期的关键性薄弱层面做出评估，弥补了 VaR 和压力测试只注重短期情况分析的不足。

情景分析的关键在于对情景的合理设定，所以投资者应充分了解自己投资组合的特点，并对设定的情境进行深入细致的分析，对由此事态在给定时间内可能发展的严重程度和投资组合因此而可能遭受的损失进行合理的预测。

3. 返回检验

为了确保风险评估计量模型的质量和准确性，需经常对模型进行检验。返回检验就是一个评价公司的检验模型，它的核心是将实际的数据输入被检验的模型中，然后检验该模型的预测值与现实结果是否相同，即将实际的交易结果与模型生成的 VaR 值进行比较，以确认和检验 VaR 风险计量方法的可信度。但需要注意的是，返回检验本身也存在是否可靠、有效的问题。使用返回检验时，必须注意以下几个因素：

(1) 样本空间的大小。数据量的大小对检验非常重要，尤其是对小概率事件的检验需要更多的历史数据。

(2) 置信水平的选定。置信水平越高，则意味着需要对可能性更小、更极端的事件进行检验。但是这种小概率事件的历史数据非常稀少，因而检验也存在一定困难。

(3) 对投资收益概率分布的假设。一般情况下，VaR 模型假设投资收益呈正态分布，并且有稳定的期望和方差，但这与现实并不完全符合，因此，对 VaR 的有效性进行检验的时候对这些有关分布的假设应该予以重新审视。

尽管 VaR 方法在测量金融机构或投资组合的市场风险中存在一定的不足，但这并不影响它成为当今金融领域最受欢迎、最被普遍接受的风险管理工具，特别是把 VaR 和它的几种补充方法结合起来使用，更具科学性、可靠性和前瞻性。

二、Creditmetrics 模型和 KMV 模型

(一) Creditmetrics 模型

Creditmetrics 模型是 J. P. 摩根于 1994 年向市场推出的用于量化信用风险的市场风险管理模型。此模型引起了金融机构和监管部门的高度重视，是当今风险管理领域在信用风险量化管理方面迈出的重要一步。

Creditmetrics 模型的基本分析方法就是信用等级变化分析，它认为信用风险由交易对手的信用状况决定，而信用状况可以用交易对手的信用等级表示。不同信用等级的信用工具有不同的市场价值，信用等级的变化会使信用工具的价值发生相应的改变。如果能够得到信用工具信用等级变化的概率分布及其在各信用等级上的市场价值，就可以得到该信用工具的市场价值在不同信用风险状况下的概率分布。这样就可以运用传统的期望和标准差

来衡量某一信用工具的信用风险。需要强调的是，Creditmetrics 模型并不是孤立地衡量某一信用工具的风险，而是将其放入资产组合中衡量它对整个组合风险的作用，这可以用边际风险贡献来表示。

$$边际风险贡献 = \frac{组合因增加某一信用工具而增加的风险}{该信用工具的市场价值}$$

分析边际风险贡献可以为投资者的信用风险管理提供科学的量化依据。Creditmetrics 模型适用面较广，几乎可以涵盖所有的信用工具，包括传统的商业贷款、信用证、固定收益证券、贸易信贷和应收账款等商业合同，以及由市场驱动的信用工具如掉期合同、期货合同等其他衍生工具。

Creditmetrics 模型的基本使用方法如下：

(1) 确定组合中每种信用工具当前的信用等级。

(2) 确定每种信用工具在既定的风险期限内从当前信用等级变化到所有其他信用等级的概率，由此得出转换矩阵，即所有不同信用等级的信用工具在风险期限内转换到其他信用等级或维持原级别的概率矩阵，这一矩阵通常由专业的信用评级公司给出。

(3) 确定每种信用工具期末在所有信用等级上的市场价值，并由此得出由于信用等级变化而导致的信用工具价值的变化。对于不能交易、不能盯市的信用工具，具体方法是对信用工具在剩余期限内所有现金流量用与特定信用等级相适应的远期收益率进行贴现。这样可以得到每一信用工具在风险期限末价值或收益的概率分布图。

(4) 确定整个投资组合在各种信用工具不同信用等级变化下的状态值。假设每种信用工具等级变化有 8 种可能，那么两种信用工具组合就有 8×8 个状态值，三种信用工具组合就有 $8 \times 8 \times 8$ 个状态值，那么 n 种信用工具组合就有 8^n 个状态值，此数据规模庞大，实践中常采用模拟法。

(5) 估计各种信用工具因信用事件导致信用等级变化而引起其价值变化的相关系数，共有 $n \times n$ 个，得出相关系数矩阵。这一相关系数矩阵通常由信用评级公司提供。

(6) 根据上述步骤就可以得到该组合在 8^n 种状态值下的联合概率分布，并由此得出该组合作为一个整体的概率分布(包括期望和方差)，从而可以在确定的置信水平上找到该组合的信用 VaR 值。

通过以上分析，可得各个信用工具的边际风险贡献，从而为信贷限额等信用风险管理决策提供量化依据。

(二) KMV 模型

KMV 模型是著名的风险管理公司 KMV 开发的一个信用风险计量模型。它采用了从授信企业股票市场价格变化的角度来分析出该企业信用状况的信用风险计量方法，这是一种从微观角度分析信用风险变化的办法，因为 KMV 公司认为公司所持有的资产分布及其资本结构决定了公司的信用风险水平。该模型的关键是计算预期违约频率(Expected Default Frequeney, EDF)，即授信企业在正常的市场条件下，在计划期内违约的概率。"违约"被定义为企业的资产价值等于其负债水平，EDF 就是根据企业资产价值的波动性来衡量企业当前的市场价值降低到违约触发点的概率。

EDF 取决于三个关键变量，以企业资产市场价值表示的企业市场价值、代表违约触发点的企业负债水平和以标准差表示的企业资产价值的波动性。同时，EDF 是建立在违约距离(Distant To Default，DTD)概念的基础上的，DTD 可以表示为

$$DTD = \frac{AV - DP}{AV}$$

其中：DTD 代表违约距离；AV 代表企业资产价值(Asset Value)，对于贷款银行而言，AV 不易观察，但在概念上等于企业负债(Debt)的账面价值与公司股权市价(Equity)之和；DP 代表违约触发点(Default Point)，即企业负债水平。

EDF 等于企业的违约距离除以企业资产价值波动的标准差，即

$$EDF = \frac{DTD}{SD} = \frac{(AV - DP) / AV}{SD}$$

其中：SD 代表企业资产价值的波动性，即标准差。由于企业资产价值在概念上等于企业负债的账面价值加上企业股权的市值，而负债的账面价值的波动性为零，因此企业资产价值的波动性在概念上也就等于其股权市值的波动性，即股票价值波动的标准差。上式也表明，违约距离 DTD 不仅如同前式所表示的是企业资产价值在计划期内由当前水平降低到违约触发点的百分数幅度，实际上也表示企业资产价值由当前水平降低到违约触发点的幅度是其资产价值波动标准差的多少倍，即股价降低使得公司资产价值达到违约触发点的概率。因此，违约距离从本质上也可理解为一个概率的概念。

根据上述思路，在确定公司的股票价格及其波动的概率分布后就可以得到股价降低使得公司资产市价达到违约触发点的概率，而这一以标准差表示的概率也就是违约距离 DTD。

上式也清楚地表明，如果企业负债的账面价值已知(从而违约触发点 DP 已知)，EDF 可以主要通过分析授信企业股票市场价格的变化而得出，因为企业资产价值 AV 是负债与股权市值之和，而企业资产价值波动性又等于企业股票市价波动的标准差。

(三) Creditmetrics 模型和 KMV 模型的比较

Creditmetrics 模型和 KMV 模型是目前国际金融界最流行的两个信用风险管理模型，两者都为金融机构在进行授信业务时衡量授信对象的信用状况，分析所面临的信用风险，防止集中授信，进而为实现投资分散化和具体的授信决策提供了量化的、更加科学的依据，为以主观性和艺术性为特征的传统信用分析方法提供了很好的补充。然而，两个模型除了在估值方法和信用损失计量范式的选择方面有所不同，在建模的基本思路上也具有较大差异。

KMV 模型对企业信用风险的衡量指标 EDF 主要来自于对该企业股票市场价格变化的有关数据的分析；而 Creditmetrics 模型对企业信用风险的衡量则来自于对该企业信用评级变化及其概率的历史数据的分析。这是两者最根本的区别之一。

KMV 采用的是企业股票市场价格分析方法，这使得该模型可以随时根据该企业股票市场价格的变化来更新模型的输入数据，得出及时反映市场预期和企业信用状况变化的新的 EDF 值。因此，KMV 模型被认为是一种动态模型，可以及时反映信用风险水平的变化；Creditmetrics 模型采用的则是企业信用评级指标分析法，而企业信用评级，无论是内部评级还是外部评级，都不可能像股票市场价格一样是动态变化的，而是在相当长的一段时间内保持静态特征，这有可能会使得该模型的分析结果不能及时反映企业信用状况的变化。

正是因为 KMV 模型所提供的 EDF 指标来自于对股票市场价格实时行情的分析，而股票市场的实时行情不仅反映了该企业历史的和当前的发展状况，更重要的是反映了市场中的投资者对于该企业未来发展的综合预期，所以，该模型被认为是一种向前看(Forward Looking)的方法，其 EDF 指标中包含了市场投资者对该企业信用状况未来发展趋势的判断。这与 Creditmetrics 模型采用的主要依赖信用状况变化的历史数据的向后看(Backward Looking)的方法有根本性的差别。KMV 的这种向前看的分析方法在一定程度上克服了依赖历史数据向后看的数理统计模型的"历史可以在未来重复其自身"的缺陷。

KMV 模型所提供的 EDF 指标在本质上是一种对风险的基数衡量法，而 Creditmetrics 模型所采用的信用评级分析法则是一种序数衡量法，两者完全不同。以基数法来衡量风险最大的特点在于不仅可以反映不同企业风险水平的高低顺序，而且可以反映风险水平差异的程度，因而更加准确，也更有利于对贷款的定价。而序数衡量法则只能反映企业间信用风险的高低顺序，如 BBB 级高于 BB 级，却不能明确说明高到什么程度。

Creditmetrics 模型采用的是组合投资的分析方法，注重直接分析企业间信用状况变化的相关关系，因而它也就更加与现代组合投资管理理论相吻合。而 KMV 则是从单个授信企业在股票市场上的价格变化信息入手，着重分析该企业体现在股价变化信息中的自身信用状况，对企业信用变化的相关性没有给予足够的分析。

课程思政

共产党人敢于"亮剑"　成功应对金融危机

1997 年夏，亚洲爆发罕见的金融危机。巨大危机使得亚洲国家的经济、社会秩序陷入混乱，造成国际金融市场的持续动荡，世界经济受到严重冲击。面对危机，中国充分展现出高度责任感，采取一系列有效措施，制止危机的进一步发展与蔓延，为亚洲经济的快速恢复和重新发展做出了自己的贡献。

面对金融危机的冲击，党中央、国务院高度重视，沉着应对。1998 年 2 月，党中央明确提出"坚定信心，心中有数，未雨绸缪，沉着应付，趋利避害"的指导方针。1998 年 3 月，时任国务院总理的朱镕基在九届全国人大一次会议举行的记者招待会上提出"一个确保、三个到位、五项改革"。"一个确保"，就是确保当年中国的经济发展速度达到 8%，通货膨胀率小于 3%，人民币不能贬值。"三个到位"，一是确定用三年左右的时间使大多数国有大中型亏损企业摆脱困境，进而建立现代企业制度；二是确定在三年内彻底改革金融系统，实现中央银行强化监管、商业银行自主经营的目标；三是政府机构改革的任务要在三年内完成。"五项改革"，是指进行粮食流通体制、投资融资体制、住房制度、医疗制度和财政税收制度改革。党中央清醒地认识到，要维持经济持续健康发展，实现既定的经济增长目标，就必须针对内需不足、外需下滑、经济增长乏力的情况，果断扩大内需，采取积极的财政政策和稳健的货币政策。在党中央的坚强领导下，中国不仅兑现了人民币不贬值的承诺，为缓解危机做积极贡献，而且成功化解了金融危机对本国经济的冲击。这充分表明，中国不仅是一个负责任的大国，而且是一个能够成功应对挑战和抵御风险的大国。

习近平总书记历来高度重视经济金融工作，曾深刻指出："金融是现代经济的核心，金融安全是国家安全的重要组成部分。必须充分认识金融在经济发展和社会生活中的重要地位和作用，切实把维护金融安全作为治国理政的一件大事，扎扎实实把金融工作做好。"防范化解金融风险，事关国家安全、发展全局、人民财产安全，认真吸取亚洲金融危机的教训，总结中国成功应对这场危机所取得的经验，对于中国经济继续保持快速、健康发展，有着重要的借鉴意义。

本 章 小 结

本章主要介绍了风险的概念、分类和特征，风险管理的基本内容以及风险管理的程序，及相关理论和模型等。

风险管理是投资银行的永恒主题，这是由投资银行自身的业务特点决定的。投资银行业务，无论是传统的证券承销和证券交易业务，还是并购重组、风险投资、公司理财、信贷资产证券化等创新业务，都伴随着风险。

风险是由于各种不确定性因素导致行为主体受到损失或获利的可能性，这一可能性的分布状况反映了风险的程度。风险来源于难以预料的不确定性因素的影响，根据马珂维茨和夏普的现代投资理论，我们可以把投资银行面临的各种风险分为系统性风险和非系统性风险两大类，系统性风险主要是由于全局性的共同因素变动所引起的收益的变动，主要来源于政治、经济和经济环境的变化，其特点是波及整个市场或绝大多数投资产品，是不能通过分散投资降低的风险；非系统性风险一般是与特定市场主体相关的风险，主要是由投资银行内部因素的影响所引起的可以通过分散投资降低或者消除，因此也被称为可分散的风险。

投资银行风险管理的流程由风险识别、风险分析和评估、风险控制、风险决策等步骤组成。现代金融理论围绕如何量化、控制和规避风险展开了深入的研究和讨论，其中 VaR 模型是市场风险的综合衡量工具，它还有三种主要的补充方法：压力测试、情景分析和返回检验。信用风险衡量的两种最主要的方法是 Creditmetrics 模型与 KMV 模型。

 **案例阅读**

瑞士信贷连环爆雷 巨亏 500 亿

瑞士信贷集团股份有限公司是一家拥有全球财富管理、投资银行及相关金融服务等业务的公司，其总部位于苏黎世，且在全球主要金融中心都设立了办事处，它也是全球十大同时提供投资银行、私人银行、资产管理及共享服务的"大型投资机构"之一。

2021 年年报显示，在华尔街大行纷纷创下历史最好的盈收纪录时，瑞士信贷却因为接连"爆雷"而亏损，一年净亏 15.72 亿瑞士法郎(约合 108 亿元人民币)。

2021 年，瑞士信贷流年不利，这家大型银行遇到的第一宗"雷"是供应链基金破产。瑞士信贷与一家名叫格林希尔的金融机构合作成立了供应链融资基金，并把借款票据打包成投资产品，作为低风险金融产品向投资者销售。格林希尔主要通过供应链金融来牟利，这一新兴金融公司曾获得软银愿景基金(软件银行旗下的科技投资基金)15 亿美元的投资，疫情期间还被英国政府认定为官方贷款机构，却因为风险管理不善，上游公司难以偿还贷款而破产。最终，这支 100 亿美元的供应链基金被冻结清算，至少有接近 30 亿美元资金因上游公司破产而难以收回。遭受损失的投资者发起了集体诉讼，瑞士信贷则需要自掏腰包来偿付投资者的损失。2021年年报显示，瑞士信贷已经向投资者进行了6次现金支付，还在积极争取从权债和保险中挽回损失，目前投资者已经收到了约67亿美元的现金支付。

另一宗"雷"则涉及对冲基金Archegos，这支名不见经传的美国基金曾经一天爆仓200亿美元，创下了史上单日爆仓纪录。在疫情暴发后的股市复苏阶段，该基金利用高杠杆集中买入大量互联网及传媒公司股票，其中就包括了腾讯音乐、唯品会等中概股。2021年上半年，这支基金因高达近10倍的杠杆率而爆仓。提供资金杠杆的投行合计亏损100亿美元，而瑞士信贷就是其中的冤大头，占了亏损额的一半还多。2021年年报显示，瑞士信贷全年因应对各项重大事件的特殊亏损高达76亿瑞士法郎(约合520亿元人民币)，对冲基金爆仓造成了48亿瑞士法郎(约330亿元人民币)的损失，此外还包括了16亿瑞士法郎的商誉减值及12亿的诉讼拨备，瑞士信贷也因此停掉了服务于对冲基金交易的整个业务线。

进入2022年，好运似乎还没有降临到这家投行的头上，首先就是董事长奥索里奥闪辞。金融家奥索里奥在金融危机时期，曾将一家私人银行从破产边缘拯救回来，这次却没有能够续写神话。他的出局是因为接连两次违反英国和瑞士的防疫规定，一次是在强制隔离期结束前离开瑞士，另一次是没有隔离而直接前往伦敦观看温布尔登网球公开赛决赛。被质疑风险意识淡薄难以继续担任此职务后，2022年1月，奥索里奥提出辞职并立即被替换，这离他任职还不足9个月。

这还不算完，这家时运不济的银行更是摊上一桩刑事案件。2022年2月7日，瑞士一家法院指控瑞士信贷缺乏措施应对，相当于协助毒贩洗钱，并要求赔偿4240万瑞士法郎。法院检察官认为，在2004年至2008年期间，瑞士信贷及其前客户经理没有采取必要措施，防止涉嫌毒贩藏匿和洗钱。起诉书长达500多页，主要围绕瑞士信贷及其前雇员与保加利亚一名前摔跤运动员展开。法院认为，这名前雇员帮助这位保加利亚的客户进行了上亿瑞士法郎的交易，掩盖了资金来源。后来，这位客户于2017年在意大利被判进行非法毒品交易，2018年在保加利亚被判洗钱罪，2021年在乌克兰被捕。2022年6月，瑞士信贷被判罚款约170万英镑，并被勒令向瑞士政府另外支付1500万英镑罚金。

(资料来源：https://baijiahao.baidu.com/s?id=1724379180523478394&wfr=spider&for=pc)

 问题

结合案例，总结瑞士信贷接连"爆雷"的原因，并说说它给我们带来哪些启示。

复习思考题

一、名词解释

风险　系统风险　风险识别　VaR(风险价值)　方差—协方差法　压力测试　KMV模型

二、判断题(正确的打"√"，错误的打"×")

1. 风险只会带来损失。　　　　　　　　　　　　　　　　　　　　　(　　)

2. 在确定 VaR 模型的观察期间系数时，所选取的观测期间越长越好。　　（　　）

3. 历史模拟法是一种非参数法。　　（　　）

4. Creditmetrics 是由 J. P. 摩根公司和一些合作机构于 1997 年推出的信用在险值模型。

（　　）

三、简答题

1. 简述风险的概念及其特征。

2. 简述投资银行风险的分类和特点。

3. 简述投资银行风险管理的方法。

4. 简述 VaR 模型的含义及其在投资银行风险管理中的应用。

第十二章　投资银行的创新管理

【学习目标】

了解创新对于投资银行的意义；掌握投资银行的制度创新和业务创新。

案例导入

首单国有实体企业疫情防控公司债券发行

2020 年 2 月 13 日，由国泰君安证券牵头主承销的湖北省文化旅游投资集团有限公司 2020 年非公开发行公司债券(第一期)(疫情防控债)成功簿记。本期债券是新型冠状病毒感染的肺炎疫情发生后全市场首批疫情防控债券，是湖北省内企业发行的首单疫情防控公司债券，也是在上海证券交易所发行的首单国有实体企业疫情防控公司债券，发行规模为 3 亿元，期限为 3＋2 年，利率为 4.5%。本期部分募集资金将直接用于满足发行人旗下洪山宾馆作为湖北省疫情防控中心指挥部住所进行防疫后勤保障的流动资金需求。

(资料来源：https://www.gtja.com/content/investmentbank/case/ewl_bond.html)

第一节　创新对投资银行的意义

20 世纪 70 年代末以来，在信息技术进步、金融自由化、国际化浪潮的推动下，全球金融市场的联系日益密切，逐渐呈现证券化、自由化、国际化的新趋势，而金融创新在金融市场的这轮新发展中显得愈发重要，它既与金融市场的证券化趋势紧密相连，又可以推动金融市场逐步自由化、国际化。投资银行是金融业和金融资本发展到一定阶段的产物，其发展阶段及特点与金融业的特定发展阶段和特点相适应。投资银行以其大胆的创新精神在这场金融创新的高潮中发挥了中流砥柱的作用，并逐渐发展成为现代金融体系的核心要素、资本市场中最重要的媒介。这就要求我国投资银行必须进行创新，否则就会在竞争中处于劣势。随着证券市场持续高速的发展，我国投资银行也先后经历了起步、快速发展、依法规范调整和规模化发展等过程，从无到有，从小到大，不断市场化、规范化和国际化。虽然投资银行发展已经取得较好的成绩，但是问题依然存在，我国金融产业的发展基础还不够完善，投资银行的发展仍然具有阻碍。因此，我国投资银行必须结合自身的实际情况，吸取发达国家的经验，逐步进行创新发展。

一、从投资银行自身特点看创新的意义

投资银行自身的特点是创新的内在动力。投资银行是以资本市场业务为主营业务的金融机构，它以自身利益为准则，按照追求企业价值最大化的市场运行规则运转。投资银行之所以能够不断地发展和壮大，在金融领域扮演着越来越重要的角色，其原动力来自于对超额利润的追逐，而创新则是行之有效的重要手段，创新就等于创流新的赢利机会。投贸银行业务的发展进程和在资本市场的渗透过程，同时也是投资银行业务的创新过程。

在资本市场中，无论是投资者还是筹资者，都是以效用最大化为目的的，即在一定的风险水平下，追求收益最大化。投资银行又是专门为投资者和筹资者获取资本市场的增值收益服务的，只有满足了客户的投融资要求，投资银行才能参与分享资本市场的各种价值增值。投资银行灵活运用专业知识和技术，并利用其资本优势，不断推陈出新，引导社会资本向效益高的部门有序流动，提高了企业的经济效益，提升了产业结构，从而在全社会范围内实现了资本的优化配置，并为相关当事人创造出了合理的收益。换言之，不断创造出有效证券增值，为投资者和筹资者同时也为自己谋求最大收益，这是投资银行不断创新的原动力。

创新在更大程度上满足了投资者和筹资者的需要。对投资者来说，由于一系列新的融资工具和融资技术的推动，资本市场上的投资利润增高，使资本市场成为其理想的投资场所；对筹资者来说，新的融资工具和融资技术可以帮助他们在资本市场上十分迅速而便利地筹措到长期低息优惠资金。投资者与筹资者的积极参与极大地推动了资本市场的发展，而这无疑为投资银行提供了更大的发展潜力和更广阔的发展空间。

二、从投资银行面临的竞争看创新的意义

需求决定动因，动因决定行为。创新的外部动因有很多，但从根本上来说是竞争和规避风险两方面。

创新是投资银行经营的重要原则，只有坚持创新，才能应付资本市场上日益激烈的竞争，在竞争中稳住阵脚谋求发展。

纵观投资银行发展的历史，投资银行在资本市场上的竞争与创新是与各国金融管制的放松相伴而行的。金融管制的放松为竞争创造了有利的市场环境，从而为各种创新提供了可能和契机；反过来，创新进一步促进了金融机构之间的竞争，如此形成了"竞争—创新—竞争—创新"的循环。

(一) 20 世纪 70 年代末以前

20 世纪 30 年代的经济大危机使投资银行在法律上真正取得了独立的地位，但同时，也建立了严格的分业监管制度。此后至 20 世纪 70 年代，投资银行基本是一个封闭的实体，是一个壁垒森严、缺乏竞争的金融机构，在资本市场上为数不多的创新都是为了规避金融管制。

(二) 20 世纪 70 年代末至 80 年代末

20 世纪 70 年代末以来，主要工业化国家相继采取了放松金融管制的措施，其中包括减少投资银行在国与国之间活动范围的壁垒，放宽或解除外汇管制，放宽对投资银行和商

业银行在营业范围上泾渭分明的限制，放宽对债券、票据发行条件的限制，简化发行手续，取消对部分债券投资者征收的利息税等。这些放松管制的措施，使投资银行之间展开了日益激烈的竞争。

从 80 年代初开始，在西方国家存在大量剩余资本的同时，发展中国家普遍地产生了对资本流入的渴求。这样，金融市场产生了国际化趋势，导致金融业的竞争更加激烈。出于对利润的追求和竞争的压力，为了增强各自的竞争实力，投资银行业务和商业银行业务开始互相渗透，其手段就是金融工具和金融技术的不断创新。这样，《格拉斯-斯蒂格尔法》受到猛烈冲击，1980 年和 1981 年，美国和日本相继通过了新银行法，允许商业银行、储蓄银行、证券公司在业务上有一定的交叉，分业管制壁垒开始松动，金融机构间的竞争更加激烈。

竞争的日益激烈使得各种利息率之间的差异趋向缩小，追求利润的本性促使金融机构积极寻求其他途径，创新就是其中之一。金融新产品和工业企业的新产品一样具有生命周期，创新使得其拥有者获得了竞争优势，可以赚取一般金融机构所无法获得的利润。因此，只有不断创新才能优先获取竞争优势，赚取高额利润。

(三) 20 世纪 90 年代以来

20 世纪 90 年代以来，全球金融市场一体化趋势进一步加强，分业管制日益成为各国金融机构参与国际竞争的羁绊，分业管制壁垒开始倾塌，混业经营大势的到来使投资银行业面临着更严酷的竞争，目前主要有：

第一，商业银行对投资银行业务的肆意扩张。在商业银行与投资银行之间界限愈发模糊的趋势下，商业银行与投资银行的最终发展目标都是"金融服务企业"，即向客户提供全方位、多元化的金融服务。而商业银行利用其成本低廉、客户基础广泛、经营规模大、对客户及市场的充分信息、先进的手段等优势形成了对投资银行极大的竞争威胁。

第二，投资银行之间的竞争。目前，发达国家资本市场呈现出一个显著特点，就是大型投资银行占支配地位、中小投资银行在夹缝中求生存的多层次局面。投资银行之间的激烈竞争促使同业之间的兼并收购活动加剧，投资银行业向规模化方向发展。"金融巨人"的出现更使竞争趋于白热化，也促使各投资银行向专业化方向发展。同时，在全球金融自由化的趋势下，各投资银行不仅要应付本国的竞争，而且必须加入全球范围内的业务竞争。

第三，网络技术带来的交易方式变化。近年来，美国出现了所谓的第四市场，即大企业、大公司等机构投资者为了绕开通常的经纪人，通过电子计算机网络技术彼此之间直接进行大宗证券的交易而形成的场外交易市场，使得机构投资者不需要经纪人和交易商就能够自行进行交易，这样降低了交易费用，同时直接影响到投资银行的销售和收入。如果发行公司直接向机构投资者发行新的证券，即不通过投资银行的中介，那么投资银行的承销收入就会大大减少。

第四，来自非金融机构的竞争。在结构日益复杂的大型公司内部也专门设立机构部门，参与一些传统上由投资银行开展的业务。

国际经济、金融环境的变化和科学技术的发展使投资银行处在全方位的竞争压力下。可以说，创新，尤其是有效的创新，已成为投资银行的生命线。

一方面，面对众多的"金融服务企业"和"金融超市"，投资银行唯有针对不同客户的需求，有效地创新多元化、个性化的金融服务，才能避免提供"同质"产品和服务，不断地巩固和扩大客户群，在同业竞争中脱颖而出。

另一方面，面临新技术对投资银行"资本市场最重要的中介"地位的威胁，投资银行只有勇于开拓、不断进行业务创新，以自己的专业优势，根据不断变化的市场情况，为客户提供他们最需要的精良服务，才能防止"脱媒"的发生，永远保持投资银行在资本市场上的生命力。

三、从投资银行面临的风险看创新的意义

在市场经济体制下，投资银行的经营必然受到市场制约，投资银行经营风险是客观存在而且是巨大的。因此投资银行产生了对能够转移风险的创新的有效需求。转移风险的创新包括转移市场风险和转移信用风险。

(一) 转移市场风险

当投资银行和资本市场参与者感觉所处金融环境很容易遭受资产价格风险损失时，就产生了对转移市场风险的需求。20 世纪 70 年代，西方各国通货膨胀率很高，实行浮动汇率之后汇率波动也很大，资产价格很容易变动。80 年代最显著的特征是利率、汇率史无前例地波动，为保护公司计划的债券发行，投资银行采取了一些创新的技巧，包括固定利率、利率上限和利率双限等，并出现了金融期货、掉期、期权等新的金融工具。

(二) 转移信用风险

当投资银行感觉所处金融环境很容易遭受信用价值恶化(如能源部门景气的崩溃、不发达国家债务危机)时，就产生了对转移信用风险的需求。

第二节 投资银行的制度创新

一、走向全能化

由于金融资产的专用程度较低，因此银行业与证券业混合经营的倾向始终存在。

1933 年以前，大多数西方国家的投资银行业务和商业银行业务通常是由同一金融机构经营的，这种混业经营导致了许多潜在利益冲突。投资银行靠牺牲信托基金存款者的利益来保证利润，却把投资的风险转嫁给存款人去承担。

分业的思想始于 20 世纪 30 年代大危机以后，以美国的《格拉斯-斯蒂格尔法》为标志，日本、英国等国家相继确立了以专业分工制、单一银行制、双轨银行系统、多头管理体制为特征的金融制度，其指导思想是防止金融机构之间过度竞争，维护金融机构的健全和稳定。

但是，由于资产专用性的薄弱和追求利润动机的驱使，商业银行和投资银行之间争夺对方领地的活动从未停止过，他们通过各种业务创新手段来实现各自的利润最大化。20 世纪 60 年代初，美国花旗银行率先发行大面额的定期存单；70 年代，美国商业银行为了摆

脱金融管制，采取了资产证券化手段，先后对住房抵押贷款、汽车按揭贷款、应收账款实行证券化，将商业银行的本源业务——贷款，与投资银行的本源业务——证券对接起来。同时，投资银行为了解决短期资金的来源问题，创造了回购市场，并通过资产抵押等手段来争夺商业银行的业务范围。

70 年代末，动荡的经济和金融环境及潜在的金融危机，导致了 80 年代以放松管制和提倡金融业务自由化为特征的新金融体制的初步形成。

80 年代初开始，金融业国际化与一体化倾向日趋增强，国际竞争和国际业务的拓展成为投资银行向混合全能化银行发展的主要推动力。这是因为：一方面，开展海外业务可以使部分法律鞭长莫及；另一方面，国际金融业的激烈竞争使从事单项金融业务的银行在竞争中明显处于不利地位，大型金融机构对海外金融市场的拓展和国际金融业务的深入，使得许多分业模式国家的金融机构面临全能式银行的巨大挑战。这样，西方主要国家普遍放松了对金融业务的管制，纷纷在立法上打破了银行业和证券业彼此分离的界限，投资银行和商业银行的混业经营趋势更加明朗。投资银行向金融业务多样化、专业化、集中化和国际化方向发展。

进入 90 年代，经济全球化更加势不可挡。对于金融服务业来说，全球化意味着金融法规将趋于一致并且对资本自由流动和所有公司在所有市场上竞争的限制被逐渐解除。1999 年 11 月美国废除了《格拉斯-斯蒂格尔法》，分业管理制度最终解体。目前，仍然实行分业管理的国家仅剩下日本，日本政府实际也大大放松了银行业与证券业之间限制，将金融自由化拓展到证券公司、长期信用银行和信托银行等领域。

从某种意义上讲，《格拉斯-斯蒂格尔法》之后的历史，就是银行业与投资银行业进行各种业务创新来规避该分业监管法规的管制，从而使得政府放松管制，再向混业经营体制逼近的历史。

二、走向规模化集中经营

日趋激烈的竞争使投资银行业的利润额下降而人力资本上升，在过去几年中投资银行业的盈利能力正呈现出长期的结构性下降趋势，再加上债券市场的萎缩即自营业务与承销业务的减少，投资银行业正进行着一场大规模的结构性重组。投资银行往往持有大量的证券，这使其必然面临着利率波动的市场风险，利润出现大涨大落。现在投资银行业虽然仍能取得丰厚利润，但与 20 世纪 80 年代相比已大不如前了。对于持有者来说，投资银行业的吸引力已经下降。再加上技术的飞速发展、有效风险管理的日趋重要以及在全球范围内进行投资银行业务活动的迫切性，都使投资银行从业人员清楚地认识到该领域已经存在着过度竞争与集中经营并存的局面。

掉期和衍生工具交易等新金融业务的发展以及监管环境的变化也已经使投资银行发生了翻天覆地的变化，这些变化不断要求投资银行增强资本实力并进行调整，投资银行业必须寻找到新的资金来源或与能够提供新资金来源的公司合并，即越来越倚重于资金来源和筹资技术等专业经营才能，结果是使该行业走向集中化经营。

衍生工具业务的集中化则体现为各投资银行根据其专业技能来专门从事某些特定的衍生产品业务。

不仅在投资银行的业务领域呈现出集中化趋势，而且投资银行也开始通过并购重组，实现投资银行的不断规模化。组建金融控股集团公司已成为国际投资银行的基本运作模式。

三、组织创新

投资银行的组织创新主要表现在组织形态的创新和组织结构的创新。

组织形态的创新主要表现在从合伙制向公司制演变。组织结构的创新主要表现在随着投资银行规模和业务范围的扩大，出现了与之相适应的新型、简单、安全、高效的组织结构，呈现出扁平化、平台化的特点。

数字经济的高速发展，也要求投资银行对组织结构进行创新，重新协调、评估和筹划人、财、物的组合。随着客户对实时性体验的追求不断增强，银行的职能部门之间要加强相互配合、协作共赢，对市场需求做出即时响应，组织结构趋于网络化、扁平化。且银行、用户都表现为一个个独立的节点，节点之间通过数据传递建立实时连接，网络组织的运营以节点为单位，具有去中心化、去中介化等特点。扁平化的组织结构能够以用户为中心，基于小型团队的分散化决策以及更广泛的连接与集合，加快资源的交互与整合，成为银行内部数字化转型的最优方案。在扁平化的组织结构下，供给侧的分工得到深化，小型团队将致力于持续强化在用户价值创造方面的核心能力，企业的核心能力更加侧重于价值整合、价值供给以及改善用户体验，通过平台化管理为小型团队与用户的沟通以及小型团队之间的交流、合作提供所需的各类支持。

第三节　投资银行的业务创新

一、投资银行经营方式的创新

(一) 传统经纪业务的创新

以计算机和网络技术为代表的信息化的迅猛发展，为投资银行经营方式的改变提供了契机。

作为新经济的重要特征之一，信息化推动传统投资银行业务深刻变革，电子商务将对商业，尤其是金融服务业的经营产生重大的影响。电子商务要求的是整个生产经营方式的改变，是利用信息技术实现商业模式的创新与变革，从而引发投资银行服务业务，尤其是证券经纪业务的革命。

投行经纪部门一方面可以利用现代互联网技术开展网上在线证券交易；另一方面，还可利用互联网虚拟交易所，使投资者之间可以直接进行证券买卖，针对证券交易的未来发展趋势，降低交易成本，满足市场参与者的多样化和个性化需求。

(二) 客户管理创新

在现代金融市场上，投资银行的功能就是为企业和投资者架起通向资本市场的桥梁，在这个桥梁中，客户管理就成为一个重要环节，是一个关系着投资银行持续发展的重要课题。随着投资银行业务竞争日渐激烈，投资银行面临新的挑战，其突出表现是：

第一，新股承销、配股承销中的证券定价功能弱化，导致投行业务同质化竞争，风险加大，利润变薄。

第二，在上市公司的并购业务中，投资银行角色缺位。其实质是在投资银行业务已发生重大改变的市场环境中，投资银行未能及时调整经营战略，仍然延续短期化、粗放型的经营模式，在发展中忽视了客户管理，没有形成稳固的客户网络，缺乏为客户提供优质专业服务的能力。

充分发挥投资银行在资本市场中的作用，进行客户管理创新，是投资银行未来发展的必然选择。客户管理创新主要表现在以下几个方面：

1. 根据客户需求建立客户信息库

客户需求是投资银行业务的源泉，是推动投资银行业务创新的动力。投资银行通过对其现有客户的需求进行细分，可以扩大业务量，并进行新的投行服务品种的开发。例如，上市公司在股价低估时，如需筹资可以发行可转换债券，如现金充裕且无合适投资项目可回购股份；上市公司在股价表现较好时，可以换股的方式进行收购兼并，实现低成本扩张等。投资银行可以根据自身的条件，选择成为全面满足各类客户需求的全能型投资银行，或成为集中力量满足某类客户需求的专业投资银行。

在细分客户需求的基础上，对客户进行分类，建立客户信息库，有利于投资银行对客户资源进行综合开发，根据客户在资本市场的活跃程度以及客户与投资银行的关系，将每类客户分级为基本级、核心级、一般级，分级服务克服了因人员的高流动性带来的客户流失。

对客户需求和客户信息库的动态优化管理，有助于投资银行分析不同客户对投资银行的赢利贡献，进而指导客户开拓，优化客户结构，把满足客户对经纪业务的需求和对投资银行业务的需求有机结合起来，形成综合的竞争优势，提高投资银行的赢利能力。

2. 制订客户服务计划

客户服务包括一般信息服务和项目服务。一般信息服务的内容包括为客户提供专业研究报告、资本市场信息以及一般咨询等，其目的是帮助客户用较少的时间了解资本市场的最新发展。项目服务的内容为根据客户现实的需求提供专业服务。对基本级、核心级客户的服务采用联系人制度，联系人的职能是与客户保持紧密的沟通，并为客户一年内的服务作出计划，包括针对其可能的需求，提交报告和建议，客户可以根据需要选择实施。客户需要专业项目服务时，由联系人、投行项目人员、证券分析师等组成项目小组，为客户提供项目服务。

3. 客户管理的网络化

为保证客户信息通畅有序流动，应当以"客户管理的网络化"为目标，即以现有的局域网为平台，以电子邮件为交流信息的载体，以实现客户信息库的在线查询为目标，推动客户管理的网络化。因特网技术对提高投资银行客户管理的效率、投资银行创新产品的开发和推广，甚至投资银行作为资本市场中介的职能都将产生深远的影响，"客户管理的网络化"只是将投资银行业务创新与网络技术结合的最初尝试，这种结合在未来的可能性仍是投资银行业务创新需要探索的重要领域。

二、投资银行业务内容的创新

(一) 风险投资的业务创新

1. 风险投资的定义

风险投资(Venture Capital，VC)，也称为创业投资，是指投资人将风险资本投资于新兴的、具有高速成长潜力的、蕴藏着巨大收益的、未上市的中小高科技企业，并通过退出获得收益的一种投资行为。从投资银行的角度讲，风险投资是由职业金融家把资本投向蕴藏着失败风险的高新技术及其产品的研究开发领域，旨在促使高新技术成果尽快商业化、产业化以取得高资本收益的一种投资过程。

2. 风险投资的特征

(1) 风险投资是一种无担保、高风险的投资活动。风险投资的着眼点不在于投资对象当前的盈亏，而在于投资项目的未来和资产的增值，目的是通过上市或出售股权实现退出，并取得高额回报。创业企业拥有的往往是智慧与技术，缺少可担保的实物资产，而风险投资则可以为其提供融资。同时，风险投资的高风险体现在，它选择的主要投资对象是处于发展早期阶段的中小型科技企业，存在较多风险。且公司对于资金的需求量大，但原有资产规模有限，因此投资风险较大。

(2) 风险投资的单项成功率低，但单项回报率高。风险投资项目的成功率非常低，即使在发达国家高技术企业的成功率也仅有 30%，但一旦投资成功，其投资就会为风险资本家带来少则几倍，多则几百倍甚至上千倍的投资收益，不但足以弥补其他失败项目的亏损，还能有丰厚的综合投资回报率。

(3) 风险投资是分阶段的长期投资。风险投资往往是在创业企业初期就投入资金，一般需经 3 至 8 年才能退出取得收益，并且在此期间还要不断地对有成功希望的企业进行增资。风险投资家较多地采用分期、多轮的投资形式，可以降低投资风险。当一期投资结束后，如果企业的经营没有达到投资公司的预期，风险投资公司可以拒绝进行下一期的投资。

3. 风险投资活动的参与者

一般来说，参与风险投资活动的主要群体有四类：创业企业家(Entrepreneur)、天使投资人(Angel)、投资者(Investor)和风险投资家(Venture Capitalist)。

创业企业家具有创新型的商业思维，并有能力组织实施企业的经营活动。他们一般具有创办新企业所需的知识和技术，并已经为此进行了初期的准备工作，如完成了新技术的研发、制造出新的产品雏形或是建立了新的服务提供模式。同时，作为创业者，他们也具有承担风险和经营失败的心理准备。但创业者一般缺乏足够的资金，不足以在较长一段时间内支持创业企业的生存和发展，他们是风险资本的潜在需求者，愿意与风险投资者分享企业的所有权。

人们习惯把创业企业的早期投资者称为天使投资人。天使资本主要有三个来源：曾经的创业者，传统意义上的富翁，大型高科技公司或跨国公司的高级管理者。在部分经济发展良好的国家中，政府也扮演了天使投资人的角色。很多天使投资人本身是企业家，了解创业者面对的困境，是初创企业的最佳融资对象。他们不一定是百万富翁或高收入人士，也可能是创业者的邻居、家庭成员、朋友、公司伙伴、供货商或任何愿意提供资金的人士。不同的天使投资人对于投资后管理的态度不同。一些天使投资人会积极参与投资后的管理，而另一些天使投资人则不然。一般而言，天使投资人可以分为以下三种情况：

(1) 支票天使：他们相对缺乏企业管理经验，仅仅负责出资，而且投资额较小，单个投资项目投资额为 1 万至 2.5 万美元；

(2) 增值天使：他们较有经验并参与被投资企业的运作，投资额也较大，单个投资项目的投资额为 5 万至 25 万美元；

(3) 超级天使：他们往往是具有成功经验的企业家，对新企业提供独到的支持，每个项目的投资额相对较大，在 100 万美元以上。

从全球范围来看，风险投资的直接出资人主要包括富有的个人和家庭、商业银行和保险公司等金融机构、社会保障基金、养老基金和大学捐赠基金等。随着有限合伙制的出现，机构资金和企业资金成为两大主要来源，其中养老基金等社会保障基金机构所占的比重一直最大，其投资策略的长期稳定性对美国风险投资业的发展发挥着重要的作用。相比之下，大多数欧洲国家和日本的风险资金主要来自金融机构和企业。此外，为扶持本国的产业创新，政府资金也多作为引导基金成为国内风险资本的一个重要来源。

风险投资家是指具体运作和管理风险资本的人，他们负责评估风险投资项目的可行性，制定投资决策并实施投资方案。由于他们与投资项目的成败密切相关，因此必须具有较为全面的知识和素质，包括工程技术专业基础知识、金融投资实践经验、现代财务会计知识、现代企业管理知识、法律知识等。此外，他们还需要具有团队协作的精神，在业内具有较高的知名度和信誉，具有敏锐的判断力、高超的组织协调能力，善于把握时机果断决策。许多风险投资家都有相关行业的从业背景，对于高潜能的投资项目具有敏锐的观察力和判断能力。在投资完成后，风险投资家往往会进入被投资企业的董事会，为企业提供管理咨询，协助企业成长。

典型案例

优秀的天使投资成就苹果公司

1976 年 1 月，还在惠普工作的史蒂夫·沃兹尼克得意洋洋地拿出了自己研发出的计算机主板 Apple I，尽管他很努力地向惠普公司推荐该产品，但公司却说，这不是此时公司要开发的产品。于是他的好哥们儿史蒂夫·乔布斯说："嘿，咱们干吗不自己来卖它呢？"这就诞生了苹果公司。

公司启动所需的钱来自于两位创始人：沃兹尼克和乔布斯。沃兹尼克卖掉了他心爱的 HP-65 可编程计算器，价钱是 500 美元；乔布斯卖掉了他的大众汽车，因发动机坏掉了，也只卖了 500 美元。不过幸运的是，苹果公司可以依靠出售产品来获取资金，而且乔布斯很快就找到了买主。全美第一家计算机零售连锁店字节商店决定以每台 500 美元的价格购买 50 个苹果电路板。

当然，对于新创公司而言，钱还是个问题，于是乔布斯去找了一个风险投资家唐·瓦伦丁，此人推荐了迈克·马库拉，马库拉曾经投资过英特尔，因此成名和发家。迈克·马库拉一下子就喜欢上了苹果，他不但加入了苹果，还成为公司初期的投资人，不仅自己投入 9.2 万美元，还筹集到 69 万美元，外加由他担保从银行得到的 25 万美元贷款，总额超100 万美元。

1980 年 12 月 12 日，苹果公司上市，每股发行价 14 美元，当天以 22 美元开盘，几分钟内 460 万股被抢购一空，当日收盘价 29 美元。乔布斯当日身家直达 2.17 亿美元。而迈克·马库拉身家则达到 2.03 亿美元，9.2 万美元的天使投资增值了 2200 多倍！

(资料来源：http://blog.sina.com.cn/s/blog_646b15420100gszs.html)

4. 风险投资机构的运营模式

风险投资机构，包括风险投资公司或风险投资基金等，是连接风险资金来源与投资项目的金融中介，是风险投资最直接的参与者和实际操作者，同时也最直接地承受风险、分享收益。风险投资机构作为金融中介首先从投资人那里筹集一笔以权益形式存在的资金，然后又以掌握部分股权的形式，对一些具有成长性的企业进行投资。在创业企业经过营运、管理获得成功后，风险投资机构再安排其股份从创业企业中退出。在风险投资的融资和投资过程中，风险资本家居于决策者的中心地位。

由于风险投资机构在风险投资体系中的关键作用，风险投资机构要由一些具备各类专业知识和管理经验的人组成，同时其所有权结构要提供一种机制，使得投资者与提供专业知识管理技能的人得到合理的回报，并各自承担相应的风险。这里主要介绍有限合伙制、公司制、子公司制。

在全球风险投资业最发达的美国，有限合伙制是风险投资机构的典型组织形式。在有限合伙制风险投资机构中，存在两类合伙人：有限合伙人(Limited Partner，LP)和普通合伙人(General Partner，GP)。其中，风险投资机构的主要出资者称为有限合伙人，有限合伙人通常负责提供风险投资所需要的主要资金，但不负责具体经营；而主要的经营管理者称为普通合伙人，普通合伙人作为风险投资机构的专业管理人员，统管投资机构的业务，同时也要对机构投入一定量的资金。由于普通合伙人全面负责投资决策和资本管理，因此，他们在机构收益分配中居于主要地位，可以从有限合伙人的净收益中按 10%～30%的比例提取报酬。这种合作通常是有期限的，一般是 7～10 年，但主要还是依据公司投资生命周期和普通合伙人的意愿。普通合伙人对经营承担无限责任，但出资比例很低(一般为总投资的1%)，取得的回报很高(总利润的 20%加管理费)。有限合伙人承担有限责任，一方面用合同条款对普通合伙人进行约束，同时也进入董事会对重大决策施加影响。

合伙人的集资有两种形式。一种是基金制，即大家将资金集中到一起，形成一个有限合伙制的基金。另一种是承诺制，即有限合伙人承诺提供一定数量的资金，但起初并不注入全部资金，只提供必要的机构运营经费，待有了合适的项目，再按普通合伙人的要求提供必要的资金，并直接将资金汇到指定银行，而普通合伙人则无须直接管理资金。这种形式对有限合伙人和普通合伙人都十分有益：对有限合伙人来讲，可以降低风险；对普通合伙人来讲，省去了平时确保基金保值增值的压力。所以后一种形式已被越来越多的有限合伙制风险投资机构所采用。

公司制是指以股份公司或有限责任公司的形式设立的风险投资公司的组织模式。公司制风险投资机构投资于新企业的方式与有限合伙制风险投资机构基本相同。但与有限合伙制相比，在公司制条件下，决策权控制在董事会手中，决策过程可能较为复杂，会对决策效率产生一些影响。此外，公司制形式下风险投资公司及投资者都是纳税主体，存在重复纳税问题。有少数的风险投资公司在公开资本市场筹集资金，它们通常由专门的基金管理机构发起，在公开市场上向公众募集资金。依照证券市场监管的要求，这类公司必须向公众公开其经营情况，所以它们更容易被投资者了解，可能在募资上有一定的优势。

子公司制也是风险投资的一种组织模式。这里的子公司指的是大的金融机构或实业公司以独立实体分支机构的形式建立的风险投资公司。这类风险投资机构的主要目的是在大公司资金的支持下为母公司寻求新技术。子公司的管理人员大多由母公司派遣，一般不参与投资收益分配。当大公司投资于一个新创公司时，一般意图是建立技术窗口，再视之后的发展情况看是否将其转化为附属企业。

5. 风险投资的运行程序

风险投资的运作一般从风险投资机构筛选风险企业提交的商业计划书开始，继而完成投资，直至最终风险资本从企业中退出。整个过程可分为投资、管理和退出三个阶段。从国际风险投资的运作过程来看，以上三个阶段一般包括以下几个必经程序：

(1) 初次筛选。风险投资机构每天都会收到大量的商业计划书。在初次筛选时投资专家通常只看商业计划书的执行总结部分，每份通常只花大约几分钟时间。只有发现感兴趣的项目，他们才会投入更多时间看完整个商业计划书，或要求创业者提供更为翔实完整的文本。因此，投资申请登记表或商业计划书的第一部分——执行总结对融资者来说就显得非常重要。

(2) 面谈。如果风险投资机构对创业企业家提出的项目感兴趣，则会直接与企业家接触面谈，了解其职业背景、管理队伍构成和企业创办情况，这是整个过程中较为重要的一环。通过面对面的沟通，风险投资家可以对投资项目的可行性进行基本判断，这是项目是否能够进入实质性审查阶段的前提。

(3) 项目审查。在项目审查环节，风险投资机构将对项目的相关材料进行尽职调查。风险投资家会将感兴趣的商业计划书提交给机构的投资小组进行初步审议。通过了初步审议，风险投资机构通常会建立一个项目评估小组，对项目进行进一步全面审议。他们会向申请风险融资的企业要求更全面的企业背景资料，通常包括注册登记文件、企业章程、董事会和股东资料、董事会纪要、重要的业务合同、法律和财务合同、详细财务报告、资产清单、知识产权方面的文件、管理团队的背景资料和员工情况、法律诉讼和保险资料、政策法规资料等。项目审议所涉及的方面有行业审议、技术审议、市场审议、财会审议和法律审议。这一程序包括与潜在的客户接触，向技术专家咨询并与管理队伍举行几轮会谈。

(4) 项目谈判。审查阶段完成之后，如果风险投资机构认为所申请的项目前景看好，那么便可开始进行投资形式和估价的合作谈判。风险投资机构的项目评估小组依据投资条款清单与企业的管理层或创业者就有关问题进行谈判。涉及的主要问题通常包括投资形式、融资计划、资金使用、股本结构、股权转化价格、股权注册权限、其他股东的义务、上市计划、董事会组成、核心人员招募、财务状况披露、股份购买协议、交易达成的前提条件、排他性条款和交易费用等。

(5) 交易完成。谈判顺利完成后，就进入签订投资协议的阶段。风险投资机构将与被投资企业或创业者签署有关法律文件，这些文件通常需要有关的律师来准备。文件同时涉及对企业的现有章程进行修改，并须报有关部门批准和备案等。风险投资机构将力图使它们的投资回报与所承担的风险相适应，基于各自对企业价值的评估，投资双方通过谈判达成最终成交价值。从初次筛选到交易完成通常需要 90 至 150 天。

(6) 投资生效后的监管。投资生效后，风险投资机构便拥有了风险企业的股份或其他合作方式的监管权利。多数风险投资机构在董事会或合作中扮演着咨询者的角色。风险投资机构的一名普通合伙人或投资专家将参与所投资企业的董事会，跟踪项目的实施、商业计划的执行和经营管理情况等，同时帮助企业制定有关的商业策略和进一步融资计划，并提供一切必要的支持。风险投资机构会全力以赴地协助企业发展，保证其风险投资能够获得成功，资本最大限度地得以增值。这种跟踪和帮助会持续到风险资金退出为止。

(7) 退出。退出机制是风险投资运行中重要的组成部分，它不仅为风险资本提供了持续的流动性，也保证了风险资本持续发展的可能性。风险资本赖以生存的基础是资本周期性的高度流动，流动性的存在构筑了资本退出的有效渠道，使资本在不断的循环中实现增值。因此，股权变现是风险资本进入下一个投资循环阶段的关键。即使被投资企业能实现资本增值，如果没有有效可行的退出机制，风险资本就不能变现，无法持续运营。所以，退出机制是结束风险资本阶段性投资的重要手段，有效的退出机制使资本不断循环，赋予风险资本活跃的生命力。一般在投资后 5～10 年，取得一定股权增值收益后，风险投资方会退出被投资企业。如果企业仍处在持续快速的成长阶段，风险资本的退出时间也可能延迟。通常，风险资本退出的主要方式有公开上市、企业并购(出售)、股份回购和清算。

6. 风险投资活动中的投资银行

投资银行涉足风险投资领域主要有两个方向：一是作为直接投资业务的重要组成部分，以自有资金发起成立风险投资基金，以机构的名义担任投资基金的普通合伙人；二是发挥其市场中介职能，协助其他风险投资机构或风险企业募集资金，或协助风险企业实现公开上市。

(1) 发起和管理风险投资基金。一般来说，投资银行主要作为普通合伙人参与创建风险投资基金，管理运作风险资本。由于投资银行长期从事资本市场的投融资中介活动，与主要的机构和个人投资者有着密切、长期的合作关系，因此，它们在组织和发起风险投资基金上有很强的优势。即便不作为主要发起人，知名的投资银行也有可能被邀请加入风险投资机构，以提高机构的融资能力。

(2) 提供融资中介服务。除了直接投资外，投资银行一般还会为风险投资活动的参与者提供各种类型的融资中介服务，主要有以下两种情况。一是为风险投资机构筹集资金。多数风险投资机构能够依靠自身的渠道完成筹资任务，但当筹资规模较大时，也可能需要借助投资银行所拥有的广泛的投资者关系网络。二是为风险企业首次公开发行或股权转让提供中介服务。首次公开发行和股权转让是风险企业发展到成熟期时，前期投资者退出的主要途径。此时，投资银行可以以市场中介的角色为风险企业及其投资者提供资本运作的技术支持。从股权转让角度看，投资银行提供的中介服务包括资产重组和并购方案策划、搜寻并与潜在购买者谈判、协助企业实施战略性财务管理提高企业价值等；从公开上市角度看，包括上市前整合、上市辅导和推荐证券承销等。

(二) 金融衍生工具的业务创新

随着基础性金融工具如股票、债券的价值变化，逐渐派生出创新性的交易方式，交易量迅速增长，市场规模迅速扩大，金融衍生品也随之多样化、复杂化，现代金融衍生工具的兴起与迅猛发展是金融领域发生的最引人瞩目的变化。

1. 金融衍生工具的特征

(1) 金融衍生工具的价格随基础性工具的变化而变化。金融衍生工具派生于传统金融工具,其价格受原生金融产品价格变动的影响。但较基础性金融工具而言,金融衍生工具对价格变动更为敏感,波动也较大。

(2) 金融衍生工具交易具有杠杆效应。根据通行交易规则,参与金融衍生工具交易的投资者,只需要支付少量保证金签订远期合约或互换不同金融产品的衍生交易合约,就可以进行数额巨大的交易,取得以小博大的效果。但这种杠杆效应同时也成倍放大了市场风险,所以金融衍生工具有着高风险、高收益的特征。

(3) 金融衍生工具结构复杂。在金融市场上,金融工程师可以采用各种现代定价和交易技术,根据客户的需要进行"量身定造",创造"再衍生工具",进行多重的资产组合,从而"发明"出大量的特性各异、纷繁复杂的金融产品。

2. 金融衍生工具的分类

目前,国际上金融产品创新频繁,金融衍生品种类不断增加,可以从不同的角度进行分类。

1) 按交易方法分类

根据交易方法的不同,可分为金融远期、金融期货、金融期权、金融互换等。

金融远期是指双方约定在未来的某一确定时间,按协议确定的价格买卖一定数量的某种金融资产的合约。金融远期合约规定了将来交换的资产、交换日期、交换价格、数量等。合约条款因合约双方需要不同而异。金融远期合约主要有远期利率协议、远期外汇协议、远期股票合约等。

金融期货是指协议双方同意在将来某个日期按约定的条件(包括价格、交割地点、交割方式)买入或卖出一定数量某种金融资产的标准化协议。金融期货合约的价格以在交易所内公开竞价的方式达成。金融期货主要有货币期货、利率期货、股票指数期货等。

金融期权是指购买者持有在规定期限内按双方约定的价格购买或出售一定数量某种金融资产的权利的合约。金融期权一般包括外汇期权、利率期权、股票期权、股票指数期权等。在期权类金融衍生市场上,既有在交易所上市的标准化期权合约,也有在柜台交易的非标准化期权合约。

金融互换是指两个或两个以上当事人按照商定条件,在约定的时间内交换一系列现金流的合约。金融互换主要有货币互换、利率互换、股权收益互换等。

2) 按基础工具种类分类

按照基础工具种类的不同,可分为股权衍生工具、货币衍生工具、利率衍生工具等。

股权衍生工具是指以股票或股票指数为基础工具的金融衍生工具,如股票期货、股票期权、股票指数期货、股票指数期权及上述合约的混合交易。

货币衍生工具是指以各种货币为基础工具的金融衍生工具,主要包括远期外汇合约、货币期货、货币期权、货币互换及上述合约的混合交易。

利率衍生工具是指以利率或利率的载体为基础工具的金融衍生工具,主要包括短期利率衍生品(如远期利率协议、利率期货、利率期权、利率互换)和长期利率衍生品(如债券期货、债券期权)等。

3) 按交易场所分类

根据交易场所的不同，可分为场内交易的金融衍生工具和场外交易的金融衍生工具。

场内交易，又称为交易所交易，指所有供求方集中在交易所内，以公开竞价方式进行的交易。交易所事先设计标准化的金融合约，并负责审批交易者的资格，向交易者收取保证金，负责清算和承担履约担保责任。绝大部分的期货交易和部分的期权交易都采取该种交易方式。

场外交易，又称为柜台交易，是指交易双方直接成为交易对手的交易方式。场外交易是一个无形市场，交易双方主要通过面对面或者电话、电传或者通过经纪人中介分散地达成交易。因此，场外交易要求参与者具有较高的信用。部分的期权交易、互换交易、远期交易以柜台交易为主。

3. 金融衍生工具的功能

1) 规避风险

金融衍生工具提供了新的风险管理手段。传统的证券投资组合理论以分散非系统性风险为目的，无力应对系统性风险。金融衍生工具通过套期保值交易将市场风险、信用风险等系统性风险进行集中、冲销或重新分配，有效发挥风险转移的功能，从而更好地满足风险偏好不同的投资者的需求。

2) 价格发现

金融衍生工具交易的特点是场内交易集中了众多的交易者。交易者在信息收集和价格分析的基础上，通过公开竞价方式达成买卖协议。协议价格能够充分反映交易者对市场价格的预期，也能在相当程度上体现未来价格走势。

3) 获取收益

金融衍生产品交易一方面为投资者提供了一种避险手段，另一方面也为投资者和金融中介提供了盈利的机会。金融衍生工具交易的杠杆效应使投机者有可能以较少的资金获得较大的收益。而金融机构可凭借其高素质的专业人才、先进的技术设备，为投资者提供咨询、经济服务，从中赚取手续费和佣金收入，增加收益。

4. 金融衍生工具市场中的投资银行

投资银行在金融衍生工具市场中，可以同时扮演金融衍生工具的提供者、交易商及中间商的角色，发挥着重要的作用。

1) 投资银行是金融衍生工具的提供者

投资银行是资本市场上最主要的中介机构，具有不可替代的核心地位。投资银行拥有高、精、尖的人才优势，是金融衍生工具最主要的设计开发者。向市场提供创新的金融产品以满足客户和投资者需求，成为投资银行获得收益和扩大影响的重要方式和手段。

2) 投资银行是金融衍生工具的交易商

金融衍生工具设计开发完成后进入运营阶段，投资银行会积极寻找金融产品的需求者，随时根据交易对手的要求进行报价和交易。同时，投资银行也通过参与交易，利用衍生金融产品实现风险资产管理、获取套利和投机交易收益等目的。投资银行一方面作为交易的对手方参与衍生产品的交易，另一方面也充当衍生产品市场的做市商，维持市场的流动性。

3) 投资银行是金融衍生工具交易的中间商

投资银行利用自己的客户关系网撮合其他交易者，担任衍生品交易的经纪商，收取一定的手续费和交易佣金。特别是在场外交易市场中，投资银行是撮合成交的重要中间人。

4) 投资银行是金融衍生工具进一步发展的推动者

投资银行不断根据市场环境的变动，对金融衍生工具的功能进行修正，使之更适合新的市场环境和不同投资者的需求，推动金融衍生工具朝着使用范围更广、功能更加复杂细密、体系更加严密的方向发展。

(三) 公司财务顾问的业务创新

公司理财，实际上就是投资银行作为客户的金融顾问或经营管理顾问而提供咨询、策划或操作。它分为三类：

第一类是根据公司、个人或政府的要求，对某个行业、某种市场或某种产品、证券，进行深入的分析与研究，提供较为全面、长期的决策参考资料，然后按照研究时间、研究成本等收取咨询费、手续费。

第二类是在宏观经济环境等因素发生突变，某些企业遇到突发性困难时，投资银行为其出谋划策，提供应变措施，助其重新制定发展战略、重建财务制度、出售转让子公司等，化解这些公司企业在突变事件中的压力和困难。

第三类是在企业兼并、公司收购和企业重组过程中，投资银行往往作为卖方代理、买方代理和财务顾问，发挥着咨询策划或实际操作等重要作用。

(四) 基金管理的业务创新

随着基金市场规模的不断壮大，基金的品种也得到了极大的丰富：既有指数基金、成长型基金、收入型基金，又有专门投资于某一特定行业的行业投资基金；既有将投资目标局限于国内资本市场的国内型基金，又有将基金资产在世界范围内分散投资的全球型基金。共同基金品种几乎遍布了投资领域的各个角落。

投资银行在基金管理方面的优势源于其在资本市场中的特殊地位以及丰富的理财经验和专业知识：一是有成功的证券投资基金的设立和管理经验，有利于保障投资基金的良好运作；二是具有较强的风险投资意识，有利于规避投资风险；三是拥有雄厚的研究力量。正是基于此，投资银行通常受客户的委托全权管理和处置投资者的资金。

三、投资银行业务创新的趋势

目前，中国金融对外开放程度不断加大，资本市场快速发展，直接融资规模加大，客户需求愈发多样化，外资银行不断冲击，在此背景下，投资银行为了在市场竞争中占据优势位置，获得市场经济利润，也需扩大投行业务规模，不断进行业务创新。

(一) 逐渐趋于全能化、国际化、网络化、智能化和集中化

投资银行通过整合商业银行、保险公司、信托公司等各类金融机构，开展多元化的业务，向大型和超大型金融集团发展，经营的金融业务逐渐趋于全面化。全能化趋势体现了

金融市场内部互相沟通的内在要求,有利于包括投资银行在内的金融机构更好地发挥作用,提高整个金融市场配置资源的效率。

通过遍布全球的网络机构,开拓国际市场,在全球范围内拓展业务经营,经营空间逐渐全球化。一方面体现在我国投资银行由内向外,进行机构国际化;另一方面体现在投资银行跨越地域和市场的限制,经营越来越广泛的国际业务,成为全球投资银行。

随着网络经济时代的来临,投资银行的发展也要适应互联网时代,互联网使得投资银行的经营方式和管理模式都发生了重大变革,主要体现在网上发行、网上交易、网上理财等方面。具体来看,网上交易成本低、效率高,深受投资者青睐,使得网上交易的比重不断增加,同时也要求投资银行提供新的适合在线交易的咨询业务,改变传统的作业方式,以便给投资银行的发展注入新的动力和活力。

投资银行作为资本市场上一种高级形态的中介机构,在资本运营中扮演着非常重要的角色,这就要求投资银行的从业人员具有较高的知识水平和业务能力,因此汇聚了一大批社会上的知识精英,保证了投资银行业的先进性和活跃性。同时,由于投资银行业运营的目标需要运作整个资本市场,其项目的知识密集程度和关联程度也格外高,这就造就了投资银行的智能化趋势。

20 世纪五六十年代,随着战后经济和金融的复苏和成长,各大财团的竞争与合作使得金融资本越来越集中,投资银行也不例外。近年来,由于受商业银行、保险公司及其他金融机构业务竞争的影响,如收益债券的承销、欧洲美元辛迪加等,更加剧了投资银行业的集中。在这种状况下,各大投资银行纷纷通过并购、重组、上市等手段扩大规模,例如美林公司与怀特维尔德公司合并、瑞士银行公司收购英国的华宝等。大规模的并购带来了投资银行的业务高度集中。

(二) 金融工具多样化

金融工具的创新是把金融工具原有的特性予以分解,然后再重新安排组合,使之能够适应新形势下规避汇率、利率波动的市场风险,增加流动性以及创造信用的需要。具体来说有以下几个方面:

(1) 融资工具不断创新。投资银行开发出不同期限的浮动利率债券、零息债券、抵押债券、认股权证和可转换债券,建立"绿鞋期权"承销方式等。20 世纪 90 年代,投资银行又创造出一种新型的融资方式——资产证券化,即以资产支持的证券化融资。

(2) 并购产品的创新层出不穷。投资银行提供了桥式贷款、发行垃圾债券、创立各种票据交换技术、杠杆收购技术和种种反收购措施,如毒丸防御计划、金降落伞策略、白衣骑士等。

(3) 基金新产品应有尽有。投资银行推出的基金新产品有套利基金、对冲基金、杠杆基金、雨伞基金等。

(4) 金融衍生产品频繁出现。投资银行将期货、期权、商品价格债券、利率、汇率等各种要素结合起来,创造出一系列金融衍生产品,如可转换浮动利率债券、货币期权派生票据、掉期期权、远期掉期等。

(三) 新技术在业务创新中的广泛应用

电子、计算机、通信网络技术的不断革新和发展,已经大大改变了人们获得信息的方式和金融工具的交易方式，使得信息传递更为快捷方便，为业务创新提供了技术上和物质上的有力保障。

例如随着大数据时代的到来，数据成为智能化建设最为重要的生产资料。鉴于未来金融业务可能更多表现为数据业务，而金融原始数据充斥大量杂乱噪声，因此通过对数据进行专业工程化处理，形成高质量、高可用、高稳定的数据资产，以支撑不同场景、不同层次、不同程度的建模技术及业务创新服务。同时，数字化时代，市场竞争由单纯业务品种竞争转化为整体金融生态竞争，金融业务之间会产生更多交叉、组合，单项业务同样会依托并融合更多智能化应用，促进打造更加灵活共享、可组装的智能化产品应用平台。通过智能分析预测服务促进业务创新发展。

AI 算法的广泛应用，提升了投资银行业务创新的质效。一方面，通过构建分析预测模型，可以更精确地定位客户，通过业务创新满足客户所需；另一方面，AI 算法模型可自动调取客户在税务、监管、征信等多维度的数据信息，更全面、量化地评估企业的信用状况，根据企业资质给予差异化支持，使服务更为精准。

(四) 金融工程的作用越来越明显

第一，金融工程为业务创新提供了专门技术保障。金融工程是 20 世纪 80 年代中后期在西方发达国家随着公司理财、银行业和投资银行业的迅速扩张而产生和发展的一项尖端金融业务。金融工程将工程思维引入金融领域，金融工程的精髓在于运用经济学、金融学、数学、计算机科学等多门科学知识与技术进行金融产品的综合设计与创造，为投资银行业务的创新提供依据。

第二，金融工程对投资银行创新的意义。金融工程成功地介入了公司财务、贸易、投资以及现金管理和风险管理等许多重要的领域。

课程思政

传时代创新之风，筑爱国强国之梦

人的生命相对历史的长河不过是短暂的一现，随波逐流只能是枉自一生，若能做一朵小小的浪花奔腾，呼啸加入献身者的滚滚洪流中，推动人类历史向前发展，我觉得这才是一生中最值得骄傲和自豪的事情。

——黄大年

我国有许多拥有爱国情怀、创新精神、并投身祖国建设的伟人，今天我们一起来认识一位战略科学家——黄大年。"振兴中华，乃我辈之责。"这是黄大年青年时写给同学的一句话，26 年后，他成为航空地球物理领域的顶级科学家，主持研发的许多成果都处于世界领先地位。带着从国外学到的最新知识，黄大年的核心工作之一是攻克国家急需的"高精度航空重力测量技术"，尤其是研制"航空重力梯度仪"。这种设备就像一只"透视眼"，可用于油气和矿产资源勘探，也可用于潜艇攻防和穿透侦查。黄大年带领 400 多名科技人员日夜奋战，成功研制我国第一台万米科学钻——"地壳一号"，自主研制综合地球物理数据分析一体化的软件系统，提高国家深部探测关键仪器的制造能力。

黄大年精神是一种爱国精神。他怀揣着心有大我、至诚报国的爱国情怀，在祖国最需

要的时候毅然选择回国，为祖国富强、民族振兴、人民幸福贡献了自己毕生的力量。黄大年精神是一种创新精神。他集合组织国家的一流团队联合攻关、开拓创新，研究具有自主知识产权的探测装备，突破陈规、大胆探索，使我国进入了"深地时代"。

如今，随着经济全球化局势的不断深入，以爱国主义为核心的民族精神受到了很大的冲击，许多人认为爱国只是一种口号。黄大年精神体现了爱国在当今中国，不是简单的口号，而是一种真真切切的思想与情怀。我们应当学习黄大年的爱国情怀和改革创新的精神，以黄大年同志为榜样，切实地行动起来，从自己做起，从本职岗位做起，为实现"两个一百年"奋斗目标、实现中华民族伟大复兴的中国梦贡献智慧和力量。

本 章 小 结

本章主要介绍了创新对投资银行的意义，投资银行的制度创新以及包括风险投资业务和金融衍生工具业务在内的业务创新。

投资银行自身的特点是创新的内在动力。投资银行之所以能够不断地发展和壮大，在金融领域扮演着越来越重要的角色，原动力来自于对超额利润的追逐，而创新则是行之有效的重要手段。创新的外部动因有很多，但根本上来说是竞争和规避风险两方面。

投资银行的制度创新主要表现在全能化、规模化集中经营和组织创新三方面。

投资银行业务的创新分为两类：一类是在经营方式上的创新，另一类是在业务内容上的创新。未来，投资银行业务创新将趋于全能化、国际化、网络化、智能化、专业化和集中化，金融工具更加多样化，业务创新中将广泛应用新技术，金融工程的作用也将愈发明显。

 **案例阅读**

德意志银行成功转型 取得丰厚回报

德意志银行是一家全能银行，在世界范围内从事商业银行和投资银行业务，对象是个人、公司、政府和公共机构。它与集团所属的德国国内和国际的公司及控股公司一起，提供一系列的现代金融服务，包括吸收存款、借款、公司金融、银团贷款、证券交易、外汇买卖和衍生金融工具。德意志银行还开展结算业务，发行证券，处理信用证、保函、投标和履约保函并安排融资。项目融资、过境租赁和其他金融工具业务大大补充了传统的贸易融资。

德意志银行成功实现了从以零售业务为主的业务重心向提供金融一站式服务的全能银行的转型，尤其在投资银行业务上，更是实现了质的飞跃，跻身于全球顶尖投资银行的行列，在固定收益、外汇以及信用衍生工具等业务上的表现已成为行业的佼佼者。在2003年，国际金融评论授予德意志银行年度最佳银行的称号，以表彰其成功的转型和杰出的业务表现。以下将从不同侧面回顾德意志银行在其转型和业务发展所做出的主要措施以及相关的经验和教训。

一、组织与经营架构转变

从历史沿革来看，德意志银行向提供一站式金融服务的全能银行的转型起始于1974年的组织结构的根本性改变，当时提出了所谓的"组织与管理模型"，其中心思想就是目标集团银行业务的全新概念。现在德意志银行的组织架构来自于 2002 年初的调整，在原先的基础上，新的组织架构实现了战略职能与运营职能的分离。具体地，德意志银行进行了高层管理结构的调整，集团董事会将专注于战略，控制与风险管理以及资源配置。新成立的全球执行委员会将负责具体的运营工作。

二、提供一站式金融服务和确立核心业务

随着德意志银行向全能化银行逐步转型，德意志银行的传统利息收入占整个收入的比例不断下降。1995 年该比例仍然高达 63%，而到了 2003 年这个比例已经降到了不到 30%，而手续费和交易费用收入则是成倍直线上升。从业务部门来看，2003 年企业和投资银行部贡献的收入最多，约占整个银行总收入的三分之二。

从德意志银行的经营情况来看，作为提供一站式金融服务的全能银行，其所具有的一个重要优势在于能够充分分散经营风险。由于收入来源的多样化，银行的总收入不会出现在单一业务模式下的剧烈波动，从而降低了银行的经营风险。从历史的角度也可以证明，全能银行很少倒闭，因为它比从事单一业务的金融机构更能抵御经济和金融的各类冲击。

全能化的模式给德意志银行带来了收入来源的多元化和经营风险的分散，但在此过程中，也出现了投资业务过于分散，过多涉足不熟悉的投资领域，特别是产业实体投资等一系列问题。因而在 2002 年，德意志银行开始调整整个银行的资源配置，将重心放在银行的核心业务方面，对非核心业务进行剥离，放弃或调整了一部分金融业务和实业投资。在 2002 年至 2003 年的两年时间里，合并了抵押贷款业务，并剥离了其保险业务、证券托管业务、消费性金融业务、部分资产管理业务，以及部分持有的实业公司(如电信行业)股份。从资本和资产的回报率来看，整个银行的经营绩效一直保持上升。

三、通过交叉销售共享客户资源，降低成本

在全能银行的体系下，银行的各个部门之间的目标客户有许多是重叠的，因而不同部门之间可以共享客户资源，通过别的部门为自己带来客户。例如商业银行部门只是为顾客提供信贷服务，但如果在提供信贷服务的过程中，了解到客户同时还有股权、债权融资或者兼并收购的需求，则商业银行部便可向客户推荐其他的相关业务部门，从而节省了其他部门搜寻目标客户方面所必须花费的成本。

交叉销售的主要来源是负责每一个主要客户的客户经理。该客户经理行政上隶属全球银行部，但负责联络客户高层(如总裁、首席财务官等层次的管理人员)，全面了解客户在所有金融领域的服务需求。客户经理所在的全球银行部与各业务部门之间有事先约定的收入分享方案，使得客户经理及其所在的全球银行部有足够的动力为其他部门介绍业务。

四、建立覆盖银行全部业务的即时风险控制系统

德意志银行一直以来都非常重视对风险的控制，其风险管理的经验和手段主要包括以下几个方面：

(1) 股东重视风险管理。股票市场的"用脚投票"、董事会决定等形式，是德意志银行加强风险管理的最重要的动力和压力。

(2) 在内部体制上，德意志银行各个业务部门的决策互相独立，总部风险控制首席执行官对风险控制的权利大于任何一个部门的决策者。在总部级别，银行集团风险控制委员会下，设信贷及操作风险首席控制部门和市场风险控制部门。

(3) 使用全面风险控制的数量指标。对信贷风险，银行使用的数量指标包括对各种信

贷风险的暴露程度、借款人的信用评级等。对市场风险，银行使用的数量指标包括所有业务对股价、债券价格、外汇价格变动的敏感性指标，临险价值指标和极端风险测试等。

(4) 设定对各项业务的风险上限。在控制贷款风险方面，根据银行对各种宏观风险指标的判断和客户风险评级，设定对国家、行业、单个客户的信贷风险上限。在控制市场风险方面，根据整个银行资产配置的战略和每个自营投资组合所设计的资产种类及各种风险指标，设定总仓位、净仓位、杠杆使用、最大损失等上限。

(5) 建立全面、即时监控风险的计算机管理软件系统。德意志银行已经将几乎所有可能量化的风险全部纳入了一个完整的计算机系统，并做到了 T＋1 的监控，即第二天一早，风险控制部门的官员就可以看到前一天所有业务活动的风险暴露程度和汇总后对整个银行的风险程度的影响。相比之下，许多发展中国家的金融机构虽然有对单个部门的风险监控，但没有在总部层次上汇总风险的能力，对风险的监控报告也往往有很长的时滞。在这种情况下，突发性的风险往往无法被察觉和控制。

(6) 为了防止由于"内部人交易"等问题带来的法律风险，银行内部建立了一整套"防火墙"，用于防止拥有"市场敏感信息"的部门和人员将这些信息传递给自营部门、某些有特殊关系的客户，或被银行雇员个人用来在资本市场上获利。

五、国际化举措

长期以来，德意志银行在立足于德国本土的基础上，稳步地推进其全球化业务扩张。一方面，它在欧洲市场稳扎稳打，通过渐进有序的兼并收购在欧洲大陆获得了巨大的市场；另一方面，德意志银行在亚洲以及南美等新兴市场的积极扩张也使其获得了丰厚的回报。超过一半的员工和业务都已经在德国本土之外。

(资料来源：https://business.sohu.com/20050325/n240416500.shtml)

 问题

1. 试结合案例分析混业经营模式的优势。
2. 探讨德意志银行混业经营模式对我国金融机构混业经营的启示。

复习思考题

一、名词解释

风险投资　天使投资人　有限合伙制　金融衍生工具　金融远期　金融期货　金融期权　金融互换　场内交易　场外交易

二、简答题

1. 简述创新对投资银行的意义。
2. 简述制度创新包括的内容。

三、论述题

论述投资银行业务创新的新趋势。

第十三章 投资银行的监管

【学习目标】

了解投资银行监管的目标和原则，以及投资银行的监管体制与模式；掌握市场准入监管、经营业务监管、日常经营活动监管以及市场退出监管；了解投资银行监管的发展趋势。

案例导入

次贷危机危害严重，严格监管必不可少

2008 年，美国爆发次贷危机，并逐渐席卷整个金融市场，蔓延成为全球性的金融危机，直接导致美国前五大投资银行倒闭或被收购，而高盛和摩根士丹利也被迫转为了银行控股公司。这次金融危机的爆发，使人们充分认识到了投资银行的高风险性，其业务风险高、杠杆比率高、透明度低的特点也展现了出来。同时，此次危机的爆发，普遍认为是金融监管制度的缺失造成的。因此，为确保投资银行的经营顺利，对其进行严格监管是必不可少的。

(资料来源：https://baike.baidu.com/item/美国次贷危机/9216445?fr=aladdin)

第一节 投资银行监管的目标和原则

一、投资银行的监管目标

投资银行监管是指有关监管机构依法对投资银行及其各项活动进行监督和管理的一系列措施的总称。从理论上讲，投资银行监管是为了防止投资银行业危机和金融市场失灵的必备措施，其监管目的由于时代背景和国情的不同呈现多样性和复杂性。但投资银行监管的目的还是有一些共同之处的，主要表现在以下几个方面：

(一) 保障投资者的合法权益

随着资本市场的快速发展与人们理财观念的逐渐深入，越来越多的人选择投资理财，投资者队伍日渐壮大。而投资者是投资银行的主要服务对象，保障投资者的合法权益，确保投资者可以合法有效地进行投资活动对投资银行来说至关重要。通过建立合理有效的监

管制度，包括及时公布信息、保障投资者信息对称，规范交易行为、禁止违规交易等，避免投资者因欺骗、误导、操纵等原因造成财产损失，构建一个透明化、公平公正、合理竞争的投资市场。

(二) 保证投资银行公平竞争与高效运行

资本市场在运行过程中总会存在竞争，通过竞争，督促各主体不断提升，进行优胜劣汰，形成良好的发展秩序。通过对市场进行监管，则可以确保投资银行处于一个平等且公平的竞争环境，鼓励投资银行互相之间公平地使用市场设施和获取市场信息，公平地处理指令和形成可靠的价格，防止形成或打破垄断，及时发现、制止和处罚存在不公平交易的行为，从而不断提高投资银行的运作效率和服务质量，确保其高效运行。

(三) 维护金融市场的稳定与安全

投资银行在发展运营过程中，难免会遭遇各种风险，包括公司风险、市场风险、利率风险、违约风险、流动性风险等，属于高风险行业。且一旦投资银行发生危机，则会发生连锁反应，不仅危及投资银行发展，势必还会影响到整个金融市场，更严重时甚至发生金融危机。因此，监管者的任务在于通过对投资银行进行监管，不仅是确保投资银行稳健经营，降低系统性风险，防范非系统性风险，更是维护整个金融市场的稳定与安全，确保在风险发生时将其所带来的影响降到最低，为一国的经济建设和发展服务。

二、投资银行的监管原则

投资银行的监管原则与监管目标相辅相成，监管目标决定了监管部门进行监管的核心，监管原则是实施监管的依据，贯穿在整个监管过程中。具体包括以下几个原则：

(一) 依法监管原则

依法监管原则是投资银行业进行监管的前提，是指对投资银行进行监管时必须遵守相关的法律法规，保持监管的强制性、权威性、严肃性与一贯性，从而使得监管有效。具体而言，通过法律确定投资银行业的监管主体，在进行监管时监管主体必须在法律许可范围内行使监管权力，而不得滥用权力，随心所欲，否则监管行为视为无效。在投资银行业的具体监管中，其监管主体是多样的，可由政府部门、行业协会、证券交易所等共同构成，包括中央银行、金融监督管理当局、证券交易商协会、证券监督管理机关等部门，各监管主体在法律授权范围内发挥自己的监管作用。

(二) 监管适度与适度竞争原则

监管适度和适度竞争原则是对投资银行进行外部监管的根本宗旨，即通过适度的外部监管，使得投资银行在适度竞争的环境下发展。既避免监管过严使得投资银行失去活力，从而阻碍投资银行和资本市场的蓬勃发展，又要避免外部监管过于松懈，导致投资银行间出现恶性竞争、过度竞争，导致投资银行业发展混乱，引发金融危机。这就要求监管部门在进行监管时做到松紧有度，既倡导鼓励投资银行规范竞争，又阻止恶性竞争的出现，使得投资银行既能追求利润最大化也能保障风险最小化，保障投资银行业的安全与稳定。

(三) 协调一致原则

投资银行外部监管要坚持协调一致原则，主要体现在以下三个方面：第一，不同的监管主体间要协调一致，统一监管的标准和口径，职责范围要划分合理且明确，在监管过程中相互协调，避免出现监管冲突、重复监管以及监管空白。第二，同一监管主体的不同职能部门之间及上下级机构间要加强配合，职责划分明确，在监管时不得互相推诿扯皮。第三，在进行外部监管时要与宏观调控之间相互配合，在制定监管政策时要遵循一致的基本原则，避免出现矛盾与冲突，同时要顺应经济发展规律，不得只顾自身利益而违背宏观政策，且政策要保持连贯性，不得朝令夕改。

(四) 效率原则

效率原则有两个含义：一是投资银行业的监管本身也要讲求效率，必须降低投资银行业的监管成本；二是投资银行业监管不得妨碍投资银行间的正常竞争，要鼓励、倡导和规范竞争，创造适合金融竞争的外部环境，防止垄断，以此来促进金融体系的整体效率的提高。

(五) 外部监管与内部自律相结合原则

对投资银行业的监管，除了外部监管主体发挥作用外，也离不开投资银行业内部的自律性监管。如果只进行外部监管，内部被监管对象不配合、不协作，则难以达到预期的监管效果，反之，如果只进行内部自律性监管，则很难避免一些道德风险和冒险行为。因此需要外部监管与内部自律相结合的监管方式，从外部对从业者进行督促，从内部进行从业者的自我约束，才能使得投资银行业的监管切实有效。

典型案例

国际证监会组织(IOSCO)

一、概况

国际证监会组织(International Organization of Securities Commissions, IOSCO)是证券监管领域最重要的国际组织，成立于 1983 年。其前身为成立于 1974 年的证监会美洲协会。IOSCO 总部设在西班牙马德里，现有 193 个会员机构，其中包括 110 个正式会员，11 个联系会员和 72 个附属会员。根据 IOSCO 章程，同一辖区下只能有一个监管机构成为正式会员，其他监管机构可成为联系会员(无选举权和被选举权)，而交易所、金融机构等可成为附属会员。作为专业性国际组织，IOSCO 强调非政治原则，所有国际会议上不悬挂国旗、不奏国歌。中国证监会于 1995 年加入该组织，成为其正式会员。

国际证监会组织每年召开一次会员大会，就全球性证券和期货市场的重要问题进行研讨，并在年度会议上推出关于证券市场国际监管方面的纲领性文件。作为全球证券市场监管的论坛性组织，国际证监会组织关于证券市场国际监管的原则、标准等的论述已经具有相当广泛的权威性。

二、宗旨

IOSCO 的宗旨包括以下几个方面：

(1) 维护证券市场的公正、有效和合理发展；

(2) 会员相互交流经验、交换信息，促进内部市场的发展；

(3) 设立国际标准，建立对国际证券与期货交易的有效监督；

(4) 严格遵守有关准则，有效打击违规行为，相互提供协助，确保市场完善与发展。

三、组织结构

国际证监会组织结构包括主席委员会、4 个地区常设委员会、执行委员会、秘书处和自律机构咨询委员会。其中，主席委员会为 IOSCO 非常设机构，由正式会员和联系会员机构的主席组成，是 IOSCO 最高权力机构；执行委员会是国际证监会组织的实际决策核心，目前由 19 个会员机构的代表组成，每年召开 3 次会议，在制定 IOSCO 方针政策时有较大的发言权，执行委员会下设技术委员会和新兴市场委员会。中国证监会已连续数届当选为IOSCO 执行委员会委员，并于 2009 年和巴西、印度等 3 个新兴市场国家的证券监管机构一起加入技术委员会；秘书处负责 IOSCO 日常事务，由秘书长直接领导，秘书长由执行委员会任命，任期为 3 年；按会员所属地理区域，地区委员会分为亚太地区委员会、欧洲地区委员会、美洲地区委员会和非洲/中东地区委员会；自律机构咨询委员会由全部附属会员组成，包括世界上主要的证券交易所和其他金融机构。

(资料来源：https://baike.baidu.com/item/国际证监会组织/271336?fr=aladdin)

第二节　投资银行的监管体制与模式

一、投资银行的监管体制

投资银行的监管体制因各个国家的经济体制、政治体制、金融市场发育程度和历史传统习惯不同，而形成了各具特色的投资银行监管体制。同时随着证券市场的不断发展变化，投资银行的监管体制也随之发生变化，但总体而言，投资银行的监管体制大致可以划分为集中型监管体制、自律型监管体制和综合型监管体制这三种类型。

(一) 集中型监管体制

集中型监管体制又被称为集中立法监管模式，是指国家通过制定专门的证券市场管理法规，并设立全国性的证券监管机构来实现对投资银行业的集中统一的监督管理。在这种体制下，政府处于监督的主导地位，而证券业协会等各种自律性组织则起协助政府监管的作用。这种体制的典型国家是美国。同时，加拿大、日本、韩国、巴西和中国等也实行这一体制。

1. 集中型监管体制的特点

(1) 强调立法管理，具有专门的、完整的、全国性的证券市场管理法规。例如，美国的立法管理上分为 3 级：一是联邦政府立法，如《1933 年证券法》、《1934 年证券交易法》、

《1935 年公用事业控股公司法》、《1939 年信托契约法》、《1940 年投资公司法》、《1940 年投资顾问法》、《证券投资者保护法》(1970 年)等；二是各州政府立法，即《蓝天法》，它大致可分为防止欺诈型、登记证券商型、注重公开型、注重实质管理型 4 种；三是各种自律组织，如各大交易所与行业协会制定的规章。日本则以《证券交易法》(1948 年)为核心，构建了一系列证券专项立法并形成了完整的法规体系。

(2) 设立统一的、全国性的证券管理机构来承担证券市场及投资银行监管职责。这类机构由于政府充分授权，通常具有足够的权威维护证券市场与投资银行的正常运行。这种全国性的专业监管机构可分为以下两种。一是由专门机构专职监管证券市场与投资银行。例如，美国证券市场的专门管理机构是根据《1934 年证券交易法》设立的联邦证券交易委员会(United States Securities and Exchange Commission，SEC)，它由总统任命、参议院批准的 5 名委员组成，委员全部为专职，不得兼任其他公职，也不得直接或间接从事证券交易。SEC 领导全国市场咨询委员会、联邦证券交易所、全国证券商协会。证券交易委员会具有对全国的证券发行、证券交易所、证券商、投资公司等依法实施全面监管的权力，是统一管理全国证券活动的最高管理机构，是美国证券市场的政策中心、管理中心和信息中心。以 SEC 为塔尖，包括各州设立的监管机构和各种自律组织，形成了美国式金字塔形投资银行监管体制。美国国会负责投资银行业监管的立法，美国证券交易委员会对国会负责；美国证券交易委员会负责根据国会立法来制定有关投资银行监管方面的法规，并依法对投资银行及其业务活动进行监管，是最为重要的投资银行监管机构；各州设立的监管机构依据各州的立法，在其管辖范围及区域内对投资银行及其业务活动进行监管；各种自律组织负责监督各自市场上交易及其成员的活动，他们制定和修改的规则必须由美国证券交易委员会批准。二是由附属机构来对证券市场与投资银行进行监管，这种附属机构是政府的某部门，如中央银行、财政部。例如，日本的政府监管职能是由大藏省证券局承担，投资银行在发行有价证券前必须向大藏省登记，证券交易的争端由大藏大臣调解。法国的证券交易所管理委员会从属于财政部。财政部部长还有权发放、取消经纪人的执照，对经纪人实施惩罚，决定开设或关闭证券交易所，并制定适用于它们的规章。但是财政部部长一般不干预证券管理机构和经营机构的业务决策和具体活动，而是通过证券交易委员会调节交易市场。而巴西证券监管机构是该国中央银行体系的一部分。巴西投资银行的监督机构是证券委员会，它根据巴西国家货币委员会(巴西中央银行的最高决策机构)的决定，行使对投资银行的监管权力。这一体制可能会产生过多的行政干预等现象，但因将一国宏观金融的监管权高度集中于中央银行，有利于提高监管效率。

2. 集中型监管体制的优缺点

集中型监管体制的优点包括：一是它的法规、机构均超脱于证券市场的当事之外，能更加严格、公平、有效地发挥其监管作用，更注重保护投资者的利益，同时，可以协调全国证券市场，避免出现过度竞争、互相扯皮等现象的发生。二是它具有专门的证券市场及投资银行监管的法规，监管口径统一，使市场行为有法可依、有法必依，提高了监管的权威性、严肃性和公正性。

集中型监管体制的缺陷在于：一是投资银行外部监管涉及面广，技术性强，真正做好这一项任务相当复杂和艰难，因此仅靠监管机构一方难以达成既有效监管又能避免过多干预的监管目标，很难达成适度性目标。二是在实际监管过程中，监管的主管机构与自律部门的相互配合可能难以完全协调，难免会产生矛盾或冲突。三是证券市场瞬息万变，而政府监管部门与证券市场保有一定的距离，因此证券立法监管很难随时应对证券市场的突发事件，并且任何立法都不可能规定得详尽无遗，法律的废、立、改也必须经过特定的程序，从而降低了监管效率。

(二) 自律型监管体制

自律型监管体制又称英国模式，是指政府除了某些必要的国家立法外，较少干预证券市场及投资银行，对投资银行及其业务活动的监管主要由证券交易所及证券商协会等组织和投资银行自身进行自律监管，强调证券业者自我约束、自我管理的作用。自律组织主要通过其章程和规则引导和制约成员的行为，并有权拒绝接受某个证券商为会员，同时可以对会员的违章行为实行制裁，直至开除其会籍。实行自律型监管体制的典型代表是英国，此外，荷兰、爱尔兰、澳大利亚、新加坡、马来西亚及我国的香港地区也实行这种体制。

1. 自律型监管体制的特点

(1) 对证券市场及投资银行的监管主要依靠自律机构的自我管理。以英国为例，英国是世界上证券市场发展较早的证券发达的国家，但一直没有设立专门的证券监管机构，对证券市场及投资银行的监管主要由独立于政府机构之外的证券市场及其交易参加者组成的自律组织负责。在 1986 年以前，这种自我管理主要通过英国证券业理事会和证券交易所协会及收购与合并问题专门小组等为核心的非政府机构实行。证券交易所也承担自我管理的职责。1986 年，英国通过了《金融服务法》，该法案将投资业的自我管理与政府的立法管理相结合，同时根据《金融服务法》，英国成立了半官方性质的证券监管机构——证券和投资局，形成由贸工部、证券和投资局、自律组织三级组织构成的监管体制。三级制的证券监管体制的建立并未完全改变英国证券自律监管体制。因为：其一，贸工部的监管职能大多通过证券和投资局间接执行，而证券和投资局的管理实际上更近似于自律管理；其二，由于立法并未将所有的自律规则纳入贸工部及证券和投资局复查范围内，自律组织仍根据自己管理的特定投资行业的特点制定了大量详细的可操作的自律规则，实现对证券市场自律监管。

(2) 政府很少干预证券市场。在英国，政府没有一个专门负责管理证券市场及投资银行的机构。贸工部公司登记处仅登记公开说明书，不加审核。英格兰银行基于金融目的仅对一定以上的发行行使同意权，而实质审查完全操纵在交易所手中。此外英国也没有一个专门的有关证券交易的法规，对证券交易的一些法律规定都分散在其他不同的经济法规中，如《公司法》《防止欺诈(投资)法》等。

2. 自律型监管体制的优缺点

自律型监管体制的优点在于：一是它在保证证券业自主地按市场规则进行证券活动的前提下，将政府对证券市场及投资银行的干预减少到最低程度，为投资保护和创新竞争的市场并存提供了最大的可能性；二是它不仅让证券交易商参与制定和执行证券市场管理条例，而且鼓励他们模范地遵守这些条例，这样的市场管理将更有效；三是自律机构具有丰富的专业知识和市场管理经验，在操作上具有灵活性，对市场变化和突发事件具有高度的敏感性，对于现场发生的违规行为有充分准备，能够迅速做出有效反应，提高了监管效率。

自律型监管体制也存在自身的局限性，具体包括：一是自律型监管通常把重点放在市场的有效运转及保护证券交易所会员和其他证券业自律组织成员的经济利益上，缺少对投资者利益的充分保障；二是其监管者本身又是市场的参与者，其非超脱的地位难以保证监管的公正性；三是没有一套完备的证券立法为基础，缺乏强硬的法律后盾，其监管手段往往显得软弱无力；四是由于没有全国性的监管机构，比较难以实现全国证券市场的协调发展，容易造成混乱状态。

(三) 综合型监管体制

综合型监管体制又称为分级管理型监管体制，是介于集中型监管体制和自律型监管体制之间的一种监管体制，它既强调立法集中监管，又注重自律监管。它包括二级监管和三级监管两种子模式。二级监管是中央政府和自律型机构相结合的监管；三级监管是指中央、地方两级政府和自律机构相结合的监管。实行综合型监管体制的典范是德国。

1. 综合型监管体制的特点

(1) 证券市场和投资银行监管的法律多，但没有统一的证券法。比如德国的《证券交易法》《证券交易条例》《银行法》《投资公司法》《外国投资公司法》《联邦储备银行法》《贸易法》和《刑法》等均包含投资银行监管法规，但没有统一的证券法来规范证券市场的运作。

(2) 没有建立相对独立的法律实体统一监管投资银行。 以德国为例，其对投资银行的监管主体包括 5 个层次。第一是银行监管局，负责履行法律手续，如机构审批、撤换执照、日常监督等。银行监管局依据《银行法》《投资公司法》《证券交易法》《股份公司法》等对银行的业务经营进行监管，以控制银行所承担的风险。为保护投资者利益及避免利害冲突，1991 年 1 月银行监管局发布了银行行员交易规则，要求信用机构应注意其行员在从事有价证券、外汇、贵金属及衍生性商品交易时，不得侵害银行及客户的利益。第二是德国联邦储备银行，不仅有权对银行的存款、贷款、支持结算等商业银行业务进行管理，而且有权干预证券市场的活动，并收集各家银行的有关股本、资产、负债等详细统计数据，向银行监管局提供，以便银行监管局对银行的监管。第三是证券交易委员会，由证券交易所的主要参加者组成，负责对证券交易进行日常监管。第四是证券上市批准委员会，由银行和产业界的代表组成，负责核准证券的上市，审查上市证券的信息公开情况。第五是注册证券经纪人协会。按规定，所有的正式证券经纪人都必须加入注册证券经纪人协会。该协会由州法律管辖，它也有自己的决策与执行机构。当遇到重要法规时，它必须同证券交易委员会进行协商。

2. 综合型监管体制的优势

由于集中型监管体制和自律型监管体制各有利弊，可以相互补充，自律监管可以发挥其贴近监管者的一线监管和熟悉业务操作、专家监管的优势，弥补了集中监管在这方面的劣势，而集中监管又可以弥补自律监管在协调整个投资银行业方面的不足。因此，采取综合型监管体制可以集两种体制的优势于一身，是一种值得提倡的监管模式。

目前，由于集中型监管体制和自律型监管体制各有优缺点，因此随着证券市场日益国际化，世界上大多数实行集中型或自律型监管体制的国家都逐渐向综合型过渡，使集中型和自律型监管体制取长补短，发挥各自的优势，逐渐改革国内证券监管体制。如集中型监管体制的典型代表美国，其证券商协会、证券交易所等在证券监管中也发挥日益重要的作用。另外，实行自律型监管体制的国家也开始注重通过立法局建立统一的证券监管机构，加强对证券市场及投资银行的政府监管和立法管制，如自律型监管体制的典型代表英国，在 1986 年通过《金融服务法》后，建立了证券和投资局，专门负责证券市场及投资银行的管理。尽管这一机构不是官方机构，但其管理方面吸收了集中型监管体制的很多做法。

二、投资银行的监管模式

投资银行的监管模式主要可以分为两种：分离模式和混合模式。其中，分离模式的代表主要是我国以及 20 世纪 90 年代以前的美国和日本，混合模式的典范则是德国以及 20 世纪 90 年代以后的美日两国。

(一) 分离模式

分离模式是指严格限制投资银行、商业银行的业务，投资银行不能吸收存款，而商业银行也不能从事证券的买卖、中介、承销等业务，两者之间存在着严格的业务界限。

这种模式的优点是：有效降低金融体系在运行中的风险，有利于维持金融体系的稳定；通过分离业务，使得金融机构间的竞争弱化，降低因竞争被淘汰的概率；促进金融机构内的专业化分工，做到各司其职。同时，采取分离模式也存在一定的缺点：因为投资银行和商业银行之间的业务活动是被严格限制的，从而制约了银行业的发展壮大，尤其是在面临全能银行的竞争时，我国金融机构的竞争力略显薄弱。

(二) 混合模式

混合模式是指对投资银行和商业银行的业务没有任何限制，一家金融机构可以同时经营银行业务和证券业务，各个金融机构可以根据自身优势、发展目标以及各种主客观条件进行自我选择，金融市场监管部门一般不予干涉。

这种模式的优点是：充分利用有限的资源，实现金融的规模效应和范围经济，从而降低经营成本，提高利润。同时不同业务间的收益互补，保障利润的稳定性；业务范围的扩大会加强银行业之间的竞争，通过优胜劣汰，提高效益，促进社会总效用的上升；扩大了信息获取的渠道，降低由于信息不对称所带来的负面影响。同样，其劣势主要表现在混合模式会带来相当大的风险，需要监管部门建立严格的监管制度。

第三节　市场准入监管及经营业务监管

一、市场准入监管

投资银行业是一个高风险行业，在其业务经营过程中，将面临市场风险、信用风险、流动性风险、操作风险等。因此，对投资银行进行监管极为重要。从监管体系的角度来看，对市场准入监管是保证整个投资银行业平稳发展的预防性措施。所谓市场准入监管，也就是对投资银行资格的监管。为了保障金融体系的安全，世界上任何一个存在资本市场的国家都对投资银行设立了最低的资格要求，各国的监管机构都会参与投资银行设立的审批过程；但由于各国对资本市场竞争的认识有所不同，所以在参与的程度和方式上存在着一定的国别差异。

纵观世界各国情况，投资银行市场准入监管制度可以分为两种：一种是以美国为代表的注册制，另一种是以日本为代表的特许制。

(一) 注册制监管

在注册制条件下，监管部门的权力仅限于保证投资银行所提供的资料无任何虚假的事实，投资银行只要符合法律规定的设立条件和有关资格规定，并在相应的证券监管部门及证券交易部门注册并提供全面、真实、可靠的资料，便可以设立并经营投资银行业务。美国《1934年证券交易法》规定，投资银行必须取得证券交易委员会(SEC)的注册批准，并成为证券交易所或证券业协会的会员，才能开展经营业务活动。首先，在SEC登记注册。投资银行必须填写注册申请表，内容包括投资银行的注册资本及构成、经营活动区域、经营的业务种类组织管理机构等。接到投资银行的注册申请后，SEC对投资银行进行考察，主要有以下几个方面：投资银行的交易设施是否具备，自有资金是否充足，来源是否可靠；投资银行管理人员的资格是否具备，尤其是要考虑其是否曾违反证券法规和其他法律；投资银行是否具备从事其申请的业务的能力。根据考察情况，SEC在45天内(必要时可以延长至90天)予以答复。同时，投资银行还要向SEC缴纳一定的注册费。其次，在证券交易所登记注册。申请注册的程序与在SEC的注册程序基本相同。投资银行必须经过SEC的注册批准之后，才能在证券交易所注册。同时证券交易所还要考察其是否能够遵守证券交易所的规章制度。投资银行被批准成为交易所的会员后，要按规定交纳会员费。

从上述美国的投资银行注册程序可以看出，注册制更多地强调市场机制的作用，通过市场机制和交易所席位的限额来控制投资银行的数量。其理论依据是"太阳是最有效的防腐剂，灯光是最有效的警察"。如果市场机制不完善，或交易所限额失控，将会使进入金融市场的投资银行数量失控，进而造成金融体系的混乱。因此，实行注册制的前提是要有一个成熟、有效和完善的证券市场乃至金融市场。

(二) 特许制监管

在特许制条件下，投资银行在设立之前必须向有关监管机构提出申请，经监管机构核准之后才能设立，即设立的审批权掌握在监管机构手中。同时，监管机构还将从市场竞争状况、证券业发展目标、该投资银行的实力等方面来考虑批准其经营何种业务，一般都有对投资银行的最低资格要求。比如，要有足够的、来源可靠的资本金和比较完备、良好的硬件设施，管理人员必须具有良好的信誉、素质和证券业务水平，业务人员接受过良好教育且具有经营证券业务的相关知识和经验。

在日本，根据《证券交易法》(1965年)规定，任何从事证券业的投资银行在进入证券业之前，必须向大藏省提出申请，大藏省在考察其资本金、业务水平、未来的营利性以及市场竞争状况和证券业发展目标等因素之后，根据不同的业务种类来发放不同的许可证。

如对从事证券经纪、自营、承销等业务者授予综合类业务的许可证，对从事证券经纪业务者授予经纪业务的许可证等。日本对投资银行的最低资格要求主要有以下几个方面：拥有足够的资本金，而且资本金的来源是稳定可靠的；投资银行的管理人员要具有良好的信誉，有良好的素质和证券业务水平；投资银行的业务人员也必须受到良好的教育，并且与管理人员一样必须具有相当的证券业务知识和实践经验；要求投资银行具有比较完备、良好的硬件设施。因受美国的影响，1998 年 12 月 1 日，日本通过新的《证券交易法》，将特许制改为注册制。

除日本外，法国、意大利、丹麦、韩国，以及我国的大陆和台湾地区也实行证券公司特许制管理。与注册制相比，特许制对投资银行的市场准入要求更为严格，行政色彩较为浓厚。特许制要求投资银行的设立不仅自身要具备一定的经营实力，而且还考虑到整个证券市场的情况。这种制度下，政府起着主导作用。

此外，对于既从事证券经纪业务，又经营证券自营业务的投资银行，各国的监管机构一般都设置了更高的要求。除了一般的资格要求之外，监管机构对从事自营业务的投资银行往往规定要拥有更高的资本金，其管理人员和从业人员要具备更高的证券业务水平，要通过严格的考核。

我国对证券公司的设立采用特许制。根据《证券法》规定，设立证券公司，必须经国务院证券监督管理机构审查批准。未经国务院证券监督管理机构批准，任何单位和个人不得经营证券业务。同时，设立证券公司，应当具备下列条件：有符合法律、行政法规规定的公司章程；主要股东具有持续盈利能力，信誉良好，最近 3 年无重大违法违规记录，净资产不低于人民币 2 亿元；有符合《证券法》规定的注册资本；董事、监事、高级管理人员具备任职资格，从业人员具有证券从业资格；有完善的风险管理与内部控制制度；有合格的经营场所和业务设施；法律、行政法规规定的和经国务院批准的国务院证券监督管理机构规定的其他条件。

二、经营业务监管

投资银行的经营业务种类繁多，且随着不断创新，新的业务层出不穷，因此各国金融监管部门对投资银行经营业务的监管面广量多，且这是投资银行监管的核心，这里主要介绍对证券承销、证券经纪、证券自营、企业并购、金融衍生产品、金融创新等核心业务的监管。

(一) 对证券承销业务的监管

投资银行在证券发行者和证券投资者之间发挥着桥梁的作用。由于其在证券承销时很容易通过掌握大量的证券来操纵证券市场的价格，从而获取不正当的收益，所以监管一般都着重于禁止其利用承销活动获取不合理利润以及利用热门股票发行或稳定价格时操纵市场等方面。其主要内容有以下几个方面。

(1) 严禁投资银行和证券发行者制造、散布虚假或使人迷惑的消息，严禁通过合资或者集中资金来影响证券的发行及发行价格，严禁内幕人员利用内幕信息买卖证券或者根据内幕信息建议他人买卖证券。

(2) 禁止投资银行参与(或不制止)证券发行企业在发行公告中从事弄虚作假的、欺骗公众的行为。

(3) 禁止投资银行承销超过自己所能承受范围的证券，避免其过度投机。禁止投资银行对发行企业征收过高的费用，从而造成企业的筹资成本过高，侵害发行企业的利益。

(4) 强调证券承销商发行的有价证券，在承销期满而未能全部售出时，承销商要认购剩余的证券。承销商代销的证券，在代销期满时，如果未能全部售出，剩余部分退还发行者。

(二) 对证券经纪业务的监管

作为证券经纪商的投资银行，其业务活动与广大投资者的利益息息相关。为了保护投资者利益，各国金融监管机构非常注意对投资银行经纪业务进行监管，其监管主要内容有以下几个方面：

(1) 职业道德方面的约束。投资银行在经营证券经纪业务时必须坚持诚信的原则，禁止任何欺诈、违法和私自牟利的行为。向投资者提供相关信息时，必须保证所提供信息的真实性和合法性，同时保证语义清楚，不得含有易使投资者混淆的内容。

(2) 资本金方面的约束。投资银行向客户提供的贷款不得超过证券市价的一定百分比，而且还得满足初始保证金和维持保证金的要求。

(3) 在接受客户委托方面，有些国家禁止投资银行全权接受客户委托，替客户选择证券种类、买卖数量/买卖价格和时机等，以防止投资银行侵犯客户利益的事情发生。另一些国家虽然允许设立"全权委托账户"，但是也做了一些规定，禁止投资银行做出不必要的买进卖出，以多牟取佣金。未经委托，投资银行不得自主替客户买卖证券；接受委托，从事证券买卖之后，必须将交易记录交付委托人。

(4) 在从事经纪业务中，要遵守一些道德约束。不得向客户提供证券价格即将上涨或下跌的肯定性意见，不得劝诱客户参与买卖证券，不得利用其作为经纪商的优势地位违规限制某一客户的交易行为，不得从事可能对保护投资者利益和公平交易有害的活动，也不得从事有损于整个行业信誉的活动。

(5) 应严格按规定收取佣金，不得私自决定收费标准和佣金比例。很多国家都对投资银行向客户收取佣金的比例作了规定。如果政府监管机构没有规定的话，可以自行决定，但决策时必须坚持诚信原则，不得故意欺诈客户。

(6) 除了接受金融监管机构和国家执法机关等行政机关的调查外，投资银行负有对客户证券交易信息等资料保密的义务，不得以任何方式向第三人公开和泄露。

(三) 对证券自营业务的监管

为了防止投资银行利用其雄厚财力操纵市场，并保护投资银行本身的利益，各国和地区均对投资银行证券自营业务进行了严格的监管，如在美国，自营商从事自营业务时，必须以稳定证券市场为主，多数时间按上次成交价格买进或按高于上次成交价格卖出。概括而言，对投资银行证券自营业务监管的主要内容有以下几个方面。

(1) 禁止投资银行操作证券的价格。在这方面一般规定某一投资银行所能购买的证券数量，不得超过该证券发行企业所发行的证券总量的一定百分比，或者不得超过该发行企业资产总额的一定百分比。

(2) 限制投资银行所承担的风险。要求投资银行在进行证券交易时按一定比例提取准备金；严格限制投资银行对外负债的总额不超过其资本净值的倍数以及流动性负债的规模不超过流动资产的一定比例，限制其通过借款来购买证券；限制投资银行大量购买"有问题"的证券。

(3) 要求投资银行开展证券自营业务时遵循公平、公开交易的原则。投资银行不得利用其在资金、信息和技术等多方面的优势来从事不公平交易，必须遵守证券市场规则，公平参与竞争。必须标明其自营业务的内容，坚持交易程序、交易价格、交易数量公开，不搞内幕交易和暗箱操作。

(4) 投资银行的自营业务和经纪业务必须严格分开，防止投资银行通过兼营自营业务和经纪业务侵犯客户的利益。规定实行委托优先和客户优先的原则，即当客户和自营部门同时递交相同的委托时，即使投资银行叫价在先，也要按客户的委托优先成交；在同一交易时间，不得同时对一种证券既接受委托买卖又自行买卖。

(5) 规定投资银行必须实名经营。投资银行的证券自营业务必须以自己的名义进行，不得假借他人名义或者以个人名义进行，证券自营业务必须使用自有资金和依法筹集的资金，不得将其自营账户借给他人使用。

(6) 在经营自营业务时，应该尽力维持市场稳定、维护市场秩序。投资银行是依托资本市场而生存的，维护市场秩序是投资银行的天职。同时，投资银行是拥有巨资的机构投资者，也有能力来维护市场的交易秩序和安全。不得出现侵犯客户利益和过度投机的行为。

(四) 对企业并购业务的监管

具体的监管内容为：

(1) 主要信息披露制度。上市公司重大的购买或出售资产行为、董事会决议、中介机构报告、监事会意见、是否产生关联交易和同业竞争等问题，均须及时披露。持续时间较长的并购必须定期连续公告。美国《威廉姆斯法案》还规定，在收购的信息公开中，下列行为是违法的：对重要事实作任何不实陈述，在公开信息中省略那些为了不引起人们误解而必须公开的事实，在企业收购中的任何欺诈、使人误解的行为和任何操纵行为。这些均属于虚假陈述，投资者可以对此提出起诉。

(2) 股东持股披露义务。股东获得某一企业有投票权的股份达到一定数量时，必须公开一定的信息，以此防止大股东暗中操纵市场。大股东持股信息披露的关键内容是披露持股的比例要求、披露的期限与股份变动数额。要求开始披露的持股比例越低，越有利于保护中小股东的利益。

(3) 禁止内幕交易。这里的内幕人员主要是指投资银行的相关工作人员。内幕交易主要包括利用内幕信息买卖证券或者根据内幕信息建议他人买卖证券的行为，向他人泄露内幕信息，使他人利用该信息获利的行为。投资银行的部分职员由于帮助公司实施并购方案，能比公众多掌握一些内部信息，出于保护公平交易的考虑，应该禁止他们从事内幕交易。《证券法》规定，禁止证券交易内幕信息的知情人和非法获取内幕信息的人利用内幕信息从事证券交易活动。《证券法》所界定的证券交易内幕信息的知情人包括：发行人的董事、监事、高级管理人员；持有公司 5% 以上股份的股东及其董事、监事、高级管理人员，公司的实际控制人及其董事、监事、高级管理人员，发行人控股的公司及其董事、监事、高级管理人员，由于所任公司职务可以获取公司有关内幕信息的人员；证券监督管理机构工作人员以及由于法定职责对证券的发行、交易进行管理的其他人员，保荐人、承销的证券公司、证券交易所、证券登记结算机构、证券服务机构的有关人员，国务院证券监督管理机构规定的其他人。

(五) 对金融衍生产品业务的监管

(1) 增加市场透明度。要求投资银行制定出一套完善的风险管理、咨询收集制度，密切注意资本市场的变化，定期地向监管机构和投资者公布信息。同时还规定投资银行公开资料的会计口径必须标准化，以便于评估市场风险。

(2) 加强协调合作。这一方面指的是大户投资者或机构投资者必须与投资银行合作，遵从相关的交易法令，另一方面指的是投资银行之间要加强协调与合作，共同抵御风险，以维护金融体系的安全。

(3) 重视对电子信息系统的安全性管理，要在技术上加强安全，以避免重大损失。

(六) 对金融创新业务的监管

(1) 调整监管。当投资银行创新的许多工具和做法被越来越多地效仿时，金融监管机构需要进行金融监管的调整来面对这种创新，可以是放松某些管制，也可以是加强立法和监督，以杜绝某些有危害的创新。

(2) 扩大监管范围。不仅对投资银行的基本业务进行监管，其衍生业务(包括各种创新业务)也应纳入监管范围。

(3) 采用新的会计制度。用代表市场价值的会计核算制度来代替原有的只反映资产账面价值的核算方式，对投资银行的财务报告进行更准确的评估。

(4) 加强电子信息系统的安全管制。由于金融市场的国际化和电子化，交易的规模和成交速度发生了根本的变化，要从技术上采取安全措施，防止出现危害甚大的"机器故障"。

(5) 加强监管的国际合作。由于现在的投资银行业务呈现出国际化的趋势，因而有必要在全球范围内加强证券监管部门的合作，以确保金融交易的高效安全以及投资银行的规范运作。

第四节 日常经营活动监管及市场退出监管

一、日常经营活动监管

投资银行的运行监管主要包括投资银行经营活动的监管和投资银行经营业务的监管。其中，对于投资银行业日常经营活动的监管，主要包括以下几个方面：

(一) 经营报告制度

投资银行必须定期将其经营活动按统一的格式和内容向证券监管机构报告，报告可分为年报、季报和月报三种，对于经营状况好的投资银行只需上交年报，对于经营状况不太好、被重点监管的投资银行则需要上交季报甚至月报，对于提供公司财务信息不完整、不真实的投资银行，证券管理委员会有权根据情节轻重对该行在交易、流通中的证券发出不超过 10 天的暂停交易的命令。我国《证券公司监督管理条例》第 63 条规定，证券公司应当自每一个会计年度结束之日起 4 个月内，向国务院证券监督管理机构报送年度报告，自每月结束之日起 7 个工作日内报送月度报告。经营报告制度使得金融监管机构随时了解投资银行的经营管理状况，以便更好地实施监督和管理，防止金融危机爆发。

(二) 收费限制

各国证券监管机构规定了投资银行在开展业务时的收费标准，为了防止投资银行在证券承销、经纪服务中收费过高，人为抬高社会筹资成本，证券监督机构对投资银行经营证券承销、经纪以及咨询服务等业务的收费标准一般实行最高限制。例如，美国证券交易委员会规定，美国投资银行经纪业务的佣金额不得超过交易额的 5%，其他业务的佣金比例不得高于 10%，否则均按违反刑法论处。而我国长期沿用证券交易佣金制度，在《关于调整证券交易佣金收取标准的通知》中明确规定"A 股、B 股、证券投资基金的交易佣金实行最高上限向下浮动制度，证券公司向客户收取的佣金(包括代收的证券交易监管费和证券交易所手续费等)不得高于证券交易金额的 3‰，也不得低于代收的证券交易监管费和证券交易所手续费等"。

(三) 资本充足率限制

资本充足率限制即净资本比例的限制，为了防止投资银行过度地追求风险，很多国家都对投资银行的资本充足率指标做了要求，规定了投资银行持有净资本的最低限度。例如美国证券交易委员会规定，投资银行净资本与其负债的比例最低不得超过 1∶15，以保证投资银行维持足够的流动性资产。而根据《证券公司风险控制指标管理办法》，我国证券公司应当按照规定的证券公司净资本计算标准计算净资本，并根据自身资产负债状况和业务发展情况，建立动态的风险控制监控和补足机制，确保净资本等各项风险控制指标在任一时点都符合规定标准。其中规定，证券公司经营证券承销与保荐、证券自营、证券资产管理、其他证券业务中两项及两项以上的，其净资本不得低于人民币 2 亿元。

(四) 经营管理制度

由于证券市场应该建立在非垄断、非欺诈的平等基础上，证券监管机构应建立严格的经营管理制度，制定"反垄断条款""反欺诈、假冒条款""反内部沟通条款"等。投资银行可以在不违反这些条款的前提下，开展合理的证券投资活动。"反垄断条款"的核心是禁止证券交易市场上垄断证券价格的行为，制止哄抬或哄压证券价格，制止一切人为造成证券价格波动的证券买卖。"反欺诈、假冒条款"的核心是禁止证券交易过程中的欺诈、假冒和其他蓄意损害交易对手的行为。"反内部沟通条款"的核心是禁止投资银行内幕交易行为，以及公司的内部人员或关系户利用公职之便在交易中牟取私利。

(五) 交纳管理费制度

投资银行必须按经营额的一定比例向证券监管机构和证券交易所交纳管理费。这些集中起来的管理费主要用于对投资银行经营活动检查、监督等方面的行政开支。我国政府规定，自 2003 年 1 月 1 日起，对在我国境内登记注册的证券公司、基金管理公司、期货经纪公司均收取机构监管费。对证券公司和基金管理公司每年按注册资本金的 0.5‰收取，最高收费额为 5 万元；期货市场监管费标准为年交易额的 0.002‰，由上海、郑州、大连期货交易所收取。

二、市场退出监管

投资银行的经营活动面临各种各样的风险，如果经营不善、风险控制不当，当风险积累到一定程度时就很可能会发生危机，而一旦危机出现，无论投资者的利益还是投资银行股东的利益都会遭受损失，甚至整个金融体系的稳定和安全也会受到严重威胁。因此，针对经营不良的投资银行令其退出就显得尤其重要。

投资银行的市场退出监管是指投资银行在业务活动中，发生或可能发生清偿危机时，监管机构出于保护投资者利益和维持市场秩序的考虑而关闭该投资银行，或者投资银行因其他事由而退出市场时，监管机构依据现行法律法规对退出全过程进行监管，并指导其清盘过程，收回其经营证券业务许可证，以保护投资者和股东的利益、恢复市场正常秩序的行为。

在投资银行退出市场的过程中，监管机构会采取干预措施，并会努力将这种干预对市场机制的负面影响控制在最小的范围内。事实证明，投资银行危机事件拖得时间越长，最后遭受的损失也越大。这就要求投资银行监管机构随时准备干预。当危机发展到一定程度，投资银行走到破产的境地时，监管机构只能促成其他投资银行与该行合并或者对当事投资银行进行破产清算。一般情况下，监管机构会尽量选择前一种处理方式，因为这样可以保全原来的运营基础，投资者利益损失较小，对金融体系冲击较小。

典型案例

金融危机中五大投行的变化

当投行的盈利模式逐渐从注重长期稳定的客户业务转变为交易驱动型时，"精英们"绞尽脑汁创造出令人眼花缭乱的金融产品，借此赚取巨额利润。随着次贷危机的发生，曾经为投行带来丰厚回报的自营交易业务成为他们亏损的主要来源；市场环境恶化时，通过货币市场进行融资的不稳定也暴露了高杠杆率经营模式存在的问题。危机引发的巨额亏损直接导致了五大投行在 2008 年的相继转制。

首先倒下的是贝尔斯登，这个昔日市场上耀眼的明星于 2008 年 3 月被宣布低价出售给摩根大通，点燃了金融危机的导火索。2008 年 9 月，雷曼申请破产保护，将金融危机推向了顶点。在雷曼宣布破产的同一天，美国银行宣布收购美林。9 月 21 日，美联储宣布，高盛和摩根士丹利获准向银行控股公司转型。最后两家大投行的转型意味着华尔街五大投行在危机期间纷纷转制，独立大投行模式告一段落，华尔街回归混业经营模式。

几大机构因危机而变，并在努力完成各自的转身：财务结构方面，杠杆率明显降低，几大投行在危机前的特点之一就是高杠杆率经营，危机之后纷纷经历了"去杠杆化"。业务方面，自营交易规模在转制之后明显减少，媒体频繁出现机构精简撤销交易部门、裁员的报道。信息披露方面，为了重新赢得投资者信任，几大机构在危机后加大信息披露力度，努力重塑良好形象。监管方面，2010 年 7 月，奥巴马正式签署《多德-弗兰克法案》，加强了对金融机构的监管，这是美国大萧条以来规模最大、范围最广的金融改革立法。

华尔街的投行曾推动了整个美国资本市场的发展，为美国实体经济的繁荣做出了贡献。通过总结他们的经验教训，可以给我国金融发展提供借鉴。

一是合理控制金融机构的杠杆率水平。高杠杆率意味着高风险。简单地讲，如果一个机构的杠杆率是 30 倍，当该机构的资产亏损 3.3% 时，就会耗尽它的资本，降低了金融机构抵抗风险的能力。

二是努力提高金融机构的风险管理水平。金融机构在加强业务创新的同时，必须建立风险内控和危机应对程序，保证机构的风控水平与其业务风险特征相匹配。

三是大力发展投行传统业务。投行传统业务在我国依然有着很大的发展空间，金融机构的专业性特质对于这些业务的顺利开展尤其重要。华尔街对于金融危机的反思之一就是投行过于追求自营交易业务的高盈利，偏离了投行的传统业务。

四是密切防范系统性风险。随着利率、汇率市场化的推进，我国各项金融业务趋于融合，市场竞争日益激烈，综合经营将成为我国金融业发展必然趋势。监管机构要及时发现市场新动向，加强监管协调，完善监管机制，有效防范系统性风险。

（资料来源：https://promote.caixin.com/2013-04-14/100514003.html）

 问题

试结合上述案例分析投行加强监管的必要性。

第五节　投资银行监管的发展趋势

一、加强监管立法的力度

商业银行逐步参与投资银行业务，最终形成混业经营的模式已成为全球银行业发展的重要趋势，这不仅是我国银行业发展的重大机遇，同时也为我国监管模式带来了很大的挑战。对银行业进行审慎监管，避免金融监管与综合经营发展脱节，首先需要夯实立法基础与监管标准，加强监管立法的力度。

通过了解发达国家商业银行投资银行业务的发展历程，我们最需要学习的就是发达国家坚实的法律基础。金融市场的发展和资金运行效率取决于金融监管能力。为了顺应综合经营趋势，提高监管效能，政府要立足各金融行业的协调运行和互动关系，完善银行业与证券业相关法规，首先要明确监管立法目标、宗旨和原则，不断完善监管立法，尤其是尽快建立金融控股公司相应监管制度与相应的综合经营机构风险防范制度体系。同时充分发挥行业协会的自律功能，将立法规范与自律管理相结合。其次，要加强人民银行对银行监管机构和证券监管机构的统筹与协调。除了对于业务风险管理流程的差别化规制，在银行业和证券业风险防范与并表管理方面，要建立法规效力、目标和内容基本一致的监管法律体系，适时废止、合并、修订一些过时、重复甚至互相矛盾的法规与文件，促进我国银行业与证券业实现协调运行。此外，我国缺乏专门针对不同投行业务的监督法律规范，因此需要对原有的投资银行监管法律进行修订或者制定《投资银行监管法》，做到有法可依。进一步，为规范投资银行的业务操作，避免投资银行辅导保荐不合规范的公司上市圈钱，要有针对性地制订严格的法律规范对投资银行这些涉嫌作假、欺诈的行为进行严厉的处罚，用法律手段约束投资银行的职业行为，从而构建一个良好的市场投资环境。美国证券市场监管方面的成功经验充分说明了统一立法和集中管理的重要性，因此我国投资银行业的监管应保证监管机构的独立性和权威性，加强监管的力度和强度，制定的政策要以保护投资者的利益为主要出发点。

二、减少政府干预，加强行业自律监管

需提高我国投资银行的竞争力，提高经营效率，开展有效的多边合作，实现我国投资银行业的国际化，开展更多的创新衍生业务，提高其抵抗风险的能力。同时，不能过度开发不符合实际的金融产品，监管部门要加强宏观和微观审慎监管相结合。监管者要加强投资银行的风险经营意识，不能盲目开设期货、期权等创新金融产品，创新要适度，要对市场有敬畏之心。

长久以来，我国的行业自律在金融监管活动中一直处于辅助地位，没有完全尽到行业自律的作用，应逐渐加强证券业协会、证券交易所等行业自律功能的实现。目前，中国证券业协会先后出台了较多的行业自律规范，包括首次公开发行股票承销业务规范、公司债券承销业务规范、融资担保公司证券市场担保业务规范、机构间私募产品报价与服务系统、私募股权融资业务指引等，这些规范证券公司、证券业务正常运行的自律文件，在一定程度上强化了我国行业自律功能的完善和自律体系的建立。对于证券交易所而言，则需要提高信息披露的有效性和针对性，逐步向事中和事后监管转型，加强对内幕操纵、异常交易、"老鼠仓"等违法违规行为进行持续监控，提高执法的公信力和威慑力。

同时需要提高投资银行从业人员的专业素质，投资银行监管机构的所有成员，都应具备任职资格并通过资格考核；建立严格的业绩考核制度和优胜劣汰的筛选机制，提拔优秀人才，淘汰浑水摸鱼者；全面地培训和教育人才，对所有职员定期进行业务培训，以保证所有人员的专业素质和能力达到履行职责的要求。要完善工资福利制度，吸引优秀人才加入监管队伍，并促使工作人员廉洁自律。

三、革新金融监管工具

本世纪金融危机之前，金融监管政策主要包括结构性监管和行为监管两项内容，前者一般指市场准入与退出限制、金融机构的业务限制等；行为监管则包括对微观主体经营与风险管理活动的监管，设置准备金、资本充足率、流动性、贷款结构、资产质量等标准或

限制。危机过后，各国都对监管体制进行了相应调整。2010 年，美国出台《多德-弗兰克法案》，其中一个重要内容就是加强对金融控股公司和金融业并购的监管，包括完善资本充足性管理，限制可能造成集中度过高的大型金融兼并活动，对关联交易和内部交易进行限制，提出"沃尔克规则"、禁止银行从事自营性质的投资业务、对银行投资对冲基金和私募股权基金的规模进行限制。欧盟委员会下设的银行业结构改革高级专家团建议在银行集团内部由相互独立的"交易实体"和"存款银行"分别开展特定的高风险交易业务和存贷款业务。英国政府独立银行业委员会提出"围栏"法则等结构性改革措施，要求隔离零售银行业务与投资银行业务，增强银行吸收损失能力，将大银行及零售银行最低资本充足率提高至 10%等。我国应该总结各国金融危机之后的监管经验，将审慎监管与行为监管分离开来，加强监管部门之间的协调，进一步严格大型金融机构的监管标准。

四、构建金融科技监管基本规则体系

央行积极构建金融科技监管基本规则体系，探索运用信息公开、产品公示、社会监督等柔性管理方式，努力打造包容审慎的金融科技创新监管工具，着力提升金融监管的专业性、统一性和穿透性。

一是建立金融科技监管基本规则体系。针对不同业务、不同技术、不同机构的共性特点，明确金融科技创新应用应遵循的基础性、通用性、普适性监管要求，划定金融科技产品和服务的门槛和底线。针对专项技术的本质特征和风险特性，提出专业性、针对性的监管要求，制定差异化的金融监管措施；针对金融科技创新应用在信息保护、交易安全、业务连续性等方面的共性风险，从敏感信息全生命周期管理、安全可控身份认证、金融交易智能风控等通用安全要求入手，明确不可逾越的安全红线。

二是加强监管协调性。充分发挥金融业综合统计对货币政策和宏观审慎政策双支柱调控框架的支撑作用，在国家金融基础数据库框架内搭建金融机构资产管理产品报告平台，将金融科技新产品纳入金融业综合统计体系，通过统计信息标准化、数据挖掘算法嵌入、数据多维提取、核心指标可视化呈现等手段，助力"统一、全面、共享"的金融业综合统计体系建设，覆盖所有金融机构、金融基础设施和金融活动，确保统计信息的完整性和权威性。

三是提高穿透式监管能力。建立健全数字化监管规则库，研究制定风险管理模型，完善监管数据采集机制；实时获取风险信息、自动抓取业务特征数据，综合全流程监管信息建立监测分析模型，把资金来源、中间环节与最终投向三者连接起来，透过金融创新表象全方位、自动化分析金融业务本质和法律关系，精准识别、防范和化解金融风险；引导金融机构积极配合实施穿透式监管，通过系统接口准确上送经营数据，合理应用信息技术加强合规风险监测，提升智能化、自动化合规能力和水平，持续有效满足金融监管要求。

四是建立健全创新管理机制。加强金融科技创新产品规范管理，出台基础性、通用性监管要求，明确不可逾越的监管红线和底线，运用信息公开、产品公示、公众参与、共同监督的柔性监管方式，划定金融科技守正创新边界。事前抓好源头管控，落实主体责任，强化内部管控和外部评估，严把金融科技创新产品入口关。事中加强协同共治，以金融科技创新产品声明管理为抓手，构建行业监管、社会监督、协会自律、机构自治的多位一体治理体系，共同打造全社会协同共治的治理格局，及时发现金融科技创新产品风险隐患，杜绝存在安全隐患的产品"带病上线"。事后强化监督惩戒，畅通投诉举报渠道，建立联合惩戒机制，加强违规惩戒，确保创新产品不突破监管要求和法律法规，不引发系统性金融风险。

五、信息技术革命推动监管智慧化

随着实体经济和银行业保险业的加速数字化，银行业保险业监管的内涵与外延都发生了巨大变化，需要由规制监管、经验监管、线下监管等传统监管逐步迈向智慧监管。

智慧监管是金融监管部门在关键核心技术自主可控及网络安全风险有效防御的前提下，运用信息技术和数据驱动监管方式变革，通过积极应用人工智能、区块链、云计算、大数据等科技实现金融监管数字化转型，融合各方数据，挖掘数据价值，实现全方位态势感知、多维度分析评估和实时化预警处置。智慧监管是解决当前银行业保险业监管资源严重不足，推动金融监管高质量发展的重要抓手。发展智慧监管需要革新理念、完善制度、再造组织和涵养生态，需要政府机关、科技部门、监管机构、金融和实体企业数据共享、协同监测、联动处置，需要将传统金融监管的"金融机构+监管部门"二元模式升级为智慧监管生态，实现跨区域、跨行业、跨市场的实时精准监管。

以数据治理为保障，充分挖掘数据要素内在价值。金融业作为典型的数据密集型行业，数据已经成为金融服务的重要生产资源。每天都在生成的海量数据，对以数据为基础的金融监管产生深刻的影响。面对海量多源异构金融数据，需要加强数据治理，实现监管数据标准化，加强数据资源整合和安全保护，才能充分发挥数据要素的关键价值。一是完善标准体系。充分发挥国标委、金标委、保标委和地方标准化委员会的作用，从基础标准、技术标准、应用标准、管理标准等方面进行统一，完善标准体系，建立层次化、规范化、协同化的数据治理体系，利用 API、"探针"嵌入等方式优化监管数据采集手段，实现监管部门与金融机构实时、准实时数据交互，减少人工干预、降低合规成本，从而推动金融机构强化数据治理、提升数据质量。二是加强数据资源开放利用，金融监管部门、政府机关、金融机构、行业组织等主体在安全可控的前提下，通过共建平台、应用对接、联合建模等方式创新数据使用手段，连通数据孤岛，畅通数据跨部门、跨行业、跨区域流通渠道，推进部门间数据开放共享、合作共赢。三是加强数据价值挖掘，在确保国家安全、商业秘密和个人隐私前提下，深层次推动监管数据高价值开发利用以及监管数据与监管服务的深度融合应用，提高多维数据处理能力，增强数据建模能力，提升对大数据的挖掘利用效率，构建智慧监管模型，充分发挥数据要素价值。四是严守数据安全底线，完善数据安全治理体系，落实网络安全的法律法规，关注金融数据资源开放流通、开发利用等方面的制度设计，通过监管规则实现"数据隐私保护和数字经济发展的平衡"。利用科技手段建立科学、灵活的数据安全保障机制，融合运用安全多方计算、联邦学习、迁移学习、零知识证明等多种先进安全技术推动数据安全共享应用。

以新技术平台为纽带，构建多方合作互利共赢智慧监管生态圈。监管科技蓬勃发展为良好的"金融监管生态"奠定基础，金融监管部门、政府职能部门、市场主体和相关社会组织等主体，以人工智能、区块链、云计算、大数据等新技术应用为基础，构建互联互通的网络、信息共享的平台，形成金融监管、公共管理、行业发展互利共赢的良好生态。一是完善监管部门与金融机构间的监管科技平台。依托金融机构及监管科技公司强大技术力量，建立以金融监管部门为中心、以金融机构为节点、数据驱动星型拓扑的监管科技平台，实现事前监管规则数字化嵌入，事中实时微观行为监测，事后远程审计、宏观审慎分析等智能化穿透式监管，推动监管由事后向事中事前监管转变，缓解监管时滞性，增强监管统一性和穿透性。与此同时，监管部门按照"共建共治共享"的原则，依托联邦学习和区块链技术，逐步扩展和丰富行业数据共享，服务行业数据挖掘，促进提升风险防控能力，降低合规成本，让机构感受到良好数据的价值，进而形成提升数据质量的内生自觉。二是建立金融监管部门与政府职能部门间的联动共享平台。通过监管科技平台与数字政府平台对接，实现政务数据、金融数据、监管数据的共享融合，建立更加高效的金融风险分析监测模型、风险管控联动机制，形成金融风险监管合力，提升金融行业的风险协同处置能力。同时，促进政府部门全面掌握经济血脉——金融行业的状况，更好地感知经济社会态势，辅助科学公共管理决策，提高公共管理资源配置效率和社会公共服务质效。

充分借力 5G、物联网等新型科技成果。以 5G 网络、工业互联网等为代表的新型科技成果，将赋予经济社会更多数字化、网络化、智能化内涵，形成以创新为主要支持和引领的数字经济时代，为智能化监管提供厚实的数据土壤与丰富的实现场景。智能化监管要利用好 5G"万物互联"产生的海量数据及其网络关联，与人工智能相关技术充分交互应用，弥补现有监管存在的数据样本不足、数据维度不够、数据有效性缺乏等问题。考虑到 5G 时代下的数据在时间、空间、结构、规模等层面的较大差异，有必要在传导链条、加工处理、分析预测等方面对数据的技术路线、交互架构、计算平台等进行优化与重构，使作为生产要素的各类数据能在更大程度上发挥对金融生产活动的促进作用，未来投资银行监管将更加智能化。

🔔 课程思政

创新监管手段，维护国家金融安全

中国金融业在经历了大风大浪后，已经具有厚实的"底子"，成为资源配置和宏观调控的重要工具，中国已经成为名副其实的金融大国，但要向金融强国目标迈进，还要付出更多努力。2017 年，十八届中共中央政治局第四十次集体学习，习近平总书记在主持学习时强调，"金融是现代经济的核心。""金融活，经济活；金融稳，经济稳。""切实把维护金融安全作为治国理政的一件大事。"这是中央第一次将金融安全提到如此的高度。2018 年 7 月，全国金融工作会议召开，习近平总书记再次强调，"金融是国家重要的核心竞争力，金融安全是国家安全的重要组成部分，金融制度是经济社会发展中重要的基础性制度。"切实将金融安全上升到治国理政高度。近两年，我国采取的深化金融改革、防范化解金融风险、发展绿色金融、金融服务实体经济、发展普惠金融和金融扶贫等政策和实践，不仅是供给侧结构性改革的重要内容，也是我国金融监管机构给出的中国智慧和中国方案。

一方面我们要基于习近平总书记金融安全的判断，贯彻金融安全的全局部署工作，更深刻地学习习近平总书记为加强金融监管协调、补齐监管短板所提出的治本之策，另一方面充分认识到金融是现代经济的核心，大国崛起离不开金融的强有力支撑，金融业在发展过程中存在的风险不仅危及本身，还会扩散至全系统，甚至危及国家安全，因此要将维护金融安全上升到治国理政的高度。

作为新时代的接班人，我们在日常生活中，也要培养形成求真务实的科学态度和创新精神，加强金融风险教育和职业道德教育，主动学习未来应对全球视野的专业能力和文化素养，为祖国越来越好的明天贡献自己的力量。

<h1 align="center">本 章 小 结</h1>

本章主要介绍了投资银行监管的目标和原则，投资银行的监管体制和模式，以及投资银行市场准入、经营业务、经营活动以及市场退出的监管，探讨了未来投资银行监管政策的发展趋势。

投资银行监管的目标主要包括保障投资者的合法权益，保证投资银行公平竞争与高效运行，维护金融市场的稳定与安全。投资银行的监管原则包括依法监管原则、监管适度与适度竞争原则、协调一致原则、效率原则、外部监管与内部自律相结合原则。投资银行的监管体制主要有集中型监管体制、自律型监管体制、综合型监管体制。投资银行的监管模式主要可以分为两种：分离模式和混合模式。

市场准入监管制度可以分为注册制和特许制，投资银行的运行监管主要包括投资银行经营活动的监管和投资银行经营业务的监管。其中，对于投资银行业日常经营活动的监管，主要包括经营报告制度、收费限制、资本充足率限制、经营管理制度、交纳管理费制度等方面的监管。对投资银行经营业务的监管主要包括：对证券承销业务的监管，对证券经纪业务的监管，对证券自营业务的监管，对企业并购业务的监管，对金融衍生产品业务的监管，对金融创新业务的监管。

监管政策的未来发展趋势是：加强监管立法的力度；减少政府干预，加强行业自律监管；革新金融监管工具；构建金融科技监管基本规则体系；信息技术革命推动监管智慧化。

 案例阅读

<h3 align="center">监管"立体追责"倒逼投行主动归位尽责</h3>

中国证券业协会近日发布通知，就修订《证券公司保荐业务规则》向券商公开征求意见，此次修订旨在进一步明确对券商的监管要求。随着注册制改革的深入推进，有必要进一步明确保荐机构执业重点，适度减少保荐机构与其他中介机构之间的重复工作。同时进一步完善激励约束机制，促进保荐机构主动归位尽责等。

证监会发布《关于注册制下督促证券公司从事投行业务归位尽责的指导意见》，总体来看，《指导意见》落实"申报即担责"的原则，坚决杜绝"带病闯关"行为，全面强化自律管理、日常监管、行政处罚、刑事惩戒以及民事赔偿等立体追责方式。

保荐人是投行中最受关注的群体，此前因为超高薪和手握 IPO 签字权被称为"金领中的金领"。如今，"金领"褪色，取而代之的是更加公开透明的执业经历以及更多的专业要求。注册制实施以信息披露为中心的股票发行上市制度，而保荐人是信息披露的"把关人"。保荐人在项目过程中出问题，受影响的不仅仅是自己的职业生涯，更有可能危及行业的公信力、投资者的合法权益。毫无疑问，对保荐人的监管至关重要。实际上，随着注册制的推进，保荐代表人管理模式也进行过调整，比如将保荐代表人准入资格考试改为非准入型的水平评价测试，将事前执业资格管理改为事后执业登记管理。作为保荐机构，也要强化对保荐代表人的管理责任。保荐机构要严格验证拟任保荐代理人的专业能力水平评价测试结果是否达到基本要求，把好"选人关"。

升级投行合规风控也是必要的举措。资本市场双向开放的背景下，国内投行面临的竞争压力进一步加剧。但在赛跑过程中"摔倒"，无疑会快速拉低进度和排名。这样的例子并不少，券商因投行业务中的违规操作而受罚，被暂停保荐机构资格，甚至丢失原有项目，处罚期间对投行来说就像是丢了"饭碗"。笔者认为，有效的风控合规就是帮助投行在快速奔跑过程中稳中求胜的重要保障，避免"赛中摔倒"带来的一系列业务压力和声誉风险。

除了监管施加压力之外，投行也要主动归位尽责。从社会责任、行业文化、上市辅导、尽职调查、定价承销、持续督导等多方面引导从业人员不断提升职业、道德水平，营造勤勉尽责的行业氛围，提高信息披露质量，防范证券欺诈发行，保障证券发行人和投资人合法权益，切实发挥好资本市场"看门人"作用。

未来是资本市场繁荣的大时代，投行作为重要的资本中介机构，将承担更为重要的责任，压实其作为中介人的责任也会成为监管工作的重中之重。严监管可能会对投行短期经营带来阵痛，但长期看将倒逼投行完善考核体系，不断提升执业质量。

(资料来源：https://baijiahao.baidu.com/s?id=1708476825994005228&wfr=spider&for=pc)

 问题

试结合案例探讨未来投资银行监管的发展趋势。

复 习 思 考 题

一、简答题
1. 简述投资银行监管的目标及原则。
2. 简述投资银行的市场准入监管制度。
3. 投资银行的监管模式有哪些？它们的区别是什么？

二、论述题
1. 论述投资银行的运行监管。
2. 论述投资银行的监管体制及各自的优缺点。

参 考 文 献

[1] 李倩倩. 关于我国投资银行发展与现状问题的研究[J]. 知识经济，2019(34)：36-37.

[2] 周鑫海，董青，赵欢. 绿鞋期权对新股股价波动影响的博弈分析与实证检验[J]. 现代商业，2012(17)：35-37.

[3] 叶新江. 美林在非常时期的经营之道[J]. 资本市场，2004(10).

[4] 孙立新. 世界著名投资银行经营理念介绍[J]. 中国统计，2001(08)：30-31.

[5] 张伍先，段中鹏. 对我国发展投资银行业的思考[J]. 经济管理，1998(02)：45-46.

[6] 唐礼智，罗婧. 投资银行学[M]. 北京：清华大学出版社，2014.

[7] 金德环. 投资银行学[M]. 3 版. 上海：上海人民出版社，2018.

[8] 罗伯特·劳伦斯·库恩. 投资银行学[M]. 北京：北京师范大学出版社，1996.

[9] 张国胜. 投资银行理论与实务[M]. 北京：北京交通大学出版社，清华大学出版社，2014.

[10] 常城. 我国投资银行业的发展趋势研究[J]. 时代金融，2018(21)：86-87.

[11] 尤歆. 人民币国际化趋势下我国投资银行业务发展研究[D]. 福州：福州大学，2017.

[12] 李娜. 中国投资银行业的发展趋势研究：基于美国五大投资银行的业务分析[J]. 经济研究导刊，2014(04)：117-118.

[13] 佚名. 全球主要投资银行盈利模式与发展趋势[J]. 国际融资，2013(02)：20-25.

[14] 刘浩科，李泽楷，赵芳媛，等. 我国投资银行发展现状与趋势[J]. 中国外资，2021(06)：34-35.

[15] 杨志明. 分析现阶段我国投资银行业务发展问题跟有效径：以商业银行为列[J]. 现代国企研究，2019(06)：199.

[16] 孙碧涵. 金融危机后美国投资银行业务调整研究[D]. 长春：吉林大学，2020.

[17] 石中琦. 我国投资银行业发展存在的问题及对策研究[J]. 投资与创业，2021，32(02)：13-15.

[18] 李星星. 互联网时代投资银行发展问题研究[J]. 科技经济市场，2020(07)：68-69.

[19] 奚君羊. 投资银行学[M]. 北京：首都经济贸易大学出版社，2019.

[20] 远志投资. 投资银行入门必读书[M]. 北京：人民邮电出版社，2015.

[21] 刘林. 项目投融资管理与决策[M]. 北京：机械工业出版社，2009.

[22] 赵智文，马晓军. 投资银行学[M]. 北京：科学出版社，2008.

[23] 叶苏东. 项目融资：理论、实务与案例. [M]. 北京：清华大学出版社，北京交通大学出版社，2010.

[24] 徐永辉. 中公教育借壳上市案例研究[D]. 蚌埠：安徽财经大学，2020.

[25] 盖斯特 C R. 最后的合伙人[M]. 北京：中国财经出版社，2003.

[26] 赵智文，马晓军. 投资银行学[M]. 2 版. 北京：科学出版社，2014.

[27] 中国银行间市场交易商协会. 投资银行理论与实务[M]. 北京：北京大学出版社，2019.

[28] 胡海峰，胡吉亚. 现代投资银行学[M]. 2 版. 北京：北京师范大学出版社，2016.

[29]　栾华. 投资银行学[M]. 2 版. 北京：高等教育出版社，2019.

[30]　马晓军. 投资银行学理论与案例[M]. 北京：机械工业出版社，2011.

[31]　李勇辉，吴朝霞. 投资银行学[M]. 北京：人民邮电出版社，2014.

[32]　阎敏. 投资银行学[M]. 3 版. 北京：北京大学出版社，2021.

[33]　周莉. 投资银行学[M]. 3 版. 北京：高等教育出版社，2004.

[34]　张金鑫. 企业并购[M]. 上海：上海人民出版社，2016.

[35]　王长江. 现代投资银行学[M]. 北京：科学出版社，2007.

[36]　陈洳瑶. 阿里巴巴并购饿了么案例分析：互联网企业并购动机与财务风险分析[J]. 中国市场，2020(21)：92-94.

[37]　俞东林. 美的电器收购小天鹅案例分析[J]. 商场现代化，2008(21)：178-179.

[38]　金琳. 市北高新发行上海首单区级国资可交换公司债券[J]. 上海国资，2020(04)：70-72.

[39]　何昱寰. 我国上市公司再融资问题研究[J]. 花炮科技与市场，2019(04)：52-53.

[40]　马涵蕾. 企业并购动因研究[J]. 商场现代化，2021(08)：71-73.

[41]　王鹤，冯雨瑶. 再融资价格与股价倒挂重庆建工定增"泡汤"[N]. 证券日报，2021-07-30(B02).

[42]　刘亚茹. 新三板中小企业并购重组案例分析[J]. 财会通讯，2019(23):79-82.

[43]　唐立俊. 我国上市公司反收购策略类型及合法性研究[D]. 长春：吉林大学，2017.

[44]　毕金玲. 公开增发与定向增发方式下两类股东财富变化的比较[J]. 湖南财经高等专科学校学报，2010，26(06)：72-74.

[45]　刘婷婷，任燕，朱盈盈. 装备制造产业优先股融资的影响分析：以广东恒鑫智能装备股份有限公司为例[J]. 现代商贸工业，2021，42(16)：96-98.

[46]　任淮秀. 投资银行业务与经营[M]. 北京：中国人民大学出版社，2013.

[47]　阮青松. 投资银行学精讲[M]. 大连：东北财经大学出版社，2013.

[48]　李凤云，崔博. 投资银行理论与案例[M]. 北京：清华大学出版社，2011.

[49]　中国证券业协会. 证券投资基金[M]. 北京：中国财政经济出版社，2009.

[50]　中国证券业协会. 证券发行与承销[M]. 北京：中国财政经济出版社，2009.

[51]　何小锋，黄嵩. 投资银行学[M]. 北京：北京大学出版社，2008.

[52]　希勒. 终结次贷危机[M]. 北京：中信出版社，2008.

[53]　中国证券业协会. 证券市场基础知识[M]. 北京：中国财政经济出版社，2008.

[54]　黄亚钧，谢联胜. 投资银行理论与实务[M]. 北京：高等教育出版社，2007.

[55]　梁红莲，范朝霞. 地方政府债券公开承销发行机制研究[J]. 预算管理与会计，2020(05)：52-54.

[56]　李淼. 证券公司发行承销公司债券基本流程、易发风险及改进建议[J]. 纳税，2017(09)：3-4.

[57]　远志投资. 投资银行业入门必读书[M]. 北京：人民邮电出版社，2015.

[58]　马晓军. 投资银行学理论与案例[M]. 北京：机械工业出版社，2014.

[59]　郭红，孟昊. 投资银行学教程[M]. 北京：人民邮电出版社，2011.

[60]　俞姗. 投资银行业务[M]. 2 版. 北京：北京大学出版社，2018.

[61] 郑雪. 防范商业银行投资银行业务风险的监管框架与政策建议[J]. 经济论坛, 2021(02): 102-110.

[62] 吕函毅. 浅谈中国投资银行发展的创新战略[J]. 时代经贸, 2019(06): 84-85.

[63] 李佳, 周荣荣. 投资银行监管的国际经验借鉴及启示[J]. 金融教育研究, 2017, 30(01): 18-22.

[64] 史本良, 牛轲. 借鉴国际投行商业模式转型经验打造我国国际一流投资银行[J]. 金融会计, 2021(03): 67-76.

[65] 周梓雄. 商业银行的投资银行业务模式分析[J]. 商展经济, 2021(15): 37-39.

[66] 谢伟. 我国商业银行投行业务的现状和策略分析[J]. 现代营销(下旬刊), 2021(04): 180-181.

[67] 尹中立. 投资银行如何适应注册制改革的要求？[N]. 21世纪经济报道, 2021-03-31(004).

[68] 何小锋, 黄嵩. 投资银行学[M]. 2版. 北京: 北京大学出版社, 2017.

[69] 陈强. 商业银行智能化建设的实践、挑战与思考[J]. 当代金融家, 2021(01): 60-62.